中国教育简史

主　编　杜　娟　邱小健
副主编　杨建军　王海棠　谭　诤

復旦大學 出版社

PREFACE | 序言

终南幽幽,雁塔相伴,金风飒飒,丹桂飘香,九月是梦一样的季节。在这美好的季节里,案头放上一杯香茗,翻卷着厚厚的书页,感觉到一种沁人心脾的惬意。从事教育事业已经46个年头,培育了莘莘学子,深知历史教育责任的重大。

以史鉴今,资政育人,任重道远。打开这部《中国教育简史》,体例纵横捭阖,匠心独具,内容丝丝入扣,令人耳目一新。

周秦故地,炎黄精神,贯穿古今;华夏智慧,千年文明,薪火相传。儒墨争雄,儒道争锋,儒法争用,可谓机锋迭起,醍醐灌顶。上下五千年的意气风发,挥斥方遒,科学发展,艰苦奋斗,谱写出一曲曲动人的华彩乐章。红色基因,革命理想,内化于心,外化于行,永远融入中国人的血脉和信仰中。

中国教育史是中国人的智慧史、思想史、英雄史、革命史。这里有应对变革的思想资源,凝聚民心的价值体系,指导人生的智慧结晶,让我们受益至今。

天行健,君子以自强不息;地势坤,君子以厚德载物。大学生朋友们,让我们在历史学习中,学史崇德,学史力行,见微知著,睹始知终,知行合一,成为担当民族复兴大任的时代新人。

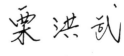

2023年9月

FOREWORD | 前言

"欲知大道,必先为史。"历史是一个民族安身立命的基础,中华民族向来重视历史,并善于从历史中总结经验、汲取智慧。作为中华民族灿烂历史文化的重要组成部分,不断发展的中国教育史是中华文明璀璨的明珠和宝贵的精神财富。

习近平总书记强调,全党同志要做到学史明理、学史增信、学史崇德、学史力行,学党史、悟思想、办实事、开新局,以昂扬姿态奋力开启全面建设社会主义现代化国家的新征程。当代中国是历史中国的延续和发展。新时代坚持和发展中国特色社会主义,更加需要系统研究中国历史和文化,更加需要深刻把握人类历史发展规律,在对历史的深入思考中汲取智慧、走向未来。习近平总书记的重要讲话,高屋建瓴、视野宏大、思想深邃,深刻阐述了开展历史教育的重大意义。

本教材的编写特点如下。

第一,思政性和时代性。"学所以为道",本书坚持马克思主义哲学指导下的唯物辩证观和历史发展观,以之对教育史学问题进行研究和探讨。

古代史的教育智慧和经典作为中华优秀传统文化的精神命脉,是我们在世界文化激荡中站稳脚跟的坚实根基。近代史与中国革命史息息相关,中华民族各阶级阶层前仆后继,上下求索。为了实现中华民族的伟大复兴,中国共产党团结带领中国人民,自力更生、发愤图强,完成了新民主主义革命和社会主义革命的任务。事实证明,只有中国共产党才能救中国,只有中国特色社会主义才能发展中国。本书除了史料、案例,还结合了新时代的时政热点、时代节点、社会焦点进行讲解,通过"热点+问题"的联动互补,精准教学,突出思政性。运用专题项目形式,立足于社会热点问题,及时获取党的十八大以来有关教育前沿动态发展的新要求、新知识、新理念，在专题研究单元中，开展家国情怀、人文底蕴、社会责任、科学精神、职业素养等方面的论述，实现对学生的思想引领和价值塑造。

第二，高阶性和导向性。史学讲究"纲举目张、纵横捭阖"。"纲"就是"灵魂骨架"，"目"就是"血肉精华"。本书编写体例以"问题"为"纲"，力求做到"小切口，大世界"。

本书作为一部混合式教学教材，弥补了"以时间为跨度"的知识点"平行式"教学中的不足，发挥了"以问题为单元"的释疑解惑的"补位功能"。教材内容注重"价值性＋知识性"的整合，萃取经典，以小见大，简约其外，隽永其中，博约有度，有取有舍，承载了史学信息的思维逻辑和具体路径，体现了历史研究的高度、效度、价值度，突出了学习的挑战性、创新性和高阶性。本书将课程"学习产出"与知识点关联，力求实现"教材体系"向"认知体系"的转化，对知识点进行梳理和重构。见思见行，且思且行，在叩问历史原点的基础上，基于时序维度、空间维度、关系维度，点线结合，将具体的信息串联在一起，体现了历史教学的大视域、大气蕴、深哲思。教材每章开篇都附有核心内容，每节都附有习题，把专业课程内容的未来性、前沿性和时代性凸显出来，使学生的课程学习充满趣味性、挑战性。全书凝练核心内容表格 15 张，测验和作业习题 300 余道，依据课程目标的"成果导向式"设计，全方位地提升学生在"知识＋能力＋素质"上的"获得感"，开阔学生视野，激发独立判断思考，升华学习效果。书中将知识、能力、素质有机融合，培养学生解决复杂问题的综合能力和高阶思维能力。

第三，数字化和立体化。随着时代的发展，教材资源的建设不仅仅停留在纸媒上，还要依托数字化资源和融媒体平台建立电子资源库。本教材现有授课视频总数量 40 个，总时长 470 分钟；课程资源总数 80 个；非视频资源 65 个。从 2020 年以来，累计播放 75 万余次，累计讨论 8 000 余次（课程网址：https://mooc1.chaoxing.com/course/245130331.html）。为方便读者利用，我们在正文中附上了相应课程的二维码视频链接，读者扫描后即可进入学习。同时，读者也可按照本书最后一页的提示，通过超星学习通获得更多数字教材资源。线下文本教材作为线上教学的辅助，在学习过程中，可以跨越地理、时间、人员的桎梏，打破单项输出，充分发挥线上线下的两个优势。学习通系统后台还可以对学生的学情第一时间进行智能反馈和数字化信息统计,及时查漏补缺,让教学做到有的放矢。本教材为"中国教育史"课程的"混合式"教学和"远程课程"开展提供了便捷通道。

第四,趣味性和简明性。本书作为"中国教育史"课程的线上线下混合式教材,编写风格有别于其他教育史,抓住主要问题,精选研究方向,以通俗易懂的语言、生动形象的案例,深入浅出地解释史学的规律和现象,让学生在汗牛充栋、浩如烟海的史料中拨云见日、豁然开朗。约而达,微而臧,罕譬而喻,有的放矢,激发他们的兴趣。

《中国教育简史》的出版得到了赣南师范大学教材建设基金资助项目和教育部师范教育协同提质计划经费的资助。陕西师范大学教育科学学院原党总支书记、第九届国家督学、香港救助儿童基金会大陆项目咨询委员、全国教育学会教育史分会理事、全国教育学会学校管理分会理事、陕西省陶行知教育思想研究会会长栗洪武教授为本书作序,特此鸣谢。

《中国教育简史》的编写工作由赣南师范大学教育科学学院承担,负责各章编写修订的人员如下:杜娟(第三、五、七、九、十章);邱小健(第一、四章);杨建军(第二章);王海棠(第六章);谭净(第八章);研究生程姣姣、胡可欣(注释和文献的补充、校对等)。

由于学术功底尚浅,研究能力有限,书中难免有粗疏之处,欢迎广大读者、专家批评指正,以便进一步完善本书的内容。

编　者

2023 年 9 月 6 日

CONTENTS | 目录

第一章　教育起源和教育本质 / 001
　　第一节　教育的起源 / 002
　　第二节　教育的本质 / 009

第二章　孔子的教育思想 / 015
　　第一节　孔子的生平和影响 / 016
　　第二节　性相近，习相远 / 029
　　第三节　有教无类 / 034
　　第四节　学而优则仕 / 040
　　第五节　学而时习之，不亦说乎 / 046
　　第六节　为人师表，教学相长 / 055

第三章　先秦诸子百家 / 061
　　第一节　性善与性恶 / 063
　　第二节　兼爱和仁爱 / 076
　　第三节　霸道和王道 / 083
　　第四节　无为和有为 / 091
　　第五节　《大学》和《学记》 / 102

第四章　古代学校 / 112
　　第一节　学校的传说 / 114
　　第二节　学在官府和六艺教育 / 118

第三节　百家争鸣和稷下学宫　　　　　　　　　　　/ 125
第四节　独尊儒术和太学的建立　　　　　　　　　　/ 131
第五节　理学的发展和书院制度　　　　　　　　　　/ 139

第五章　科举史话　　　　　　　　　　　　　　　　/ 150
第一节　隋唐科举的进步性　　　　　　　　　　　　/ 152
第二节　宋元科举的人文性　　　　　　　　　　　　/ 163
第三节　科举与诚信　　　　　　　　　　　　　　　/ 171
第四节　科举是与非　　　　　　　　　　　　　　　/ 181

第六章　教会学校的二重性　　　　　　　　　　　　/ 194
第一节　教会学校的文化侵略　　　　　　　　　　　/ 195
第二节　教会学校的本土化　　　　　　　　　　　　/ 209
第三节　教会学校的世俗化　　　　　　　　　　　　/ 214

第七章　近代留学教育　　　　　　　　　　　　　　/ 223
第一节　洋务运动和留美幼童　　　　　　　　　　　/ 224
第二节　甲午中日战争和留日风潮　　　　　　　　　/ 231
第三节　《辛丑条约》和庚款兴学　　　　　　　　　/ 238
第四节　"五四"、新文化运动和留法勤工俭学　　　 / 244

第八章　近代学制的变革　　　　　　　　　　　　　/ 249
第一节　壬寅学制和癸卯学制　　　　　　　　　　　/ 250
第二节　壬子癸丑学制　　　　　　　　　　　　　　/ 255
第三节　壬戌学制　　　　　　　　　　　　　　　　/ 258
第四节　戊辰学制　　　　　　　　　　　　　　　　/ 261

第九章　近代学校　　　　　　　　　　　　　　　　/ 266
第一节　中体西用和洋务学堂　　　　　　　　　　　/ 267
第二节　国共合作和黄埔军校　　　　　　　　　　　/ 273
第三节　文军长征和西南联大　　　　　　　　　　　/ 282

    第四节　中国人民抗日军事政治大学　　　　　　　　　　/ 293

第十章　民国大师　　　　　　　　　　　　　　　　　　　　/ 300
    第一节　陶行知和生活教育　　　　　　　　　　　　　　/ 301
    第二节　蔡元培改革北京大学　　　　　　　　　　　　　/ 309
    第三节　陈鹤琴和活教育论　　　　　　　　　　　　　　/ 317
    第四节　黄炎培和职业教育　　　　　　　　　　　　　　/ 322
    第五节　晏阳初和梁漱溟的乡村教育　　　　　　　　　　/ 330

主要参考书目　　　　　　　　　　　　　　　　　　　　　/ 336

第一章　教育起源和教育本质

本章导读

天地玄黄,宇宙洪荒,自有人类便有了人类社会,自有人类社会,便有了教育。教育是在一定社会背景下发生的、促使个体社会化和社会个性化的实践活动。从空间特性来讲,教育包括学校教育、家庭教育和社会教育。从时间特性和生产力角度来讲,教育经历了农业时代、工业时代、信息时代的三场变革和洗礼。教育先于学校教育而产生,学校教育是在阶级和私有制出现后产生的。关于教育的起源众说纷纭,大致有四种学说：神话起源说、生物起源说、心理起源说和劳动起源说。大量考古史料和文献证明劳动起源说更为科学。1985年重庆市巫山县出土了附有两颗牙齿的人类下颌骨化石,根据科学测定,从巫山人的年代算起,中国的教育已有200万年的历史。劳动是社会发展和人类自身生产的第一需要。劳动创造了人本身,教育也在劳动中应运而生。教育的本质具有社会性、人文性、示范性、艺术性。

核心内容

表1-1　教育的起源

教育起源说	代表人物	观 点 主 张
神话起源说	宗教	教育是由人格化的神所创造的
生物起源说	[法]利托尔诺 [英]沛西·能	教育起源于动物界的生存本能

续 表

教育起源说	代表人物	观 点 主 张
心理起源说	[美]孟禄	教育起源于人类的无意识模仿
劳动起源说	[苏]米丁斯基 [苏]凯洛夫	教育起源于劳动过程中的社会生产需要和人的发展需要的辩证统一

教育的本质：社会性、人文性、示范性、艺术性

关键术语：教育；生物起源说；心理起源说；劳动起源说；教育本质

学习目标：掌握教育的概念，了解教育起源的几种学说流派，明确劳动起源说是教育发展的立论基础，理解和掌握教育本质的含义及其意义

第一节 教育的起源

扫码查看课程

"建国君民，教学为先。""化民成俗，其必由学。"教育是在一定社会背景下发生的、促使个体社会化和社会个性化的实践活动。自有人类，便有了人类社会；自有人类社会，便有了教育。

教育系统根据运行的空间特性，可以分为学校教育、家庭教育和社会教育。

关于教育的起源有四种学说：神话起源说、生物起源说、心理起源说和劳动起源说。

一、神话起源说

中国先秦时期有一本著名的地理神话著作叫作《山海经》，《山海经》里面记载了很多经典的神话故事，如盘古开天辟地、后羿射日、女娲补天、嫦娥奔月、夸父追日、精卫填海等。上古神话是原始先民在社会实践中创造出来的，它的内容涉及自然环境和社会生活的各个方面，既包括世界的起源，又包括人类的命运，努力向人们展示自然与人类命运的、富有教育意义的意象。

神话起源说的主张就是教育是由人格化的神所创造的，既然神创造了人，那

么教育也是由神来创造的。在三皇五帝时期,有巢氏教人们盖房子,燧人氏钻木取火,神农尝尽百草,仓颉创造了文字,黄帝统一了中原,颛顼改革了历法,帝喾创立了二十四节气,帝尧发明了春夏秋冬,帝舜将孝顺作为道德伦理之祖。

神的名字其实来自部落的名称或者部落首领的幻化物,每一位首领都要有才华、有政绩,身先士卒,天下为公,具有主人翁的责任感,那么文明的缔造,就是各部落集体劳动智慧的结晶。"神"只是一个符号而已,用唯物主义观点来讲,它是形而上的东西,是不存在的。神话起源说具有浪漫主义色彩,但缺乏现实依据。

二、生物起源说

生物起源说是由法国的利托尔诺和英国的沛西·能提出来的。他们认为教育起源于人的一种本能,如同小鸭子天生就会游泳,小猫天生就会抓老鼠一样,它源于先天的自然性和遗传性。这种学说把人类的教育行为和动物的养育行为混为一谈,否定了教育的社会性。

法国社会学家利托尔诺在他的著作《动物界的教育》中指出,教育是一种与生物相关的现象,起源于生物活动。他说:"动物尤其是略为高等的动物,完全同人一样,生来就有一种由遗传而得到的潜在的教育,其效果见诸个体的发展过程。"[①]经过对各种动物生活方式的深入观察,他得出结论:在动物王国中,存在着一种普遍的示范与学习模式。就像母隼耐心地教导幼隼,母鸭细心地带领雏鸭一样,无数种禽类都在以这种方式传承着生存的智慧。同样,兽类世界也不例外,母熊会教授幼熊生存技巧,雌象会引导幼象认识这个世界,甚至老兔也会传授给小兔生存的经验。这些都是动物世界中无比珍贵的教育现象,它们无声地传递着生命的智慧与力量。

1923年,英国教育家沛西·能在不列颠协会教育科学组大会的主席演说词《人民的教育》中指出:"教育从它的起源来说是一个生物学的过程,不仅一切人类社会有教育,不管这个社会如何原始,甚至在高等动物中也有低级形式的教育。我之所以把教育称为生物学的过程,意思就是说,教育是与种族需要、种族生活相应的、天生的,而不是获得的表现形式,教育既无须周密的考虑使它产生,也无须科学予以指导,它是扎根于本能的不可避免的行为。"[②]

教育的生物起源论者认为,教育起源于动物的本能行为,按照生物学规律进

---

① 瞿葆奎主编:《教育学文集·教育与教育学》,人民教育出版社1993年版,第158页。
② [英]沛西·能:《教育原理》,王承绪、赵瑞瑛译,人民教育出版社1992年版,第38页。

行,否定了人类和动物之间的区别,也否定了教育的社会性。

1920年,印度加尔各答附近的一个山村里,人们在打死大狼之后,在狼窝里发现了由狼哺育长大的女孩。其中大的年约七八岁,被取名叫卡玛拉,小的约两岁,被取名为阿玛拉。卡玛拉经过七年的教育才掌握了45个词,勉强会几句话,开始朝人的生活习性迈进。她的夜视觉能力特别强,吃饭的时候喜欢茹毛饮血,去世的时候年仅16岁,而智力只相当于3—4岁的孩子。如果从解剖学上来讲,狼孩是具有人类DNA和生理功能的,不同物种的大脑尺寸是不一样的,像水豚的脑容量是48.2克,猕猴是69.8克,大猩猩是377克,人类是1 232克左右,非洲象是2 848克,那么,狼孩的确是人,她具有这种先天的生物基因属性,为什么却英年早逝,且不能够融入人类社会,也学不会人类的语言呢?

正所谓"玉不琢,不成器。人不学,不知义"(《三字经》),教育不是自然而然、可有可无的。教育行为只存在于人类社会,而且必须及早施教,脱离了人类社会有目的、有计划的教育,光靠先天的禀赋,虽辛苦而难成。所以生物本能说也是片面的。

三、心理起源说

心理起源说的核心观点是由美国学者孟禄提出的。孟禄在他的著作《教育史教科书》中从心理学的角度出发,深入探讨了教育的起源问题。他认为,教育起源于儿童对成人无意识的模仿,这基于原始社会没有学校、教师和教材的实际情况。在《教育史教科书》中,他提及原始社会的教育"普遍采用的方法是简单的无意识的模仿"[①]。在古代部落社会中,儿童通过无意识地模仿年长成员来实现最初的教育。他认为,教育最初是由儿童对成人行为的无意识模仿而起,并驳斥了教育的计划性和目的性。

教育的心理起源论者认识到了生物起源论的局限性,转而提出模仿是教育的起源,这一观点有其合理性。模仿作为一种心理现象和学习方式,无疑是教育的途径之一。然而,孟禄的失误在于他将所有教育行为都归结为无意识状态下的模仿,忽视了人的本质是有意识的。人的所有活动都是在意识的指导下,为了实现特定目标而进行的。因此,孟禄的这种观点仍然是错误的。

教育的生物起源论和心理起源论,虽然从不同角度探讨了教育的起源,但它

---

① 瞿葆奎主编:《教育学文集·教育与教育学》,人民教育出版社1993年版,第186—187页。

们的共同缺陷在于都忽视了教育的社会属性和目的性。它们错误地将动物本能和儿童无意识的模仿与有意识的教育等同看待。因此，这两种观点都是不正确的。

四、劳动起源说

劳动起源论的直接理论来源和方法论基础是恩格斯的《劳动在从猿到人转变过程中的作用》。该书的主要观点包括：第一，人类教育起源于生产劳动，或者更具体地说，起源于以生产劳动为保障的自身生存的社会需要；第二，教育是人类特有的社会活动；第三，教育的产生以人类语言的发展为前提；第四，从教育产生的那一刻起，它的主要功能就是传递劳动过程中形成和积累的社会生产和生活经验；第五，教育范畴是历史性和阶级性的统一。

劳动起源说的代表人物为米丁斯基和凯洛夫。他们认为，劳动不仅创造了人类，而且教育这一人类社会独有的现象也源于劳动。这一观点是在批判生物起源论和心理起源论的基础上、运用历史唯物主义的方法得出的。他们认为，教育起源于劳动，是劳动过程中人的生产需要和发展需要的辩证统一。这一观点在苏联当时的教育史学界和我国目前的大部分教育学家中得到了广泛的认同。总的来说，劳动起源论强调了教育在人类社会中的独特地位和功能，认为教育起源于劳动，是满足人的生产需要和发展需要的重要手段。这一观点为我们理解教育的本质和起源提供了新的视角。

在杨贤江的《新教育大纲》中，他深刻洞察了教育的本质，提出："教育的发生就植根于当时当地的人民实际生活的需要，它是帮助人经营社会生活的一种手段。……自有人生，便有教育。因为自有人生，便有实际生活的需要。"[①]回溯到原始社会，我们可以看到，原始人的社会生活和生产劳动起源于工具的制造。因此，学习制作工具的经验和技术，成为人类教育的启蒙课程。原始人在进行人工取火、采集、渔猎、制陶、作战、祭祀等活动时，积累了丰富的知识和经验，这些知识需要传递给年轻一代，于是教育应运而生。可以说，教育是原始人为了适应当时的社会生活和生产劳动的需要而产生的一种活动，它随着人类生产、生活的进步而不断发展变化。

中国大地上最早的人类是距今200万年的巫山人，这一重要化石的发现表明中国教育已经有200万年的历史了。从200万年前的巫山人、170万年前的

---

① 杨贤江：《教育文集》，教育科学出版社1982年版，第413—414页。

元谋人到距今 70 万—20 万年的北京人、60 万—50 万年前的蓝田人,他们属于旧石器时代。《韩非子·五蠹》篇有言:"上古之世,人民少而禽兽众。……民食果蓏蚌蛤,腥臊恶臭而伤害腹胃,民多疾病。有圣人作,钻燧取火以化腥臊,而民说之,使王天下,号之曰燧人氏。"这个时期,人们学会了使用工具,学会了钻木取火,经济生活仍然是采集和渔猎。专门性的石器,如砍砸器、投掷器、刮削器、石球等都还比较粗疏。

进入新石器时代,即母系社会,出现了原始的农业、畜牧业、纺织业。人们制造的古鱼镖、骨针、耕田的耒耜,以及加工谷物的工具石磨盘,都以磨制石器为主。生产也更加精细。公元前 8000—前 7000 年生活在长江流域的河姆渡人、公元前 6000 年生活在陕西西安半坡村的半坡人已经学会了盖房子,人类从山洞移居到了通风防潮的干栏式建筑或冬暖夏凉的半地穴式房屋,开始了定居生活。到了父系氏族公社时期,制陶业、手工业已经非常发达了,不仅有红陶,还有黑陶、玉器,从龙山文化蛋壳黑陶高柄杯可以看出美轮美奂的工艺技术。"仓廪实则知礼节,衣食足则知荣辱"(《管子·牧民》),人们有了朴素的审美需求,而且由于剩余产品的出现,人们开始用多余的粮食酿酒。私有制也在父系氏族公社末期产生。

原始社会时期的教育内容总体包括生产劳动、生活习俗、原始宗教、原始艺术和体格军事训练等方面。这一时期教育的总体特征是公养公育,没有阶级差别,但是男女有社会分工,通过言传身教、口耳相传,在生产、生活中进行教育。所有氏族成员受教育的权利是均等的。教育的载体是语言、绘画、行为。

劳动在人类社会中扮演着至关重要的角色,它不仅塑造了我们的身体,更推动了语言和思维的诞生。语言作为交际的重要工具,其产生与劳动紧密相连。在劳动过程中,人们需要相互协作、传递信息、分享经验,这种迫切的交流需求促使了语言的诞生。语言不仅帮助人们更有效地沟通,还成为传承文化、积累知识的重要载体。思维的产生与发展同样离不开劳动。劳动使人类的体质得到不断改善与进步,大脑作为思维的器官,其容量逐渐扩大,结构也日趋复杂。在漫长的进化过程中,人类从偶然采集石块,逐渐发展到有意识地选择石料并加工成工具。这一过程不仅标志着劳动的开始,也象征着思维的诞生与发展。

绘画自古以来就是人类记录信息的重要媒介,它与文字一样,承载着人类的思想和创造力。正所谓"书画同源",文字和图像语言的发展有着同一源头。事实上,我们的祖先在创造文字之前,就已经开始使用绘画来记录生活、表达思想。

贺兰山岩画、广西花山岩画等作品距今已有上万年的历史，它们以独特的艺术形式展现了古代人民的智慧和创造力。同样，距今7 000年至5 000年仰韶文化的彩陶图案也为我们提供了丰富的视觉资料，让我们能够一窥古代人民的审美和想象力。这些前文字时期的绘画作品不仅展示了中国先民的艺术天赋，更让我们感受到了他们在审美、思维、想象、表达、传播、学习等方面的卓越能力。这些能力已经超越了动物的范畴，为后来符号的出现和文字的产生奠定了坚实的基础。尽管我们知道，在成熟的甲骨文出现前的数千年中，文字的创制和使用都在积极的准备和探索中，但是这个过程并非一蹴而就，而是经过了千余年，甚至数千年的不断探索和发展。在这个过程中，教育的发展起到了关键作用，语言和绘画成为教育的重要载体。不规范的符号、类似"结绳记事"的方法等也在这一过程中得到了运用。这些努力都为文字的出现创造了条件，而文字的最终出现也是教育和先民思想高度发达之后的重要成果。

在遥远的古代，教育并未形成专门的体系，它的内容与形式都深深植根于人们的日常生活之中。人们学习的知识和技能主要包括农业耕作、捕鱼狩猎、防御野兽和外族侵略、疾病防治、衣物缝制、饰品制作等，同时，他们也对自然和早期氏族社会的问题进行了初步的探讨。在这个时期，巫师等宗教人士扮演着重要的角色，他们不仅是社会地位较高的人，也是知识和技能的主要传承者。这些知识和技能主要通过刻划符号、口头传授、集体记忆等方式进行传承，传承的范围主要限于家族内部。教育的场所与氏族的生活和聚会场所紧密相连，这些地方通常被设计成一个四面环水的安全岛，只有一条通道通向外界，以保障老人和儿童的安全。在这种环境下，教育与社会生活紧密相关，教育内容并未分化，主要的教育活动是在没有劳动能力的老人和同样不具备劳动能力的少年儿童之间进行的。老年人成为少年儿童天然的老师，他们传授的主要是生存和生产方面的知识或技能，只有当有余力时，才会涉及其他领域。在那个时代，先民们在社会规范、等级制度、道德要求、知识记录、人才评价和使用等的实践和探索方面都积累了丰富而宝贵的经验。这些经验不仅塑造了古代社会的面貌，也为后世的教育和社会发展提供了宝贵的借鉴。

人类走过了刀耕火种的石器时代，经历了夏、商、西周的青铜器时代，进入了春秋战国以后的铁器时代。随着18世纪工业革命的开始，我们又进入了机器化时代，19世纪开启了电气化时代，21世纪则处于信息时代，以原子能、计算机、互联网和人工智能作为信息技术的载体。

人类的教育是伴随人类社会的产生而一道产生的,随着它的发展而共同发展的。劳动是认知的主要源泉。劳动是人类社会形成的基础,教育也是一种永恒的社会现象。当前新一轮科技和产业革命正在创造历史性机遇,我们应该抓住机遇,依靠科技创新培育和发展新质生产力,在新的历史起点上,努力开创经济社会发展的新局面。

综上所述,神话起源说、生物起源说、心理起源说都有不足之处,只有劳动起源说才是最科学也是最令人信服的。

本节习题

一、单项选择题

1. 中国教育史的发展可以追溯到距今 200 万年的(　　)。
A. 蓝田人　　　B. 北京人　　　C. 元谋人　　　D. 巫山人

2. 米丁斯基和凯洛夫认为教育起源于(　　)。
A. 神话　　　B. 本能　　　C. 劳动　　　D. 模仿

3. 小鸟天生会飞,小猫天生会抓老鼠。对于这种本能现象,法国的利托尔诺和英国的沛西·能认为教育起源于(　　)。
A. 生产劳动　　　　　　B. 模仿性
C. 生物的遗传性　　　　D. 神话

4. 心理起源说认为教育起源于(　　)。
A. 生产劳动　　　　　　B. 无意识模仿
C. 生物的遗传性　　　　D. 神话

5. 1920 年加尔各答狼孩的案例告诉我们(　　)。
A. 教育依赖于生物遗传性
B. 教育起源于无意识的模仿
C. 教育是人类特有的社会现象
D. 教育本质上是一种养育行为

二、思考题

1. 简述教育起源的主要学说。
2. 简要评价劳动起源说。

第二节　教育的本质

教育的本质是指教育的内在要素之间的根本联系,和教育作为一种社会活动区别于其他社会活动的根本特征。教育既具有生产力属性,又具有上层建筑的属性。它有为政治斗争、经济发展、文化传承与创新服务的功能。教育作为培养人的一种社会实践活动,有其独特的个性。

扫码查看课程

教育史是教育学的分支学科,它以教育理论与实践发展的历史为研究对象,研究各历史时期教育理论与实践发展的实际状况和进程,总结历史经验,探讨客观规律,为解决当代教育问题提供启示与借鉴。从教育史的角度来看,教育的本质有四个特点:社会性、人文性、示范性、艺术性。

一、社会性

"一片丹心图报国,千秋青史胜封侯。"教育承载着社会性。"教"在东汉许慎的《说文解字》里面有这样的解读:左上为"爻"(yáo),代表传统人类文化典籍;左下为"子",代表读书的儿童;右上为"卜"(bǔ),是"扑"的意思,代表敲击和敲打。"夏楚二物,收其威也",包含了循循善诱、谆谆教诲、不以规矩不成方圆的意蕴。"教"的甲骨文中涵盖了教育者、学习者、教学方式、教学内容以及教育影响等因素,教育就是施教者向受教者传递人类文化典籍的过程。这种传承是依据一定的社会条件而进行的,是一种使命感和责任感的传承。

"大学之道,在明明德,在亲民,在止于至善。"(《大学》)从孔子"君子以安天下"的仁爱视野,到孟子"富贵不能淫,贫贱不能移,威武不能屈"的浩然正气,范仲淹"先天下之忧而忧,后天下之乐而乐"的责任担当,陆游"位卑未敢忘忧国"的报国情怀,林则徐"苟利国家生死以,岂因祸福避趋之"的家国责任,文天祥"人生自古谁无死,留取丹心照汗青"的献身意识,诸葛亮"鞠躬尽瘁,死而后已"的奉献精神,人类群星鼓舞着我们奋进。习近平总书记指出,爱国,是人世间最深层、最持久的情感,是一个人的立德之源、立功之本。中华民族几千年绵延发展的历史长河中,爱国主义始终是激昂的主旋律,是激励我国各族人民自强不息的强大力量。

"为天地立心，为生民立命，为往圣继绝学，为万世开太平。"这便是教育的真谛。教育是国之大计、党之大计。培养什么人、怎样培养人、为谁培养人是教育的根本问题。育人的根本在于立德。党的二十大报告强调，要办好人民满意的教育，全面贯彻党的教育方针，落实立德树人的根本任务，培养德、智、体、美、劳全面发展的社会主义建设者和接班人，加快建设高质量教育体系，发展素质教育，促进教育公平。培养造就大批德才兼备的高素质人才，是国家和民族的长远发展大计。功以才成，业由才广，为了深入实施人才强国战略，要真心爱才、悉心育才、倾心引才、精心用才，求贤若渴，不拘一格，把各方面的优秀人才集聚到党和人民的事业中来。

二、人文性

"天命之谓性，率性之谓道，修道之谓教。"（《中庸》）

《孟子·尽心上》有云："君子有三乐，而王天下不与存焉。父母俱存，兄弟无故，一乐也；仰不愧于天，俯不怍于人，二乐也；得天下英才而教育之，三乐也。"这话翻译过来就是：君子有三大快乐，父母健在，兄弟平安，这是第一大快乐；上不愧对于天，下不愧对于人，这是第二大快乐；得到天下优秀的人才进行教育，这是第三大快乐。这是关于教育最早的解释。"教"的根本是做一个善良的人，善良从孝顺开始。"夫孝，德之本也，教之所由生也。"（《孝经》）

《说文解字》中对"育"的分析如下：上边的"古"为象形字，意思是从母亲身体中逆产的孩子，象征孩子先天具有叛逆性；下边的"肉"为会意字，意思是养育孩子。"育，养子使作善也。"《诗经·小雅》云："长我育我。"我们讲到的春风化雨、有教无类、醍醐灌顶、长善救失、循循善诱、化性起伪，就是让孩子从自然人向社会人转换的教育过程。教育培养的是"人性"。

"人性"既非上天所赐，也非与生俱来，它是人类长期积淀的某一集体的深层心理结构，存在于有血有肉的个体之躯中。"美好人性"是人的自然属性、社会属性与精神属性"三合为一"的整体，其核心内容为科学理性、人文情怀与艺术精神，强调人的自觉、人的尊严，重社会担当。放眼世界，养天地之正气，法古今之完人，真正的教育者应该具备悲天悯人、深厚博大的人文情怀，是社会良知、社会道义和美好人性的守护者，有对人类基本价值的坚定守望，能够深度思考生命的价值和教育的意义，升华自己的人生境界。中国有几千年的历史和灿烂的文化，在漫长的历史积淀中大浪淘沙，积累了深厚的优秀文化成果。

孔子曰："志于道，据于德，依于仁，游于艺。"（《论语·述而》）教育的人文性要求人们，对万物之生机、自然之和谐、天地之至理、宇宙之玄机了然于胸。读万卷书，行万里路，诸子百家、经典名著、弦歌雅意、草长莺飞、鸟语花香、人生际遇尽收眼底，以美冶情、以美启真、以美养心、以美蕴善，在灵与肉、正与邪、善与恶、义与利、生与死的矛盾冲突中思考生命的意义，探索人生的价值，坚定自己的信念，不断战胜、超越、完善自己。

中华优秀传统文化源远流长、博大精深，是中华文明的智慧结晶，其中蕴含的天下为公、民为邦本、为政以德、革故鼎新、任人唯贤、天人合一、自强不息、厚德载物、讲信修睦、亲仁善邻等，是中国人民在长期生产、生活中积累的宇宙观、天下观、社会观、道德观的重要体现，同科学社会主义价值观主张具有高度契合性。

我们必须坚定历史自信、文化自信，坚持古为今用、推陈出新，把马克思主义思想精髓同中华优秀传统文化精华贯通起来，同人民群众日用而不觉的共同价值观念融通起来，不断赋予科学理论鲜明的中国特色，不断夯实马克思主义中国化、时代化的历史基础和群众基础，以海纳百川的宽阔胸襟，借鉴吸收人类一切优秀文明成果，推动建设更加美好的世界。

三、示范性

教育是一种示范，吐辞为经，举足为法。"教，上所施，下所效也。"（《说文解字》）正所谓老传子也，子承老也，教育是一种榜样示范和行为传承。央视宣传片《一双筷子》承载着中国人数千年的情感和记忆、家庭教育中的亲情与礼法。中国古人的智慧里，筷子长七寸六分，代表人的七情六欲。一头方、一头圆，象征着天圆地方，对应太极阴阳，合二为一，也意味着"和协"。南甜北咸、东辣西酸，演绎出启迪、传承、明礼、关爱、思念、守望、睦邻、感恩等中国数千年特有的传统与美德。身体力行，言传身教，身先垂范，知行合一，薪火相传，潜移默化，正是教育示范性的生动写照。

《史记·五帝本纪》载："舜耕历山，历山之人皆让畔，渔雷泽，雷泽之人皆让居。"舜帝谦让和睦的优秀品质的影响之深，已达到了"耕者让畔，行者让路"的境地。所以孔子说："政者，正也，子帅以正，孰敢不正。"（《论语·颜渊》）又说："其身正，不令而行，其身不正，虽令不从。"（《论语·子路》）学生成长的过程中一个很重要的特点叫作"向师性"，说的是学生就像花草树木趋向阳光一样，都有模仿、接近、趋向教师的自然倾向,教师的言谈举止无一不会对学生产生相应的影响。教育者的示范作用是不可替代的教育力量。

"参天之木,必有其根;怀山之水,必有其源。"教育思想也是一个不断继承、发展、创新的过程。前事不忘后事之师。道家的无为清净,墨家的兼爱非攻,法家的法治天下,儒家的礼德操守,韩非的兵家论道,战国风云汹涌、百家争鸣、思想勃发,儒、佛、道在社会发展中逐渐融合,而形成了富有特色的教育思想体系,为我们教育事业的兴旺发展、继往开来,提供了丰富的史料和思想基础。

四、艺术性

教育是一种艺术,拉丁文"educare"即水到渠成、瓜熟蒂落的意思。《学记》有云:"道而弗牵,强而弗抑,开而弗达。"即引导而不代替,督促而不压抑,帮学习者打开思路,而不是帮他做出答案。要教会学生"博学之,审问之,慎思之,明辨之,笃行之"(《中庸》)。

历代文人侠客、隐士仙家、儒师佛徒,莫不将教育比成山水,以水比德,以水为乐,以水喻教,由水悟道也。《古今韵会举要》曰:"天地阴阳运行则为化。……自有而无,自无而有,则为化。"水和风意味着生、化、育、长,人人莫不喜之、悦之、乐之、爱之、趋之、近之。教育的首要任务和职能就是春风化雨,教人生存和成长,因此,"教"与"化"的结合慢慢就约定俗成了。

道家以天道、自然为教化之范本,正体现不教而化、不为而成的特征。儒家以"天何言哉?四时行焉,百物生焉。天何言哉"(《论语·阳货》)为理想境界,以"其身正,不令而行"为道德感化的自然结果,无一不是以"化"为至高之目的。

《春秋繁露》云:"性者,天质之朴也;善者,王教之化也。无其质,则王教不能化;无其王教,则质朴不能善。"化的结果就是"善"。《学记》云:"君子欲化民成俗,其必由学乎?"《史记·滑稽列传》载:"孔子曰:'六艺于治一也。《礼》以节人,《乐》以发和,《书》以道事,《诗》以达意,《易》以神化,《春秋》以义。'"孔子五十而学《易》,可以无过,且不以《易》教学生,足见"教化"境界为最高。古希腊苏格拉底的"产婆术"与之有异曲同工之妙。教育是人们灵魂的教育,而非一种理智、知识和认识的堆砌,教育的本质是一棵树摇动另一棵树,一朵云带动另一朵云,一个灵魂唤醒另一个灵魂,是梦想和希望的传递,是心灵的呼唤,是人格的塑造,是文化的创新。

教育是启发诱导、寓教于乐的过程,是一种自然主义的教育。由此观之,

"化"最足以表现中国教育传统之特征,无论是生命的自然演化,还是道德的自然感化,无论是治世的自然无为(无为而无不为),还是教育的潜移默化(怡情适性),无一不以"乐"贯彻始终,"乐化"乃中国教育的至高境界。因材施教、启发诱导、循序渐进、学不躐等、藏息相辅、动静交替都是艺术性的体现。教育让每个人都有人生出彩的机会。

教育决定着人类的今天,也决定了人类的未来,青年一代有理想、有担当,国家就有前途,民族就有希望,实现中华民族伟大复兴就有源源不断的强大力量。在新时代,建设教育强国是中华民族伟大复兴的基础工程,必须把教育事业放在优先位置,深化教育改革,加快教育现代化,办好人民满意的教育。要全面贯彻党的教育方针,落实立德树人的根本任务,发展素质教育,推进教育公平,培养德、智、体、美、劳全面发展的社会主义建设者和接班人。

本节习题

一、单项选择题

1.《说文解字》中记载"教,上所施,下所效也"主要体现了教育的(　　)。
A. 示范性　　　B. 社会性　　　C. 强制性　　　D. 艺术性

2.《学记》有云:"道而弗牵,强而弗抑,开而弗达。"关于这句话的正确理解有(　　)。
① 教育是人之灵魂的教育,而非一种理智、知识和认识的堆砌
② 教育的本质是一棵树摇动另一棵树,一朵云带动另一朵云,一个灵魂唤醒另一个灵魂
③ 教育强国是中华民族伟大复兴的基础工程
④ 教育是一种艺术,重在启迪
A. ①②③④　　B. ①②④　　C. ②③④　　D. ①②③

3.《大学》有云:"大学之道,在明明德,在亲民,在止于至善。"这句话点出大学教育目的重在(　　)。
A. 知识教育　　B. 技能教育　　C. 品格教育　　D. 劳动教育

4.孔子有云:"志于道,据于德,依于仁,游于艺。"这体现了教育的(　　)。
① 社会性　　　② 示范性　　　③ 人文性　　　④ 艺术性
A. ①②③④　　B. ①②④　　C. ②③④　　D. ①③④

5. 张载有云:"为天地立心,为生民立命,为往圣继绝学,为万世开太平。"这主要体现了教育的(　　)。

A. 社会性　　　　B. 示范性　　　　C. 人文性　　　　D. 艺术性

二、思考题

1. 试述教育的本质。
2. 教育是一种艺术。请联系实际,谈谈你的理解。

第二章　孔子的教育思想

本章导读

孔子是儒家学派的创始人,在春秋社会变革时期,打破了奴隶主贵族的教育垄断,提倡"有教无类"。他创立私学,门下有弟子三千,七十二贤人,成为百家争鸣的先驱。他一方面反对奴隶主贵族的横征暴敛,一方面主张用礼乐教化建立一个人道主义的秩序社会,希望通过"学而优则仕"的方式,以"仁"为核心,以"礼"为规范,实现君主和平民的双向自我约束,达到政治改良。他苦心孤诣地整理编纂古代文化教育典籍《诗》《书》《礼》《乐》《易》《春秋》,总结了一套宝贵的教育实践经验,并要求教师具有高尚的职业道德和素养,成为中华民族珍贵的文化教育遗产。我们应当以辩证唯物主义和历史唯物主义思想为指导,客观全面地评价孔子的教育思想和实践,为今天的文化教育发展做出正确指导。

核心内容

表 2-1　孔子的教育思想

教育理论	孔子的教育贡献——儒家学派的创始人,万世师表
教育生平	吾十有五而志于学,三十而立,四十而不惑,五十而知天命,六十而耳顺,七十而从心所欲,不逾矩
代表阶级	奴隶主阶级的改良派,政治保守,教育革新
人性论	性相近,习相远

续 表

社会理想	道之以政,齐之以刑,民免而无耻;道之以德,齐之以礼,有耻且格。庶、富、教是立国的三大要素。通过礼乐教化建立人道主义的秩序社会
办学方针	有教无类
教育目标	学而优则仕的政治精英
教学思想	学、思、行结合,启发诱导,因材施教,好学乐学,不耻下问
德育思想	以仁为核心,礼为规范,己欲立而立人,己欲达而达人,己所不欲,勿施于人。倡导立志、克己、力行、中庸、内省、改过
教师思想	学而不厌,温故知新,诲人不倦,以身作则,爱护学生,教学相长
教育实践	打破学在官府的局面,创立私学,授徒三千,成为百家争鸣的先驱。重视古代文化教育典籍的整理,总结了夏、商、西周时期的教育文献,编纂了《诗》《书》《礼》《乐》《易》《春秋》

关键术语:性相近习相远;有教无类;学而优则仕;启发诱导;因材施教;学而不厌;温故知新;以身作则;诲人不倦;六艺教学

学习目标:理解和掌握孔子教育思想的基本理论和历史贡献

第一节 孔子的生平和影响

扫码查看课程

2 500年前,也就是公元前6世纪左右,世界上几个古老的文明国家都呈现出了灿烂的古代文化,一些杰出的学者和思想家就是这种灿烂文化的代表。在希腊有自发唯物论的奠基者泰勒斯(约公元前624—前547年)和辩证法的奠基者赫拉克利特(约公元前540—前480年),在印度有佛教的创始人释迦牟尼(生于约公元前550年),在中国有孔子(公元前551—前479年)。孔子是儒家学派的创始人,其思想对中国和世界都有着深远的影响,他被列为世界十大文化名人和十大思想家之一。他是中华民族的骄傲和光荣,以一己之力铸就了华夏子民的心理模式,被后人尊称为至圣、万世师表。

一、孔子的生平

"吾十有五而志于学,三十而立,四十而不惑,五十而知天命,六十而耳顺,七十而从心所欲,不逾矩。"(《论语·为政》)孔子自述了他学习和修养的过程。随着年龄的增长,思想境界逐步提高。15 岁到 40 岁是学习领会的阶段,50 岁至 60 岁是安心立命、不受环境左右的阶段,70 岁是主观意识和做人的规则融合为一的阶段。

(一)吾少也贱,故多能鄙事

孔子,名丘,字仲尼,春秋鲁国陬邑(今山东曲阜)人,奴隶主阶级改良派的思想家和教育家。他的先世是宋国的贵族,由于宋贵族内部的倾轧,逃奔到鲁国。他的父亲叔梁纥已没落为下级武官,以力士闻名。传说"纥与颜氏女野合而生孔子"。孔子 3 岁时,叔梁纥就死去了,孔子连父亲的葬地都不知道。从此孔子的家境更加衰落,所以他自称"吾少也贱"(《论语·子罕》)。

> 纥与颜氏女野合而生孔子,祷于尼丘得孔子。鲁襄公二十二年而孔子生。生而首上圩顶,故因名曰丘云。字仲尼,姓孔氏。(《史记·孔子世家》)

孔子的父亲叔梁纥是个气宇轩昂的武士,人称"鲁国三虎将之一"。《左传·襄公十年》记载,鲁国攻打偪阳,被齐国包围,齐军欲瓮中捉鳖,正在这千钧一发之际,力大无穷的叔梁纥徒手撬开城门,顶住千斤闸,让鲁国军队迅速撤退。叔梁纥先娶施氏,生九女而无一子,其妾生一子孟皮,但孟皮脚有残疾,在当时的情况下,女子和残疾的儿子都不宜继嗣。于是他在 60 多岁时娶了 20 岁的颜徵在为妾。为了保佑新生儿的健康,颜徵在于妊娠期间经常到鲁国的尼山虔诚地祈祷,后来产下了孔子。孔子刚出生,囟门还没有闭合,头上有个小坑,鲁国的尼山正好也有个小坑。"圩顶"意为头顶凹陷,《说文解字注》中称:"四方高,中央下为丘。"再加上孔子排行第二,所以取名为丘,字仲尼。

孔子毫不讳言自己幼年的困境。他 3 岁丧父,为了生计,给人家看仓库,喂牲口,做会计,给季氏当过家臣。他在季氏门下当上了"委吏"(管理仓库的小官)和"乘田"(管理牧场的小官),事无大小,均能做到近乎完美。他账目算得清,牛羊养得壮,表现出卓越的实干才能。

> 太宰问于子贡曰:"夫子圣者与?何其多能也?"子贡曰:"固天纵之将圣,又多能也。"子闻之,曰:"太宰知我乎?吾少也贱,故多能鄙事。君子多

乎哉,不多也。"(《论语·子罕》)

春秋时期,像种地一类的体力劳动,都是平民才做的事情,被贵族们看不起,称为"鄙事"。太宰认为孔子才华横溢,博古通今,问孔子的学生子贡:"你们老师智慧超群,是天生的圣人吧?"孔子听闻后,谦虚地说:"哪里是天生的?分明是苦日子教会了我成长。"孔子说他自己年轻的时候生活贫贱,干过这些粗重的活,所以才掌握了许多这方面的技能。扫地、做饭、洗衣、种菜、种粮、挑担、推车等家务劳动,和给人放羊、放牛,甚至别人红白喜事时做吹鼓手之类,他都从事过。孔子家道中落,又没有资格承袭官爵,"吾少也贱,故多能鄙事"是一句非常让人心酸的话,但是艰难困苦玉汝于成,从另一方面成就了孔子。他在苦难中不仅学会了谋生与做事的本领,磨炼了意志,同时也懂得了努力学习的重要性,为他日后思考教育与国家的问题提供了独到的视角。

(二)吾十有五而志于学

孔子出生的时期在公元前6世纪中叶,正当中国历史上的春秋中期,也是奴隶社会向封建社会的转型期。这时的中国,社会生产力有了进一步的发展,如冶铁技术已达到相当高的水平,牛耕开始广泛使用,大批私田得到开发。

公元前594年,鲁国实行"初税亩"。一方面,鲁国的社会改革走在前沿,已开始承认封建土地私有制的合法性,代表新兴地主阶级的政治势力发展得比较快;另一方面,鲁国又是旧思想文化根基最深的地方。鲁国本是周公长子伯禽的封地。伯禽去鲁国时,周成王赐给他大批的文物典籍和文化职官,使鲁国成为西周的政治文化中心之一。周平王东迁以后,传统文化保存得最多的就是鲁国。公元前541年晋国的韩宣子访问鲁国,曾赞叹:"周礼尽在鲁矣!"(《左传·昭公二年》)因此,新旧思想的斗争在这里特别尖锐。

孔子生于士族家庭中,其家必有俎豆礼器。其母族亦为士族,其乡党亲戚中均多士族。为士者必习礼。孔子儿时,耳濡目染,以礼为嬉,已是一士族家庭中的好儿童。孔子由于家庭教育的影响,十分羡慕已经失去的贵族生活,从小就模仿贵族的举止行为,用小盘、小碗做祭器,练习行礼。《史记·孔子世家》云:"孔子为儿嬉戏,常陈俎豆,设礼容。"

孔子自曰:"吾十有五而志于学。"那时官学已经衰废,但像他这样属于平民身份的人依然没有资格进官学,于是到处寻师请教。据传,他曾跟师襄学过琴,跟苌弘学过乐,向老聃问过礼,向郯子问过官制;每当进入太庙,也处处留心请教。就这样,贵族的一套文化知识——诗、书、礼、乐,他样样都通晓,博得鲁昭公的赏识。

"子入太庙,每事问。或曰:'孰谓鄹人之子知礼乎?入太庙,每事问。'子闻之,曰:'是礼也。'"(《论语·八佾》)韩愈《师说》有语:"孔子师郯子、苌弘、师襄、老聃。"孔子作为学人,好学、博学、活学。英雄不问出处,学无常师,兼收并蓄。

"志于学",不仅仅是立志学习,而且是有了人生目标,根据人生目标有选择地去学习。孔子的学习目的很明确,一是领悟"道","朝闻道,夕死可矣"(《论语·里仁》);二是为了能积极入仕,而实现他实行"礼治"和"德政"的政治理想。他对于实现自己的政治理想充满信心,"子曰:苟有用我者,期月而已可也,三年有成"(《论语·子路》)。孔子相信"求仁得仁",树立"求仁"的信念,不断地追求仁,就会成为一个"仁人"。

"三年学,不至于谷,不易得也。"(《论语·泰伯》)孔子阅读了大量古典文献,不仅仅是为了学习知识,更重要的是获得做人做事的修养,学圣贤之道,这是孔子与人不同之处。很多人把学习六艺当作谋生的本领,孔子却不从俗,不只是从中学习知识技巧,而是悟出其中的大道。

当时,士族家庭多学礼、乐、射、御、书、数六艺,以为进身谋生之途,所谓儒业。《说文解字》云:"儒,柔也,术士之称。"术士犹言艺士也。儒乃当时社会上的一种行业,在孔子之前就已经存在。叔梁纥、孔防叔上不列于贵族,下不侪于平民,亦是士,其所业即是儒。钱穆有言:"惟自孔子以后,而儒业始大变。孔子告子夏:'汝为君子儒,毋为小人儒。'(《论语·雍也》)可见儒业已先有。惟孔子欲其弟子为道义儒,勿仅为职业儒,其告子夏者即此意。"

儒原是一种职业,是"术",而孔子却把它升华为儒学,成为"道",成为一个学派,可以说,学有所成。孔子之学,非追随时代之风气,志在求业而学。若是追随时代,志在求业,此不可谓之"志于学"。孔子之志于学,乃是一种超越时代、会通古今之学。孔子在15岁之少年已于此有所窥见而有志寻求,可谓卓尔不群。

(三)三十而立

孔子大约30岁时,开始致力于教育事业,颜回、曾点、子路、冉有等人成为他最早的学生。他在曲阜城北的学舍中教书育人,每当外出游历,弟子们都会跟随,因此逐渐在社会上声名鹊起,吸引了越来越多的人前来请教。鲁国的贵族孟僖子临终前还特意嘱咐其子跟随孔子学习。孔子立志在东方复兴文武之道,并致力于培养相关人才。公元前518年,鲁昭公被季氏驱逐出国。季氏家中竟敢模仿天子的排场,使用"八佾"乐舞,对此,孔子极为愤慨,认为这种僭越行为"是可忍,孰不可忍",因此一度选择离开鲁国。然而,不久后他返回鲁国,继续他的教育事业。随着私学的规模逐渐扩大,孔子在鲁国的政治影响力也日益增强。

孔子思想中最璀璨夺目的是他对"仁"的倡导,那是一种深植于骨髓的"爱人"之情。这不仅仅是一种哲学观点,更是孔子对当时社会现实的敏锐洞察。随着奴隶制的逐渐瓦解,广大庶民的地位逐渐上升,孔子"仁"的理念正是对这一社会变革的积极回应。他将文化知识普及到人民中间,这一行动本身就是这种现实和人道精神的具体体现。

孔子曾言:"自行束脩以上,吾未尝无诲焉。"(《论语·述而》)这句话仿佛打开了一扇通向知识的大门,让所有人都有机会踏入。在孔子的门下,没有贵族与庶人之分,只有对知识的渴望和对真理的追求。孔子弟子有三千之多,《史记·仲尼弟子列传》载有姓名者77人。清人朱彝尊作《孔子弟子考》,共收集到98人。这些弟子们来自鲁、齐、卫、晋、宋、陈、蔡、秦、楚等多个国家,他们大都出身贫寒:颜回,穷居陋巷,过着一箪食一瓢饮的生活;曾参,在田里种瓜,母亲亲自织布养活一家老小;闵子骞,大冬天穿着芦花做的衣服为父亲推车;仲弓,出身贱民;子路,饿得啃路边的野菜,却亲自背米来养活父母;子张,是鲁国的边民;子夏,鹑衣百结,破烂不堪;公冶长,曾经是"在缧绁中"的罪犯;唯独子贡是个"家累千金"的大商人,但也不是贵族中人。据考证,孔子的弟子中真正来自贵族的只有南宫敬叔、司马牛和孟懿子。可他的弟子却都在孔子的教导下成了有学问、有品德的人。

孔子一生培养弟子三千,其中有七十二贤人,真可谓桃李满天下。他们的存在证明了孔子所说的"有教无类"并非空谈,而是实实在在的行动。孔子将教育对象从贵族推广到平民,顺应了"士"阶层兴起的潮流,也推动了文化下移的历史进程。这一举措不仅扩大了教育的社会基础和人才来源,更使得知识不再是贵族的专属物,而成为每个人都可以追求的财富。这种变革对于教育发展史来说具有划时代的意义。它让更多的人有了接触知识、理解世界的机会,也让社会因此变得更加公平和开放。孔子所提倡的教育民主化和大众化的理念对后世也产生了深远影响。

（四）四十而不惑

大约在 40 岁时,孔子创立了自己的学说,并通过讲学活动周游列国,积极推广其政治主张——"仁道""民本"和"尚贤",同时反对"礼崩乐坏"的社会乱象。在那个时代,虽然奴隶主仍掌握着武器,但他们的势力已逐渐减弱,武力统治的威力大不如前。

作为没落奴隶主阶级的思想家,孔子认为仅仅依靠武力镇压并非最有效的治理方式。他期望奴隶主贵族能在统治策略上做出调整。孔子强调,仅仅通过行政命令和刑罚来迫使民众服从是不够的,真正的服从来自道德感化和礼仪的约束,因此,他提出了"为政以德"的主张。他解释说,"政"即意味着端正。当权者应以身作则、行为端正,这样上行下效,才能达到最佳的治理效果。

鲁昭公二十五年,鲁国发生内乱,源于一场斗鸡引发的血案。鲁国的贵族季平子和郈昭伯两人斗鸡赌博,季平子技不如人,输了比赛,还要报复郈昭伯,郈昭伯觉得十分委屈,找鲁昭公诉苦。鲁昭公是鲁襄公的儿子,姓姬,名裯（chóu）,是春秋时期鲁国的第 24 位国君。司马迁在《史记》中说鲁昭公这个人"年十九,犹有童心",19 岁了还像小孩子一样。孔子的儿子诞生,鲁昭公得知此事,赐给孔子一尾鲤鱼,孔子因此给儿子取名孔鲤,可见鲁昭公是个很可爱的人。童心未泯固然有可爱之处,但不适合当个好国君。斗鸡这事背后涉及复杂的权力斗争,天真的鲁昭公不听大臣的劝阻,攻伐季氏,结果没打赢,三桓（家臣季孙、孟孙、叔孙氏）勾结起来,联合攻打鲁昭公的军队。鲁昭公被迫逃往齐国,37 岁的孔子也离开鲁国,到了齐国,受到齐景公的赏识和厚待。

"齐景公问政于孔子。孔子对曰：'君君,臣臣,父父,子子。'"（《论语·颜渊》）齐景公问孔子怎样治理国家,孔子答道,国君的行为要符合国君的要求,臣子的行为要符合臣子的要求,父亲的行为要符合父亲的要求,儿子的行为要符合儿子的要求。齐景公点头称是,想重用孔子,但是却被晏婴所阻拦。这个晏婴就是"晏子使楚"中那名出色的外交官。他说："夫儒者滑稽而不可轨法；倨傲自顺,不可以为下；崇丧遂哀,破产厚葬,不可以为俗；游说乞贷,不可以为国。自大贤之息,周室既衰,礼乐缺有间。今孔子盛容饰,繁登降之礼,趋详之节,累世不能殚其学,当年不能究其礼。君欲用之以移齐俗,非所以先细民也。"（《史记·孔子世家》）言外之意就是这些儒生油嘴滑舌,不太好管,太骄傲不听话,整天讲周礼,繁文缛节,但没有实用价值,也不符合时代的潮流和齐国的国情。

齐景公委婉地拒绝了孔子,放弃了改革。孔子在齐国遭遇到晏婴的毒舌,黯然离去。弟子纷纷为孔子抱不平,但他并没有怨恨晏子,反而尊敬他。"人不知而不愠,不亦君子乎。"(《论语·学而》)孔子在误解和逆境中襟怀坦荡、光风霁月,这才是君子的最高境界。相反,他还欣赏晏子的简朴,一件狐袍穿了30年。晏子的学说最后也启发了墨家思想。

孔子来齐国,虽然没有做成官,但是也不虚此行,因为他还有一个意外收获,就是迷上了齐国的韶乐,可以说如醉如痴,三月不知肉味。"发愤忘食,乐以忘忧,不知老之将至云尔。"(《论语·述而》)

鲁昭公二十七年,齐国的大夫想加害孔子,孔子听说后向齐景公求救,齐景公说:"吾老矣,弗能用也。"(《史记·孔子世家》)孔子只好仓皇逃回鲁国。

(五) 五十而知天命

孔子在51岁时当上了鲁国的中都宰,不久又升为司寇。但鲁国的政局动荡,矛盾重重。他做了三个月的司寇,就被迫离开了鲁国,奔走于宋、卫、陈、齐等国,度过了14年的流亡生涯。他保守的政治主张不为各国的执政者所采纳,凄凄惶惶,找不到一个容身之所,在陈、蔡竟落到绝粮的地步。"楚狂接舆歌而过孔子曰:'凤兮凤兮,何德之衰!往者不可谏,来者犹可追。'"(《论语·微子》)好心人唱歌讽劝他:"凤啊,凤啊!社会道德如此衰败,过去走错了路,今后还来得及改正啊!"孔子却认为他的主张行不通并不是他的过错,乃是当政者的耻辱。

孔子被任命为中都宰只一年时间,就路不拾遗、夜不闭户。远近各国听到这个消息,都来参观,并且向他请教。第二年,他被升为司空,专管全国建设。不久调任司寇,相当于大法官。鲁定公十年春,夹谷之会,鲁国出尽了风头,孔子凭借自己的智慧,化解了一场剑拔弩张的外交危机。齐国还送给鲁国三个城池。齐景公当年虽然没有重用孔子,但是惧怕孔子的改革使鲁国强大,特别是孔子削弱三桓势力,得到了鲁国新君鲁定公的信任。于是齐国使出"反间计",送给鲁定公80名国色天香的美女和120匹日行千里的骏马,鲁定公每日沉湎酒色,疏于国事,渐渐冷落了孔子。按照风俗,鲁国每年一度有场祭天大典,国君会把祭祀的胙肉分给自己最信任的大臣,可是孔子却没有收到这份信任。于是他心灰意冷,不愿再自取其辱,带着自己的学生,第二次出走鲁国。

孔子离鲁周游列国,同行的弟子有数十人。他一面进行政治游说活动,一面进行教育活动,先后到过卫、陈、宋、曹、郑、蔡、楚等国,奔波14年。两次周游列国都并非一帆风顺,而是饱经风霜。期间,孔子虽累受挫折,却仍不消极,还是读诵弦歌不断。

在匡国，他被当作通缉犯，被误认为是季孙氏犯上作乱的家臣阳虎，而遭遇军队的围追堵截；在卫国，卫灵公的夫人南子惺惺作态，对他处处刁难；在宋国，因为得罪了司马桓魋，遭遇伐树之难；在郑国，师生走散，两处茫茫皆不见，哀哀如失群之雁，累累若丧家之犬；在陈国、蔡国风雨飘摇，被绝粮七日，险些饿死。好不容易，楚昭王救他出来，愿意分封700里土地给孔子，请他当官，却遭遇子西的谗言。

《史记·孔子世家》中有这样的记载，楚令尹子西问楚昭王："王之使使诸侯有如子贡者乎？曰：无有。王之辅相有如颜回者乎？曰：无有。王之将率有如子路者乎？曰：无有。王之官尹有如宰予者乎？曰：无有。"子西是楚昭王的庶兄，他提醒楚昭王，我们楚国祖先受周朝分封的时候，也不过50里，现在封给孔子700里土地实在太多了。子西提问，大王的外交使臣，有像子贡一样能言善辩的吗？没有！大王的宰相，有像颜回一样道德高尚、博古通今的吗？没有！大王的将军，有像子路一样骁勇善战、所向披靡的吗？没有！大王的官吏，有像宰予一样运筹帷幄、决胜千里的吗？没有！大王，你什么都没有，还要给孔子这么多土地，他干成大事之后，我们楚国的后代还有安稳日子过吗？再说了，孔子学的是周礼，学的是尊敬周王，如果有一天楚国打败周王朝，统一六国，那么孔子一定会第一个跳出来反对您！楚昭王顿觉索然无味，请孔子出山的打算化为泡影。

"有孺子歌曰：'沧浪之水清兮，可以濯我缨；沧浪之水浊兮，可以濯我足。'孔子曰：'小子听之！清斯濯缨，浊斯濯足矣。自取之也。'"（《孟子·离娄上》）孔子泰然处之，提出世道清平，就洗洗帽缨，准备出来做官；世道艰难，就洗洗脚丫，回去种田。是做官还是归隐，这都是自己的选择。

为何孔子周游列国，他的主张却四处碰壁，得不到诸侯的认可？原因有三：第一，春秋战国时期是奴隶社会向封建社会的转型时期，孔子主张的礼乐制度本质上维护的是以周天子为首的奴隶主贵族的土地国有制，不适应新兴地主阶级土地私有制的需要。第二，孔子主张恢复周天子的权威和王道，限制诸侯的争霸，但这在群雄逐鹿、人为刀俎我为鱼肉的春秋时代，在政治上是不可能的。第三，孔子的个人魅力过高，遭到位高权重的谋臣的嫉妒。

孔子的处世态度是积极的，心怀坦荡，存心为世人做事，不愿意遁世而独善其身。而孔子的老师老子却担心孔子对于世间的一切太过激进，只知发展而不知收敛，结果可能让自己处处碰壁、陷入困境。

孟子说，孔夫子的处世之道，是"可以速而速，可以久而久，可以处而处，可以仕而仕"（《孟子·万章下》）。孔子在经历过一系列的挫折后，进一步明白天时地利人和的重要性，认为一个人如果不懂得天命，就不能成为君子，于是顺应天命，为人处世不纠结，可以做官就做官，不可以做官就走人，该隐居就隐居，绝不贪图名利。不再与人生较劲，一切都顺应人生，这就是他处世的中庸。谋事在人，成事在天。正是由于天命的存在，不能事事遂人愿，因此既要认清现实，又要尽人事，该做什么就做什么，做一些切合实际的事情，量力而行，尽自己最大的努力。至于成不成功，不是自己能做主的，就听天由命吧。

（六）六十而耳顺

公元前484年，孔子重返鲁国，这时他已是68岁的老人了。孔子门下擅长"政事"的冉求正受到季康子的信赖。孔子曾想通过冉求的关系在鲁国东山再起，但是他的政见与季康子格格不入。"季孙欲以田赋，使冉有访诸仲尼，仲尼曰：'丘不识也。'三发，卒曰：'子为国老，待子而行，若之何子之不言也？'仲尼不对，而私于冉有曰：'君子之行也，度于礼，施取其厚，事举其中，敛从其薄，如是则以丘亦足矣。若不度于礼，而贪冒无厌，则虽以田赋，将又不足。且子季孙若欲行而法，则周公之典在；若欲苟而行，又何访焉？'"（《左传·哀公十一年》）当季康子决定改革赋税制度，派冉求问孔子的意见时，孔子提出施政应根据"周公之典"，季康子和冉求都不予理睬。孔子大为不满，"季氏富于周公，而求也为之聚敛而附益之。子曰：'非吾徒也，小子鸣鼓而攻之可也。'"（《论语·先进》）他看到重登政治舞台已经不可能了，从此专心从事讲学和整理古代文献，这样度过了他的晚年。

孔子是文化巨匠、失意官员、模范教师、孤独长者，也是性情中人，还是众矢之的。"在陈绝粮。从者病，莫能兴。子路愠见曰：'君子亦有穷乎？'子曰：'君子固穷，小人穷斯滥矣。'"（《论语·卫灵公》）孔子和弟子们在陈、蔡之间陷入困顿，没有粮食吃。大家都饿倒了，躺在地上起不来。子路郁闷地对孔子说："君子也有走投无路的时候吗？"孔子回答说："君子在困境之中，坚守自己的理想；小人面对困境，才丧失底线，为所欲为。"孔子和子路的对话表达了儒家的穷通观，展现了儒家的骨气。在孔子的心目中，"穷"与"通"的标准不是物质环境，而是以精神财富和思想境界来衡量的。没有钱不叫"穷"，没有理想和骨气才是"穷"。孔子说："士不可以不弘毅，任重而道远。"（《论语·泰伯》）这里的"不可以不"并不是一种被动的应对,而是强调在追求理想的道路上,主动地去弘扬坚毅、刚强的品质。

"夫子曰:'"匪兕匪虎,率彼旷野",吾道非邪,吾何为于此?'颜渊曰:'夫子之道至大,故天下莫能容。虽然,不容何病?不容然后见君子。'夫子油然而笑曰:'回,使尔多财,吾为尔宰。'"(苏轼《上梅直讲书》)孔子用智慧照亮弟子的同时,弟子们也在照亮他。颜回曾经安慰孔子:"先生仕途坎坷,是因为您的智慧卓越,而当权者昏聩无能。千里马常有而伯乐不常有。这没有什么可以垂头丧气的。我们掌握了真理,君主不能用,是他们的损失和耻辱。越是不能见容于世,越能证明君子是君子!"孔子这才转悲为喜。

孟子说:"富贵不能淫,贫贱不能移,威武不能屈,此之谓大丈夫。"(《孟子·滕文公下》)真正的"大丈夫"在面对不同的人生境遇时,能够坚守自己的理想和信念。在历史的长河中,许多仁人志士用自己的生命诠释着这份骨气,闪耀出人格的光辉。

68岁那年,孔子终于名正言顺地受礼聘返鲁,被尊为国老。晚年,他把主要精力用于教育和古代文献的整理上,完成《诗》《书》《礼》《乐》《易》《春秋》的编纂和校订工作,对中华文化的传承做出了巨大贡献。

(七)七十而从心所欲,不逾矩

人到七十,人生将尽,经过人生的起起伏伏,阅尽人间沧桑,思想更加成熟,为人处世更加练达,率性而为,生活处于一种自在的状态,一些世俗规则不再是一种束缚。但是,他同时知道自由是有边界的,不能随心所欲。不能藐视社会规则和规范,法无规定可以自由地行动,法度之内令行禁止,丝毫不超越社会的规矩,不触犯规则、冒犯他人。从心所欲是有条件的,必须经过不断地完善自我才能达到。

孔子的梦想,是"老者安之,朋友信之,少者怀之"(《论语·公冶长》);关于孔子的著述,"知我者,其惟《春秋》乎!罪我者,其惟《春秋》乎"(《孟子·滕文公下》);孔子的境界,是"乐以忘忧,发愤忘食,不知老之将至云尔"(《论语·述而》);孔子的事业,是"沧浪之水清兮,可以濯吾缨;沧浪之水浊兮,可以濯吾足"。

在时间的长河中,肉体终将化为尘埃,唯有精神不朽!一个人真正的不朽是立德、立言、立功。立德即德行操守,世代效法;立言即真知灼见,著书立传;立功即事业功绩,造福后世。孔子便是这样的人,他是圣人,也是凡人;他是严肃的、巍峨的、执着的、高高在上的,也是真实的、儒雅的、善良的、可爱的。他怀着普济苍生的仁爱之心,将教育的火种和理想带到了人间,让我们感受到教育生命的真切,感受到儒家的仁爱、智慧、勇气、深情!

孔子死于公元前 479 年。"孔丘卒,公诔之曰:'旻天不吊,不慭遗一老,俾屏余一人以在位,茕茕余在疚。呜呼,哀哉! 尼父,毋自律!'"(《左传·哀公十六年》)鲁哀公在悼词中说:"我感到多么孤独,今后向谁请教啊!"孔子死后,弟子们在墓旁搭起草房,守丧三年,分别时都痛哭难舍,子贡不忍离开,又独自住了三年。他怀着无限的敬仰向人们称颂自己的老师:"夫子之不可及也,犹天之不可阶而升也!"(《论语·子张》)

孔子的弟子和孔门后学把孔子平时的言论汇集成书,称为《论语》。他的思想和教育经验主要被保存在这本书里。

孔子的一生由修养进入修行,再进入修道,这是一个循序渐进、逐渐升华的过程,孔子的成长过程,启示后学者人生的成就不是一蹴而就的,是一个渐次提升的过程,是一个不断修炼的过程,在人生的每一个阶段都有一个质的飞跃。立志是成功的关键,学习是成功的要件,修身是成功的根本,忠于内心,忠于热爱,无愧于天地。

二、孔子的贡献

孔子是我国古代最杰出的和影响最大的思想家、政治家和教育家,他毕生从事教育事业,建立了丰功伟绩,对后世产生了巨大影响。

(一)历史贡献:跨越时空的思想巨擘

孔子深知教育对于社会进步和人类发展的重要性。他勇敢地打破了贵族垄断教育的局面,积极倡导并践行"有教无类"的理念,让平民百姓也有机会接受教育。他创办的私学规模宏大,吸引了众多学子前来求学,成为百家争鸣的先驱,为后来的学术繁荣奠定了基础。孔子提倡"学而优则仕",鼓励学子们通过努力学习来提升自己的政治素养。这一理念为封建官僚制度的改革提供了人才支持,也为后世的教育体系奠定了基石。在教学方法上,他注重学、思、行的结合,强调启发式教学,培养学生的思维能力。他因材施教,关注每个学生的特长和兴趣,努力造就各类人才。

此外,孔子非常重视道德教育,以仁为核心价值观,鼓励人们追求高尚的道德品质。他认为,一个人的学问再高,如果没有良好的道德品质,也是难以立足于社会的。因此,他始终将道德教育贯穿于教育的全过程,培养了一批又一批德才兼备的优秀人才。

孔子还致力于古代文化的传承和整理。他编纂了《诗》《书》《礼》《乐》《易》《春秋》等经典教材,为后世保存了丰富的文化遗产。这些经典教材不仅是中国古代文化的瑰宝,也是全人类共同的宝贵财富。

(二)国际影响:跨越国界的智慧之光

孔子的学说和教育思想不仅在中国产生了深远的影响,还跨越国界,对世界文化、思想的发展产生了重要影响。

早在16世纪,孔子的学说和教育思想就传入了欧洲,引起了巨大的关注。欧洲启蒙主义思想家伏尔泰曾盛赞孔子为"真理的解释者"和道德的化身。① 孔子以其深邃的思想和卓越的智慧成为人类的精神导师和人道主义的启蒙者。他的学说跨越国界,为世界各国人民提供了宝贵的精神财富。联合国教科文组织曾将孔子评为"世界十大文化名人"之首,足见其在国际上的崇高地位。

当我们提及孔子,不得不提的是他的故乡曲阜。这片土地被誉为东方文化的发源地,是孔子的智慧与教诲的源头。曲阜的孔府、孔庙、孔林,这三者合称为"三孔",以丰厚的文化积淀、悠久的历史、宏大的规模、丰富的文物珍藏,以及科学艺术价值而著称,吸引了世界各地的游客前来朝圣。1994年,这一融合了孔子智慧与东方文化的瑰宝,被联合国正式列入"世界文化遗产名录",成为全人类共同的财富。

在世界的各个角落,孔子的影响力不断扩大。在东亚和东南亚的许多国家出现了"孔教"和"孔教学校"。遥远的美国加州更是将孔子诞辰的9月28日定为"孔子日",以表达对这位伟大思想家的敬意。联合国教科文组织也设立了"孔子奖",用以表彰那些在全球范围内对教育文化事业做出杰出贡献的人士。此外,1971年,美国参、众两院立法将9月28日定为美国的教师节,这足以证明孔子在世界教育领域的卓越地位。新加坡、马来西亚、印度尼西亚等地把孔子的生日或定为教师节,或定为庆祝日。可见,孔子不仅是中国教师的鼻祖,也是世界教师的荣耀。

现在,孔子学院遍布世界各地160个国家和地区,截至2022年12月,全球

---

① [法]伏尔泰:《路易十四时代》,商务印书馆1982年版,第594页。

共有492所孔子学院和819个孔子课堂,注册学员总数达150万人。孔子学院为加强中国与世界各国的教育文化交流合作,发展中国与外国的友好关系,促进世界多元文化发展,构建和谐世界贡献了力量。

本节习题

一、单项选择题

1. 儒家学派的创始人是( )。
   A. 老子　　　　B. 孔子　　　　C. 孟子　　　　D. 荀子

2. "吾十有五而志于学,三十而立,四十而不惑,五十而知天命,六十而耳顺,七十而从心所欲,不逾矩。"这段话给我们的教育启示有( )。
   ① 要树立终身学习的理念
   ② 教育不仅要学知识,更重要的是学做人
   ③ 学习不是一劳永逸、一蹴而就的,要持之以恒
   ④ 人生要做好规划,在不同阶段有不同的目标和任务
   A. ①②③④　　B. ③④　　　　C. ②③　　　　D. ①④

3. 孔子的教育贡献有( )。
   ① 开设私学,改变"学在官府"的局面,成为百家争鸣的先驱
   ② 编纂《诗》《书》《礼》《乐》《易》《春秋》为教材,保存了中国古代文化
   ③ 重视道德教育,学而不厌,以身作则
   ④ 提出了罢黜百家、独尊儒术的思想
   A. ①②③④　　B. ②③④　　　C. ①②③　　　D. ①④

4. "圣人无常师,孔子师郯子、苌弘、师襄、老聃。郯子之徒,其贤不及孔子。孔子曰:'三人行,则必有我师。是故弟子不必不如师,师不必贤于弟子,闻道有先后,术业有专攻,如是而已。'"有关这句话的正确理解有( )。
   ① 教师是教学的唯一权威　　　② 知识面前,师生关系是平等的
   ③ 学习中应做到不耻下问　　　④ 师生关系在一定条件下相互转化
   A. ①②③④　　B. ②③④　　　C. ②③　　　　D. ①②③

5. ( )是孔子的故乡,是东方文化的重要发祥地,被誉为"东方圣城",亦被称为"东方耶路撒冷"。
   A. 商丘　　　　B. 曲阜　　　　C. 邯郸　　　　D. 淄博

二、思考题
1. 试述孔子的终身教育思想。

第二节 性相近，习相远

中国自夏、商、周以来，就有重视教育的优良传统，《学记》说："古之王者，建国君民，教学为先。"孔子继承了这种重教的优良传统，并进一步在理论上加以发展，他认为教育不仅对社会发展有重要作用，而且在人的发展过程中也起着关键性作用。他在中国历史上首次提出"性相近也，习相远也"。

扫码查看课程

一、教育与人性

儒家对于人性的探讨始于孔子，然而孔子并未对此进行详尽的阐述，更未明确提及"善恶"两字。他仅留下这样一句话："性相近也，习相远也。"（《论语·阳货》）孔子认为，人类的本性并不能简单地以善恶来区分，而应以清浊来界定。人性并非简单的善恶二元对立，而更像是一条清澈的河流，虽然源头相同，但流经不同的土地，受到不同的影响，最终形成的景观各不相同。

"里仁为美；择不处仁，焉得知？"（《论语·里仁》）又有："益者三友，损者三友。"（《论语·季氏》）孔子深知环境对人的影响，因此他强调人们要慎重选择环境，尤其是交朋友和选择邻居。一个好的环境可以让人保持本性、茁壮成长，而一个恶劣的环境则可能让人迷失方向，走向堕落。

在探讨人性的光明与阴暗面时，孔子引入了一个概念——智慧。它如同清澈的泉水与浑浊的泥沼，清透的泉水象征着智慧，而泥沼则代表着愚昧。孔子，这位古代的智者，曾将人类的智慧划分为三个层次：上智、中智和下智。中智的人富于可塑性，如同一块未经雕琢的玉石，他们有着巨大的潜力，可以被塑造成任何形状，既可以升华至更高境界，也可能沉沦至更低层次。上智的人像是璀璨的星辰，即使在乌云密布的夜晚，也无法掩盖他们的光芒。下智的人则如同一片死水，即使给予他们最好的教育资源，也难以激发他们的智慧。所以他说，"唯上智与下愚不移"（《论语·阳货》），"中人以上，可以语上也；中人以下，不可以语上也"（《论语·雍也》）。

尽管孔子对人的智慧有着如此精细的划分，但他始终认为，智慧的高低并不是决定一个人未来的唯一因素。他坚信，只要一个人愿意付出努力，无论他起初的智慧如何，最终都能取得成功。这就像是一颗种子，无论它起初是落在肥沃的土壤还是贫瘠的沙地，只要它愿意努力生长，最终都能开出美丽的花朵。

因此，孔子鼓励我们："或生而知之，或学而知之，或困而知之，及其知之，一也。或安而行之，或利而行之，或勉强而行之，及其成功，一也。"(《中庸》)无论我们起初的智慧如何，只要我们愿意不断学习、不断努力，最终都能达到成功的彼岸。这就是孔子对智慧的独特见解，也是他对人性的深刻洞察。长期以来，奴隶主贵族迷信天命鬼神，坚持先天决定论和血统论，孔子指出人的天赋素质相近，打破了奴隶主贵族的优越思想，是人类认识史上一个重大的突破，顺应和推动了人类思想解放的历史潮流。"性相近，习相远"成为人人有可能受教育、人人都应当受教育的理论依据。

《论语·阳货》有云："好仁不好学，其蔽也愚；好知不好学，其蔽也荡；好信不好学，其蔽也贼；好直不好学，其蔽也绞；好勇不好学，其蔽也乱；好刚不好学，其蔽也狂。"仁、智、信、直、勇、刚六种品德为"六言"，"蔽"通"弊"，即缺陷和弊病。一个人的品质是要通过努力学习去完善的，如果不加强学习，不善于运用，即使有仁、智、信、勇、直、刚这样的美德，也照样会出现大的过失：爱好仁德而不爱好学习，它的弊病是受人愚弄；崇尚智慧却不喜欢学习，它的弊病是浮躁轻信；崇尚诚信却不喜欢学习，它的弊病是危害亲人；崇尚直率却不喜欢学习，它的弊病是说话尖酸刻薄；崇尚勇武却不喜欢学习，它的弊病是被人利用；崇尚刚强却不喜欢学习，它的弊病是刚愎自用。

世事洞明皆学问，人情练达即文章。由此可见，任何一种道德品质都有其两面性。"习相远"要求我们学会学习，学会做人，学会合作，学会生存。学会学习是成才之要，学会做人是立身之本，学会合作是发展之机，学会生存是立足之策。无论是天赋异禀，还是资质平平，都只是起点。天道酬勤，学无止境，综合利用好身边的自然资源和社会资源，才能更好地适应社会和时代发展的新挑战、新需要。

二、教育与经济

孔子是中国历史上最先论述教育与经济发展关系的教育家。他认为，"庶、富、教"是立国治国的三大要素。"子适卫，冉有仆。子曰：'庶矣哉！'冉有曰：'既庶矣，又何加焉？'曰：'富之。'曰：'既富矣，又何加焉？'曰：'教之。'"(《论语·子路》)"庶"指人口,社会发展要有一定比例的劳动力作为保障;"富"指经济,要为人民解决吃饭问题,使百姓安居乐业;"教"指发展文教事业,要使人民读书学习、接受教育,主张教育民主化、大众化。前两者是条件,后者对前者有促进作用。他认为先要抓好经济建设,以建立物质基础,随之而来就应当抓教育建设,国家才会走上富强康乐之路。

在孔子所生活的时代,社会等级制度遭受严重冲击,贫富差距日益加大,成为尖锐的社会问题。以鲁国为例,原本属于鲁公室的土地和奴隶被季氏等大夫瓜分,导致"季氏富于周公"的局面。同时,越来越多的劳动人民失去了生存的基础,被迫逃离或反抗,使得"患盗"成为普遍的社会难题。

面对这一局势,孔子怀揣着挽救社会的理想,提出了"均平"的经济主张。他强调,治理国家的关键在于财富的公平分配,只有分配均衡,社会才能安定。孔子所倡导的"均平"并非简单的平均主义,而是要在维护周礼等级制度的前提下,实现各阶层之间的和谐共处。《国语·周语》记周襄王对晋文公说:"昔我先王之有天下也,规方千里以为甸服……其余以均分公侯伯子男,使各有宁宇。"韦昭注:"均,平也。周礼,公之地方五百里,侯四百里,伯三百里,子二百里,男一百里。"这样按贵族等级依次递减,各得其分。孔子在《论语·季氏》中明确表示:"闻有国有家者,不患寡而患不均,不患贫而患不安。"朱熹注解道:"寡,谓民少,贫,谓财乏,均,谓各得其分,安,谓上下相安。"(《论语集注》)这意味着在孔子看来,国家和社会应确保每个人按照其等级和地位获得相应的财富,从而维护社会的稳定与和谐。

为了实现这一目标,孔子进一步以"均平"的经济思想为基础,构建了以"仁"为核心的道德学说。他认为,通过倡导仁爱、礼义等道德观念,可以引导人们自觉遵守等级制度,实现社会的有序运行。同时,孔子也强调君主的仁政与民本思想,认为君主应关注民生,确保人民的基本生活需求得到满足。总之,孔子在社会动荡和贫富差距加大的背景下,提出了"均平"的经济主张和以"仁"为核心的道德学说,旨在维护社会的稳定与和谐。这些思想不仅对当时的社会产生了深远影响,也对后世的政治、经济和文化发展产生了重要启示。

三、教育与社会

奴隶制国家是依靠军事统治的。而孔子所处的时代,奴隶主手中尽管仍然掌握着武器,但其势已为强弩之末,威力实在很有限了。孔子作为没落奴隶主阶级的思想家,认为光是采用"杀无道以就有道"的武力镇压,不是最有效的办法。

他很希望奴隶主贵族在统治策略上进行一些调整。

孔子在政治上主张实行利民的"德政",反对害民的"苛政"。为了达到德政的目的,他强调以教育作为施政的基本手段,宣传忠君孝亲、奉公守礼,这是教育最直接为政治服务的表现。特别是在社会动荡不安的时候,不宜只用强制性的刑罚,而应加强感化性的礼教。他说:"道之以政,齐之以刑,民免而无耻;道之以德,齐之以礼,有耻且格。"(《论语·为政》)以行政命令居高临下,以严刑苛法恐吓老百姓,人民只会勉强不去做坏事,但内心并不信服;用道德春风化雨,用教育来陶冶灵魂,人民就有是非和廉耻之心,遵纪守法,而且统治者众望所归,人民心悦诚服。"政"为依法治国,"德"为以德治国,两者相结合,才能促进社会发展。

教育能在社会发展中发挥重要作用,是建立在教育对人的发展有重要作用的认识基础上的。"季康子问政于孔子。孔子对曰:'政者,正也。子帅以正,孰敢不正?'"(《论语·颜渊》)季康子向孔子请教治国之道。孔子回答说:"你看'政'这个字,它的意思就是端正。你自己带头端正,少收点苛捐杂税,少搜刮些民脂民膏,以身作则,爱民如子,谁敢不走正道呢?"

《战国策》中有"市义于薛"的典故。春秋时期,孟尝君派冯谖去薛地收债,冯谖却假托孟尝君的命令,在百姓面前把债券付之一炬。百姓感激涕零。孟尝君大怒,冯谖却说,奇珍异宝可以用金钱来衡量,但老百姓的拥护是千金难求的。一年后,孟尝君被罢去了宰相职位,走投无路,返回薛城。薛城百姓听说免去他们债务的孟尝君回来了,于是扶老携幼,夹道欢迎。面对百姓的热诚欢迎,孟尝君恍然大悟,冯谖所买的"义"原来如此!

孟子在《公孙丑上》中也提出了"天时不如地利,地利不如人和"的观点,国家治理的关键,除了经济和社会发展,最重要的是人民文化素质和生活水平的提高,这才是国之根基。所谓和谐中的"和",左边的"禾"代表粮食,右边的"口"代表人民,人人都有饭吃,这叫"和";"谐"左边一个"言",右边一个"皆",人人都能受教育,有话语权,这就是"谐"。社会的稳定,国家的昌盛,正是靠着一个又一个人的作用来推动的。君,舟也;民,水也。水能载舟,亦能覆舟。江山就是人民,人民就是江山。

中国古代民本思想对中国历史的发展有着深远的影响,使得广大人民在一定程度上能够安居乐业,促进了中国封建社会的发展,形成了中国历史上的汉代"文景之治""光武中兴"、唐代"贞观之治""开元盛世"。中国古代民本思想的"民贵君轻""平政爱民""富民强国""重民保民""恤民忧民"等思想,在今天仍具有重要借鉴价值。

本节习题

一、单项选择题

1. 关于孔子人性论的正确观点是( )。
   A. 素丝说　　　B. 性善论　　　C. 性恶论　　　D. 性三品说

2. "好仁而不好学,其弊也愚;好智而不好学,其弊也荡;好信而不好学,其弊也贼;好直而不好学,其弊也绞;好勇者而不好学,其弊也乱;好刚而不好学,其弊也狂。"这段话给我们的教育启示有( )。
   ① 美好的品德,需要在不断的学习和实践中,获得定位与制衡
   ② 学、思、行要相结合
   ③ 任何一种道德品质都有其两面性
   ④ 教育的作用在于促进个人的完善和发展
   A. ①②③④　　B. ③④　　C. ②③　　D. ①④

3. "性相近,习相远"的正确理解有( )。
   ① 人性是相近,但不是相同的
   ② 人的成长是先天素质和后天教育的共同结果
   ③ 环境对于人格的塑造有重要作用
   ④ "性相近"指的是中人之性,即困而学之
   A. ②③　　B. ③④　　C. ①②③④　　D. ①④

4. "性相近,习相远"强调环境的重要作用,下列与其观点相近的说法是( )。
   ① 蓬生麻中,不扶自直,白沙在涅,与之俱黑
   ② 近朱者赤,近墨者黑
   ③ 孟母三迁
   ④ 龙生龙,凤生凤,生个老鼠会打洞
   A. ①③④　　B. ②③④　　C. ②③　　D. ①②③

5. "道之以政,齐之以刑,民免而无耻;道之以德,齐之以礼,有耻且格。"这段话给我们的教育启示有( )。
   ① 内心修养和外在约束要并重
   ② 教育对提高人民文化素质和树立法治观念有巨大影响

③ 依法治国和以德治国要相结合
④ 依法治国比以德治国重要
A. ②④ B. ①②③ C. ②③ D. ①④

二、思考题

1. 从教育与人性关系的角度，谈一谈对"孟母三迁"的理解。
2. 从教育经济学的角度，试评孔子对教育与经济发展关系的论述。

第三节 有教无类

扫码查看课程

孔子的办学方针是"有教无类"。人人都可以受教育，不考虑身份的高低贵贱。这个方针对孔家私学的教育对象做了原则性的规定，指导着他的教育实践活动。

对于"有教无类"历来有不同的理解。我们可以从以下两个角度加以解读。第一，海纳百川，兼收并蓄，对所有人都进行教育，而没有"类"的区别。无论贫富、贵贱、种族、身份、职业、地位，人人都可以入学，打破了贵族的教育垄断，使受教育范围扩大到平民。第二，人原本是"有类"（有差别）的，比如有的智、有的愚、有的贤、有的不肖，但通过教育却可以缩小这些差别。这层意思侧重于教育的一种结果，也可以说是人类历史上最早出现的教育平等思想。

"有教无类"作为私学的办学方针，与贵族官学的办学方针相对立。把受教育的范围扩大到平民，这是历史性的进步。

一、孔子的学费——束脩

孔子说："自行束脩以上，吾未尝无诲焉。"（《论语·述而》）只要本人有学习的愿望，主动奉送10条干肉以履行师生见面礼，就可以成为弟子。

"脩"的字形从肉。《说文解字》说："脩，脯也。"脩和脯都是肉干，脩是在脯的基础上制成的。脯是切成薄片的干肉，脯再经过捶打、作料、风干等一系列加工，最后切成细细长长的干肉条，引申为修长的意思，就叫"脩"。在孔子时代，弟子拜见老师要带着"束脩"，也就是将十条干肉（一条干肉的长度大约是27厘米）绑成一捆。束脩虽然微薄,但表示着弟子对老师的尊重,因此是必要的"学费"。对于家境穷困,连10条干肉都拿不出来的学生,如果想学习,孔子也会招收他。

束脩的另一种解释是"束修",代表年龄。古时候,不论男女都是要蓄留长发的,有时依据发型的不同,称呼年龄的大小。不满周岁的婴儿,以"襁褓"称之;两三岁的孩子,叫作"孩提";三至九岁的儿童,称为"垂髫";八九岁至十三四岁的儿童将头发分作两半,左右各扎一个结,形如羊角,故称"总角"。女孩子的头发盘成树丫形状,叫"丫头";十三四岁的女童进入少女期,呼以"豆蔻";十五岁的少女被视作成年,在盘起的头发上插上簪子,叫作"及笄"。十五岁的男孩子则要把原先的"总角"解散,扎成一束,变成丸子头,这就是"束修"。男子二十岁行冠礼,表示已经成人,因为还没达到壮年,故称"弱冠"。冠礼依次戴上三顶帽子,首先加用黑麻布材质做的缁布冠,表示从此有参政的资格,能担负起社会责任;接着再加用白鹿皮做的皮弁,就是军帽,表示从此要服兵役,以保卫社稷疆土;最后加上红中带黑的素冠,是古代通行的礼帽,表示从此可以参加祭祀大典。

古代15岁以下所上的学称之为小学,15岁以上的称之为大学。男子15岁,到了束发的年龄,想来学习,愿意接受约束和指教,就可以入学。"修"的字形从"彡"(shān),"彡"就是画出的花纹。《说文解字》说:"修,饰也。"修饰过的东西更加完善,因此"修"后来又表示修正、修改之义。

二、弟子入门的资格——无类

孔子不分贫富、贵贱、智愚、善恶等,对所有学生都进行教育。他桃李满天下,兼收并蓄,教之成材。七十二贤人中,有箪食瓢饮、安贫乐道的"学霸兼课代表"颜回;有侠肝义胆、路见不平拔刀相助的子路;有智商、情商在线,在学界、政界、商界混得风生水起,救鲁、乱齐、亡吴、强晋、益越,改变10年世界格局的外交人才子贡。

(一)"学霸"颜回

颜回13岁拜孔子为师,是孔子最得意的学生。位列孔门七十二贤人之首,孔子对颜回的称赞也最多。

"哀公问:'弟子孰为好学?'孔子对曰:'有颜回者好学,不迁怒,不贰过。'"(《论语·雍也》)鲁哀公问孔子:"在您的学生中,谁是最好学的呢?"孔子答道:"在我的学生中,颜回最为好学,他性格随和,待人宽厚,自己受了委屈,也不会把怒气转移到别人头上,更不会重复犯第二次错误,学习起来孜孜不倦,是个乖孩子。"

"孔子厄于陈、蔡,从者七日不食。子贡以所赍货,窃犯围而出,告籴于野人,得米一石焉。颜回、仲由炊之于壤屋之下,有埃墨堕饭中,颜回取而食之。子贡自井望观之,不悦,以为窃食也。……子曰:'吾信回之为仁久矣。虽汝有云,弗以疑也,其或者必有故乎?汝止,吾将问之。'召颜回曰:'畴昔予梦见先人,岂或启佑我哉。子炊而进饭,吾将进焉。'对曰:'向有埃墨堕饭中,欲置之,则不洁;欲弃之,则可惜。回即食之,不可祭也。'"(《孔子家语》)颜回随孔子在陈、蔡期间绝粮七天,子贡费了许多周折才买回一石米。颜回与子路在破屋墙下做饭,有灰尘掉进饭中,颜回便取出来自己吃了。子贡见到后,不满地向孔子告状,孔子不动声色地把颜回叫到身边说:"日前我梦见先人,大概是启发佑助我。你把做好的饭端进来,我将祭奠先人。"颜回对孔子说:"刚才有灰尘掉进饭里,我舍不得扔掉,就把那块饭吃了,再用来祭奠是不恭敬的。"孔子明白了颜回当时为何偷吃米饭,心里大为感动,子贡也意识到眼见不一定为实,差点错怪了颜回。

孔子曾经这样赞美颜回:"贤哉,回也!一箪食,一瓢饮。在陋巷,人不堪其忧,回也不改其乐。贤哉,回也!"(《论语·雍也》)"箪",就是盛饭的竹篮;"瓢",就是舀水的瓜瓢。吃饭用竹筐,喝水用瓜瓢,可见连碗都没有,更没有酒肉,竹筐里就是野菜。这是许多人都忍受不了的,只有颜回"不改其乐"。

颜回之乐,显然不在箪食、瓢饮、陋巷,而在谋道、读书、做学问。也就是说,只要能够治学悟道,颜回就快乐。吃什么,喝什么,住在哪里,无所谓。这就叫"不改其乐",把学问和道德本身当作快乐。

(二)"保镖"子路

子路是个"古惑仔",孔子第一次见到他,他头上插着公鸡毛,脖子上挂着猪牙项链,腰间佩长剑,对于学习的兴趣并不大。

"子路曰:'南山有竹,不揉自直,斩而用之,达于犀革。以此言之,何学之有?'孔子曰:'栝而羽之,镞而砺之,其入之不亦深乎?'子路再拜曰:'敬受教。'"(《孔子家语》)子路说:"南山有竹子,挺直翠绿,不用矫正它也自然笔直,砍下来做成箭,锋利无比,能够射穿犀牛皮。由此说来,天赋异禀,天生资质很好的,还有什么学习的必要呢?"孔子说:"在箭尾安上羽毛,把箭头磨得极其锋利,那它射得不就更深了吗?"就像子路这样,已经有很好的先天品质,再加以学习,必然有所大成！子路顿悟，一下子明白了孔子说的道理，向孔子拜了两拜说："一定接受您的教诲。"

子路后来在游学中忠心耿耿，成了孔子周游列国的"保镖"，并且在孔子做大司寇时期，靠着自己行走江湖多年的刑侦经验，帮助孔子断了不少案子。"片言可以折狱者，其由也与？"（《论语·颜渊》）

(三)"瑚琏"子贡

子贡被孔子称为"瑚琏"（古代盛饭的礼器，饭桶），也是国之重器。

子贡擅长语言表达与沟通，是个出色的外交家。"子贡利口巧辩，孔子常黜其辩"，连孔子也称"赐敏贤于我"。《史记·仲尼弟子列传》说："子贡一出，存鲁，乱齐，破吴，强晋而霸越。子贡一使，使势相破，十年之中，五国各有变。"

子贡也是一名出色的"儒商"，孔子周游列国的经费是他出的。比起只会读书，他能将知识变成现实生产力。《史记·货殖列传》载："子贡结驷连骑，束帛之币以聘享诸侯。所至，国君无不分庭与之抗礼。"冬季，吴国发生战争，子贡将鲁国丝绵贩卖给吴国，游学途中不忘推销家乡土特产，奇货可居，被抢购一空，积累了巨额财富。

君子爱财，取之有道，以义取利，以利济世，以和为贵，以儒兴商，富可敌国，宽厚圆融，内圣外王。子贡谦虚谨慎，刚柔相济，贫而无谄，富而无骄。孔子死后，其他学生为其守孝三年，子贡为孔子守孝六年。他将孔子的字字珠玑、金科玉律整理出来，和众弟子出版语录体教育思想巨著《论语》，将孔子的思想发扬光大，使其为后世所知。

三、"有教"的艺术——因材施教

孔子是我国历史上首倡因材施教的教育家。如前所述，孔子的学生众多，情况颇为复杂。就年龄来说，多数是青年，也有部分是成年人，年龄差距较大；社会成分也各式各样，贫民、小生产者、商人、地主、贵族都有；又来自不同的地区，各人的文化水平、道德修养、性格特征存在很大差别；要求也不一致，有的请教几个问题就走，有的则长期追随左右，流动性很大。只有从各人的实际情况出发，根据个性特点和具体要求来进行教育，才能达到一定的教育目的。

实行因材施教的前提条件是承认学生间的个体差异，并了解学生的特点。孔子熟悉学生的个性特点，并做出了评价。《论语》中有多处记述，如"由也果"

"赐也达""求也艺"(《论语·雍也》),这是从品格优点方面做出的评价;"柴也愚""参也鲁""师也辟""由也喭",这是从缺点方面来分析;"师也过,商也不及""求也退,故进之;由也兼人,故退之"(《论语·先进》),这是从两者的比较来区分特点。可见,他对学生了解透彻,仅用一两个字就概括了某一学生的个性特点。

《论语》中有一个针对学生缺点因材施教的事例。"子路问:'闻斯行诸?'子曰:'有父兄在,如之何其闻斯行之?'冉有问:'闻斯行诸?'子曰:'闻斯行之。'公西华曰:'由也问:"闻斯行诸?"子曰:"有父兄在。"求也问:"闻斯行诸?"子曰:"闻斯行之。"赤也惑,敢问。'子曰:'求也退,故进之;由也兼人,故退之。'"(《论语·先进》)子路问:"我有一个妙不可言的想法,要立即去做吗?"孔子答:"那怎么行?你都没有问过父母和兄弟,怎能自作主张?"冉求问:"听到一个很好的主张,要立即就去做吗?"孔子答:"当然,快,去吧。"公西华对此很不理解。孔子说:"冉求遇事畏首畏尾,瞻前顾后,容易不了了之,所以要鼓励他去做。子路遇事轻率鲁莽,所以要敲打敲打他,让他三思而后行。"这一事例生动地表明他能区分不同特点,有意识、有目的地因材施教。

孔子实行因材施教,培养出一批有才干的人才。《史记》中有记载,其中杰出的有十人:德行看颜渊、闵子骞、冉伯牛、仲弓,言语看宰我、子贡,政事看冉有、季路,文学看子游、子夏。

在了解学生的基础上,孔子根据学生的具体情况,有针对性地进行教育。"仁"被孔子作为最高的道德准则,也是他学说的中心思想。他经常谈论"仁",《论语》中记载许多学生提问什么是"仁",孔子根据樊迟未知"仁"的基本思想,颜回未知"仁"与礼的关系,仲弓与子贡不知实行"仁"的方法,司马牛为人多言而急躁,子张为人较为偏激等情况,做了不同的回答。这些回答的角度不同,但都围绕着仁道这一中心原则。"樊迟问仁。子曰:'爱人。'""颜渊问仁。子曰:'克己复礼为仁。一日克己复礼,天下归仁焉。'""仲弓问仁。子曰:'出门如见大宾,使民如承大祭;己所不欲,勿施于人;在邦无怨,在家无怨。'""司马牛问仁。子曰:'仁者,其言也讱。'"(《论语·颜渊》)"子张问仁于孔子,孔子曰:'能行五者于天下,为仁矣。'"(《论语·阳货》)

据说,孔子的弟子先后累计达3 000多人。"南郭惠子问于子贡曰:'夫子之门,何其杂也?'子贡曰:'君子正身以俟,欲来者不拒,欲去者不止。且夫良医之门多病人,檃栝之侧多枉木。是以杂也。'"(《荀子·法行》)南郭惠子问子贡:"孔夫子的门下,怎么那样混杂?"子贡回答:"君子端正自己的品行以待四方求教之士,愿意来的不拒绝,愿意走的不制止。正如良医之门病人多,良工之旁弯木多一样,所以夫子门下人品较混杂。"这说明孔子作为伟大的教育家,有宽大能容的胸怀、高明善化的教育艺术。

"因材施教"是根据学生资质和禀赋的不同所施行的个性化教育,它体现的是差异性;而"有教无类"是指教育要面向全体学生,使每个人的受教育机会均等。前者强调个性,后者强调共性,两者不是对立存在的,而是需要互相结合、互为依存,共同吸收,双剑合璧,共同促进教育的发展。只有这样,"有教无类"才能真正做到对教育产生实质性影响,培养一批又一批德才兼备的高素质人才。

本节习题

一、单项选择题

1. 孔子的办学方针是(　　)。

　A. 有教无类　　　　　　　B. 性相近,习相远

　C. 学而优则仕　　　　　　D. 因材施教

2. 有关"有教无类"的正确理解有(　　)。

① 提倡教育的民主化

② 教育打破门第、民族、贵贱、职业的限制

③ 人人都应享有受教育的权利,做到因材施教

④ 教育具有阶级性

　A. ②③④　　B. ③④　　C. ①②③④　　D. ①②③

3. "君子食无求饱,居无求安,敏于事而慎于言,就有道而正焉,可谓好学也已。"这段话给我们的教育启示有(　　)。

① 学习者要穿得破烂不堪、食不果腹才好

② 学习要专心致志、心无杂念

③ 善于发现别人的长处,虚心求教

④ 腹有诗书气自华,反对物质攀比,实际行动比夸夸其谈更重要

　A. ②③④　　B. ③④　　C. ①②③④　　D. ①②③

4. "其身正,不令而行;其身不正,虽令不从。"这段话给我们正确的教育启示有(　　)。

① 言教可有可无　　　　　　② 教育工作者应为受教育者做出榜样
③ 以身作则　　　　　　　　④ 学而不厌
A. ①②　　　B. ③④　　　C. ②③　　　D. ①②③

5. 我国历史上首倡因材施教的教育家是(　　)。
A. 老子　　　B. 庄子　　　C. 墨子　　　D. 孔子

二、思考题

1. 简述孔子"有教无类"的教育思想及其现实意义。
2. 请联系实际,谈谈你对孔子"因材施教"教育思想的理解及其启示。

第四节　学而优则仕

扫码查看课程

孔子在政治上"祖述尧舜,宪章文武"(《中庸》),以古代圣王为道德典范来改造社会,恢复西周的礼制。他主张"敬德保民",以德治国。"为政以德,譬如北辰,居其所而众星共之。"(《论语·为政》)用道德的力量去治理国家,君王就会像北极星一样众望所归。

一、君子的品格

孔子对子夏明确地提出培养要求:"女为君子儒,无为小人儒。"(《论语·雍也》)这表明他的教育目的就是要将"平民"培养成为德才兼备的"君子"。孔子对"君子"的内涵进行了新的界定,使之成为既有地位又有品位的专业管理者。总的来看,《论语》中的"君子",其定位是政治精英、道德楷模,其影响在于成为民众表率、社会典范。

孔子特别重视君子的品格。《论语》中谈到君子有 107 次之多,开篇第一章和末篇最后一章都提到了"君子",是《论语》中一个贯穿始终的概念,可见其地位之重要。

　　　　子路问君子。子曰:"修己以敬。"曰:"如斯而已乎?"曰:"修己以安人。"曰:"如斯而已乎?"曰:"修己以安百姓。修己以安百姓,尧、舜其犹病诸!"(《论语·宪问》)

从上述对话可以看出，君子的品格可归为两方面：对己要能"修己"，对人要能"安人"，以至于"安百姓"，"知所以修身，则知所以治人"（《中庸》）。修养自身是从政的先决条件。

孔子对君子强调三方面的修养要求："知者不惑，仁者不忧，勇者不惧。"（《论语·子罕》）三方面的修养都是必要条件，其中最应注重的是君子道德方面的修养。实际上，孔子当年办学，所创办的学校就是培养"君子"的学校，孔子就是"君子之师"，孔子之学就是"君子之学"。成为君子的主要条件是具有道德品质修养，在孔子的私学教育中，道德教育居首要的地位。

二、君子的培养

孔子主张以"礼"为道德规范，以"仁"为最高道德准则。凡符合"礼"的道德行为，都要以"仁"的精神为指导，因此，"礼"与"仁"成为道德教育的主要内容。为了使人人都知道遵守"礼"的规范，他特别重视礼教。他要求学生学礼，曾说："不学《礼》，无以立。"（《论语·季氏》）学礼要做到一切视听言行都符合礼的规范。"非礼勿视，非礼勿听，非礼勿言，非礼勿动。"（《论语·颜渊》）礼要有一定的形式，但更应该重视的是礼的内容，要体现一定的思想感情，否则就徒具形式。

在道德教育中，提倡"礼"的教育要贯注"仁"的精神，是其进步的方面。他说："人而不仁，如礼何？"（《论语·八佾》）礼和仁的关系就是形式和内容的关系，"礼"是"仁"的形式，"仁"是"礼"的内容。

"仁"在《论语》中出现 109 次。"仁"最通常的意思是"爱人"，也就是承认别人的资格，把人当作人来爱。"仁"的道德品质是成为君子的重要条件。孔子说："君子去仁，恶乎成名？君子无终食之间违仁，造次必于是，颠沛必于是。"（《论语·里仁》）不论何时何地，君子始终都要保持仁德。

仁德的实行可分两面，据曾参的理解："夫子之道，忠恕而已矣。"（《论语·里仁》）忠与恕是表现仁的两方面，朱熹注："尽己之谓忠，推己之谓恕。"（《论语集注》）"尽己"就是"己欲立而立人，己欲达而达人"（《论语·雍也》），自己想站得住，也得让别人站得住，自己想行得通，也得让别人行得通，这属于积极主动的一面；"推己"就是"己所不欲，勿施于人"（《论语·颜渊》），自己不愿意的，绝不强加于人，这属于自我约束的一面。两方面都站在自己的立场，以己之所好恶为基点，推己而及人之所好恶。这种推己及人的办法，就叫"能近取譬"，是实行仁德的便捷途径。

孔子强调道德修养不是依靠外加强制,而是依靠自觉努力的。他说:"仁远乎哉?我欲仁,斯仁至矣。"(《论语·述而》)又说:"为仁由己,而由人乎哉?"(《论语·颜渊》)他还在教育实践中总结了一些进行道德修养的原则和方法。

第一,是立志。孔子鼓励学生立足现在,展望未来,以仁道作为个人志向和人生理想。他强调坚持志向的重要性,提出"笃信好学,守死善道"(《论语·泰伯》)的观点,并认为志向的坚定与个人的信仰和自觉努力密不可分。孔子曾言:"三军可夺帅也,匹夫不可夺志也。"(《论语·子罕》)

第二,是克己。孔子主张在社会交往中应着重要求自己,约束和克制言行,使之符合礼、仁的规范。他提到:"君子求诸己,小人求诸人。"(《论语·卫灵公》)克己的人能以同情心待人,设身处地为别人着想。面对不如意的事,他们选择"不怨天,不尤人"(《论语·宪问》)。克己是恢复礼的基础,能够克制个人非分的欲望,限制对私利的追求,从而确保言行符合礼的规范。

第三,是力行。孔子重视道德实践,他要求言行相顾,言行一致,"言必信,行必果"(《论语·子路》)。他说:"力行近乎仁。"(《中庸》)孔子的学生子路就是勇于力行的一个人,"子路无宿诺"(《论语·颜渊》)。道德认识依靠道德实践的检验而证实,实际行动才表明人的道德水平。他说:"始吾于人也,听其言而信其行;今吾于人也,听其言而观其行。"(《论语·公冶长》)

第四,是中庸。孔子认为,待人处事应追求中庸之道,避免走向极端。他教育学生行为要恰到好处,避免过犹不及。中庸是有修养的君子的特质。"君子中庸,小人反中庸。君子之中庸也,君子而时中;小人之反中庸也,小人而无忌惮也。"(《中庸》)这意味着君子的行为始终遵循中庸之道,而小人为了私利,行为不择手段,背离这一原则。

第五,是内省。孔子提倡内省作为日常修养的方法之一。他的学生曾参说:"吾日三省吾身。"(《论语·学而》)内省依靠的是自觉,随时都可进行。孔子说:"见贤思齐焉,见不贤而内自省也。"(《论语·里仁》)又说:"三人行,必有我师焉。"(《论语·述而》)这表明我们应该通过观察他人来反思自己,不断学习和进步。

三、君子的出路

"仕而优则学,学而优则仕。"(《论语·子张》)读书和做官是知识分子的两条出路,这里的"优"不是优秀,而是"优裕",即"富余,有余"。做官有余力就去治学,治学有余力就去做官。一边做官,一边做学问,两边都不耽误,它是"读万卷书,行万里路"的具体体现。贤才并非天生而就,而是平民之中的"士"经过教育提高,才成为有道德、有才能、可从政的贤才,也就是君子。

孔子提倡"学而优则仕"的理念有两个原因。其一,源于他对学问与实践的深刻理解。他认为,学问并非纸上谈兵,而是要在实际生活中得到应用和检验。他的学问深深植根于政治学和伦理学,这些领域的知识若只停留在书本上,便失去了其真正的价值。因此,他鼓励学子们投身仕途,通过做官来实践自己的政治理念,教育人民,引导社会风气。

其二,知识可以改变命运。在西周时期,社会阶层分明,"礼不下庶人,刑不上大夫"。然而,孔子相信,知识可以改变命运。他鼓励平民通过学习提升自己的知识水平和道德修养,从而跻身士大夫行列。这种观念不仅打破了社会阶层的壁垒,也为社会注入了新的活力。"士"作为最低级的贵族,来源主要是大夫的庶出子弟,还有一部分自下而上的平民。平民通过学习晋升为"士",进而变成士大夫。士大夫是做官的读书人,是知识分子和官僚的混合体,也指有一定社会地位的文人。诸子百家,如墨子、韩非子、老子、庄子等后面都带个"子",就是对知识精英的尊称。

在《论语·子罕》中,子贡向孔子提出了一个关于人才使用的问题。他问孔子,一个人才应该隐居还是从政?孔子毫不犹豫地回答:"沽之哉,沽之哉!我待贾者也。"这里的"贾"既指商人,也指价钱。孔子的话,可以理解为他在等待一个合适的时机和"价钱",将自己的学问和才能"卖"给社会,为国家和人民服务。事实上"待价而沽"这个成语就是从这里来的。这也进一步体现了孔子"学而优则仕"的思想。

综上所述,孔子主张"学而优则仕",既是为了实现自己的政治蓝图,也是为了让知识改变命运,让更多的人通过学习和实践,提升自己的社会地位和人生价值。这种理念不仅在当时的社会产生了深远的影响,也对后世的教育和职业发展产生了重要的启示。

孔子积极向当权者推荐有才能的学生去担任政治职务,但他在输送人才时也坚持一些原则。第一,"学不优"则不能出来做官。学习,是通往权力殿堂的唯一道路。在那个时代,教育的主要目的并不仅仅是传授知识,更是为了培养能够治理国家的官员。而评价一个人是否有资格成为官员的标准,便是他的学习成绩。如果一个人在学习上毫无建树,那么他便没有资格踏入仕途,更无法为国家、为人民贡献自己的力量。学习成绩优良是可以做官的前提条件。"治学"是通向做官的途径，培养官员是教育最主要的政治目的。如果不学习或虽经学习而成绩不优良，也就没有资格做官。孔子鼓励学生们说："不患无位，患所以立。"（《论语·里仁》）不要担心没有官位，而是要担心自己是否有足够的能力去胜任这个职位。

第二，做官并不是为了个人的荣华富贵，而是为了国家的繁荣与人民的福祉。孔子做官是有原则、有底线的，做官还需要一个前提，那就是国家政治必须清明，否则宁可退隐。"邦有道，谷；邦无道，谷，耻也。"（《论语·宪问》）谷，就是官员的俸禄。古代以谷米为俸禄，相当于现在的工资、薪水。国家政治清明，做官领取俸禄是理所应当的；但如果国家政治黑暗，那么领取俸禄是可耻的。孔子又说："天下有道则见，无道则隐。邦有道，贫且贱焉，耻也；邦无道，富且贵焉，耻也。"（《论语·泰伯》）这意思也很明白。天下太平，就出来工作；不太平，就当隐士。国泰民安，你却穷困潦倒，不思进取，可耻啊！国家风雨如晦、政治黑暗，你却扶摇直上、飞黄腾达、富甲一方，这个更可耻！综上所述，一个人是否应该出来做官，要看政治状况是否良好。如果政治情况不佳，那么理想难以实现，自身安全也难以保障。

孔子培养的一批弟子大多或早或迟地参加政治活动，他们"散游诸侯，大者为师傅卿相，小者友教士大夫"（《史记·儒林列传》）。明清之际的思想家黄宗羲曾总结："学则智，不学则愚；学则治，不学则乱。自古圣贤，盛德大业，未有不由学而成者也。"①可见，为官一任、治理一方，学习是一件多么重要的事。

"学而优则仕"思想的提出，确定了培养统治人才这一教育目的，在教育史上有重要的意义。它反映了封建制度兴起时的社会需要，成为当时知识分子积极学习的巨大推动力量。"学而优则仕"与"任人唯贤"的路线配合一致，为封建官僚制度的建立准备条件，它适应社会发展要求，反映了一定的规律性，对当代也有借鉴价值。

从现代社会来看，"学"应该以市场需求为准绳，进行专业设置、专业学习、专业发展与专业评价，不断丰富、深化内容。学习或不学习不仅仅是自己的事情，本领大小也不仅仅是自己的事情，而是关乎党和国家事业发展的大事情。

党的十八大报告提出建设学习型、服务型、创新型的马克思主义执政党。党的十九大报告强调"要增强学习本领，在全党营造善于学习、勇于实践的浓厚氛

---

① 〔明〕黄宗羲：《明儒学案·甘泉学案五》，缪天绶选注，商务印书馆1931年版，第237—243页。

围,建设马克思主义学习型政党,推动建设学习大国",并把增强学习本领放在全面增强八个方面执政本领要求的首位。习近平同志用"盲人骑瞎马,夜半临深池"的俗语,说明不学习就可能迷失方向,陷入危机。发展一日千里,工作日益复杂,没有科学性、预见性、主动性,怎么做好决策?少知而迷、不知而盲、无知而乱,正是因为没有主动学习;本领不足、本领恐慌、本领落后,也正是因为没有积极学习。只有不断学习,才能在工作中打开新局面,掌握主动权。

"求仕"的过程中,习近平总书记教导我们要更新就业观念。他说,过去叫"万般皆下品,唯有读书高"。现在来说,大学生作为社会主义事业的建设者和接班人,要放低身段,到基层去,到祖国需要的地方去,到工作需要的地方去。打破"求仕"过程中的"羊群心理",做出个性化的职业选择,树立动态的职业观。职业理想暂时无法实现,还可以考虑先就业,再择业;先生存,再发展。

大学生们在就业、创业的过程中,仍然要注意适应社会需要,拓宽就业、创业的途径,打破"官本位"旧思想的影响,让自己走在"仕"的前沿,不能将"优"当作铁饭碗,只注重学历。应该在不断拓展知识视野,提高文化水平的同时,注重发掘与运用自身才能,找到自身与社会需要适应之处,为就业与创业打下基础。

综上所述,"学"指学校应该以市场需求为准绳,进行专业设置和考试评价,使其内容丰富多彩。"仕"讲求三百六十行,行行出状元,每个人都能各司其职,找到合理定位,做到学有所用。而围绕"优",随着时代的发展,以"仕途"的飞黄腾达作为"为学"成功的标志已经过时,优秀的人才应该是脑力和体力相结合的劳动者,学会生存,学会发展,学会创新,学会创业。学历只是起点,不是终点。不能一等、二看、三靠,真正的铁饭碗是靠自己打造的。

 本节习题

一、单项选择题

1. 有关"仕而优则学,学而优则仕"的正确理解有(　　)。
① 个人价值的实现要和社会价值结合起来
② 知识分子一定要做官才有出路
③ 知识分子学有余力,可以去当官,为民请命
④ 官员要利用闲暇时间经常学习,提高职业素养
　　A. ①③④　　　　B. ①②③④　　　C. ①④　　　　D. ①③

2. 孔子的教育目标是（　　）。
A. 学而优则仕　　　　　　　　B. 兼相爱,交相利
C. 大丈夫的理想人格　　　　　D. 鸿儒

3. "不患无位,患所以立。"有关这句话的正确理解是（　　）。
① 知识分子要有"先天下之忧而忧,后天下之乐而乐"的家国情怀
② 知识分子不必担心没有官做,要担心的是有没有把做官所需要的本领学好
③ 知识分子唯一的出路就是做官
④ 学习成绩优良是做官的重要条件
A. ②④　　　B. ①②③④　　　C. ②③　　　D. ①②③

4. 孔子讲的君子是指（　　）。
① 知识分子中的政治精英　　　② 读书人中的道德楷模
③ 一切贵族子弟　　　　　　　④ 泛指武士军人
A. ②③　　　B. ③④　　　C. ①②③④　　　D. ①②

5. "君子去仁,恶乎成名？君子无终食之间违仁,造次必于是,颠沛必于是。"这句话中,孔子反复强调的君子首要的道德标准是（　　）。
① 温故而知新　　　　　　　　② 知者不惑,勇者不惧
③ 宅心仁厚　　　　　　　　　④ 三思而后行
A. ①②③④　　　B. ③　　　C. ②③④　　　D. ①④

二、思考题

1. 简评"学而优则仕"的思想。
2. 简述孔子关于道德修养的原则和方法。

第五节　学而时习之,不亦说乎

扫码查看课程

　　孔子所要培养的从政君子,是有道德、有文化的人,既要德才兼备,又要能文能武。为了实现这种教育目的,他有选择地安排了教学内容。孔子继承西周贵族的"六艺"教育传统,吸收采择了有用学科;又根据现实需要创设新学科,虽袭用"六艺"名称,但对所传授的学科都做了调整,充实了内容,

并提出了一系列行之有效的学习方法。

一、学什么？

《论语·述而》载："子以四教：文、行、忠、信。"

首先说"文"，它指的是历代文献，具体说就是孔子删改、整理、编辑的六部《诗》《书》《礼》《乐》《易》《春秋》。孔子六艺和西周六艺有很大的区别。西周建立于公元前1046年，周王朝官学要求学生掌握六种基本才能：礼、乐、射、御、书、数。《周礼·保氏》有云："养国子以道，乃教之六艺：一曰五礼，二曰六乐，三曰五射，四曰五驭，五曰六书，六曰九数。""礼"指礼节，类似今天的思想道德教育；"乐"指音乐、艺术，古代"乐"与"礼"密切相关；"射"指射箭；"御"指驾车，在古代是打仗必备的技能；"书"指认字、写字；"数"类似今天的数学。这就是所说的"通五经贯六艺"的"六艺"。

春秋时期孔子开私学，也授"六艺"，但此六艺即"儒学六经"，谓《诗》《书》《礼》《乐》《易》《春秋》。孔子说："兴于《诗》，立于礼，成于乐。"（《论语·泰伯》）提倡用"诗""书""礼""乐"涵养和塑造人性，以实现自然人性向道德人性的转化。孔子传授"诗、书、礼、乐"，总的说来，是宣扬复古主义，为了"复礼"。同时也要看到，"诗、书、礼、乐"代表了我国奴隶社会贵族所垄断的文化知识的一切领域。

（一）《诗》

《诗经》是中国最早的诗歌选集。春秋时流传诗歌甚多，孔子搜集而整理之，编为教材。《诗经》讲到的动植物达334种，包括谷类25种、蔬菜38种、药物17种、草37种、花果15种、木45种、鸟42种、兽41种、马的异名27种、虫31种、鱼16种。《豳风》的《七月》是一篇相当系统的包括一年四季的物候记录，集中地反映了我国古代农业生产中"观象授时"的丰富经验。

翻开《诗经》的篇章，品读这些以"赋、比、兴"手法吟咏传颂的古老歌谣，如同一幅幅细腻入微的画卷，展现了人生百态的繁华与热闹，又像一首首动人的歌曲，流淌出生命的趣味与旋律。这其中，有小官吏的风尘仆仆，"肃肃宵征，抱衾与裯"；有美人的风姿绰约、惊鸿一瞥，"有美一人，清扬婉兮"；有征夫的行道多艰，历经风霜雨雪，"昔我往矣，杨柳依依。今我来思，雨雪霏霏"；还有那些服苦役的人们，他们在繁重的劳动中悲戚号哭，泪水滴落在土地上，化成了对生活的无尽哀歌，"式微，式微，胡不归"。关于家国之叹，"谁谓河广？一苇杭之"；关于相思爱情,"死生契阔,与子成说";关于生存与劳作,"载芟载柞,其耕泽泽"。

综观《诗经》三百首,不乏家国社稷的钟鸣鼎食,更有升斗小民的喜怒哀乐。《诗经》是稚拙的,也是高雅的;是口语化的,也是文学性的;是极其单纯的,也是至深至沉的。这就是《诗经》中的世界,一个充满生机与活力的世界,一个充满情感与智慧的世界。它让我们看到了人生的百态,感受到了生命的趣味,也让我们更加珍惜和感激生活中的每一个瞬间。

孔子的教学往往从《诗》入手,认为《诗》在思想政治教育方面有四种作用,即"可以兴,可以观,可以群,可以怨"(《论语·阳货》)。《诗》可以抒发情志,可以观察社会与自然,可以结交朋友,可以讽谏怨刺不平之事。近可以侍奉父母,远可以侍奉君王,还可以知道不少鸟兽草木的名称。是的,《诗》这么美好,又这么有用,趁早学起来吧!

(二)《书》

《尚书》是古代历史文献汇编,主要讲述了夏、商、周三代的历史和文化。春秋时有不少古代历史文献流传,如《夏书》《商书》《周书》等。孔子重视这些历史文献,他"好古,敏以求之"(《论语·述而》),收集编纂。《史记·孔子世家》说:"序《书传》,上纪唐虞之际,下至秦缪,编次其事。"他所选取的材料都符合垂世立教、示人规范的政治标准,目的是要人学习先王之道,特别是恢复文武之道。孔子说:"文武之政,布在方策。其人存,则其政举;其人亡,则其政息。"(《中庸》)他要弟子们从学习文献中继承和恢复周道。

(三)《礼》

《礼》又称《士礼》,传于后世称为《仪礼》。孔子认为,"礼"是立国的根本,在社会生活中有重大的作用。他说:"夫礼,先王以承天之道,以治人之情,故失之者死,得之者生。"(《礼记·礼运》)礼是发展的,故有因有革,有损有益,"殷因于夏礼,所损益可知也;周因于殷礼,所损益可知也。其或继周者,虽百世可知也"(《论语·为政》)。三代之礼中,周礼较为完善,"周监于二代,郁郁乎文哉!吾从周"(《论语·八佾》)。孔子以周礼为依据,从春秋的社会现实出发,加以部分改良,编成一部士君子必须掌握的礼仪规范。"不学礼,无以立。"(《论语·季氏》)知礼是立足于社会的重要条件,不仅要学会礼的仪式,更重要的是要理解礼的精神实质。

(四)《乐》

乐是各种美育形式的总称,内涵广泛,不仅指音乐,还包括绘画、雕刻、建筑等造型艺术,甚至扩及仗礼、田猎、肴馔等使人快乐的感官享受活动,与诗、歌、舞、曲密切结合在一起。在社会生活中,乐与礼经常配合发挥作用,为政治服务,所以礼乐常常并提。孔子重视对弟子们的乐教,编辑了教材。对于"乐",首先在思想内容上要达到善的标准,其次在艺术形式上要达到美的标准,内容与形式和谐统一,才能达到尽善尽美的地步。根据这种评价标准,他赞扬古代的"韶乐",反对流行歌曲"郑声"。他强调乐的道德标准,重视乐的社会效果,对学生产生了重要的影响。《乐》传至秦,因秦焚书而散佚。

(五)《易》

《周易》是一部卜筮之书。据说孔子晚年对它进行了深入研究。《周易》以"--"象征阴,以"—"象征阳,由阴爻、阳爻两种基本符号配合组成八卦,象征八类事物(天、地、雷、风、水、火、山、泽);再将八卦两两相重组成六十四卦,象征各类事物间的关系。《周易》每卦有卦辞,每爻有爻辞,这些文字称为《易经》。《易经》早已存在,孔子深入研究它后,才写出了《易传》,包括《象辞》上下、《系辞》上下、《文言》《序卦》《说卦》《杂卦》,合称《十翼》。孔子晚年将《周易》作为教材,传授给部分弟子。《史记·仲尼弟子列传》就有"孔丘传《易》于商瞿"的记载。

(六)《春秋》

《春秋》是一部断代史,主要讲了孔子故乡鲁国的历史,是我国现存第一部编年史。孔子根据鲁史记、周史记等史料而作,是为了寄托自己的社会政治主张,书中维护名分,寓意褒贬,贯注他的学说。《春秋》作为历史教材,提纲挈领,记事简略,言辞古朴。后人为了学习方便,对《春秋》所记载的历史进行补充、解释、阐发,形成了《传》,代表作品是称为"春秋三传"的《左传》《公羊传》《谷梁传》。

其次说"行、忠、信"这三个字,它们所蕴含的是关于伦理道德的教育内容。相比于单纯的文化知识学习,伦理道德教育的重要性不言而喻。孔子在《论语·学而》中明确指出:"弟子入则孝,出则悌,谨而信,泛爱众而亲仁,行有余力,则以学文。"这句话告诉我们,文化知识的学习应当为道德教育服务,只有在道德的基础上,才能真正发挥知识的价值。

在伦理道德教育中，孔子以"礼"和"仁"为核心，以"孝"为基石。其中，"礼"是社会关系的基石，它规定了人与人之间的相互尊重和相处的规范，是维护社会秩序的重要准则。而"仁"则是这些规范背后的精神内核，它体现了孔子的"爱人"和"忠恕"思想，是处理人际关系、实现社会和谐的关键。把"礼"和"仁"的理念推广至社会的各个层面：以父子之间的孝为基础，君臣之间要忠诚，兄弟之间要友爱，朋友之间要信任。这样，每个人在社会中都有其独特的角色和责任，各自遵循着相应的道德规范，共同构建了一个和谐、有序的社会。

孔子为此所设计的教学内容具有以下三个方面的特点。

第一，他特别强调社会人事的重要性，相比之下，宗教元素则显得较为淡化。孔子在教育内容中刻意避开了关于天命鬼神等迷信色彩的内容，他明确表示："子不语怪、力、乱、神。"（《论语·述而》）当子路问及鬼神之事时，孔子回答说："未能事人，焉能事鬼？"当子路问及死亡时，孔子则回应道："未知生，焉知死？"（《论语·先进》）这些言论充分展示了孔子对于教育的理解，他认为教育应当使学生更好地认识社会、熟悉人事、了解人生，而不应将天命鬼神等超自然元素纳入教育内容之中。这一观点在我国历史上具有深远的影响，即使在宗教盛行的时期，宗教内容也难以进入教育领域，从而形成了中国传统教育重视人伦关系、轻视宗教的特色，这在世界教育史上也是独树一帜的。

第二，孔子的教学内容偏重于文事，而对于武事显得较为轻视。尽管孔子对于从政人才提出了文武兼备的要求，但在实际的教学安排中，他更倾向于文事方面的教育，对于军事知识技能的教学则并未给予足够的重视。

第三，孔子对于科技与生产劳动持有一定的轻视态度，自然知识相对贫乏，涉及生产技艺和理论性的自然知识的研究与传授也相对较少。例如，当樊迟请求学习农耕和园艺时，孔子不仅拒绝回答，还骂他是"小人"。"樊迟请学稼，子曰：'吾不如老农。'请学为圃，曰：'吾不如老圃。'樊迟出。子曰：'小人哉！樊须也。'"（《论语·子路》）孔子认为，"君子"应该专注于追求道义而非物质利益，这在一定程度上反映了当时社会历史条件和阶级的局限性。在孔子的思想中，自然更多的是作为类比逻辑中的借喻物，而非研究的对象。这种观念对中国古代教育史产生了深远的影响，形成了中国传统教育"德上艺下"，重视道德、轻视自然和技艺的特点。教育与科技脱节，教育内容和考试内容都排斥科技知识，这对中国古代自然科学技术的发展产生了不利的影响。

二、怎么学？

孔子本人的自学过程和一生的教学实践活动经验，表明了人后天学习的重要性。"学而知之"是孔子进行教学的主导思想，学是知的途径，也是求知的唯一手段。学，不仅是通过文字学习间接经验，而且还要通过见闻获得直接经验。知识的来源是多方面的，学习方式也是多种多样的。

(一) 学习态度

1. 敏而好学

"好学"的人是什么样的？"学"不只是知识的学习，本质上是一种精神觉悟的过程。"子曰：'君子食无求饱，居无求安，敏于事而慎于言，就有道而正焉，可谓好学也已。'"(《论语·学而》)"食无求饱，居无求安"，说的是君子有志于学，不会把心思全放在吃饱和安居上。当一个人觉得内心存在困惑、受了蒙蔽，通过学习，就仿佛一束光照进心田，心里一下子明朗起来，这种快乐远胜过口腹之欲带来的满足。"敏于事而慎于言，就有道而正焉"，说的是少说空话，多实践，向有道德的人看齐，培养判断是非的能力。孔子认为，做到上面这两点，就可以称得上"好学"。

2. 不耻下问

"知之者不如好之者，好之者不如乐之者。"(《论语·雍也》)有的人盲目自满，"亡而为有，虚而为盈"(《论语·述而》)。孔子认为，有这种思想作风的人，难以保持一定的操守和忠于仁道的原则。他要求学生"敏而好学，不耻下问"(《论语·公冶长》)，即能够虚心向比自己社会地位低的人请教，而不认为是羞耻的事。在孔子的教导下，颜回既是最好学，也是最虚心的好学生，"以能问于不能，以多问于寡；有若无，实若虚"(《论语·泰伯》)，这种虚心求教的态度受到了肯定。

3. 实事求是

学习是探索知识的途径，知识则是学习的结果。要获取全面、真实、深入的知识，我们必须保持实事求是的态度。孔子曾对子路说："知之为知之，不知为不知，是知也。"(《论语·为政》)知道就是知道，不知道就是不知道，不要不懂装懂，这才是真正的明智。在研究任何问题时，我们都应尊重客观事实，避免受到主观偏见的干扰。他主张"毋意、毋必、毋固、毋我"(《论语·子罕》)，即不凭主观臆测，不武断下结论，不固执己见，不自我中心。这样的态度有助于我们更公正、更全面地看待问题，避免陷入个人的主观偏见和错误判断。

(二) 学习方法

1. 学而不思则罔，思而不学则殆

孔子提倡学习知识面要广泛，在学习的基础上认真深入地进行思考。他说："学而不思则罔，思而不学则殆。"（《论语·为政》）单纯的学或单纯的思，都存在片面性。学习和思考两者应当结合起来，这种见解符合人的认识规律，已初步揭示学习和思考的辩证关系。

孔子还强调学习知识要"学以致用"。如果不能应用，学得再多也没有意义。知道社会道德规范，就要体现于生活实践中，如当仁不让、闻义能徙、择善而从、知过能改等，便都是积极的行动。把自己的道德认识和道德实践统一起来，这才是孔子所要求的躬行君子。他说："君子耻其言而过其行。"（《论语·宪问》）"君子欲讷于言而敏于行。"（《论语·里仁》）能够行，也就证明已有学。学是手段，行是目的，行比学更重要。

2. 学而时习之，不亦说乎

孔子说："学而时习之，不亦说乎！"（《论语·学而》）可为什么我们总觉得学习是痛苦的？还是让我们先来看看，孔子说的"学""时""习"都是什么意思吧！

在"学"这个字里，"冖"（mì）罩住了"子"。人被罩住了，傻傻的，头脑不清楚。通过教育，掀开心灵的罩子，就是"启蒙"。因此，《说文解字》说："学，觉悟也。"

"学"是精神觉悟，"习"又是什么意思呢？习，"数"飞也。在古文字中，"習"（习）的上面是"羽"。"数"是屡次的意思，"数飞"指小鸟屡次学习飞翔，代表实践的意思。

最后，我们看"时"，它不是"按时"，而是"适时"。在合适的时间，学习合适的内容。"凡学有三时，一是就人身中为时。……二就年中为时。……三就日中为时也。"（皇侃《论语义疏》）学习之道，包括三个方面：首先，在人的一生之中，要遵循个体的成长规律，适时地学习相应的内容。其次，在一年之中，要根据大自然的节律，按照不同的季节特点，学习相应的内容。根据《礼记》的记载，学习的"时"是这样的：春天生机勃勃，学习《诗》；夏天热烈奔放，学习《乐》；秋天沉静肃杀，学习《书》；冬天寒冷收敛，学习《礼》。最后，在一天的时间内，根据早晚的时间不同，有合理的学习安排。只有这样，才是"学而时习之"的真谛！

3. 博学于文，约之以礼

"子贡曰：'贫而无谄，富而无骄，何如？'子曰：'可也。未若贫而乐，富而好礼者也。'子贡曰：'《诗》云，如切如磋，如琢如磨。其斯之谓与？'子曰：'赐也，始可与言《诗》已矣,告诸往而知来者。'"(《论语·学而》)子贡向孔子提出了一个问题,他想知道一个人如何在贫穷和富裕时都能保持自己的尊严和道德。子贡问:"一个人贫穷时,不卑躬屈膝地去巴结富人;富裕时,也不傲慢无礼地欺负穷人。老师,您觉得这样的人如何呢?"孔子回答道:"这已经是很不错的品质了。但如果能在贫穷时依然自得其乐,富裕时更加注重道义和礼仪,那才是真正的君子,是更好的境界。"子贡听后,深受启发,立刻举一反三,将孔子的教诲应用到了其他方面。他进一步问:"'切'是指骨头,'磋'是指象牙,'琢'是指玉石,'磨'是指石头。玉石如果不经过琢磨,就不能成为精美的器物;人如果不学习,就不知道什么是道义。就像好的胚子需要抛光打磨,学习也需要精益求精。这个道理是不是和老师的教诲相通呢?"孔子听到子贡的这番话,非常高兴,认为他已经理解了"精益求精"的真谛。孔子进一步强调,读书学习最重要的是融会贯通,能够举一反三。子贡能够从老师的教导联想到《诗经》的诗句,由此及彼地理解出更深层次的含义,这不仅仅是听课认真,也是善于读书,更能够提出创新性的观点。因此,孔子对子贡表示了赞扬,并认为他已经具备了与自己谈论《诗经》的资格。

孔子坚信,无论是知识的追求还是道德的培养,都应建立在学生内在需求的基础之上,充分激发他们的主动性和积极性。为了培育学生独立思考的习惯和能力,他倡导"不愤不启,不悱不发。举一隅不以三隅反,则不复也"(《论语·述而》),这意味着教师的引导应基于学生的思考,帮助他们发展思考能力,使他们能够从个别案例中提炼出普遍的原则。

在日常教学中,孔子特别重视训练学生的思维方式,他提出"君子博学于文,约之以礼"(《论语·雍也》)。学习中要涉猎广泛,也要精益求精,既要广博又要深入,将复杂的知识系统化,抓住其本质和规律。同时,他也强调将所学应用于实践,以文化和道德来约束和规范自己。因为伦理道德知识不仅关乎社会治理,更关乎个人修养。文凭不仅仅是为了找工作,更是为了成为一个既有知识又有道德的人。此外,孔子还提倡"叩其两端"的思考方法,即通过分析事物的正反两面,寻找解决矛盾的答案。这种方法鼓励学生全面、深入地思考问题,培养他们的辩证思维。

孔子的教育思想是中华民族珍贵文化遗产的一部分。如何总结、继承这部分珍贵遗产,成为"五四"以来一直有着争议的问题。民族虚无主义者采取彻底抛弃、全盘否定的态度,复古主义者采取不加批判、全盘接受的态度,两者都犯了片面性的错误。我们应当以历史唯物主义为指导,正确、全面地评价孔子的教育思想,批判地继承这一份珍贵的教育遗产,以促进现代文化教育事业的发展。

本节习题

一、单项选择题

1. "兴于《诗》,立于礼,成于乐",孔子提倡用"诗""书""礼""乐"涵养和塑造人性,以实现自然人性向道德人性的转化。孔子的教学往往从(　　)入手,认为其在思想政治教育方面有四种作用,"可以兴""可以观""可以群""可以怨"。

　　A.《诗经》　　　B.《周易》　　　C.《韶乐》　　　D.《周礼》

2. "己欲立而立人,己欲达而达人。""己所不欲,勿施于人。"有关这两句话的正确理解有(　　)。

① 教育人们逆来顺受,忍气吞声

② 主张损人利己

③ 对手和伙伴之间可以通过协作达到"双赢"

④ 要想取之,必先予之

　　A. ①④　　　　B. ③④　　　　C. ②③　　　　D. ①②

3. 有关"学而时习之,不亦说乎"的正确理解是(　　)。

① 学习过的内容要经常复习

② "学而不思则罔,思而不学则殆",学习和思考要结合在一起

③ 巩固学习不是简单机械的重复,而是结合新内容、新思考的理性升华

④ 好学不如乐学,学习要讲究方式、方法

　　A. ②③④　　　B. ①②③④　　C. ②③　　　　D. ①②③

4. 有关孔子六艺教育表述正确的有(　　)。

① 礼、乐、射、御、书、数　　　　② 《诗》《书》《礼》《乐》《易》《春秋》

③ 培养学而优则仕的君子　　　　　④ 重视人文教育和艺术教育

　　A. ②④　　　　B. ①③④　　　C. ②③④　　　D. ①④

5. "学而时习之,不亦说乎? 有朋自远方来,不亦乐乎? 人不知而不愠,不亦君子乎?"这段话给我们的教育启示有(　　)。

① 温故而知新　　② 因材施教　　③ 仁者无忧　　④ 宽以待人

　　A. ②④　　　　B. ①③④　　　C. ②③④　　　D. ①④

二、思考题
1. 简述孔子所倡导的学习态度。
2. 试述孔子所主张的学习方法及其现实意义。

第六节　为人师表,教学相长

教师专业化发展的过程是师德(人格形象)、师技(教学形象)、师艺(知识形象)的淬炼过程。师者,传道,授业,解惑。教师必须自身在专业理想、专业知识、专业技能、专业情感上有更高的要求,从经师向人师转变。

一、师艺

师艺是指"知识形象",主要是指教师的文化素养。

(一) 温故知新

教师首先是个学习者。孔子曰:"温故而知新,可以为师矣。"(《论语·为政》)孔子认为教育者应该能够不断提升自身的素养,包括学科知识素养和道德修养两方面。"温故知新"即教育者能够根据过去的知识经验和自身能力来不断提升人格素养,增进学术能力,在已有的经验基础上进行创新。在弟子的心目中,他以"天纵之将圣"的圣人形象受到尊敬和爱戴,但他从不以"生而知之"者自居,而是强调自己"学而知之","我非生而知之者,好古,敏以求之者也"(《论语·述而》)。

(二) 学而不厌

"学而不厌"既是对受教育者的要求,也是对教育者的要求。教育者应该不断学习,树立终身学习的目标,不断在学习中提升自我。《中庸》记载:"好学近乎知。"孔子认为,爱好学习就能接近智慧了。孔子自评"十室之邑,必有忠信如丘者焉,不如丘之好学也"(《论语·公冶长》),他认为自己是一个十分好学的人。"就有道而正焉,可谓好学也已"(《论语·学而》),他也相信三人行必有吾师,真理在哪里,老师就在哪里,这就可以称为好学。孔子在《论语·雍也》中指出:"知之者不如好之者,好之者不如乐之者。"他把"乐学"作为最高境界,反复阅读,仔细钻研,直至"韦编三绝"。

二、师技

师技是指"教学形象",主要是教师在教学过程中体现出的艺术和技巧。

(一)因材施教,诲人不倦

在漫长的教育生涯中,孔子总结出了因材施教的教学理念。以"性相近,习相远"为理论指南,他深知每个学生的性格、兴趣、能力各不相同,因此在教育实践中总是根据每个学生的特点进行教导。他教授了三千弟子,其中贤人七十二位,他们共同学习诗书礼乐、文行忠信,但每个人的理解和掌握的程度都有所不同。有的弟子,孔子称赞他可以治理一个拥有千乘之兵的国家,有的弟子则被认为可以担任"千室之邑、百乘之家"的领导,还有的"束带立于朝,可使与宾客言也",可以担任朝廷的官员(《论语·公冶长》)。尽管他们同样身通六艺,却各有特长。

史实表明,正是孔子因材施教的理论和实践造就了门下诸多栋梁之材。他把因材施教与启发诱导结合起来,即从学生的个人情况出发,用启发诱导的教育方法,激发学生的主观能动性,以期更好地实现对学生的培养。

孔子在日常的授业中,十分注意了解学生的情绪和状态。如孔子在对自己最喜爱的弟子颜回的一段评价中说道:"吾与回言终日,不违,如愚。退而省其私,亦足以发,回也不愚。"(《论语·为政》)孔子言称,自己与颜回交谈,颜回总是顺应他的观点,似乎有些愚钝。但当孔子观察颜回私下的言行时,却发现他能够充分理解并发挥自己所讲的内容,可见他并不愚钝。这段评价充分说明,孔子对弟子的观察不仅限于课堂,课后还会考察学生私下里的言行,经过全面了解后,才做出评价。他能准确地发现学生的优点和不足,并针对不同的情况给出合适的答案。这些都充分体现了孔子从实际出发、因材施教的教育方法。

(二)启发诱导,教学相长

子曰:"当仁不让于师。"(《论语·卫灵公》)此语昭示了一种深刻的师生观念,强调在学问与道德之路上,师生应平等相待,共同追求知识与德行的提升。孔子认为,教师固然有深厚学识,但学生中亦不乏才华横溢者。在教育过程中,师生应以知识、学业和道德为目标,携手共进,相互尊重,相互学习。

孔子的启发式教育主要有三种方式：提问式、比喻式、讨论式。孔子不直接灌输观点，而是通过反问、比喻等手法，启迪学生思考，激发其求知欲。这种教育方法在《孔子诗论》中有所体现："（喻婚姻之）反纳于礼，不亦能改乎？《樛木》福斯在君子，不（亦有时乎？《汉广》不求）（《孔子诗论》第十二简）（不）可得，不攻不可能，不亦知恒乎？《鹊巢》出以百两，不亦有离乎？……（《孔子诗论》第十三简）"孔子以诗为教，让学生通过诗歌感悟人生，品味道德，实现自我提升。类似的记录在《论语》中更是比比皆是，如"学而时习之，不亦说乎？有朋自远方来，不亦乐乎？人不知而不愠，不亦君子乎"（《论语·学而》）。

孔子认为，"学而不思则罔，思而不学则殆"（《论语·为政》）。因此，在他的教学中，他总是启发学生先思考。他还这样说："不愤不启，不悱不发。举一隅不以三隅反，则不复也。"（《论语·述而》）愤，即思考问题时有疑难，想不通；悱，即想表达观点，却说不出来。启发必须建立在学生主动思考和积极表达的基础上，这时候点化，才是雪中送炭，才能水到渠成。如果在讲解中给学生指出一个方面，他不能举一反三，老师就要停下来，不要再灌输了，让他自己多思考一会儿。

譬如《论语·八佾》中有这样一段记载："子夏问曰：'巧笑倩兮！美目盼兮！素以为绚兮！何谓也？'子曰：'绘事后素。'曰：'礼后乎？'子曰：'起予者商也！始可与言《诗》矣。'"子夏以《诗经·卫风·硕人》中的美人形象为引子，向孔子请教其背后的深层含义。"有一个美女，微微一笑，楚楚动人，眼珠一转，顾盼有神，素净的底子，绚丽的花纹，哇！美丽动人！"孔子则以"绘事后素"为喻，指出美丽的外表需要内在的纯净作为基础，正如绘画需要先在白绢上创作一样，先有白绢，后施五彩，遂成丹青。子夏由此联想，悟出一个道理：人也应该先培养优良的道德品质，然后施以礼教。心术不正的人，再"矫情饰貌"也是难看的。"文明"是个美女，"礼乐"就是她的微笑，但并非所有人的微笑和顾盼都好看。只有天生丽质，才能以朴素为绚丽。这就像画画一样，必须底子素净，才能发挥丹青妙笔的创作力。孔子听后大加赞赏，说我们可以一起讨论《诗》了。

这段对话不仅是对美的探讨，更是对礼的深入解读。孔子通过子夏的提问，引导他理解礼的真正内涵。礼不仅仅是外在的仪式和规矩，更是内在修养和品德的体现。正如美丽的外表需要以内在的纯净为基础，真正的礼仪也需要内心的恭敬和真诚。在这个"诗教"的过程中，实际上是通过两次"兴"之手段来达到教育的目的。教学对孔子来说，也是一个自我提高、自我完善的过程。

(三) 寓教于乐,春风化雨

孔子熟读经典,精通六艺,对《诗经》更是亲自弦歌,以此表达他对传统文化的深深热爱。他对音乐的造诣同样非凡,曾因欣赏韶乐如痴如醉,甚至在听完三月之久后,仍不知肉味。"子在齐闻《韶》,三月不知肉味,曰:'不图为乐之至于斯也。'"(《论语·述而》)然而,孔子并未因此满足,还"学如不及,犹恐失之"(《论语·泰伯》)。他提倡终身学习,这种对知识的渴望和追求,使他在教育和文化领域做出了卓越的贡献。

他推崇乐教和诗教,认为这两者具有陶冶情操、培养品德和修养的功能。他与弟子们谈论志向时,琴瑟之音常伴随左右。这种学习方式既富有情调,又充满了文化的韵味。《礼记·乐记》云:"诗言其志也,歌咏其声也,舞动其容也。三者本于心,然后乐气从之。"在教与学中,智商与情商结合,智性与情性互动,那是教师带领学生一同享受美好艺术人生的美妙时光。孔子在寓教于乐中追求着孜孜不倦的学术境界,使弟子在琐碎的世俗生活中享有一方精神乐土、世外桃源。

三、师德

师德主要指教师为人师表的"人格形象"和"道德形象"。

(一) 以身作则

子曰:"其身正,不令而行;其身不正,虽令不从。"(《论语·子路》)这句话体现了教育者的一言一行、一举一动对学生的榜样作用和示范影响。教师要以身作则,通过自身高尚的道德情操来春风化雨、点亮心灯,正所谓"亲其师,信其道"(《礼记·学记》)。道貌岸然,命令呵斥,只会让学生逆反。

孔子在言行上的严格要求感染着他的学生。他提出,在言行上要避免四种过失,"毋意、毋必、毋固、毋我",即不无端揣测、不固执己见、不因循守旧、不刚愎自用。子曰:"巧言令色,鲜矣仁。"(《论语·学而》)孔子曾说,那些花言巧语、油嘴滑舌、轻易许诺的人往往缺乏仁德之心。他认为,言行一致的人才能被视为有道德的君子。对于君子的一般要求,应该是"言必信,行必果"(《论语·子路》),言出必行。为了防止言行不一,孔子提出了慎言的处世哲学,倡导在说话前慎重思考,确保言行一致。"先行其言而后从之"(《论语·为政》),没有做的事情,先不要声张,办到了,办好了,再讲出来。正所谓"君子欲讷于言而敏于行"(《论语·里仁》),要深思熟虑而后行动。这样的价值观深深影响着他的学生们。

(二) 仁者爱人

孔子热爱学生,视如己出,他深知爱不能只停留在表面,而是要关注他们的成长。"爱之,能勿劳乎?忠焉,能勿诲乎?"(《论语·宪问》)他理解的爱是让他们学会吃苦,学会勤奋,学会独立;而忠则是为他们指出正确的方向,使他们不至于盲目。正如朱熹所言:"爱而知劳之,则其为爱也深矣;忠而知诲之,则其为忠也大矣。"相反,"爱而勿劳,禽犊之爱也;忠而勿诲,妇寺之忠也"(《论语集注》)。爱学生,就要时时刻刻规劝他的行为,让他及时改正,而不是放任自流,坐视不理。否则,孩子就会误入歧途,跟牛马一样麻木。

他坚信后生可畏,对他们的发展抱有比较乐观的态度,认为学生是事业的希望所在,应当加以重视和培养。他说:"后生可畏,焉知来者之不如今也?"(《论语·子罕》)青出于蓝胜于蓝,长江后浪推前浪,学生一定会超过老师,应该重视他们、培养他们。

他对待学生公正无私,不戴有色眼镜看人,而是实事求是,看到他们真实纯良的思想品格。当学生遇到困难时,如公冶长曾因受亲属牵连而坐牢,他并未因此而否定其品行,而是看到了他人格中善的一面;冉伯牛患了不治之症时,他心痛不已,亲自探望,表示非常惋惜;原宪家贫如洗,孔子"与之粟九百"(《论语·雍也》),使之安心求学;颜回病逝,他悲痛欲绝,亲自吊唁。这些都表现了他与学生休戚与共的感情。

孔子爱护学生,也受到学生们尊敬。在学生们眼里,他的人格高山仰止,他的学识博大精深,他的教导是生活的座右铭,因而威望极高。子贡十分敬仰孔子,认为他的思想学说犹如日月光辉,照耀人间。任何人对他的诬蔑攻击都无损于他的伟大。这是学生尊师的突出表现。

本节习题

一、单项选择题

1."不愤不启,不悱不发。举一隅不以三隅反,则不复也。"这体现了孔子的(　　)教学原则。

A. 因材施教　　B. 启发诱导　　C. 循序渐进　　D. 以身作则

2.《三国志·魏志·文帝纪》曰:"昔仲尼资大圣之才,怀帝王之器……可谓命世之大圣,亿载之师表者也。"被尊为"万世师表"的教育家是(　　)。

　　A. 孔子　　　　B. 孟子　　　　C. 老子　　　　D. 庄子

3. 子曰:"温故而知新,可以为师矣。"对于这句话的正确理解有(　　)。

① 教师首先是个孜孜不倦的学习者

② 教师要言传身教,寓教于乐

③ 巩固学习不是简单机械的重复,而是结合新内容、新思考的理性升华

④ 教师要多才多艺

　　A. ②④　　　　B. ①④　　　　C. ①③　　　　D. ①②

4. 孔子在齐国闻韶乐,"三月不知肉味",这说明(　　)。

① 孔子学而不厌,好学乐学　　　② 孔子钻研音乐艺术,废寝忘食

③ 孔子立志培养学而优则仕的君子　　④ 孔子重视人文教育和艺术教育

　　A. ②④　　　B. ①②④　　　C. ②③④　　　D. ①④

5. "子夏问曰:'巧笑倩兮!美目盼兮!素以为绚兮!何谓也?'子曰:'绘事后素。'曰:'礼后乎?'子曰:'起予者商也!始可以言《诗》已矣。'"这段教学情境体现了孔子的(　　)教学原则。

① 启发诱导　　② 温故知新　　③ 教学相长　　④ 仁者爱人

　　A. ①②　　　　B. ①④　　　　C. ②③　　　　D. ①③

二、思考题

1. 孔子对教师的专业素养提出了哪些要求?

2. 试述评孔子的启发式教学法。

第三章　先秦诸子百家

本章导读

春秋战国时期,百家争鸣,百花齐放。孟子"知书",荀子"达礼";墨家精通"工艺",儒家传承"六艺";法家的"霸道"摧枯拉朽,儒家的"王道"以德服人;道家主张"道法自然,无为而治"才是良方,儒家强调"克己复礼,齐家治国"才能"天下归仁"。它们既有区别,又有联系,各自倡导知行合一,礼法并重,德艺同厚,有所为而有所不为。现如今我们的教育发展要做到体力劳动和脑力劳动相结合,工具性发展和人文性发展相统一,依法治国和以德治国齐头并进,生态文明建设和政治经济建设齐抓共管,海纳百川、兼容并包,和谐统一、与时俱进,相互借鉴、创新发展。这也是中华文化长盛不衰的根源所在。在新的时代条件下,我们要传承弘扬好中华优秀传统文化,深入挖掘其中的价值内涵,进一步激发中华优秀传统文化的生机与活力,更好地构筑中国精神、中国价值、中国力量,为中华民族的伟大复兴筑牢深厚的文化根基,提供强大的精神力量。

核心内容

表 3-1　孟子和荀子的区别——性善和性恶

人物	人性论	社会理想	教育目的	学习方法	教育作用
孟子	性本善 唯心主义	内圣:敬德保民	大丈夫的理想人格	内发说——重思;感性上升到理性	明人伦
荀子	性伪论 唯物主义	外王:克己复礼	礼法并重的大儒	外铄说——重行;实践出真知	化性起伪

孟子和荀子的联系：思行结合，知行合一，尊师重道，重视学校教育和环境对个人成长和社会发展的作用。

表 3-2 墨家和儒家的区别——兼爱和仁爱

代表阶层	人性论	爱	社会理想	教育目标	教育内容	教学方法	传统文化	生活方式
墨家 平民	素丝说	兼相爱、交相利	大禹时代,天下为公;兴天下之利,除天下之害	兼士	工艺教育、劳动教育、自然科学、实用技术	教育者的主动性	创造革新	非乐、非礼、节俭
儒家 贵族	性三品	仁爱、爱有差等	西周时代,敬德保民	君子	六艺教育、人文教育、艺术教育、轻视生产实践	学习者的主动性	重继承,轻发展;述而不作	重礼乐、奢侈、等级、名分

墨家和儒家的联系：不信鬼神，强调个人努力；强调爱与和平；方法论上讲究言行一致，量力而行。

表 3-3 法家和儒家的区别——霸道和王道

派别	代表立场	人性论	社会理想	教育目标	教育内容	教育方式	文化复兴的态度
法家	君主权谋	一元论	霸道——法治(刑法) 两面：奖惩,赏罚 三刀： 法(法律)统治人民 势(权势)树立威望 术(谋略)对付大臣	谋士	法律	社会教育	与时俱进,抓住机遇,立足现实
儒家	君主仁爱	二元论	王道——德治(礼) 以君主仁义治天下	文士	礼乐	学校教育	泥古法古,回到西周理想时代

法家和儒家的联系：礼法并重，依法治国和以德治国要相结合，国家才能安定，百姓才能安居乐业。

表 3-4　道家和儒家的区别——无为和有为

派别	核心	世界观	社会理想	人才观	人生观	方法论	价值观
道家	道	自然主义	上古时代，小国寡民，绝圣弃智，人民自主	清修隐士、赤子真人	精神生命、人性解放、做人的艺术、低调大气	无为、天人合一、道法自然、以柔克刚	无用
儒家	德	人文主义	西周时代，仁政爱民，君主自觉	齐家、治国、救世、君子	社会生命、个人责任、做事的艺术、高调大格局	有为、克己复礼、天下归仁、舍生取义	有用

道家和儒家的联系：自然规律和道德规范的互补构成了中国的和谐文化，生态文明建设和政治经济建设要齐抓共管。

关键术语：性善论；性恶论；内发说；外铄说；素丝说；性三品；王道；霸道；道；德；无为；有为

学习目标：理解和掌握儒、墨、法、道教育思想的精华和异同点

第一节　性善与性恶

先秦时期，是中国古代教育哲学发展的一座高峰。春秋战国，百花齐放，百家争鸣，完美诠释了中国古代思想之自由、文化之灿烂。如果说孔子提出了"性相近，习相远"，那么孟子与荀子作为孔子学说的继任者，则倡导尊师重道，重视学校教育和环境对个人成长和社会发展的作用，并将儒家学说进一步发扬光大，提出了性善论与性恶论。

扫码查看课程

一、生平及教育活动

孟子，生于公元前 372 年，卒于公元前 289 年，名轲，字子舆，战国时期邹国人。他是中国古代著名的思想家和教育家，儒家学派的代表人物。孟子继承了

孔子的思想,将其发扬光大,因此被誉为"亚圣",与孔子并称为"孔孟"。他的学说被称为思孟学派,是儒家的唯心主义流派。由于孟子处于兼并战争频发的战国中期,其教育思想也是为政治主张而服务的。他的"性善论"开创了中国教育史上强调个体理性自觉的"内发说",体现了对于人文价值的关注。孟子的言行主要收录于《孟子》一书,这本书后来作为"四书"之一,也成为传统儒学教育的重要教材。

荀子(约公元前313年—前238年),名况,字卿(一说时人相尊而号为卿),战国末期赵国人,两汉时因避汉宣帝刘询名讳,称"孙卿",思想家、哲学家、教育家,儒家学派的代表人物,先秦时代百家争鸣的集大成者。荀子曾三次担任齐国稷下学宫的祭酒,并两度出任楚兰陵令。晚年时,他蛰居兰陵县著书立说,传授学问,最终在此地终老,因此被尊称为"后圣"。荀子批判地接受并创造性地发展了儒家正统的思想和理论,他主张"礼法并施",提出"制天命而用之"的观点,反对鬼神迷信。荀子还提出了性恶论,强调习俗和教育对人的影响,并主张学以致用。他的思想精髓都凝聚在《荀子》一书中。荀子不仅总结了百家争鸣的理论成果,还融入了自己的学术思想,创立了先秦时期完备的朴素唯物主义哲学体系。他的思想在以后两千多年封建社会的发展中潜移默化地发生着影响。

二、孟子的"性善论"和"明人伦"

孟子的性善论是一种道德先验观,他坚信人性本善,仁、义、礼、智等美德非外界所赋予,而是人内在所固有的。正如《孟子·告子上》中所言:"仁义礼智,非由外铄我也,我固有之也。"孟子进一步指出,"人之所以异于禽兽者几希,庶民去之,君子存之"(《孟子·离娄下》),人与禽兽之别,正在于人拥有天赋的道德,而禽兽则无。这种天赋的道德,孟子称之为"善端",是人性中最原始、最纯粹的部分。

"恻隐之心,仁之端也;羞恶之心,义之端也;辞让之心,礼之端也;是非之心,智之端也。"(《孟子·公孙丑上》)恻隐、羞恶、辞让、是非之心,这四种"善端"如同树木的萌芽,具有发展成为仁、义、礼、智的可能性。然而,这仅仅是一种可能性,要将这些"善端"转化为现实的道德观念或道德品质,必须通过学习和教育以促成其转化,否则"善端"就会失散。"学问之道无他,求其放心而已矣"(《孟子·告子上》),所以教育的作用在于引导人发展和扩充其固有的善端,点明了"性善论"对于教育的依赖性。"凡有四端于我者,知皆扩而充之矣。若火之始然,泉之始达,苟能充之,足以保四海;不能充之,不足以事父母。"(《孟子·公孙丑上》)学习的过程,就是扩充这些"善端"的过程,如同火之初燃、泉之初达,星星之火发展为燎原烈火,汩汩的泉水汇集成江河湖海。这种扩充的过程既是个体道德成长的过程,也是社会道德提升的过程。只要我们能持续扩充这些"善端",便足以保护四海,实现社会的和谐与安定。反之,如果我们不能扩充这些"善端",甚至连侍奉父母都难以做到,这便是失去了人的本性。

在孟子的眼中,中国古代学校教育的目的是"明人伦","设为庠、序、学、校以教之。庠者,养也;校者,教也;序者,射也。夏曰校,殷曰序,周曰庠,学则三代共之,皆所以明人伦也。人伦明于上,小民亲于下"(《孟子·滕文公上》)。明人伦,即明了人与人之间的五种基本关系:父子有亲,君臣有义,夫妇有别,长幼有序,朋友有信。这五种关系构成了社会的基石,是维持社会和谐稳定的关键。教育的作用就是引导人们明了这五种关系,从而实现社会的长治久安。

三、荀子的"性伪论"和"化性起伪"

孟子是一个浪漫主义者,而荀子是一个现实主义者。他不仅看到了人所具有的善,还看到了人与生俱来的自然属性——恶。"饥而欲食,寒而欲暖,劳而欲息,好利而恶害,是人之所生而有也。"(《荀子·荣辱》)这种天生所具有的喜、怒、哀、乐、爱、恶、欲,谓之为"性",也是我们与动物共有的自然生理属性。而后天的仁、义、礼、智、信是由教育和学习习得的社会属性,称之为"伪"。"性"为恶,"伪"为善,应该把先天素质和后天习得的品质区分开来,同时因材施教、因势利导。

荀子认为,孟子的根本错误在于不懂"人之性伪之分",把应当属于后天"伪"的成分也归于本然的人性了。"凡性者,天之就也,不可学,不可事"(《荀子·性恶》),"是无待而然者也"(《荀子·非相》),即"性者,本始材朴也"(《荀子·礼论》)。同时,荀子反对孟子的性善理论,认为"人之性恶,其善者伪也。今人之性,生而有好利焉,顺是,故争夺生而辞让亡焉;生而有疾恶焉,顺是,故残贼生而忠信亡焉;生而有耳目之欲,有好声色焉,顺是,故淫乱生而礼仪文理亡焉"(《荀子·性恶》)。可见,如果听任本性的发展而不加以控制,就会产生暴力,这便是性恶。为此,荀子提出"化性起伪"的观点,即起用后天教育的办法改造人的本性,使人去恶从善,而不是恢复人固有的良知良能。

《荀子·劝学》中说:"干越夷貉之子,生而同声,长而异俗,教使之然也。""木受绳则直,金就砺则利。""蓬生麻中,不扶而直;白沙在涅,与之俱黑。兰槐之根是为芷,其渐之滫,君子不近,庶人不服,其质非不美也,所渐者然也。"荀子以此比喻人是受后天的教育与环境的习染的,"故君子居必择乡,游必就士,所以防邪辟而近中正也"。荀子认为君子并非生而有异于众人,全在于能通过学习以求得事物之理罢了,所以人人皆可成为尧、舜,人人皆可成为圣人。

四、社会理想上,孟子主张"内圣",荀子主张"外王"

"内圣"即以"仁义"为核心,提出"敬德保民""保民而王"的统治思想,贵在克己,导人向善,即君王通过"道德养成"来治理天下。"外王"是以"礼乐"为核心,以礼法来约束君主和人民的行为,重在"复礼",防范作恶,即君王需要通过法律和规则来治理天下。

(一)内圣

内圣的王者之道,其核心在于敬德保民,以道德为治国之本。正如《孟子·公孙丑下》所云:"天时不如地利,地利不如人和。……域民不以封疆之界,固国不以山溪之险,威天下不以兵革之利。得道者多助,失道者寡助。寡助之至,亲戚畔之;多助之至,天下顺之。以天下之所顺,攻亲戚之所畔,故君子有不战,战必胜矣。"一个国家的强盛,并非仅仅依赖于天时地利,更在于人心的凝聚和道德的引导。一个明智的君主应当明白,民心的向背才是决定国家兴衰的关键。

孟子进一步阐述了君轻民贵的思想,强调民权的重要性,认为政权和君权都应服务于民权。他构想了一个理想的社会蓝图:八口之家,五亩之宅,百亩之田。每户人家都有宽敞的住宅和肥沃的田地,人民安居乐业,共享太平盛世。在这样的社会中,君主的仁爱成为连接君主与人民的纽带,得民心者方能得天下。

从社会发展的方面出发,孟子认为教育是国家巩固自身统治的基础。"善政不如善教之得民也。善政,民畏之,善教,民爱之;善政得民财,善教得民心。"(《孟子·尽心上》)善政虽然能让人民畏惧,但善教却能让人民真心爱戴;善政只能获取民众的财物,而善教却能赢得人心。因此,他强调教育是实行仁政、赢得民心的关键手段。

孟子对君王之道也有着独到的见解。他主张君王应恪守敬德保民的原则,反对专制独裁,提倡君臣之间的义务是双向的。他认为,一个伟大的君主应当礼贤下士,虚心求教,尊重臣子的意见。"尧舜之仁不遍爱人,急亲贤也。"(《孟子·尽心上》)要礼贤下士,就要抛开自己的权势,抱着"乐取于人以为善"(《孟子·公孙丑上》)的谦虚诚恳态度,亲自登门求教。与此同时,身为贵戚之卿,臣子应敢于直言进谏,为君主指明正确的道路,"君有大过则谏,反复之而不听,则易位";身为异姓之卿,"君有过则谏,反复之而不听,则去"(《孟子·万章下》)。

在孟子看来,世界上最宝贵的东西是人的道德品质和精神境界,这些精神财富的价值远高于物质财富。他引用曾参的话:"晋楚之富,不可及也。彼以其富,我以吾仁,彼以其爵,我以吾义,吾何慊乎哉!"(《孟子·公孙丑下》)这句话深刻地揭示了道德品质作为精神财富乃无价之宝。孟子认为,仁、义、忠、信等道德品质的修养是真正的"天爵",而富贵利禄只是短暂的"人爵"。因此,统治阶级应该自觉扩充自己的"天爵",不断提升自己的道德品质。

孟子由此提出了"大丈夫"的理想人格。所谓大丈夫,就是"富贵不能淫,贫贱不能移,威武不能屈"(《孟子·滕文公下》)。基于这样的理念,在富贵面前保持清醒的头脑,不为物欲所动;在贫贱面前坚守信念,不改初衷;在威武面前保持气节,不屈不挠。这样的大丈夫才是真正的英雄豪杰,才是国家的栋梁之材。而要实现这一理想人格,主要依靠内在的修养方法。

1. 持志养气,其气浩然

在孟子看来,人的内心世界中,志向与气质是相辅相成的。"夫志,气之帅也;气,体之充也。"(《孟子·公孙丑上》)他坚信,真正的志向如同军队的统帅,而气质则是身体的基石。一个真正的大丈夫,不仅要有远大的抱负,更要有坚韧不拔、正义凛然的精神风貌。在立志的基础上,还应该明确当做和不当做之事,"人有不为也,而后可以有为"(《孟子·离娄下》)。要坚定意志,不做没有道德底线的事情。

志和气是紧密联系的两个部分,它们相互作用、相互促进,"志壹则动气,气壹则动志"(《孟子·公孙丑上》)。当志向坚定时,气质也会随之变得强大;同样,当气质强大时,也会反过来增强我们的志向。这就像是一股无形的力量,在不断地推动我们前进。"善端"只是培养善性的前提,环境才是人性发展的决定因素。他以学习语言为例:"一齐人傅之,众楚人咻之"(《孟子·滕文公下》),由此认定"苟得其养,无物不长;苟失其养,无物不消"(《孟子·告子上》)。

2. 清心寡欲,克己复礼

孟子主张"清心寡欲",他认为"养心莫善于寡欲。其为人也寡欲,虽有不存焉者,寡矣;其为人也多欲,虽有存焉者,寡矣"(《孟子·尽心下》)。欲望过多,会使我们失去对善良的坚守,而欲望减少,则会使我们更加接近善良。为了克服自身的欲望,我们需要不断地锻炼自己的意志,使自己变得更加坚定和强大。

3. 反求诸己，厚于责己

孟子主张"反求诸己"，"厚于责己"，即自我反省，自我检查。他说："爱人不亲，反其仁；治人不治，反其智；礼人不答，反其敬。行有不得者，皆反求诸己，其身正而天下归之。"(《孟子·离娄上》)我爱别人，而别人不亲近我；我管理别人，而别人不服从我；我以礼待人，而别人不以礼对我。怎么办？孟子以为，任何行为如果不能得到预期的效果，都应该反躬自问，看自己的行为有什么不对之处。如果自觉行为没有什么不对，而别人还是以无礼的态度对我，我得进一步反省自己的动机是否真诚。如果自省动机也是真诚的，别人的态度还是不改变，那就可以断定此人乃丧失理智的人，对于丧失理智的人，是用不着同他计较的，于是也就心安理得了。

孟子希望通过"反求诸己"以培养正义的勇气。他与公孙丑深入探讨了三种塑造勇气的方式。"北宫黝之养勇也：不肤桡，不目逃，思以一豪挫于人，若挞之于市朝；不受于褐宽博，亦不受于万乘之君；视刺万乘之君若刺褐夫；无严诸侯，恶声至，必反之。孟施舍之所养勇也，曰：'视不胜犹胜也；量敌而后进，虑胜而后会，是畏三军者也。舍岂能为必胜哉？能无惧而已矣。'……昔者曾子谓子襄曰：'子好勇乎？吾尝闻大勇于夫子矣：自反而不缩，虽褐宽博，吾不惴焉；自反而缩，虽千万人，吾往矣。'"(《孟子·公孙丑上》)首先，北宫黝式的勇气，是那种绝不容忍他人对自己有丝毫侮辱的态度。无论面对的是鄙夫还是君王，只要有人对他出言不逊，他必定会予以反击。其次，孟施舍式的勇气，体现在对待敌人时无所畏惧，即使面对无法战胜的对手，也能保持同样的冷静与坚定。最后，曾参式的勇气，则是一种更为内敛而深刻的品质。他认为，如果正义不在自己这一边，即使对方地位卑微，也不能仗势欺人；反之，如果正义在自己这一边，即使对方势力强大，也要勇往直前。

孟子赞赏的是曾参式的养勇。前两种在孟子眼里，都属于匹夫之勇，纵任情感，无辨于是非曲直。曾参式的养勇则以理的曲直为断：一种情况，当自省其曲在我，其表现是敢于正视自己的错误，向正义低头；另一种情况，当自省其曲在人，则表现为理直气壮，无可阻挡。这两种情况下的两种表现形式都体现出勇于履行道德义务的自觉性。总之，道德修养贵在自觉，这样才能达到理想境界。

4. 改过自新，见善而迁

孟子和孔子一样，认为任何人都会有过错，一旦有了过错，只要及时改正就好。"古之君子，其过也，如日月之食，民皆见之，及其更也，民皆仰之。"(《孟子·

公孙丑下》)那些真正的君子,他们的错误如同日食和月食一样明显,让所有人都能看到。然而,当他们改正错误,再次展现出自己的光明面时,人们会更加敬仰他们,因为他们展现出了改过迁善的决心和勇气。孟子鼓励我们,要勇于面对自己的错误,更要勇于改正。他提倡"见善而迁",即看到别人的优点和长处,就要积极主动地去学习、去模仿,以便改正自己的不足。这种积极主动的态度是我们在生活中不断成长、不断进步的关键。

5. 动心忍性,明辨得失

动心忍性,就是要在逆境中磨炼和培养坚定的意志。孟子说:"天将降大任于斯人也,必先苦其心志,劳其筋骨,饿其体肤,空乏其身,行拂乱其所为,所以动心忍性,曾益其所不能。"(《孟子·告子下》)他认为,一个人只有在实践中不断磨炼自己的意志,才能拥有智慧,成就事业,且环境越恶劣,越能造就人极大的才能。艰难困苦的环境充满着义利得失、生死荣辱的矛盾,迫使人去做出行为选择,是锻炼坚韧不拔意志的极好机会。中华民族的不少英雄志士在他们成长的道路上,就曾受到孟子这一思想的鼓舞。

总之,孟子的思想强调了敬德保民、民权至上、教育为本等观点,为后世提供了宝贵的思想财富。他的理念不仅在当时产生了深远的影响,而且对后世的社会发展和国家治理提供了重要的启示。在今天这个快速发展的时代,我们仍然可以从孟子的思想中汲取智慧,为构建和谐社会、实现人民幸福提供有益的借鉴。

(二) 外王

外王的王者之道在于礼法融合,以"礼"治国。荀子强调礼教为先,礼法并施。"天行有常,不为尧存,不为桀亡。"(《荀子·天论》)"君者,舟也,庶人者,水也,水则载舟,水则覆舟。"(《荀子·王制》)荀子扬弃了儒家学说中"天"的宗教性,直接把"天"解释为自然界,肯定自然界有自身的规律,由此提出了"制天命而用之"(《荀子·天论》)的光辉思想,把我国古代的唯物主义思想发展到一个高峰。

1. 礼的内涵

重礼仪,重等级,讲名分,讲规矩,万物皆有规律,有法天下和,这是人与人、人与自然、人与社会都应该遵循的法则。《荀子·正论》之中有云:"主道明,则下安;主道幽,则下危。故下安,则贵上;下危,则贱上。"在《荀子·强国》之中进一步阐述了"人之命在天,国之命在礼"。"君子耳不听淫声,目不视女色,口不出恶言。"(《荀子·乐论》)"人无礼义则乱,不知礼义则悖。"(《荀子·性恶》)荀子所讲的"礼"与先秦一般儒家所讲的"礼"有所不同,他把"礼"解释为法典的大义和纲领;在《荀子》书中,"礼义"同"法度"往往并提,"礼者,法之大分,类之纲纪也"(《荀子·劝学》)。可见他的"礼"与"法"相通。春秋战国时期,"礼治"与"法治"代表着旧贵族与革命的新兴地主阶级之间相互对抗的政治路线,荀子的王道学说则有融合礼治与法治的趋势。

2. 礼的作用

荀子从人类社会的根本矛盾出发,深入剖析了礼的起源与本质。认为礼是一种调节生产和分配关系的杠杆,"人生而有欲,欲而不得,则不能无求,求而无度量分界,则不能不争,争则乱,乱则穷。先王恶其乱也,故制礼义以分之,以养人之欲,给人之求,使欲必不穷乎物,物必不屈于欲,两者相持而长,是礼之所起也"(《荀子·礼论》)。他观察到,人生来就有欲望,欲望无法满足时,人们便会寻求满足之道。然而,若追求无度,便会陷入争夺的混乱之中。为了维护社会的和谐稳定,先王们制订了礼义,以规范人们的行为,调和生产与分配的关系。

礼作为社会的度量衡,确保了人们的欲望与物质生产之间的平衡。它既不让欲望因物质匮乏而无法满足,又防止了人们对物质的过度贪婪。在礼的调节下,社会得以有序发展,人们的欲望得到了适度的满足,而物质生产也得到了可持续的推动。荀子的这一观点深刻揭示了人类社会发展的内在逻辑。他通过礼的概念,为我们理解社会协调与发展提供了独特的视角。

荀子对"欲"和"求"也进行了明确的区分。他认为,"欲"是天生的,属于本能需求,而"求"则受到后天社会条件的制约。社会的治乱并不取决于人们欲望的多少,而在于这些欲望是否合理。他说:"心之所可中理,则欲虽多,奚伤于治?""心之所可失理,则欲虽寡,奚止于乱?"(《荀子·正名》)如果心中的欲望符合理性,那么即使欲望再多,又怎会对治理产生伤害呢?如果心中的欲望失去了理性,那么即使欲望再少,又怎能阻止混乱的发生呢?因此,他认为对待欲望的正确态度不是消极地去欲,而是积极地"导欲"。

"导欲"的意思,就是对"合理"的欲望务使其得到基本的满足;而对其中虽"合理"但仍难以完全满足的部分,则加以节制。荀子的"导欲论"与道家的去欲说和孟子的寡欲说有着明显的不同。他主张的是积极地使欲望得到合理适当的满足,而不是仅仅消极地一味加以限制。他强调了理性判断在道德行为中的决定性作用,并认为通过学习,可以培养和提高这种理性判断能力。《荀子·劝学》中说:"知明而行无过矣。"这就是荀子论学的核心思想。在当今社会,我们仍应铭记荀子的智慧,以礼义为纲,实现人与社会的和谐共生。

3."大儒"的培养目标和"重己役物"的道德修养论

荀子以礼治思想为根基,主张选拔贤能之士,以功绩为赏,以过错为罚。他认为教育的终极目标是培育出精通文学、品行端正且熟知礼仪的大儒。他推崇的"社稷之臣"分为四等:拂臣,勇于挑战君权,纠正君主错误,捍卫国家利益;辅臣,团结智者,领导百官,纠正君主过失,解除国家忧患;争臣,直言不讳,敢于力争,为国尽忠;谏臣,身为重臣或父兄,直言进谏,为国献策。这四等臣子虽层次不同,但共同之处在于他们都以国家利益为重,勇于实践道德义务,共同维护国家的繁荣与稳定。

荀子进一步提出了"重己役物"的道德修养论,并为统治阶级内部制订了一套行为准则。"天子不言多少,诸侯不言利害,大夫不言得丧,士不通货财,有国之君不息牛羊,错质之臣不息鸡豚,冢卿不修币,大夫不为场园。"(《荀子·大略》)他要求自大夫以上的官员形成以争利、聚敛为耻的道德风尚。他批判了法家的"聚敛"政策,认为国家府库充实而人民贫困,会导致国家衰亡。因此,提高统治阶级内部道德义务的责任感和光荣感,成为道德教育的核心要求。

荀子以封建礼义为衡量一切价值的根本尺度,认为先义后利者荣,先利后义者辱。这种荣辱观体现了荀子对道德教育的深刻理解,即通过培养人们的道德责任感和荣誉感,来实现社会的和谐与稳定。"义之所在,不倾于权,不顾其利"(《荀子·荣辱》),这就叫"重己役物"。荀子认为,有了这种修养的人一旦执政,必定为天下考虑得多,而为自己打算得少。这就是荀子理想的儒者品格。

五、学习方法上,孟子强调"内发说",荀子强调"外铄说"

"内发"重在"思",是"培养主义"的教育论;"外铄"重在"行",是"积伪主义"的教育论。"内发说"认为,教学活动要遵循和发展人内在的潜能,要把感性知识上升为理性知识,强调个体认知的理性自觉。荀子从性恶论出发,主张"化性起伪",认为教育是"起伪"的过程,是不断积累知识和提高道德修养的过程,是人性改变的一个"实践"过程。

(一)内发说——思维的自觉性

1.钻研思考,总结创新

"君子深造之以道,欲其自得之也。自得之则居之安,居之安则资之深,资之深则取之左右逢其原,故君子欲其自得之也。"(《孟子·离娄下》)孟子认为,真正的学问不是靠别人灌输,而是靠自己去探索、去领悟的。老师的角色如同引路人,他们提供方向,但真正的步伐,需要学生自己去迈。他主张在学习中独立思考和形成独立见解,认为"尽信书,则不如无书"(《孟子·尽心下》)。读书,不应只停留在字面的理解,而应把握整体,探寻作者的真正意图。这种从感性到理性的转变,需要我们透过现象看本质,形成自己的独特见解。

2. 循序渐进,盈科而进

孟子继承了孔子"循循然善诱人"的思想,认为学习和教学都是自然发生的,要遵循自然有序的次第过程,不能拔苗助长、操之过急。他把学习和教学的过程比作源源不断的流水,"流水之为物也,不盈科不行"(《孟子·尽心上》),只有注满一个坑洼,再注下一个坑洼,才不至于水满而溢。

3. 教亦多术,因材施教

孟子认为教学方法是多种多样的,对不同的学生应采取不同的教法。他说:"君子之所以教者五:有如时雨化之者,有成德者,有达财者,有答问者,有私淑艾者。"(《孟子·尽心上》)他还说:"教亦多术矣,予不屑之教诲也者,是亦教诲之而已矣。"(《孟子·告子下》)即拒绝教诲也是一种教导。

4. 持之以恒,专心致志

孟子强调学习时专心致志的重要性,认为成功的关键在于是否全身心投入。以围棋为例,他指出,学习成果的差异不在于天资,而在于是否专心致志。孟子还以掘井为喻,强调持之以恒的必要性,"有为者辟若掘井,掘井九轫而不及泉,犹为弃井也"(《孟子·尽心上》),认为只有坚持到最后,才能收获成功的果实。

孟子认为,学习中有两大敌人。一个是"自暴自弃","自暴者,不可与有言也;自弃者,不可与有为也"(《孟子·离娄上》)。这类人开口诋毁仁义,自认为无法遵循仁义的准则。在孟子看来,这样的人是无法被劝导和有所作为的。另一个敌人是"一暴十寒",即使对于最容易生长的植物,如果只是一天暴晒而十天寒冷,也无法生长。同样,仁人之心的培养需要持续不断,否则心灵就会像不常走的山径一样杂草丛生,堵塞得看不到归途。"一暴十寒"和"自暴自弃"都是意志薄弱、半途而废的表现。

(二)外铄说——实践出真知

荀子强调学、思、行结合,但更侧重于"行",即百闻不如一见。学习的过程分为闻、见、知、行几个阶段,他说:"不闻不若闻之,闻之不若见之,见之不若知之,知之不若行之。学至于行之而止矣。行之,明也。明之为圣人。圣人也者,本仁义,当是非,齐言行,不失毫厘,无他道焉,已乎行之矣。故闻之而不见,虽博必谬;见之而不知,虽识必妄;知之而不行,虽敦必困。不闻不见,则虽当,非仁也。其道百举而百陷也。"(《荀子·儒效》)即见闻是学习的起点,是基础知识的来源。通过学、思相结合而得到的知识最终是否可靠,还要靠实践来验证,只有通过实践的检验,才算真正明了知识。据此,荀子提出的具体的学习方法如下。

1. 积少成多,锲而不舍

《荀子·劝学》中说:"不积跬步,无以至千里;不积小流,无以成江海。骐骥一跃,不能十步;驽马十驾,功在不舍。锲而舍之,朽木不折;锲而不舍,金石可镂。"同时,学习还要诚实,"知之曰知之,不知曰不知;内不自以诬,外不自以欺"(《荀子·儒效》)。

2. 虚壹而静,目标专一

"虚"指保持谦虚;"壹"是指要在一段时间内把注意力放在一件事情上,目标专一;而"静"就是说,不能因为没有根据的想象而影响到理性思维的学习。"虚壹而静"指不要让已有的知识和经验成为我们学习新知识的障碍。我们要时刻保持虚心谨慎,这样才能更好地吸收新知识,不断提高自己的认知水平。

3. 兼陈中衡,分析综合

荀子继承和发展了孔子的中庸思想,主张客观、全面、综合地看问题。他认为人们在认识事物的过程中,往往会偏执于某一事物或事物的某一方面,从而形成片面的认识,所以要把事物各方面展示出来,做全面、广泛的比较、分析、综合,择其所是而弃其所非,以求如实地把握事物本质及其关系。

4. 学以致用,实践为先

"故不登高山,不知天之高也;不临深溪,不知地之厚也;不闻先王之遗言,不知学问之大也。"(《荀子·劝学》)荀子认为,行是学习必不可少的、也是最高的阶段,必须学以致用。他说:"君子之学也,入乎耳,箸乎心,布乎四体,形乎动静。"(《荀子·劝学》)又说:"学至于行之而止矣,行之,明也。"(《荀子·儒效》)在他看来,由学和思得来的知识都具有假设的性质,是否切实可靠,最终必须依赖行动来检验。因此,"行"也成为荀子学习过程的最终归宿,这也是荀子的贡献。

5. 尊师重道,文教兴国

按照荀子的人性论观点,每个人都有两种发展的可能:一是顺应天性发展为恶,一是改造本性发展为善,关键就在于有没有可供效法的教师。他强调"故有师法者,人之大宝也,无师法者,人之大殃也"(《荀子·儒效》)。教师被看作决定人性发展的关键,不仅决定着学生的品质,同时也关系到国家的兴衰、法制的存废和人心的善恶。"国将兴,必贵师而重傅;贵师而重傅,则法度存。国将衰,必贱师而轻傅;贱师而轻傅,则人有快;人有快,则法度坏。"(《荀子·大略》)他说:"天地者,生之本也;先祖者,类之本也;君师者,治之本也。无天地,恶生?无先祖,恶出?无君师,恶治?"(《荀子·礼论》)他把教师提到与天地、先祖、君王并重的地位,将其作为治国之本。可见,荀子的"尊师"既是教育原则,也是政治原则。

孟、荀的思想字字珠玑,穷则独善其身,达则兼济天下,各有所长。在改造客观世界的时候,强调改造主观世界,对我们今天仍有重要的启示。中华优秀传统文化积淀着中华民族最深沉的精神追求,代表着中华民族独特的精神标识,是中华民族生生不息、发展壮大的丰厚滋养,是中国特色社会主义植根的文化沃土,自强不息、厚德载物,生生不息、薪火相传,今天依然是我们推进改革开放和社会主义现代化建设的强大精神力量。

本节习题

一、单项选择题

1. 孟子的"明人伦"指的是(　　)。
   A. 性相近,习相远
   B. 发扬"仁、义、礼、智、信"先天具有的善端
   C. 化性起伪
   D. 涵养"仁、义、礼、智、信"后天习得的品质

2. (　　)提出"性伪之别"观点,认为每个人都是善恶的统一体。
   A. 孟子　　　　B. 荀子　　　　C. 墨子　　　　D. 韩非子

3. "民为贵,社稷次之,君为轻"是(　　)的政治主张。
   A. 孔子　　　　B. 孟子　　　　C. 荀子　　　　D. 老子

4. "富贵不能淫,贫贱不能移,威武不能屈,此之谓大丈夫。"这突出了孟子的培养目标是(　　)。
   A. 兼士　　　　　　　　　　B. 隐士
   C. 大丈夫的理想人格　　　　D. 鸿儒

5. 孟子的"内发说"认为知识的学习在于(　　)。
   A. 从感性认识到理性知识　　　B. 闻见和知行
   C. 以行为重　　　　　　　　　D. 实践出真知

6. "故天将降大任于斯人也,必先苦其心志,劳其筋骨,饿其体肤,空乏其身,行拂乱其所为,所以动心忍性,曾益其所不能。"孟子认为道德修养的关键在于(　　)。
   A. 志存高远　　　　　　　　　B. 意志磨炼
   C. 反思总结　　　　　　　　　D. 循序渐进

7. "饥而欲食,寒而欲暖,劳而欲息,好利而恶害,是人之所生而有也。"此处所描述的荀子的性指的是(　　)。
   A. 性本善的自然属性　　　　　B. 性本善的社会属性
   C. 性本恶的自然属性　　　　　D. 化性起伪的社会属性

8. "故不登高山,不知天之高也;不临深溪,不知地之厚也;不闻先王之遗言,不知学问之大也。"荀子主张的学习方法是(　　)。
   A. 勤能补拙　　　　　　　　　B. 持之以恒
   C. 百闻不如一见　　　　　　　D. 读万卷书

9. 孟子讲"天时不如地利,地利不如人和",荀子讲"君者,舟也,庶人者,水也,水则载舟,水则覆舟",他们政治理想的共同点在于(　　)。
   A. 内圣和外王　　　　　　　　B. 克己和复礼
   C. 知行合一　　　　　　　　　D. 民本思想

10. 孟子是我国古代伟大的思想家,他的一些言论对今天仍然有着很大影响。其中,我们从"富贵不能淫,贫贱不能移,威武不能屈"中获取的精神营养是(　　)。
    ① 注重气节,健全人格　　　　② 人性本善,舍生取义
    ③ 先义后利,关注民生　　　　④ 仁爱友善,以德服人
    A. ①②③④　　　　　　　　　B. ②③④
    C. ②③　　　　　　　　　　　D. ①②③

二、思考题

1. 简述孟子与荀子教育思想的异同。
2. 试辨析孟子的"性善论"和荀子的"性恶论"对当今教育发展有何启示。

第二节 兼爱和仁爱

一、墨子与儒家

扫码查看课程

在春秋战国时代的思想界,与儒、道两家鼎足而三的是墨家。孟子说:"杨朱、墨翟之言盈天下,天下之言,不归杨则归墨。"(《孟子·滕文公下》)韩非子说:"世之显学,儒、墨也。"(《韩非子·显学》)可以想见墨学在当时之雄风。

墨子,世称墨翟,是中国古代唯一一个工匠出身的哲学家和思想家。他撰写的《墨子》53篇不仅阐述了墨家的哲学思想和辩证法,还深刻批判了儒家的一些观点。但实际上,儒、墨两家思想同源而异流。在《墨子》中,墨子高度赞扬了尧、舜、禹、汤、文、武等圣王,同时严厉抨击了桀、纣、幽、厉等暴王。他强调仁义、忠臣、孝子等道德观念,与儒家有着诸多相似之处。然而,墨子是一位实践家和功利主义者,他敏锐地观察到战国社会与西周社会的巨大差异。他认为,西周的礼教和繁文缛节已不适应当时的生活,而儒家却过于抱残守缺,拘泥于传统,其主张陈腐琐碎。因此,墨子毅然提出改革之论,力求革除不适应当时社会的陈规陋习,并融入自己的创新见解,他的思想独树一帜、自成一派,号称"墨家"。

墨家代表的是庶民,包括城市小手工业者、小商人、自耕农以及下层官吏的利益,而儒家代表的是奴隶主贵族、高级官吏以及文人的利益。两家立场不同,社会政治思想亦大相径庭。

二、社会理想:兼爱和仁爱

墨家讲"兼爱",儒家讲"仁爱"。什么是仁爱?儒家的"仁爱"是以"君君、臣臣、父父、子子"的周礼为政治前提的,以血缘宗法为基础,建立"劳心者治人,劳力者治于人"的统治秩序,以君王之仁统领天下之和。正所谓"礼不下庶人,刑不上大夫",礼治主要用于贵族和君子,刑治主要用于庶民和小人。上层社会靠"礼"来维持,下层社会靠"刑"来统治,这种爱是有分野的。平民只有"学而优则仕",跻身上流社会做了"官",才能改变命运。孔子说:"夫礼,天子爱天下,诸侯爱境内,大夫爱官职,士爱其家,过其所爱曰侵。"(《韩非子·外储说右上》)提出不能"过其所爱"的重要原则。"爱"要受等级名分的约束，超越了等级名分，在道德评价上就走向了反面，变成侵犯他人利益的行为。

子路为郈（鲁邑）令，季氏征募民众挖田沟。子路用自己的俸禄烧了稀饭给挖沟的人吃，孔子就批评子路的做法是"过其所爱"。季氏也为此事责问孔子，认为子路是受孔子指使，存心争夺季氏管辖的人民。这个例子即说明儒家的"爱人"是有明显的等级性的，并不是一视同仁。孔子的爱徒颜回死了，孔子悲痛万分，却不赞成厚葬，因为颜回出身庶民，于礼不合，要安贫乐道，遵守礼制。违背了这个规矩，就是以下犯上。这种爱是一种"差序格局"。

什么是"兼爱"？墨家的"兼爱"是不分亲疏、贵贱、等级、差别，一视同仁的爱，反对社会上的各种恶势力，力求建立一个和平的社会。无论父母子女、国君国人、贵族平民、华夏夷狄，统统一样地爱。这是一种无差别的爱，也就是"兼"。正是一个"兼"字，划清了墨子与孔子的界限。可见"兼"之与否，是儒、墨两家的根本分歧。

墨家的"兼爱"是一种"博爱"，消除了特权思想、等级制度，梦想回到大禹时代。"今天下之君子，忠实欲天下之富而恶其贫，欲天下之治而恶其乱，当兼相爱，交相利，此圣王之法，天下之治道也，不可不务为也。"（《墨子·兼爱中》）领导者天下为公，身先士卒；人民众志成城，其乐融融。人人平等，自食其力，是无差别、无等级的爱。

《墨子·兼爱中》有云："视人之国，若视其国；视人之家，若视其家；视人之身，若视其身。是故诸侯相爱，则不野战；家主相爱，则不相篡；人与人相爱，则不相贼；君臣相爱，则惠忠；父子相爱，则慈孝；兄弟相爱，则和调。天下之人皆相爱，强不执弱，众不劫寡，富不侮贫，贵不敖贱，诈不欺愚，凡天下祸篡怨恨，可使毋起者，以相爱生也，是以仁者誉之。"

墨家之道，以"义"为纲，秉持"兼爱"之心，致力于"兴利除害"，追求"乐生互助"之境。其理念深邃，以为最大之善在于行利天下，除害世间，理想之政治亦当如此。为达此目的，必须怀有极大之热情，视人如己，这便是兼爱精神的真谛。因兼爱而行，人我之界自然消解，悲天悯人之心油然而生。见他人陷困境，必舍身相救；遇他人得利，亦设法相助。此行此举皆合于"义"，皆显"义"之政治。人人行义，事事合义，人类乐生互助之愿景便可实现，世界大同的理想亦可期。

墨子以兼爱为基，倡导"侠义为怀"之精神教育。其内涵丰富，包含三重要素：其一，追求真理，坚守正义；其二，尊重生命，珍视和平；其三，勤劳务实，生活简朴。此三要素相辅相成，共同构成了墨家兼爱之道的核心。

1. 追求真理，坚守正义，有敢为天下先的主人翁责任感

据《墨子·贵义上》说："子墨子自鲁即齐，过故人。谓子墨子曰：'今天下莫为义，子独自苦而为义，子不若已！'子墨子曰：'今有人于此，有子十人，一人耕而九人处，则耕者不可以不益急矣。何故？则食者众而耕者寡矣。今天下莫为义，则子如劝我者也，何故止我？'"墨子在旅途中遇到了他的老朋友。朋友对他说："现在世界上没有人愿意做正义之事，只有你一个人苦苦坚持，你何不放弃呢？"墨子回应道："想象一下，如果有一个家庭有十个孩子，但只有一个人耕地，其他人都在享受，那么耕地的人必须更加努力，因为吃饭的人多而耕地的人少。如果世界上没有人愿意做正义之事，那你应该鼓励我，而不是阻止我。"这种在逆境中坚持正义、积极面对挑战的精神，是多么可贵和勇敢！

2. 尊重生命，珍视和平，有侠肝义胆的大无畏牺牲精神

《墨子·公输上》说，公输般为楚国造了一座云梯，预备攻打宋国。墨子听了这个消息，即刻出发，走了十日十夜，来到楚国，劝他们取消攻宋的计划。费了许多唇舌，冒了多少危险，结果是说服了楚王。这种精神是牺牲自我的，即是利他的。所以孟子形容他说："墨子兼爱，摩顶放踵，利天下为之。"（《孟子·尽心上》）所以墨子的学生为义而牺牲的、为救他人而战死的非常之多。

3. 勤劳务实，生活简朴，有济世苍生的平民情怀

墨子提倡节俭，主张简约的葬礼，反对奢侈的音乐，这些都是为了照顾劳苦大众，反对封建的享乐主义。他深深同情平民的疾苦，希望他们能过上更好的生活。他的学生说："子墨子之所以非乐者，非以大钟、鸣鼓、琴瑟、竽笙之声以为不乐也，非以刻镂、华文章之色以为不美也，非以犓豢煎炙之味以为不甘也，非以高台厚榭邃野之居以为不安也，虽身知其安也，口知其甘也，目知其美也，耳知其乐也，然上考之不中圣王之事，下度之不中万民之利。是故子墨子曰：'为乐非也。'"（《墨子·非乐上》）墨子并非不喜欢音乐，也并非认为华丽的色彩不美，他反对的是过度奢侈和浪费，他希望人们能更加关注生活的实质，而非表面的华丽。这种深深的平民情怀使墨子及其学说在民间广为流传，深受人们的尊敬和爱戴。墨子师生以身作则，穿的是短衣，吃的是藿羹，手足胼胝，面目黧黑，不求享乐，以劳动为光荣，为世人所钦佩和敬仰。

三、礼乐态度：非乐和重礼

礼乐是等级制度的象征，儒家重视礼乐制度，钟鸣鼎食，衣冠楚楚，食不厌

精,脍不厌细,觥筹交错,美食美器,连盛饭的碗都分出三六九等,肉食要放在鼎里面,五谷杂粮要放在簋里面。天子可以用九鼎,诸侯用七鼎,卿大夫用五鼎,士只能用三鼎,彼此不可逾越。

墨家主张平民精神,反对贵族化的奢侈生活。《墨子·非儒》里借晏婴之口讽刺孔子:"繁饰邪术以营世君,盛为声乐以淫遇民。其道不可以期世,其学不可以导众。"墨家反对装腔作势、劳民伤财的礼乐制度,主张非命、非乐,倡导自食其力、简朴实用。

> 民有三患,饥者不得食,寒者不得衣,劳者不得息。三者,民之巨患也。然即当为之撞巨钟、击鸣鼓、弹琴瑟、吹竽笙而扬干戚,民衣食之财,将安可得乎?(《墨子·非乐上》)

墨子认为民有三患,饥、寒、劳也。这三大问题困扰着无数的百姓。然而,当权者却沉迷于钟鼓之乐,歌舞升平,置百姓的饥寒于不顾。他们为了个人的享乐,不惜搜刮民脂民膏,这种对民生的漠视令人痛心疾首。古代的"礼乐"并非单指音乐,而是泛指一切庆祝活动。这些活动耗费巨大,不仅浪费人力物力,更耽误了生产。男人因此无法专心耕田,女人无法安心织布,官员则无暇治国。百姓衣食无着、劳苦无休,而统治者却沉湎于享乐,墨子因此疾呼:"为乐非也!"在墨子看来,真正的治国之道应以民为本,而非沉迷于虚无的享乐。他主张节俭务实,以利民为先,这才是真正的治国之道。

四、人性论:素丝说和性三品

墨、儒两家都强调环境对人性的影响,但墨家认为人性是无差异的,儒家认为人性是有差异的。儒家讲到"性相近也,习相远也",这个"相近"不是"相同",即把人性分为三类,"生而知之者,上也;学而知之者,次也;困而学之,又其次也;困而不学,民斯为下矣"(《论语·季氏》)。这里讲到的上智,即天生圣人,聪明绝顶、无师自通;下愚,即朽木不可雕,冥顽不灵者。两者都不属于教育的范畴。只有"中人"天资虽平常,却能够孜孜不倦、锐意进取,他们才是教育的对象。

而墨子的素丝说则主张:"染于苍则苍,染于黄则黄,所入者变,其色亦变,五入必,而已则为五色矣。故染不可不慎。非独染丝然也,国亦有染……非独国有染也,士亦有染。"(《墨子·所染》)人性是无差别的,像蚕丝一样雪白,教育可以尽情挥洒描摹。下什么色的染缸,就成什么样颜色的丝,即有什么样的环境与教育,就能造就什么样的人。因此,必须"慎其所染"。

五、教育目标：兼士和君子

无论是身居庙堂之高的儒生，还是浪漫超然的隐者，本质上都是人伦文化的代表，要去做公务员和艺术家，即"学而优则仕"的劳心者，知书达理、琴棋书画无所不通的"君子"。唯墨子能够真正摆脱各种社会势力的纠缠和引诱，热爱自然科学、关心物质运动，以一个"劳力者"的视角，从力学、光学、几何学、逻辑学等广泛的知识领域去把握生命本来的含义，认知世界的真相，从而寻求真知、注重实践、自励自强。

墨子倡导培养"兼士"，这是一种集工匠与学者于一身的理想人物。兼士不仅要有广博的知识技能，还须具备优秀的思维论辩能力和崇高的道德品行。他们应全面发展，自食其力，既是劳动者，又是工程师，还是侠客。兼士的三个标准——"厚乎德行""辩乎言谈""博乎道术"，分别对应了道德品行、思维论辩和知识技能的要求。他们通过实践积累实际能力，推行兼爱主张，并以兴天下之利、除天下之害为己任。在必要时，他们会毫不犹豫地损己利人，展现出博爱的精神。

墨子期望通过培养大批兼士来取代那些只顾自己、不顾他人的"别士"，实现社会的和谐与进步。兼士们的存在，旨在消除社会中的混乱、饥饿、寒冷和劳累，为民众带来安定与福祉。兼士懂得以兴利除弊为己任，不分彼此、亲疏、贵贱、贫富，都做到"饥即食之，寒即衣之，疾病侍养之，死丧葬埋之"（《墨子·兼爱下》），当需要的时候，无私奉献，雪中送炭，"为身之所恶以成人之所急"（《墨子·经说上》）。

与儒家的君子相比，墨家的兼士在外表与内质上展现出独特的人格追求。他们反映了小生产者的平等理想，尽管在当时严酷的社会环境下，这种追求和愿望难以完全实现，但这种理想中的平等、博爱精神，却是人类一笔宝贵的精神遗产，后世的"侠义"精神在很大程度上受到了墨家"兼士"形象的启发。兼士以正义和公平为准则，勇于担当、乐于助人的形象成为后世侠客的楷模。

六、教育内容：六艺和工艺

儒家学"六艺"，墨家学"工艺"。儒家的"六艺"即《诗》《书》《礼》《乐》《易》《春秋》，主要是文学艺术、历史知识、伦理道德。而墨家要求博通百家，又特别重视生产技能和科学知识的学习。出于培养兼士的需要，墨子及其弟子确定了一套有特色的教育内容。

1. 重视科技

墨子重视包括生产和军事科学技术知识的教育及自然科学知识的教育，其目的在于帮助兼士获得"各从事其所能"（《墨子·节用中》）的实际本领。《墨经》中包含了丰富的关于力学、光学、几何学、工程学、物理学、数学的基本知识。他对小孔成像、平面镜、凹面镜、凸面镜等原理的总结，比古希腊欧几里得的光学记载早百余年。对于力的定义、杠杆、滑轮、轮轴、斜面及物体沉浮、平衡、重心等现代物理问题也有科学的研究。同样，墨子的实用科学技术知识教育也有很高的价值，比如云梯、车、木鸢等器械的制造技术。

2. 训练思维

墨子作为古代的智者，他的辩论风格独树一帜，重视逻辑而非文采。他深知教育的核心在于培养学生的思维能力，因此他强调人事和思想方法的教育，以及形式逻辑的培养。墨子的目标是训练出具有强大逻辑思维能力的学生，使他们能够用雄辩的逻辑力量去说服他人，推行自己的政治主张。

墨子坚信，"言必立仪"，即人的言论和认识需要有明确的标准来衡量。为此，他提出了"三表"作为判断言论正确与否的准则。第一表是"有本之者"，意味着立论要基于历史的经验和知识，向上追溯至古代圣王的事迹。第二表是"有原之者"，立论需要深入民间，了解百姓的实际生活，扩大视野，丰富见识。第三表是"有用之者"，即立论需要在实践中得到检验，观察其是否对国家和百姓有利。

在墨子的哲学体系中，思维和言论必须遵循形式逻辑。他提倡"察类明故"的方法，即从已知推出未知，从表面现象深入探究事物的本质。这种逻辑思维方式使墨子的思想更加深邃和具有说服力。

3. 侠义为怀

墨子以侠义为怀，主张通过"兼爱"实现人与人之间的平等与和睦。他提倡"非攻"，反对非正义的征战，强调"强不凌弱，众不暴寡"。同时，他主张"尚同"，即统一人们的视听言行，培养兼士高尚的思想品质和坚定的政治信念。通过"非乐"，他倡导节俭，反对奢侈浪费，认为这样才能保持人民意志的坚定。而"非命"则鼓励人们自强不息，勇敢面对命运的挑战，通过社会实践不断提升自我。

七、教学方法：学习者的主动性和教育者的主动性

在实施教育的过程中，墨家主张的教学方法具有显著的学派特征。

第一，主动。与儒家"举一隅不以三隅反,则不复也"(《论语·述而》)的态度截然不同,墨子强调教育者的主动性,即"有道者劝以教人"(《墨子·尚贤下》),即使学生未主动求教,也应不遗余力地教导,直至他们领悟为止。

第二,创新。墨家反对儒家的"述而不作,信而好古"(《论语·述而》),认为应该"古之善者则述之,今之善者则作之,欲善之益多也"(《墨子·耕柱》),且"作"是"述"的前提。教育者不仅要传承古代的智慧,更要勇于创新,将古代的善述与现代的善作相结合,以此推动知识的进步。

墨子所创立的墨家学派包含了很多合理的主张,在当时产生了广泛的影响,尤其是在中国教育史上首次提出实行科学技术知识和技能的专门教育。同时,其务实和积极的精神及先进的教学方法对于现今社会来说,仍有十分重要的借鉴意义。墨家和儒家虽各有千秋,本质上都以人为本,主张贤人政治,提出言行一致、量力而行。墨家的工匠精神、问题驱动、精益求精,注重理性和秩序,对今天的创新创业教育仍有重要的启示和借鉴作用。

本节习题

一、单项选择题

1. 墨家的培养目标是"厚乎德行,辩乎言谈,博乎道术"的(　　)。
   A. 隐士　　　　B. 文士　　　　C. 谋士　　　　D. 兼士

2. 墨子关于人性论的认识是(　　)。
   A. 素丝说　　　B. 外铄说　　　C. 性恶论　　　D. 性善论

3. 春秋战国时期主张劳动教育的思想家是(　　)。
   A. 孔子　　　　B. 孟子　　　　C. 荀子　　　　D. 墨子

4. 中国古代第一个工匠出身的哲学家是(　　)。
   A. 孔子　　　　B. 孟子　　　　C. 荀子　　　　D. 墨子

5. 素丝说和性三品最大的不同是(　　)。
   A. 强调教育对人性的影响
   B. 强调环境对人性的影响
   C. 素丝说认为人性是有层次的
   D. 素丝说认为人性天生是平等的

6. 墨家的"兼相爱"和"交相利"与儒家"仁爱"的根本区别在于(　　)。

A. 法治和德治　　　　　　B. 平等性和等级性
C. 君王之爱和庶民之乐　　D. 性善和性恶
7. 下列不属于墨家教育思想的是（　　）。
A. 兼相爱,交相利　　　　B. 科技创新
C. 非礼非乐　　　　　　　D. 述而不作

二、思考题
1. 简述素丝说及其教育意义。
2. 简述墨家和儒家教育思想的不同。

第三节　霸道和王道

春秋战国时期是一个百花齐放、百家争鸣的时代。儒墨法道,阴阳纵横,各抒己见。我们从孔子那里读到了一颗爱心,从孟子那里读到了一身正气,从墨子那里读到了一腔热血,但是为何唯有法家思想最终横扫六国、一统天下？

扫码查看课程

《韩非子·五蠹》里面有一个耳熟能详的故事——守株待兔。

>　　宋人有耕田者。田中有株,兔走触株,折颈而死。因释其耒而守株,冀复得兔。兔不可复得,而身为宋国笑。今欲以先王之政,治当世之民,皆守株之类也。

韩非子寓言中讽刺的农夫,便是刻舟求剑、裹足不前的儒家、墨家、道家。孔子说我"仁",向往西周时代;孟子说我"义",要回到尧舜时期;墨子说我"利",对大禹时代念念不忘;老子说我"以柔克刚",庄子说我"顺其自然",都是要建立一个上古乌托邦。在这一场复古大赛之中,只有法家面对现实,与时俱进,在奴隶社会向封建社会转型时期,提出了"横行霸道,两面三刀"的政策。"两面"是指奖励和惩罚,"三刀"是指用法律统治人民,用权势树立威望,用谋略对付大臣。以法为本,法不阿贵,建立法律制度。世异则事异,事异则备变。

儒家治国靠的是君主的"仁爱",法家治国靠的是君主的"权谋"。这便是王道和霸道。前者走的是精英道德示范路线,后者走的是基层群众四民分业的守

法路线。一个是以德治国,一个是"以法治国"。

一、人性论:一元论和二元论

"人之初,性本善。性相近,习相远。"儒家的人性论是二元的,无论是孟子的"性善论"还是荀子的"性恶论",都肯定了人性中善的一面,强调了环境和教育的感化作用,扬善、镇恶,最终成为道德君子。

法家则认为人性是一元的,趋利避害便是人的本性。《商君书·算地》中有云:"民之性,饥而求食,劳而求佚,苦则索乐,辱则求荣,此民之情也。""人"本质上就是一种动物。吴起为士兵吮痈舐痔,是为了他能马革裹尸,战死沙场,保卫国家。"臣尽死力,以与君市;君垂爵禄,以与臣市。君臣之际,非父子之亲也,计数之所出也。"(《韩非子·难一》)做臣子的给君主卖命,君主用高官厚禄予以嘉奖,他们之间是有什么比父子还深厚的感情吗?只不过是一种交易关系、利益关系罢了。

韩非在教育上提出了不少严厉的论断:"母厚爱处,子多败,推爱也;父薄爱教笞,子多善,用严也。"(《韩非子·六反》)父母的爱心、乡邻的批评、老师的教导,"三美加焉"而不能改变"不才之子"分毫;相反,官兵的严刑峻法却能轻易地"变其节,易其行矣"。从"父母之爱不足以教子""民固骄于爱,听于威矣"(《韩非子·五蠹》)的判断出发,法家看到人性的卑劣,不讲教育和感化,甚至认为无须尊重人的尊严,需要用行为主义方法,"大棒加甜枣"的方式进行驯服。依据这一片面逻辑,韩非得出了一个著名结论:"夫严家无悍虏,而慈母有败子。吾以此知威势之可以禁暴,而德厚之不足以止乱也。"(《韩非子·显学》)

二、文化教育:法治和德治

儒家强调礼乐制度,提出"学而优则仕",平民通过读书跻身于"士"阶层,为民请命。礼、乐、射、御、书、数的教育是君子品格形成过程中重要的学习内容。

法家思想认为"贤人政治"根本靠不住。国家的治理不能寄希望于领导人的个人品质和道德操守。《韩非子·说难》记载:"弥子瑕有宠于卫君。……与君游于果园,食桃而甘,不尽,以其半啖君。君曰:'爱我哉!忘其口味,以啖寡人。'及弥子瑕色衰爱弛,得罪于君。君曰:'是固尝矫驾吾车,又尝啖我以余桃。'故弥子之行未变于初也,而以前之所以见贤而后获罪者,爱憎之变也。"卫灵公有一个男宠,叫弥子瑕。卫灵公宠爱他的时候,吃弥子瑕丢给他的剩桃子都津津有味,还沾沾自喜。但是,当弥子瑕人老珠黄、色衰爱弛后,卫灵公的说法就变了:"弥子瑕居然把沾了口水的半个烂桃子扔给我,简直是欺君罔上!"同一个弥子瑕,同一个卫灵公,同样一件事情,前后的说法完全相反。

人,怎么靠得住?人亡政息,人走茶凉。礼治的问题是什么?不公平。君要臣死,臣不得不死;父要子亡,子不得不亡。最后还是谁的地位高,谁就是真理。制度的设计不能靠理想来实现。因此,正确的认识和做法是"不务德而务法"(《韩非子·显学》),教育是如此,社会政治的实现也是如此。帝王之具,即统治人民的势、术、法,缺一不可。

"故明主之国,无书简之文,以法为教;无先王之语,以吏为师。"(《韩非子·五蠹》)法家强调"以法为教,以吏为师"的社会教育。既然人心叵测,那么只有用严刑峻法来治理国家。法家提出的"以吏为师"着眼点不在"师",而在"吏",或者说在"法",而不在"教",即为了实行法治,选择那些知法的官吏来担任法令的解释者和宣传者,仅此而已。因此,法家所谓的"师"并非教育意义上的"师"。

1975年12月,在湖北省云梦县城关睡虎地十一号秦墓中,出土了大量记载秦法律令的竹简,称之为"云梦秦简"。"云梦秦简"共1100多枚,内容非常丰富,绝大部分是秦的法律文书。据考证,十一号秦墓的主人叫"喜",曾任一些与司法有关的职务。他生前根据工作的需要,抄录部分秦律条文和有关的法律文书,这些法律大多是战国末期秦国的法律,但秦朝建立后基本沿用。从"云梦秦简"看秦朝的立法形式,有律、令、式、法律答问、判例法、程、课等。法律是当时老百姓学习的重要内容。

从新近出土的"云梦秦简"中,我们可以窥见秦代官府中的一项重要制度——设立"学室"。这些学室不仅承担了培养文书工作人才——"小史"的任务,还反映了秦代对书写和文书工作的重视。秦代推行郡县制后,各级官吏均由中央直接任命,因此,官府中的公文和法令抄写工作变得尤为繁重。为了确保文书工作的顺利进行,秦律中明确规定各县必须及早准备书写材料,如柳木或其他质柔的木材,削成木方以供书写使用。用菅草缠束文书,没有菅草的,则用蒲草、蔺草及麻等进行封扎。这些规定不仅反映了当时书写任务之繁重,也凸显了秦代对文书工作的严谨态度。值得一提的是,秦代对"小史"的培养有着严格的规定。按照西周的传统,史职被视为卑贱之职,通常由父子相传。然而在秦代,这一传统得到了改变。秦政府在县一级设立了专门的教育机构——"学室",专门培养"小史"。不过在入学资格方面,秦代仍继承了西周的传统,即非"史"之子不可进入"学室"学习。这一规定确保了"小史"的血统纯正,也体现了秦代对文书工作的尊重和重视。

此外,"云梦秦简"中还有一组名为"为吏之道"的竹简,其中"除害兴利"一节的内容多为官吏常用的词语。这种四字一句的格式与后来的秦代字书《仓颉篇》《爰历篇》《博学篇》相似,很可能是供学习做吏的人使用的识字课本。这也进一步证实了"学室"是秦代专门培养文书事务人员的学校,其重要性不言而喻。

综上所述,秦代的"学室"不仅是培养"小史"的官学,更是秦代重视文书工作的有力证明。这一制度不仅为秦代的文书工作提供了有力的人才保障,也为后世的文书工作制度奠定了基础。

商鞅最早提出"以吏为师"的思想并付诸实施。

> 今先圣人为书而传之后世,必师受之,乃知所谓之名;不师受之,而人以其心意议之,至死不能知其名与其意。故圣人必为法令置官也、置吏也,为天下师,所以定名分也。(《商君书·定分》)

法令作为法制教育的内容,与圣人的书一样,必须通过师的传授才能"知其名与其意"。商鞅提出的"以吏为师"的理念,并非泛指所有官吏均可为人师表,而是特指那些经过严格培养和选拔,专门负责诠释和执行法律、法令的官吏。

1. 吏师的选拔

《商君书·定分》要求各地把通晓法令的人推荐给国君,由国君分别任命他们去主管法令。对这些人的要求是既能通晓又能主管法令。培养吏师还采取以老带新的方式,一旦有主管法令的官吏调动或死亡,就立刻派人向富有经验的吏师学习、通读法令的条文,不合格的就用法令治他的罪,合格者则顶替吏师的位置。

2. 吏师的设置体制

《商君书·定分》明确规定了朝廷和地方各级的吏师设置。在中央层面,朝廷设置了三法官,分别位于国君殿、御史府和丞相府,御史府还配备了法吏。在地方上,诸侯和郡县也分别设立了一名法官和法吏。这些地方的吏师都受中央法官的管辖。这种中央与地方相结合的吏师体制有助于将法制教育普及到全体人民。

3. 吏师的宣讲教学方式

每年,国家都会向民众公布最新的法令。吏师们则根据禁室的法令文本学习,并教导民众。问答法是主要的教学方法。无论是官吏还是民众,都可以向吏师询问法令的内容,吏师必须给予明确的答复。商鞅还规定,当有人询问法令时,吏师须制作一个长一尺六寸的符作为凭证,上面注明时间、地点、询问者及所问法令的条文。这样,如果询问者后来违反了该法令,可以通过查档来验证吏师的回答。如果吏师未能回答或回答错误,则将按照法令对吏师进行惩处。这确保了吏师必须精通法令,并耐心解答民众的问题。

韩非子进一步发展了商鞅的"以吏为师"理念,明确提出了"以法为教"的主张。在韩非子看来,"以吏为师"不仅是为了普及法律知识,更重要的是通过法律来统一人们的思想和行为,确保社会秩序的稳定。这种制度不仅要求吏师精通法律,还要求他们能够有效地将法律知识传授给民众,使之成为维护社会秩序的重要工具。理想的国家与社会并不需要庞大的文化、知识和教育从业者群体,因为过多的人从事这些工作可能会扰乱社会秩序。相反,一个恰当的做法是"以吏为师",即让官员担任教育和指导的角色。韩非子强调了法治教育的重要性,并否定了传统的知识教育及其从业者,这种观点在某种程度上走向了极端。

法家的"以法为教""以吏为师"充其量只能被看成一种社会教育。自然,任何社会都需要讲法治,推行法治教育。但如果把教育仅仅做此理解,则不仅片面,而且错误。因为教育的内涵相当丰富,专门的文化知识教育及其实施者的存在不仅是人类历史发展的结果,而且是人类社会继续进步的条件。因此,法家取消学校教育,用社会教育代替学校教育的主张与实践是一种教育的倒退,不仅会摧残教育本身,还会窒息思想文化的发展,这是已为历史发展所证明了的。

三、激励机制:基层路线和精英示范

春秋战国时期,实际上是奴隶制社会向封建社会转型时期,奴隶、平民如果依照儒家推崇的"君君、臣臣、父父、子子""礼不下庶人,刑不上大夫"的西周礼教,则永无出头之日。因为春秋战国时期的儒家学说,从根本上说维护的是行将就木的奴隶主贵族的利益。

"上古竞于道德,中世逐于智谋,当今争于气力。"(《韩非子·五蠹》)孔子的时代礼崩乐坏,韩非子的时代更是天崩地裂,谁的力气大、拳头硬,谁就是赢家,没什么仁义道德、温良恭俭让可言。道德靠不住,道德的楷模也靠不住;贤人靠不住,贤人的榜样也靠不住。姜姓的齐国,被田氏篡夺了;子姓的宋国,被戴氏篡夺了;三家分晋,周天子非但没有惩罚家臣,反而认可了赵、魏、韩政权存在的合理性。所以《韩非子·忠孝》说,"上贤则乱",而"任智则危"。先前那个天下人的"父亲"——周天子已经被诸侯挟持,泥菩萨过江自身难保,丧失了话语权。在这样一种"古今异俗,新故异备"的情况下,如果还想"以宽缓之政,治急世之民"(《韩非子·五蠹》),靠"仁爱""兼爱"来平定天下,那就等于既无缰绳,又无鞭子,

却痴心妄想要去驾驭、征服一匹桀骜不驯的烈马,哪里能够成功?

这是一个王侯将相宁有种乎的时代。新型生产方式的出现,要求建立新兴地主阶级的统治秩序。农民、奴隶、平民、军人、下层劳动者抓住机遇,就可以翻身得解放。法家思想给了他们出人头地的机会和平台,将军人、农民、妇女、囚犯、弱势群体组织起来,为国家效力。四民分业,各司其职。农业教育、军事教育、法制教育充分调动老百姓生存发展的积极性。

法家思想的集大成者,是秦国的商鞅。商鞅变法政治上打破了旧式贵族的铁饭碗,废除了世卿世禄制,采用官僚制和俸禄制,贵族没有封地,全都变成了工薪阶层,国家注重绩效考核,干得好就干,干不好就走。信赏必罚,讲究效率,以利益进行驱动。

法制教育最生动的体现是从"南门立木"这一简单的事件开始的。商鞅在下达法令前"恐民之不信己",就令人立三丈长木杆于都城南门,宣布有将其搬至北门者,受重赏。起先无人尝试,他就将赏金从10两提高到50两。终于有人去搬了,商鞅立即赏金50两,"以明不欺"(《史记·商君列传》)。这样,既取信于民,也使人民懂得依法行事。

商鞅第二次变法中,太子犯法,他毫不留情地"刑其傅""黥其师"(《史记·商君列传》),追究太子两位老师的失教之过。法家就是通过"赏厚而信""罚严而必"(《韩非子·内储说上》)之类的做法,使人们懂得了"法之所加,智者弗能辞,勇者弗敢争;刑过不避大臣,赏善不遗匹夫"(《韩非子·有度》)的道理。

法家经济上"废井田,开阡陌",承认土地私有。原来的井田制,是"普天之下莫非王土,率土之滨莫非王臣"的奴隶主土地所有制,人民只有土地使用权,没有买卖权。诸侯都是天子聘请的CEO,土地管理得好,年终才会有周天子分红。现在开垦的私田可以成为自己的财产,等于自己有公司,自己做老板,部分贵族就变成了新兴地主。平民开垦的土地越多,拥有的财富就越多。两个以上成年男性要分家,父子分家,兄弟分家,以家庭为单位,按户口授田,收取赋税,增加税收。《史记·商君列传》中有云:"僇力本业,耕织致粟帛多者,复其身。事末利及怠而贫者,举以为收孥。"

军事上,秦国实行二十级军功爵位制,适应了人为刀俎我为鱼肉、杀伐争戮的时代。在1975年,湖北云梦睡虎地秦墓出土的武士斗兽纹铜镜,表现了商鞅变法后秦人的"尚武"精神。"商君为法于秦,战斩一首者,赐爵一级,欲为官者五十石,其爵名:一为公士,二为上造,三为簪袅,四不更,五大夫,六公大夫,七官大夫,八公乘,九五大夫,十左庶长,十一右庶长,十二左更,十三中更,十四右更,十五少上造,十六大上造,十七驷车庶长,十八大庶长,十九关内侯,二十彻侯。"(《史记·秦本纪》)秦士兵只要斩获敌人一名"甲士"军官首级,就可以获得一级爵位"公士",赐田一顷、宅一处和仆人一个。[①] 斩获两个敌人"甲士"军官的首级,则拥有二级军功爵位"上造",可获得俸禄年粟米100石、田3顷、房产15亩。此外,他做囚犯的父母可以立即获释,做奴隶的妻子可以转为平民。斩获敌人五个"甲士"军官,可拥有四级军功"不更"。"不更"主管四马战车,驭手戴板冠,板冠的中间有一条棱,是最基层的军吏,年粟米200石、田6亩、房产25亩,可拥有五户仆人。拥有二十级军功的"彻侯"便可以封侯拜相,年粟米1 000石,身穿两重袍,外罩铠甲,前胸和后背都有花结。花结是军衔的象征,军衔分四花将军和二花将军。只要在打仗时冲锋陷阵,功劳就会得到回报,就可以成为贵族。打一次胜仗,小官升一级,大官升三级。如果战死,其爵位可由家人继承。因此,秦国才会有"虎狼之师",也奠定了一统天下的基础。

"王道"胜在等级宗法分明,既能各司其职,又充满仁义,最大限度地缓和了社会矛盾,但失之于阶层固化和抑制社会活力。虽然后人发明了科举制来调节阶层流动,但儒家只能延缓矛盾的爆发,条条框框压抑了人民的活力和思想,严重阻滞了生产力的发展。

"霸道"胜在可以集中力量办大事,减少内耗,战时所向披靡、无坚不摧,但失之不能长久。人毕竟不是机器,是有思想的,若是利益消失或者法律过于严苛,则可能物极必反,秦朝兴衰就是最好的例证。因此我们要从"以法治国"走向"依法治国"。

"以法治国"与"依法治国"虽然只有一字之差,其内涵却有着本质的区别。"以法治国"是说用法律去治国,法律是一种用来治国的工具。这是传统的管理主义的法律观念。这种"法治",主体是国家机关,是手中掌握权力的人,治理的对象是人民群众。而且"以法治国"有法律工具主义的嫌疑。国家的管理者如果把法律当作手中的工具,则有可能任意改变这一工具或者滥用这一工具。因此,这种观念的实质是法制,而不是真正的法治,甚至是人治的另外一种表现形式。"依法治国"是说治国必须依法,即治理国家的方式方法必须依照法律的规定。这是现代的控权主义的法律观念。在依法治国的观念下,国家的管理者必须依

---

① 白寿彝:《中国通史》第四卷上册,上海人民出版社1995年版,第537页。

照人民按自己的利益和意志制订出来的法律来行事,并且不得违反这样的法律。这种"法治"的主体是人民,治理的对象是有可能滥用国家权力的当权者。可见,"以法治国"的实质是"以法治民",而"依法治国"的实质是"依法治吏"。

2016年12月9日,习近平在第十八届中央政治局第37次集体学习时强调:法律是准绳,任何时候都必须遵循;道德是基石,任何时候都不可忽视。在新的历史条件下,我们要把依法治国基本方略、依法执政基本方式落实好,把法治中国建设好,必须坚持依法治国和以德治国相结合,使法治和德治在国家治理中相互补充、相互促进、相得益彰,推进国家治理体系和治理能力现代化。

本节习题

一、单项选择题

1. 韩非子的性恶论与荀子的性恶论的区别在于( )。

① 韩非子认为人性是一元的,趋利避害是人的劣根性

② 荀子认为人性是二元的,是善恶的统一体

③ 韩非子主张社会教育,要通过奖励和惩罚两种手段进行训练

④ 荀子主张学校教育,肯定礼乐的教化作用

A. ①②③   B. ②③④   C. ①③④   D. ①②③④

2. 有一家父母得知其小孩在外偷了东西,如果他们相信韩非子的理论,可能对小孩采取的态度是( )。

A. 认为孩子的本性是恶的,但只要好好教育,孩子会改正错误

B. 认为孩子的本性是善的,他犯错误是一时糊涂

C. 认为孩子的本性是恶的,必须严厉地惩罚他,使他害怕,以防再犯。如果做了好事就有奖励

D. 认为孩子犯错并非本性造成,而是环境不好,应择善而居

3. 法家在战国时期之所以能够成为显学而备受统治者推崇,是因为( )。

① 适应了当时社会改革的需要

② 符合当时由分裂走向统一的趋势

③ 有利于统治者加强对人民的控制

④ 强调树立君主的个人权威以加强中央集权

A. ①②③   B. ②③④   C. ①③④   D. ①②③④

4. 霸道和王道的根本区别在于（　　）。
① 以法治国和以德治国
② 无为和有为
③ 法家否定礼乐教化和学校教育
④ 儒家强调君主的仁爱，法家强调君主的权谋
A. ①②③　　　B. ②③④　　　C. ①③④　　　D. ①②③④
5. 法家的文化教育主张是（　　）。
A. 以法为教，以吏为师　　　B. 罢黜百家，独尊儒术
C. 无为而治，黄老之学　　　D. 百花齐放，百家争鸣

二、思考题
1. 联系实际，试述法治和德治之间的辩证关系。
2. 简述儒家和法家思想的异同点。

第四节　无为和有为

百舸争流，千帆竞过，在群雄逐鹿的春秋战国时代，道家学派一枝独秀，倡导上善若水，居下清虚，无为而治，与儒家思想有着截然不同的世界观、政治观、人生观、价值观和方法论。

扫码查看课程

儒、道两家最大的区别就在于儒家讲究"入世"，道家讲究"出世"；儒家讲"先天下之忧而忧，后天下之乐而乐"，道家讲"采菊东篱下，悠然见南山"；儒家谈"天下兴亡，匹夫有责"，道家言"小国寡民，精神永恒"。

一、世界观：自然主义和人文主义

道家讲"道"，儒家讲"德"。"道"是一种自然规律，"德"是一种人文价值。

道家思想的道是"天道"，善于在宇宙洪荒的背景中来思考人生。老子《道德经》里有云："道可道，非常道，名可名，非常名。"世界从无到有，所有的事物都是一分为二、辩证统一的，这就是自然规律。众生平等，矛盾双方相互依存、共生共

死,不断向其对立面转化循环,明白就像隐晦,前进就像倒退,高尚就像卑下,洁白就像乌黑。一切事物归根结底都是相同的,要看淡是非、黑白、美丑、善恶、爱恨、得失、亲疏、毁誉、贵贱、生死,人活得要大气。

老子认为广博性和永恒性是"道"的两个基本特征。学"道"或教"道",旨在使所学之人具备宽广而长久的功能。为了达到这一目的,老子主张"无为",因为"无为"正是道的本质,它造就了道的无所不为、永恒长存。在老子看来,"圣人"是"无为"的典范,他们生养万物而不据为己有,有所作为而功成不居,因此能够永远保持其功绩。

"无为"的境界包括了"无知""无欲""无事""无情""无(不)争"等。与"无"相对的是"有",在老子看来,儒家的教育正是"有为"的教育。他认为这种"人为"之事不可学、不可教,因为它会使天下纷乱。老子批评说:"大道废,有仁义;智慧出,有大伪。"(《道德经》第十八章)指出儒家的教育偏离了大道,因此不能久存,难以长治。

儒家思想的德是"人道",是在人类社会里面待人接物所遵循的准则,就是仁、义、礼、智、信。"恻隐之心,仁之端也;羞恶之心,义之端也;辞让之心,礼之端也;是非之心,智之端也。"(《孟子·公孙丑上》)这也是人和禽兽最根本的区别。"大学之道,在明明德,在亲民,在止于至善。"这个"止于至善"就是讲到了个人的成长、个人与集体的关系、个人与家国之间的权利和义务关系。教育的本质就是培养一个对国家、对民族、对家庭、对社会负有职责和义务的人,追随这种人文价值便可以改造社会。

二、政治观:自发和自觉

道家强调"人民的自发",儒家讲究"君主的自觉"。

"道之以政,齐之以刑,民免而无耻;道之以德,齐之以礼,有耻且格。"(《论语·为政》)儒家要建立西周的礼制王道,君主通过道德修养和行为示范,引领人民走向自觉。

而道家主张"治大国若烹小鲜"(《道德经》第六十章),即治理大国如同烹饪小鱼,须用文火慢熬,不可频繁翻动,否则鱼肉将烂。这一理念同样适用于君主治理国家,应顺应自然,避免朝令夕改,追求清静无为,让民众在休养生息中自然富裕,国家随之强盛。正所谓"我无为,而民自化;我好静,而民自正;我无事,而民自富;我无欲,而民自朴"(《道德经》第五十七章),要回到没有阶级,没有压迫,私有制产生之前的原始乌托邦。"其政闷闷,其民淳淳;其政察察,其民缺缺。"(《道德经》第五十八章)老百姓为什么饿肚子?因为税收重;老百姓为什么不爱惜自己的生命?因为统治者想大兴土木,大动干戈,劳民伤财,谋求万寿无疆。"君有为,民多欲,君行暴敛,民多盗贼。"(《道德经》第七十五章高明校注)

正如庄子所说:"泉涸,鱼相处于陆,相呴以湿,相濡以沫,不如相忘于江湖。"(《庄子·大宗师》)在一个社会中,如果每个人都具备道德,那么就无须对其特别提倡,因为理想世界应从个人修养开始。道家认为,人类社会发展的代价是对人的自然本性的损害,甚至导致罪恶的产生。因此,他们向往的是蒙昧时代,那时,人们无知无欲、无争无斗,生活和谐。"大道废,有仁义;智慧出,有大伪;六亲不和,有孝慈;国家昏乱,有忠臣。"(《道德经》第十八章)"失道而后德,失德而后仁,失仁而后义,失义而后礼。夫礼者,忠信之薄而乱之首。"(《道德经》第三十八章)这句话揭示了道家对于仁义、智慧、孝慈等社会价值的看法。他们认为,这些价值的出现是因为大道的废弃,是人类社会走向混乱的产物。在道家看来,理想的社会状态应该是回归自然,减少人为的束缚和干涉。

原始时代,人类顺应自然,生活过得舒适自在。可是到了后来,一些自称聪明贤哲的人们故意造出种种礼乐、法度、规矩、方圆、教育、刑法等来钳制人民、矫正人民。这些人为的束缚和干涉使人民失去了自由,痛苦不堪。当人民想要反抗时,那一班聪明贤哲的人又跳出来,以善恶、美丑、长短、高下、仁义、道德、忠孝、节义等种种名称来加以诱骗和恐吓,还设置了什么官吏、警察、军队对人民施行层层的压迫,结果往往适得其反,社会上的一切祸乱皆由此而起。"天下多忌讳,而民弥贫;民多利器,国家滋昏;人多伎巧,奇物滋起;法令滋章,盗贼多有。"(《道德经》第五十七章)老子认为,随着道德、知识、法律和生产技术的产生,社会罪恶也如影随形,仿佛文明本身就是人类堕落的象征。因此,他憧憬着一个"鸡犬之声相闻,民至老死不相往来"(《道德经·第八十章》)的"小国寡民"的社会,试图逃离这个充满罪恶的文明世界。

庄子把这种社会表述为:"夫至德之世,同与禽兽居,族与万物并,恶乎知君子小人哉?"(《庄子·马蹄》)既然是文明带来了社会罪恶,那么除去罪恶的唯一办法就是抛弃文明。"绝圣弃智,民利百倍;绝仁弃义,民复孝慈;绝巧弃利,盗贼无有。此三者以为文不足,故令有所属;见素抱朴,少私寡欲;绝学无忧。"(《道德经》第十九章)庄子继承了这一思想,他赞美"民居不知所为,行不知所之,含哺而熙,鼓腹而游"(《庄子·马蹄》)的所谓赫胥氏时代,认为等到种种社会文明都灭绝了,也就"天下平而无故矣"(《庄子·胠箧》)。

然而,这种思想也表现出一种双重性。一方面,道家敏锐地指出了社会文明和进步所伴随的丑陋和罪恶,在社会发展的进程中,人们的确在变得越来越聪明的同时,也丢失了那份原始的纯朴。然而另一方面,道家却过于极端地否定了文明进步的意义,主张抛弃文明,这无疑是一种片面的虚无主义。此外,道家还揭示了国家、法律、道德等社会管理手段对人和人性的束缚和摧残。这种现象在传统社会中尤为明显,人们在这些框架和规矩中失去了自我,变得机械而麻木。然而,道家因此否定这些社会管理手段的存在价值,倡导社会治理中放弃文化和文明,这无疑是消极的。

总的来说,道家的这种思想虽然揭示了文明进程中的一些问题和矛盾,但其过于消极和片面的态度值得我们深思。我们应该在追求文明进步的同时,也关注人性的发展和社会的和谐,寻求一种更为全面和平衡的解决之道。

三、人生观:精神生命和社会生命

道家注重精神生命、人性解放,强调做人的艺术,要求低调大气。道家认为人性无所谓善恶,善恶是社会道德的产物,而这些东西本身就是对人性的背叛,因为人性是自然而然的。老子认为,人具有"素朴"的本性,出于自然,人性的本然状态如同婴儿一般"无知无欲"。庄子进而直指人性即自然,也认为人性"同乎无欲,是谓素朴"(《庄子·马蹄》)。他以为,人与天地万物为一,和自然是混同一体的。从这种自然人性观出发,道家主张理想人格应体现自然无为的品质,而这需要通过学习和体味自然本身来达到。道家培养的是超出三界之外、不在五行之中的清修隐士,无欲无求、心地单纯的"赤子真人"。而儒家注重社会生命,即人的责任,强调做事的艺术,要求高调大格局,培养的是建国君民、齐家治国的"救世主"。

庄子在穷途末路时,楚威王请他去做官,但是被他断然拒绝。"吾闻楚有神龟,死已三千岁矣。王巾笥而藏之庙堂之上。此龟者,宁其死为留骨而贵乎?宁其生而曳尾于涂中乎?"(《庄子·秋水》)庄子说,供奉在庙堂之高的神龟虽然神气活现,受到万人景仰、供奉香火,但是已经如同槁木死灰、行尸走肉。而我虽然穷途末路,但无官一身轻,潇洒人寰,超然自得,所以我宁可做烂泥中的鱼虾,自由自在,相忘于江湖,也不肯为嗟来之食成为被政治绑架的工具人。无为、无我、无欲、居下、清虚、自然,远离名缰利锁和声色犬马,闲云野鹤、超然物外才是人生的最高境界。

道家所倡导的人生观可以概括为如下三点。

(一) 知足常乐

"五色令人目盲,五音令人耳聋,五味令人口爽,驰骋畋猎令人心发狂,难得之货,令人行妨。是以圣人为腹不为目,故去彼取此。"(《道德经》第十二章)五光十色的花花世界令人眼花缭乱;各种纷纷扰扰的声音使人如同音盲;山珍海味吃久了口舌麻木;纵横驰骋于山野间弯弓涉猎,心就会变得浮躁狂野;奇珍异宝会使人唯利是图、铤而走险、蠢蠢欲动。要"虚其心,实其腹,弱其志,强其骨。"(《道德经》第三章)人如果贪图名利、贪得无厌,就会被欲望折磨得筋疲力尽、气若游丝。一个人必须知足常乐、适可而止,才能避免物极必反的结局。知足不辱,知止不殆,及时止损才能远离危险,走得长远。"祸莫大于不知足,咎莫大于欲得,故知足之足,常足矣。"(《道德经》第四十六章)

(二) 居下清虚

人如赤子,民如野鹿。"天地有大美而不言"(《庄子·知北游》),所以它"朴素而天下莫能与之争美"(《庄子·天道》)。老子也说,大音希声,大象无形,大方无隅,大巧若拙,大智若愚。最美的音乐没有声音,最美的绘画没有形象,最方的东西没有棱角,最智慧的往往是最谦虚谨慎的人,清静为天下正。

(三) 无为贵柔

无为是老子道德教育要求的中心,如果每一个人都达到"无为"的境界,天下便可泰然,人们也就有大德了。关于"贵柔",老子认为,人之处世,必当贵柔。视柔弱为人之美德、人生之美。只有柔弱才能居于上位。他以水为例来赞美柔德说:"天下莫柔弱于水,而攻坚强者莫之能胜,以其无以易之。弱之胜强,柔之胜刚,天下莫不知,莫能行。"(《道德经》第七十八章)人要想自由自在地生存,就应该保持柔弱的美德,而柔弱也会转化为刚强,并战胜之。"上善若水,水善利万物而不争,处众人之所恶,故几于道。居善地,心善渊,与善仁,言善信,政善治,事善能,动善时。夫唯不争,故无尤。"(《道德经》第八章)有道德的圣人,品格像水一样温柔澄澈,有利于万物而从不争名夺利。处理人际关系永远处于谦虚谨慎的状态,反而会接近于"道"。水总是往低处流,故绝无倾覆之患;水滋养万物而不求回报,显得仁慈;水表里如一,所以诚信;水公平如镜,一视同仁,所以善治;

水荡涤污垢,载舟覆舟,降洒甘露,所以善能;水因循四季,变雨雪风霜,保护万物生灵,所以善时。

以水为镜,可鉴人生。淡定从容静若水,政治磊落明若水,轻看名利淡若水,随机应变柔若水,百折不挠韧若水。居处不争之地,心以不争为渊。付出施与而不争报偿,言则有信,为政无私,办事精明,审时度势,皆能不争,便永远不会失误。

不争还要具体做到如下的要求:"不自见,故明;不自是,故彰;不自伐,故有功,不自矜,故长。夫唯不争,故天下莫能与之争。"(《道德经》第二十二章)就是说不坚持己见,不自以为是,不自我炫耀,不自高自大。能做到这些,普天之下,就没有人能与你争夺,便可立于不败之地,永保全生。

四、价值观:无用和有用

在价值观上,儒家讲究致用,道家崇尚思辨。

(一) 观双

观双之道,即是以一分为二的视角洞察世间万物。老子曾言,天地万物皆由道生,而道则永恒变迁。若人们仅从一个侧面去审视世界,难免陷入以偏概全的误区。他认为,世界中的事物皆是对立统一的存在,彼此依存,相互为对方的存在提供依据。正如"有无相生,难易相成,长短相形,高下相倾,音声相和,前后相随"(《道德经》第二章)所示,世间万物皆在"无"与"有"的对立统一中找到了平衡。大小、生死、长短、高下、刚柔、强弱、美丑、难易、进退、前后、损益、祸福、荣辱、愚智、巧朴、胜败、轻重、躁静、虚实等,这些范畴最终都归结为"无"与"有"的对立统一。为了真正认识事物,我们必须学会从两面去综合观察。只有如此,我们才能走进"学道"的大门,领略众妙之门的奥妙。观双之道,不仅强调对事物两面性的认识,更在于理解这两面之间的相互转化。老子曾言:"祸兮,福之所倚;福兮,祸之所伏。"(《道德经》第五十八章)这意味着事物总是在不断地变化中,我们应该以动态的眼光去看待世界。

> 惠子谓庄子曰:"魏王贻我大瓠之种,我树之成,而实五石。以盛水浆,其坚不能自举也。剖之以为瓢,则瓠落无所容。非不呺然大也,吾为其无用而掊之。庄子曰:"夫子固拙于用大矣。宋人有善为不龟手之药者,世世以洴澼絖为事。客闻之,请买其方百金。聚族而谋曰:'我世世为洴澼絖,不过数金,今一朝而鬻技百金,请与之。'客得之,以说吴王。越有难,吴王使之

将,冬,与越人水战,大败越人。裂地而封之。能不龟手一也,或以封,或不免于洴澼絖,则所用之异也。今子有五石之瓠,何不虑以为大樽,而浮于江湖,而忧其瓠落无所容?则夫子犹有蓬之心也夫!"(《庄子·逍遥游》)

惠子曾向庄子抱怨,魏王赐予他一个大葫芦种子,结的果实硕大无比,但却无用武之地。庄子听后,却以另一种视角为惠子指点迷津。他说:"你为何不把它做成腰舟,躺在上面漂洋过海呢?"这正是观双之道的体现,同一件事物,在不同的人眼中、不同的情境下,都可以发挥出不同的作用。正如宋国那位善治手部冻裂的秘方持有者,有人以此立功,获得封地,有人却只能勉强为生。这恰恰说明了"天生我材必有用"的道理,关键在于我们如何去发掘和利用自己的才能。一种方法行不通时,我们不妨变通思维,寻找新的可能性。正如庄子所言,无用之用,方为大用!

在这个瞬息万变的世界里,我们要学会用观双之道去看待问题。不仅要看到事物的表面现象,还要深入其本质,理解其内在的对立统一关系。同时,我们也要学会在困境中寻找转机,将看似无用的东西转化为有价值的事物。

(二) 齐一

在庄子的哲学中,齐一观念占据了核心地位。他认为,尽管世界万物在表面上千差万别,但本质上都是相同的,人融入万物之中,从而与宇宙相终始,都是宇宙大道的一部分。这种观念打破了贵贱、大小的界限,提出了众生平等、万物齐一的观点。

庄子说:"以道观之,物无贵贱。""万物一齐,孰短孰长?"(《庄子·秋水》)他认为人的心灵应该像道一样广阔无边、包容万物,只有以道观物,万物才会通合一。可见,齐一的结果就是消除差异。

《庄子·逍遥游》里面有这样一个故事:"北冥有鱼,其名为鲲。鲲之大,不知其几千里也。化而为鸟,其名为鹏。鹏之背,不知其几千里也;怒而飞,其翼若垂天之云。是鸟也,海运则将徙于南冥。"大鹏振翅,如垂天之云,小小的燕雀安知鸿鹄之志哉?但是鸿鹄的志向就一定是最好的吗?庄子的本意,是鲲鹏和燕雀生来都是自由而平等的,鲲鹏上可九天揽月,下可五洋捉鳖,令人叹为观止;但燕雀的选择也不差,它的翅膀短小,量力而为,不能鹏程万里,腾空而起几十尺,在蓬蒿中悠然自得,这是它在自身条件的局限下,努力超越的最高境界,也值得褒扬和肯定。

庄子的理想人格包括至人、神人、圣人、真人等几个层次。他在《庄子·逍遥游》中明确指出:"至人无己,神人无功,圣人无名。"将无己、无功、无名作为理想人格最本质的品德核心,要求超越名利等各种现实的羁绊,追求个性解放和灵魂自由,从而达到绝对自由的精神状态。庄子的齐一观念也提醒我们,要消除差异,追求和谐。这种和谐不是消除个性,而是包容个性,让每一个个体都能在大道中找到自己的位置。只有这样,我们才能真正实现与宇宙的和谐共生,达到"乘云气,骑日月,而游乎四海之外"(《庄子·齐物论》)的绝对自由之境。这种人格不依赖任何外在的客体,他们的智慧完全掌握了天地、自然、社会、人世的根本意义,是道家最高的理想人格。

天生我材必有用,万事万物皆平等。谁也不比谁高贵,谁也不比谁高明,谁也没有资格笑话谁。庄子的思想为我们提供了一种审视世界和自我反思的视角。我们应该学会尊重差异,包容个性,悦纳自我,努力超越现实的羁绊,追求真正的自由和解放。在纷繁复杂的世界中,找到属于自己的那片天空,实现真正的自我价值和人生意义。

五、方法论:无为和有为

道家讲究"无为",道法自然,天人合一,以柔克刚;儒家讲"有为",克己复礼,舍生取义,天下归仁。

(一)道法自然

在古老的中国哲学中,老子提倡一种顺应自然的生活方式。他批评儒家礼义教育的"人为"倾向,认为过度依赖外在知识经验会损害人的自然本真,机巧日生,文饰益伪。所以他主张"绝圣弃智""绝仁弃义""绝巧弃利"(《道德经》第十九章),教育人们顺应自然、顺应天道。他指出,"道"是宇宙间最神秘、最强大的自然力量,非人力所能创造。"为者败之,执者失之"(《道德经》第六十四章),过度干预和执着只会导致失败。相反,只有坚守"无为"之道,才能真正实现"无不为",让万物自然生长、变化。在老子看来,"道""德""仁""义""礼"是一个层层递进的序列,其中"礼"处于最末等,离"道"最远。因此,过度强调礼义教育只会扰乱大道,危害生灵。他提倡道教的"为道日损"(《道德经》第四十八章),即通过减少欲望和执着,逐渐接近"无为"的境界。

庄子继承并发展了老子的教育思想,将"道"从治理社会引向个体养生。他主张通过"无为"的自然教育方法,达到内心的自由和快乐。庄子认为,"名"和

"知"是人生的两大负担,它们会引发人们的争斗和倾轧,不利于个体的生存和发展。"好名"将引起人们的相互倾轧,"好知"则激发人们相互争斗,两者都不是"生"之道。教育不应该使人以有限的生命去追求无尽的知识,这样会使人的心灵疲惫不堪,而应任从自然之道,才能达到"保身""全生""养亲""尽年"的目的(《庄子·养生主》)。庄子以庖丁解释养生的原理,说庖丁宰牛能"依乎天理","因其固然",运刀时能随心所欲而"游刃有余",这表明他超越了技术而与天道相合,所以行刀十九年而"刀刃若新发于硎"(《庄子·养生主》)。人的养生也应像庖丁那样,只有顺乎自然、依乎天道,去除各种"名"与"知"的争执,才能达到自由的境界,也就是"天乐"之境。

庄子以"天乐"为人世楷模和教育化境。他说:"吾师乎!吾师乎!齑万物而不为戾,泽及万世而不为仁,长于上古而不为寿,覆载天地刻雕众形而不为巧,此之谓天乐。"(《庄子·天道》)可见,"天乐"能破"仁义""人寿""智巧"等各种局限,与自然大道通合为一。他积极提倡"得鱼忘筌""得兔忘蹄""得意忘言"之说,反对以"规矩准绳"拘束人,认为人生修养的最高标准在于"忘"和"化",因为这意味着个体与大道相融无间。

《庄子·至乐》有云:"昔者海鸟止于鲁郊,鲁侯御而觞之于庙,奏《九韶》以为乐,具太牢以为膳。鸟乃眩视忧悲,不敢食一脔,不敢饮一杯,三日而死。"一只海鸟飞到了鲁国的郊野,鲁国国君龙心大悦,设国宴款待,规格是太牢,即猪、牛、羊三种美味。奏"交响乐"《九韶》,这里的《九韶》指舜时期的乐曲。载歌载舞,钟鸣鼎食,还有合唱团的伴唱和舞蹈队的演出,海鸟被这种场面吓得战战兢兢,惊恐不安,不吃不喝,三天后,一命呜呼。

"人法地,地法天,天法道,道法自然。"(《道德经》第二十五章)用自己的生活方式来养鸟,而不是用养鸟的方法来养鸟,才导致了鸟的死亡。教育也是如此,是一种艺术,不是一厢情愿的结果,要遵循学习者的身心发展规律。所以道家提出的"无为"不是什么也不做,而是要顺应自然,排除不必要的"妄为""胡为"。不要勉强用人事的力量去干扰自然规律和社会规律的自身发展。儒家讲"己所不欲,勿施于人"(《论语·颜渊》),道家讲"己所甚欲,勿施于人"。就是你不喜欢的,你不要强加给别人,但是你特别喜欢的,也不要强加给别人。不要人为地去破坏自然,不要以人的有目的的活动去对抗自然命运,不要以天性去殉仁义之类的名分。"自虞氏招仁义以挠天下也,天下莫不奔命于仁义,是非以仁义易其性与?"(《庄子·骈拇》)

（二）不言之教

老子曾言："知者不言，言者不知。"（《道德经》第五十六章）他主张"圣人无为"，就是要"处无为之事，行不言之教"（《道德经》第二章），即顺应自然，不做强制干预。这种"无为"并非消极地无所作为，而是积极地顺应自然规律，通过"为道"来引导万物自然发展。他说："道常无为而无不为，侯王若能守之，万物将自化。化而欲作，吾将镇之以无名之朴。无名之朴，夫亦将不欲。不欲以静，天下将自定。"（《道德经》第三十七章）这意味着当万物自然发展时，欲望便会萌动，此时应以"道"来镇之，使万物回归无欲之态。

在教育领域，"为道"同样适用。教育者应遵循"道"的自然法则，以"无为而无不为"的态度去影响学生。这种教育并非空洞的说教，而是以身作则，通过自身的榜样作用来潜移默化地影响学生。老子说："我无为而民自化，我好静而民自正，我无事而民自富，我无欲而民自朴。"（《道德经》第五十七章）如春风化雨，润物无声，应时而来，适时而去。一切要顺应自然，最好能像流水一样，"以辅万物之自然而不敢为"（《道德经》第六十四章）。

"不言之教"还包含着尊重人的自然本性。在老子的教育理念中，尊重人的自然本性至关重要。他认为，教育者应重视学生的自然思悟，帮助他们实现个体发展。这种教育理念体现了对学生个体差异的尊重，以及对教育过程的深刻理解。在教育实践中，教育者应春风化雨般，润物无声地引导学生。他们应当时刻保持谦逊和自省，认识到自己既是学生的引导者，也是他们的学习伙伴。正如老子所言："故善人者，不善人之师；不善人者，善人之资。不贵其师，不爱其资，虽智大迷，是谓要妙。"（《道德经》第二十七章）教育者和学生之间的相互尊重和学习是教育成功的关键。

庄子也持有同样的观点。"释夫恬淡无为，而悦夫啍啍之意，啍啍已乱天下矣。"（《庄子·胠箧》）他在《庄子·胠箧》中批判了后世满溢政治教条的说教，认为这种喋喋不休的灌输扰乱了人心，是天下混乱的根源之一。他主张教育应超脱于世俗，追求绝对自由，只有在这样的教育环境中，学者才能感到自在愉快，实现无为的境界。

庄子主张教育应该在一种超然的、绝对自由的境界中进行，只有在充分自由的教育之中，学者才能感到轻松愉悦，达到无为的境界。从人的认识角度来说，庄子认为真正的智慧并非来自外在的听闻和观察，而是内心的领悟和自我觉醒。他以人的聪明为例说："吾所谓聪者，非谓其闻彼也，自闻而已矣；吾所谓明者，非谓其见彼也,自见而已矣。"(《庄子·骈拇》)圣人的寡言是为了让受教者在不知不觉中接受教育,将道理内化于心,从而感到内心的愉悦。这种教育方式既高明又深邃,真正实现了教育的本质。

总之,道家认为"道法自然",主张培养能体会自然之道的圣人,对于孔子提出的仁义道德持否定态度。从思想倾向说,儒家重理性,道家尚直觉;儒家主致用,道家崇思辨;儒家讲启发,道家讲辩证;儒家讲现实人生,道家则讲回归自然。

道家思想和儒家思想是不同的两个思想文化流派,对立互斥只是一个方面,更多的是相互依存、相互吸收、相互借鉴的互补结构。汉代以后,董仲舒提出"罢黜百家,独尊儒术",又将道家的"天人感应"等思想融入了儒学的体系。儒家和道家的互补是哲学理论思维方面的互补,从整体上影响了中国文化,使中国文化具有了与西方文化不同的、长达2 000多年的人文主义精神传统,并使中国文化带有重"人群之和"与重"自然之协"的特色,这便是"和谐"。它推动了中国文化向着内涵深厚的方向发展。春秋战国时期各大家的思想碰撞,形成了中华民族特有的文化特征,激励着我们一代又一代人不断进取,希望青年们接过前辈手中的接力棒,继续为中华民族的腾飞创造百家争鸣、百花齐放的盛世景象!

本节习题

一、单项选择题

1. 老子的"道"指的是(　　)。

　　A. 自然规律　　　　　　　B. 内在自觉性

　　C. 人文法则　　　　　　　D. 礼乐教化

2. "昔者海鸟止于鲁郊,鲁侯御而觞之于庙,奏《九韶》以为乐,具太牢以为膳。鸟乃眩视忧悲,不敢食一脔,不敢饮一杯,三日而死。此以己养养鸟也,非以鸟养养鸟也。"对于海鸟的死亡,下列对庄子主张的"无为"理解不正确的是(　　)。

　　A. 人法地,地法天,天法道,道法自然

　　B. 反对胡为和妄为

　　C. 己所不欲勿施于人,己所甚欲勿施于人

　　D. 教育是一厢情愿的结果

3. 道家和儒家教育思想上的根本区别在于(　　)。

　　A. 性善和性恶　　B. 无为和有为　　C. 仁爱和兼爱　　D. 王道和霸道

4."泉涸,鱼相处于陆,相响以湿,相濡以沫,不如相忘于江湖。"这体现出的庄子的政治理想是(　　)。

A. 齐家治国　　　　　　　　B. 以柔克刚

C. 人格独立和人性解放　　　D. 内圣外王

5.《庄子·逍遥游》中鲲鹏和燕雀各自飞翔的寓言,主要表达的价值观是(　　)。

A. 燕雀安知鸿鹄之志哉

B. 穷则思变

C. 众生平等,要包容世间的差异性和个性

D. 无用之用方为大用

6.庄子是战国时期道家的主要代表,有隐士之称,对他的评价正确的是(　　)。

① 庄子以消极避世的态度面对人生,毫无可取之处

② 庄子关于人与自然关系的主张对于今天生态环境保护等问题有启发意义

③ 庄子在文学、美学方面很有建树,影响深远

④ 庄子追求精神世界的绝对自由,不注重人在现实社会的价值,这种价值观是可取的

A. ①②③④　　B. ②③④　　C. ②③　　D. ①②③

二、思考题

1. 试述儒、道两家的区别。
2. 试辨析我国古代"无为"和"有为"的方法论思想。

第五节　《大学》和《学记》

扫码查看课程

《大学》和《学记》是儒家经典《礼记》中的两篇教育理论作品。它们适应新兴地主阶级的需要,总结历史经验教训,特别是战国时期在教育思想方面百家争鸣的成果,为地主阶级运用教育的工具,开创封建大一统局面提供理论依据。

一、《大学》的教育思想

《大学》原为《礼记》第 42 篇,约为秦汉之际的儒家作品,一说曾子作。《大学》提出明明德、亲民、止于至善的三纲领和格物、致知、诚意、正心、修身、齐家、治国、平天下的八条目。宋代程颢、程颐兄弟从《礼记》中把它抽出,以与《论语》《孟子》《中庸》相配合。至南宋淳熙年间(1174—1189 年),朱熹撰《四书章句集注》,将它和《中庸》《论语》《孟子》合为"四书"。

《大学》继承孔子"为政以德"和孟子"保民而王"的思想,一开头即说"大学之道,在明明德,在亲民,在止于至善"。这是全篇的纲领,旨在说明地主阶级取得政权以后,主要应依靠道德的力量巩固和发展新的社会秩序。它要求封建统治阶级的成员把自身的道德修养放在首要的地位,切实遵守道德准则,用道德的力量去团结自己的家族,进而影响人民群众,使人人都安于所处的社会地位,把履行封建宗法等级制度所规定的道德义务当作自己的"本分"。这被看作维护封建统治的根本保证。

《大学》把从个人修养到政治实践看作统一的过程,并将这一过程分为八个步骤:"格物""致知""诚意""正心""修身""齐家""治国""平天下"。

大学之道,在明明德,在亲民,在止于至善。

知止而后有定,定而后能静,静而后能安,安而后能虑,虑而后能得。物有本末,事有终始。知所先后,则近道矣。

古之欲明明德于天下者,先治其国;欲治其国者,先齐其家;欲齐其家者,先修其身;欲修其身者,先正其心;欲正其心者,先诚其意;欲诚其意者,先致其知。致知在格物。物格而后知至,知至而后意诚,意诚而后心正,心正而后身修,身修而后家齐,家齐而后国治,国治而后天下平。

自天子以至于庶人,壹是皆以修身为本。其本乱而末治者,否矣。其所厚者薄,而其所薄者厚,未之有也。此谓知本,此谓知之至也。(《大学》第一章)

这八个步骤前后相续,一环套一环,构成了"修己治人"的封建道德教育体系。它的要点如下所示。

(一)以"格物致知"为道德认识的起点

儒家重视理性,从孔子以来,即反对无知妄作。《中庸》论为学之序,也是学、问、思、辨在先,行在后,"博学之,审问之,慎思之,明辨之,笃行之"。"格物""致知"即属于认识的范畴。"格"本义为至,"致"作穷尽解,意思就是在与事物的接触中穷究其理。这是儒家认定的道德修养的基础和前提。《大学》原文对"诚意""正心"等各步骤都有解说,而于"格物""致知"独阙。以朱熹、王守仁为代表的宋明学者各按自己学派的观点加以诠释和发挥,形成认识论和修养论上的分歧,成为长期争论的问题。由此可以看出,这一论点对我国古代哲学思想和教育思想的发展具有深远影响。

(二)以"诚意正心"为道德信念的核心

《大学》解释"正心"说:"身有所忿懥,则不得其正;有所恐惧,则不得其正;有所好乐,则不得其正;有所忧患,则不得其正。"当我们的身心被愤怒、恐惧、喜好或忧患所左右时,我们便无法保持中正。这是因为个人的情感往往会干扰我们对事物的客观判断。我们往往因为对某人的喜爱或同情,而忽视了他的缺点;反之,因为对某人的厌恶或鄙视,而忽视了他的优点。正如《大学》中所言:"好而知其恶,恶而知其美者,天下鲜矣!"这意味着为了获得全面的认识,我们必须摆脱个人情感的束缚。

然而,《大学》并未完全否定情感的积极作用。相反,它认为情感是形成道德信念的关键因素。在解释"诚意"时,《大学》指出:"所谓诚其意者,毋自欺也,如恶恶臭,如好好色。"这意味着真正的诚意不仅要求我们自觉,不欺骗自己,还要我们像厌恶恶臭、喜爱美色那样,对道德信念保持坚定和执着。这种坚定和执着正是道德信念的核心所在。这展现了一种意志与情感的交融,凸显了对于道德情感和道德原则的坚定追求与热切向往。值得注意的是,《大学》的核心观点并非要抹杀情感,而是倡导将情感引导至对道德理想的追求和对道德原则的坚守,这与僧侣主义的观念有着本质的区别。

《大学》特别重视道德信念的培养,视"自欺"为道德信念的大敌。它强调,一个人若缺乏真诚的道德信念,却期望他人行善,这是无法奏效的。同时,它批判那些表面道貌岸然,背地里却行不义之事的小人,因为他们的虚伪行为终将被识破。正如《大学》所云:"诚于中,形于外。"内心的真实想法总会通过言行举止表现出来。曾参也曾告诫世人:"十目所视,十手所指,其严乎!"众人的眼睛都看着你,众人的手指都指着你,多么严肃啊!这告诫我们,试图掩盖内心的丑恶是徒劳无益的。

为了消除道德行为中的虚伪性,《大学》提倡在"慎独"上下功夫。所谓"慎独",就是在无人监督的情况下,依然能坚守道德原则和规范,做到言行一致、表里如一。这是对道德自觉性的一种极高要求。

(三)以"齐家、治国、平天下"为道德实践的目标

《大学》以"齐家、治国、平天下"为实践目标,认为"修身"是实践这一目标的基础。从天子到普通百姓,都应把"修身"作为根本,而"格物""致知""诚意""正心"则是修身的具体步骤。在儒家思想中,政治原则应服从于伦理原则,政治实践应被视为伦理实践的延伸。例如,"孝"不仅是家庭伦理的体现,也是忠诚于君主的基石;"弟"不仅是尊敬兄长的表现,也是服从尊长的前提;"慈"不仅是关爱家人的表现,也是治理民众的基础。因此,"治国、平天下"的原则和方法与"修身齐家"的原则和方法是相通的。一个人若能在家族中遵循道德规范,使家人都充满仁爱之心,那么这种仁爱之心也会影响到整个国家,使国家充满和谐与安宁。放眼整个社会,领导者的行为举止具有深远的影响。当上层人士尊敬老人时,整个社会就会形成重视孝道的氛围;当上层人士尊重长辈时,民众便会注重悌道;当上层人士关心孤儿时,社会上的遗弃现象就会大大减少。正如《大学》中所言:"宜兄宜弟,而后可以教国人。"也就是说,只有与兄弟姐妹和睦相处,才能引导整个国家的人民走向和谐。同时,《大学》也强调,领导者的行为必须成为父子兄弟的表率,这样民众才会愿意效仿。这些观点都在强调伦理原则与政治原则的一致性,治国、平天下的理念实际上是修身实践的延伸。

《大学》还特别谈到克服偏私情感在政治实践中的意义,说纵任偏私情感的发展,就会造成与众人相对立。众人憎恶的,你倒喜爱;众人喜爱的,你倒厌恶,这就叫违反人性,必定要招致灾祸。在政治上,对情感的要求是推己及人。"所恶于上,毋以使下;所恶于下,毋以事上;所恶于前,毋以先后;所恶于后,毋以从前;所恶于右,毋以交于左;所恶于左,毋以交于右。"凡是自己所厌恶的态度和作风,都不要照样用来对待相同关系的人。它告诫统治者,所行之道得到人民的拥护,就能保有国家;失去人民的拥护,就将丧失国家。作为统治者,首先在德行上要十分谨慎,有了德行才能有群众,有了群众才能有土地,有了土地才能有货财,有了货财才能供给国家的开支。道德是根本,货财是末事,国家应该"以义为利",而不应该"以利为利"。

《大学》还批评了法家富国强兵的功利主义政策,认为这种政策只关注财富的增长,而忽视了道德的重要性。它指出,如果领导者违背民心,民众也会违背

君心，导致社会动荡。因此，领导者应该关注民众的需求和利益，以义为先，而不是仅仅追求利益。同时，《大学》也强调了道德的重要性，认为道德是治国、平天下的根本，而财富只是末节。领导者应该注重培养自己的道德品质，以赢得民众的信任和拥护。

《大学》第一次把先秦儒家的德育思想做了纲领性的论述，明确地规定了德育的目的和任务、德育的基本环节和要求，突出地强调民心向背与统治阶级道德实践的关系。这些对汉以后的封建教育曾起到实际指导作用。

二、《学记》的教育思想

《学记》是迄今我们所知道的世界教育史上最早的系统性教育理论著作，全文不过1 229字，但内容极为丰富。它与《大学》互为表里。《大学》重在阐述教育之纲领，其着眼点为教育与国家政治和社会的关系；《学记》主要论述教育的实施，其着眼点偏重于教育过程内部的关系。

（一）教育的作用与目的

《学记》作者从教育和政治不可分割的关系上论证了教育的社会作用，认为要想按照统治阶级的需要培养良风美俗，达到治理国家的目的，就必须从教育入手。《学记》开头就说："发虑宪，求善良，足以谀闻，不足以动众；就贤体远，足以动众，未足以化民。君子如欲化民成俗，其必由学乎！"《学记》开宗明义，第一段就直率地说明了教育能帮助统治者化民成俗，使人民从思想上服从统治，这便是教育的作用。

《学记》还进一步用比喻的方法说明了教育对人的发展的作用。"玉不琢，不成器；人不学，不知道。是故古之王者建国君民，教学为先。"作者以玉石为例，认为玉石不经过雕琢，就不能成为玉器；人不经过教育，就不会懂得封建社会的"道"。只有经过教育，百姓才能懂得礼，成为顺民，统治阶级才好统治国家、统治人民。

（二）教育制度与学校管理

1. 学制系统

《学记》以托古的方式提出建议：从中央到地方按行政建制建立学制系统。"古之教者，家有塾，党有庠，术有序，国有学。"这个建议在我国古代教育发展史上具有极其重要的意义和作用,从汉代开始,封建统治阶级基本上就是按照这个建议去兴办教育事业的。

2. 视学考试

大学开学时,天子将率领职官亲临学宫,举行开学典礼,祭祀"先圣先师"。他还会定期到学宫视察,这些都作为定制,体现着国家对教育的重视。《学记》规定大学九年,每隔一年进行一次考查,考查的内容和要求为:第一学年"视离经辨志",考查阅读的能力,能否分章析句、辨明志趣;第三学年"视敬业乐群",考查对学业是否专心,与学友相处是否和睦;第五学年"视博习亲师",考查学识是否广博,对老师是否亲敬;第七学年"视论学取友",考查在学术上的见解和对交友的选择是否符合教育的目标。七年结束,考查合格者谓之"小成"。第九学年要求达到"知类通达,强立而不反",即在学识上触类旁通,在志操上坚定不移,考查合格者谓之"大成"。

这个九年制大学的考试制度具有以下特点:(1)分学年规定学习的要求和顺序,逐步加深和提高,有利于使教学过程的组织适合学生的心理发展规律,检验教学的效果。(2)德育与智育密切结合,在德育上注重意志和信念的培养,在智育上注重推理判断能力的发展。(3)重视集体的教育影响,要求建立亲密的师生关系和同学关系。上述内容作为指导思想对教育实践具有深远的影响。

(三)教学原则和方法

《学记》又从正反两方面总结历史经验,对教学方法上成功与失败的规律性做了深刻的分析。

1. 教学原则

(1)教学相长

《学记》写道:"是故学然后知不足,教然后知困。知不足,然后能自反也;知困,然后能自强也。故曰:教学相长也。《兑命》曰:'学学半。'其此之谓乎!"关于"学学半"的理解,是第一个"学"读 xiào,是"教"的意思,第二个"学"是学习的意思。"学学半"即教与学是一件事情的两个方面。"教学相长"首次揭示了教与学的辩证关系,更强调了教师在主动学习的同时,也能从教学过程中遇到的困难和问题汲取知识,实现自我提升。

(2)预时孙摩

《学记》说:"大学之法,禁于未发之谓豫,当其可之谓时,不陵节而施之谓孙,相观而善之谓摩。""预"指的是在教学过程中要对可能出现的不良问题采取措施，进行预防，做到未雨绸缪。"时"是指在教学过程中要抓住适当的时机，及时施教，不错过任何一个教育的黄金时刻。"孙"意味着教学应循序渐进，根据学生的年龄、学习内容的难易程度和教学的逻辑性来合理安排课程进度。"摩"则倡导师生之间或学生之间互相观摩、取长补短，共同进步。

（3）长善救失

《学记》认为，"学者有四失，教者必知之。人之学也，或失则多，或失则寡，或失则易，或失则止。此四者，心之莫同也。知其心然后能救其失也"。这告诉我们，学生在学习过程中常会出现四种失误：一是贪多嚼不烂，知识学习杂乱无章；二是片面专精，知识面狭窄；三是轻视学习，浅尝辄止；四是畏难止步，缺乏毅力。作为教师，必须深入了解学生的心理特点，才能有针对性地帮助学生纠正这些失误，引导他们走向正确的学习道路。

（4）藏息相辅

《学记》指出，"大学之教也，时教必有正业，退息必有居学……藏焉修焉，息焉游焉"。学生的学习生活应该张弛有度、劳逸结合。教师在校内按时讲授的正课，如同"藏修""正业"，为学生奠定坚实的基础；而课外的活动与自习，即"息游""居学"，则为学生提供了自由发挥、探索未知的广阔天地。这样的学习安排使得学习变得充满乐趣，让学生在轻松愉快的氛围中茁壮成长。

（5）启发诱导

《学记》发展了孔子"不愤不启，不悱不发"的思想，提出"君子之教，喻也。道而弗牵，强而弗抑，开而弗达"，即引导而不代替、督促而不压抑，帮学生打开思路，不是帮他做出答案。教师充分调动学生的积极性、主动性，引导学生独立思考、钻研问题、寻求答案，这样，学生的智慧和能力才能真正得到发展。

2. 教学方法

（1）问答法

《学记》从问和答两方面加以论述。所谓"善问"是指教师提问要从易到难、由浅入深，遵循问题的内在逻辑。"善答"则是指教师应对学生提出的问题进行有针对性的回答，详略得当，恰如其分，无过与不及，帮助他们逐步掌握知识的精髓。

（2）讲解法

《学记》提出，教师的讲解应做到"约而达，微而臧，罕譬而喻"，即言语简约而意思通达，义理微妙而表述精善，举例量少而道理清晰易懂。

（3）练习法

《学记》说："良冶之子，必学为裘；良弓之子，必学为箕；始驾马者反之，车在马前。"这是说练习要从最简单、最基本的开始，而且要根据学习的内容来安排练习，由浅入深，使练习规范且逐步有序地进行。

（4）类比法

《学记》认为："古之学者，比物丑类。"这是说要通过对事物进行类比，发现其内在的逻辑，从而掌握规律，这样才能够达到举一反三、触类旁通的效果。

《学记》作为中国古代教育教学理论的典范，具有重要的历史意义和理论价值，尤其是对儒家的教育教学思想进行了全面系统的总结。它的出现意味着中国古代教育思想的专门化，是中国教育理论发展的良好开端。

附：《学记》全文

发虑宪，求善良，足以谀闻，不足以动众；就贤体远，足以动众，未足以化民。君子如欲化民成俗，其必由学乎！

玉不琢，不成器；人不学，不知道。是故古之王者建国君民，教学为先。《兑命》曰："念终始典于学。"其此之谓乎！

虽有嘉肴，弗食不知其旨也；虽有至道，弗学不知其善也。是故学然后知不足，教然后知困。知不足，然后能自反也，知困，然后能自强也。故曰：教学相长也。《兑命》曰："学学半。"其此之谓乎！

古之教者，家有塾，党有庠，术有序，国有学。比年入学，中年考校。一年视离经辨志；三年视敬业乐群；五年视博习亲师；七年视论学取友，谓之小成。九年知类通达，强立而不反，谓之大成。夫然后足以化民易俗，近者说服而远者怀之，此大学之道也。《记》曰："蛾子时术之。"其此之谓乎！

大学始教，皮弁祭菜，示敬道也。《宵雅》肄三，官其始也。入学鼓箧，孙其业也。夏楚二物，收其威也。未卜禘不视学，游其志也。时观而弗语，存其心也。幼者听而弗问，学不躐等也。此七者，教之大伦也。《记》曰："凡学，官先事，士先志。"其此之谓乎！

大学之教也，时教必有正业，退息必有居学。不学操缦，不能安弦；不学博依，不能安诗；不学杂服，不能安礼。不兴其艺，不能乐学。故君子之于学也，藏焉修焉，息焉游焉。夫然，故安其学而亲其师，乐其友而信其道，是以虽离师辅而不反也。《兑命》曰："敬孙务时敏，厥修乃来。"其此之谓乎！

今之教者，呻其占毕，多其讯言，及于数进而不顾其安，使人不由其诚，教人不尽其材。其施之也悖,其求之也佛。夫然,故隐其学而疾其师,苦其难而不知其益也。虽终其业,其去之必速,教之不刑,其此之由乎!

大学之法:禁于未发之谓豫,当其可之谓时,不陵节而施之谓孙,相观而善之谓摩。此四者,教之所由兴也。

发然后禁,则扞格而不胜;时过然后学,则勤苦而难成;杂施而不孙,则坏乱而不修;独学而无友,则孤陋而寡闻;燕朋逆其师;燕辟废其学。此六者,教之所由废也。

君子既知教之所由兴,又知教之所由废,然后可以为人师也。故君子之教,喻也。道而弗牵,强而弗抑,开而弗达。道而弗牵则和,强而弗抑则易,开而弗达则思。和易以思,可谓善喻矣。

学者有四失,教者必知之。人之学也,或失则多,或失则寡,或失则易,或失则止。此四者,心之莫同也。知其心然后能救其失也。教也者,长善而救其失者也。

善歌者,使人继其声;善教者,使人继其志。其言也,约而达,微而臧,罕譬而喻,可谓继志矣。

君子知至学之难易,而知其美恶,然后能博喻,能博喻然后能为师,能为师然后能为长,能为长然后能为君。故师也者,所以学为君也,是故择师不可不慎也。《记》曰:"三王四代唯其师。"其此之谓乎!

凡学之道:严师为难。师严然后道尊,道尊然后民知敬学。是故君之所以不臣于其臣者二:当其为尸,则弗臣也;当其为师,则弗臣也。大学之礼,虽诏于天子,无北面,所以尊师也。

善学者,师逸而功倍,又从而庸之。不善学者,师勤而功半,又从而怨之。善问者如攻坚木,先其易者,后其节目,及其久也,相说以解。不善问者反此。善待问者如撞钟,叩之以小者则小鸣,叩之以大者则大鸣,待其从容,然后尽其声。不善答问者反此。此皆进学之道也。

记问之学,不足以为人师,必也听语乎!力不能问,然后语之,语之而不知,虽舍之可也。

良冶之子,必学为裘;良弓之子,必学为箕;始驾马者反之,车在马前。君子察于此三者,可以有志于学矣。

古之学者,比物丑类,鼓无当于五声,五声弗得不和;水无当于五色,五色弗得不章;学无当于五官,五官弗得不治;师无当于五服,五服弗得不亲。

君子曰:"大德不官,大道不器,大信不约,大时不齐。察于此四者,可以有志于本矣。"三王之祭川也,皆先河而后海,或源也,或委也,此之谓务本!

本节习题

一、单项选择题

1. 世界最早的教育学专著是( )。
   A.《论语》　　　B.《学记》　　　C.《大学》　　　D.《中庸》

2. "学者有四失,教者必知之。人之学也,或失则多,或失则寡,或失则易,或失则止。此四者,心之莫同也,知其心然后能救其失也。"这段话反映了在教学活动中应注重对( )原则的把握与应用。
   A. 藏息相辅　　B. 循序渐进　　C. 长善救失　　D. 因材施教

3. "大学之教也,时教必有正业,退息必有居学。不学操缦,不能安弦;不学博依,不能安诗;不学杂服,不能安礼;不兴其艺,不能乐学。故君子之于学也,藏焉修焉,息焉游焉。"这段话给我们主要的教育启示是( )。
   A. 知识贪多嚼不烂
   B. 课外活动容易使学生分心,应该取消
   C. 不会玩的人就不会学,主张劳逸结合
   D. 书本和课堂是学习的唯一途径

4. "大学之法,禁于未发之谓豫;当其可之谓时;不陵节而施之谓孙;相观而善之谓摩。此四者,教之所由兴也。"这段话所涉及的教育教学原则有( )。
   ① 防患于未然　　② 及时施教　　③ 循序渐进　　④ 观摩交流
   A. ①②③④　　B. ②③④　　C. ②③　　D. ①②③

5. "大学之道,在明明德,在亲民,在止于至善"出自( )。
   A.《中庸》　　B.《学记》　　C.《大学》　　D.《乐记》

二、思考题

1. 简述《大学》中"三纲领、八条目"的主要内容。
2. 《学记》蕴含了哪些宝贵的教育原则?对当今教学有何启示?

第四章 古代学校

本章导读

中国古代学校教育是在私有制产生、阶级分化、文字发明后出现的。学校是指专门教育人员有目的、有计划、有组织地对学习者进行系统教育活动的专门机构。据考证,尧舜时期的大学为"成均"。"夏曰校,殷曰序,周曰庠,学则三代共之,皆所以明人伦也。"(《孟子·滕文公上》)西周时期,学校教育形成了以礼乐为中心的文武兼备的"六艺教育","大学在郊。天子曰辟雍,诸侯曰泮宫"(《礼记》)。春秋战国时期,齐国的稷下学宫引发了百家争鸣,孔子在杏坛聚徒讲学,以儒家"六艺"而教众贤。汉代"罢黜百家、独尊儒术",设太学以养士,为后世儒学国子监的发展提供了样板。魏晋南北朝时"太学"又称为"国子学",北齐时则将其称为"国子寺",至隋代,隋炀帝又将"国子寺"改名为"国子监"。此后,"国子监"之称一直沿用到明、清两代。与此同时,私学方面,宋代的书院融合萃取儒、佛、道三者的思想智慧,在辽宋夏金元的战乱时代一枝独秀,作为独立的精神文化庄园传播理学,选俊育才。作为一个特殊的社会组织,学校一出现,便以培养天下英才为己任,成为社会主流价值观的传播中心和精神旗舰。

核心内容

表 4-1　古　代　学　校

时　代	文化背景	学　校	经营性质	教学内容	特　点
原始社会末期尧舜时期	私有制产生	成均庠序	官学公立	音乐德育军事	原始社会时期公养共育的教育格局被打破,出现了"劳心者治人"的学校教育和"劳力者治于人"的社会教育
夏商周奴隶社会	学在官府	辟雍泮宫	官学公立	礼、乐、射、御、书、数	奴隶社会时期以"六艺"为核心的礼乐制度得以确立,倡导德、智、体、美全面发展的素质教育,是奴隶主贵族的精英教育
春秋战国奴隶社会向封建社会转型	百家争鸣	稷下学宫	公私合营	学术自由学科林立	公私合营,官家主办、私家主持的封建时代第一所综合性高等学府出现,集教学、科研、服务社会等功能于一体。促进了百家争鸣,显示了知识分子改造社会的独立性和创新性
汉代	罢黜百家独尊儒术	太学	官学公立	《诗》《书》《礼》《乐》《易》《春秋》	封建社会第一所官办儒家大学。以"五经"为核心的中国封建教育制度得以确立。专门培养地主阶级的统治精英
宋代	儒、佛、道三者的融合	书院(白鹿洞书院、岳麓书院、应天府书院、石鼓书院、嵩阳书院、茅山书院)	民办私学为主,后期部分书院发展为官学	程朱理学陆王心学	战乱中保持学术独立和创新的文化庄园。促进了宋代理学的发展和传播

关键术语：学校;成均;庠;序;学在官府;辟雍;六艺;百家争鸣;稷下学宫;太学;书院;理学

学习目标：掌握古代学校的名称、时代背景和文化特点

第一节 学校的传说

扫码查看课程

根据历史传说以及大量儒家对远古社会的描绘,我国早在原始社会末期,具体来讲是在尧舜时期,便有学校出现。原始社会后期,就有了专门对青少年进行教育的特殊场所,这就是学校的萌芽。青少年在这里接受一些训练,学习自理,参加社会劳动,如建筑房屋、耕种、收获、照看牲畜等,学习唱歌、跳舞、游戏,学习礼仪和行为规则。

一、学校产生的条件

学校作为一种专门的教育场所,是人类社会发展到一定阶段的产物。它的产生取决于以下三方面的条件。

(一)私有制的出现是学校教育兴起的先决条件

随着生产力的提升和社会生产的繁荣,剩余产品的涌现使得一部分人能够脱离物质生产的束缚,转而投入到精神劳动和教育中。这些早期的脑力劳动者,如部落的显贵,不仅掌握了经济大权,还逐渐垄断了知识和文化教育,为学校的萌芽奠定了基础。

(二)阶级的分化是学校教育产生的组织基础

从政治需要来看,伴随着军事民主制向君主制的逐步转化,培养劳心者成为官吏的需求与日俱增。适应社会劳心与劳力分工的需要,教育也逐渐分化为培养劳心者的专门教育和教化劳力者的社会教育两种类型。这种历史性的变化从舜时期开始就有了明显的趋势。两种教育的目的、内容都不相同,这是对不同等级实施的教育,势必造成它们朝不同的方向发展。国家的诞生和社会事务的日益复杂,令对专业管理人员的分工需求应运而生,因此催生了专门的教育机构来培养他们,从而推动了学校教育的形成。

（三）文字的成熟为学校教育的产生提供了关键动力

文字作为学习和传播知识的工具，不仅为学校教育提供了物质基础，还使得专门的学习内容得以形成。然而，学习和掌握文字并非易事，需要专门的场所和人员来进行教学，这进一步促进了学校的产生。在氏族公社末期，社会交往的频繁和事务的增多，导致人们迫切需要一种新的记事工具，于是最初的文字应运而生。文字的出现不仅便于知识的记录和传播，还能突破时间和空间的限制。为了满足文字教学的需求，出现了专门的施教人员和场所，进一步推动了学校的萌芽。

综上所述，私有制的产生、阶级的分化以及成熟的文字，共同推动了学校教育的兴起。这一过程不仅为学校教育的产生提供了必要的条件，而且对后来的文化科学和社会发展产生了深远的影响。

二、教育的分化

随着学校的出现，原始社会那种公养共育的教育模式被打破，逐渐分化为两种形式：一种是专为贵族服务的学校教育，另一种则是在自然的生活环境下，劳苦大众所接受的社会教育。这种教育的分化具体体现在以下三个方面。

第一，教育设施方面，呈现出明显的等级差别。《礼记·王制》中有言："有虞氏养国老于上庠，养庶老于下庠。"把庠分为上、下，安排不同社会地位的人，显示出一定的等级性。这种养老和教学兼行的机构就是学校的萌芽。

第二，教育内容方面，强调礼乐道德的形式，重视军事训练。

首先，军事教育成为基础教育。这主要是因为部落之间为了争夺家畜、奴隶和财富而频繁发动战争，使得部落的男性成员几乎都成了战士。为了满足这种战争的需要，教育内容中强调军事训练，甚至包括武器的制作。《尚书·大禹谟》中就提到，舜、禹在征讨三苗时，因为战事不利而收兵，随后命令战士手持盾牌和干羽加紧操练，最终使三苗屈服。这充分展示了军事教育在部落联盟时期的重要性。

其次，"孝"成为新的道德观念。随着生产力的提升，男子逐渐在农业等主要生产领域占据主导地位，父权制也逐渐取代了母权制。私有制的产生使得一夫一妻的个体家庭成为社会的基本单位，私有财产也由儿子继承。为了维护这种以男子为主体的父权制和私有财产继承权，新的道德观念应运而生，强调孝道。对孝的教育正是对这种社会变革的反映。

最后，礼乐教育得到了强化。舜统治时期，非常重视文化教育，设立了多名负责文教的职官，如司徒负责进行五常之教，秩宗负责三礼，典乐则主管乐教。

其中,"三礼"指的是对天神、地祇、人鬼的礼仪,这种宗教礼仪宣扬天尊地卑的观念,并用天意来解释等级秩序和道德规范。乐教不仅培养了人们关于诗歌、舞蹈的知识技能,更重要的是培养了他们的道德品行。通过乐教活动,人们可以沟通感情,增强团结,因此具有深远的政治意义。

第三,教育性质发生变化,导致强制手段的采用。对于被灌输的代表少数人利益的道德观念,年轻人并不能自觉接受,因此在教育的实施过程中需要辅以强制手段。《尚书·舜典》中写道:"扑作教刑。"郑玄认为,"扑"是一种用檟楚制成的刑具。当时教官也负责执行刑法,因此这种用檟楚制成的刑具也被称为"教刑"。教刑是刑罚中较轻的一种,对于不勤奋学习的人,通过体罚来警示他们。《学记》中说:"夏楚二物,收其威也。"这就是"扑作教刑"所起到的效果。从字义上来说,"扑"的正字是"攴",《说文》中将"攴"解释为"小击也"。教育的目的是引导人们改过迁善,但如果不使用鞭杖等强制手段,就很难取得预期的效果。在奴隶社会,奴隶主要通过鞭杖来接受教育和教化。扑刑是挞其背,无论是在官府、学校还是家庭中都广泛使用。

三、原始社会的大学

(一) 庠

4 000多年前,相传在虞舜时代,我国就已经出现了称之为"庠"的学校。庠是德育和智育的场所。古史还有"有虞氏"之学为"庠"的传说。据《礼记·明堂位》称:"米廪,有虞氏之庠也。"郑玄注以米廪为"藏养人之物"。这是氏族储存公共粮食之所,由老者看管,所以也成为老人聚集活动的场所,也是氏族敬老、养老、行礼之地。孟子说:"庠者,养也。"(《孟子·滕文公上》)在氏族公社中,教育年轻一代的任务通常由具有丰富生活经验的老人承担。这种活动要就老年人的方便,一般在养老的地方进行,所以庠兼为教育的场所,成为兼有养老与教育双重职能的重要机构。高一级的是"上庠",类似于现在的"大学";低一级的是"下庠",类似于现代的"小学"。

(二) 成均

公元前3000年左右,我国已有象形文字,于是也就有了专门传授和学习文字的机构"成均"。这就是学校的萌芽。《周礼·春官宗伯·大司乐》云:"大司乐掌成均之法,以治建国之学政,而合国之子弟焉。"《礼记·文王世子》曰:"五帝名大学曰成均。"《春秋繁露》云:"成均,为五帝之学。"关于成均,郑玄解释说:"均,调也。乐师主调其音。"在部落联盟时期,凡宗教仪式和公众集会都必有音乐,音乐渗透于社会生活的各个方面。部落显贵重视音乐修养,他们的子弟均受乐教。乐师主管音乐事务,日常演奏歌唱之地亦为实施乐教之地,这个场所称为成均。

成均是音乐教育的场所,不是劳动场所,所进行的教育也不是以生产劳动为内容的教育,而是在生产过程之外进行的独立性活动。教者和学者都已脱离生产劳动,成为专门从事"教"或专门从事"学"的人,这已具有条件可被认为是古代学校的萌芽。

(三)序

《孟子·滕文公上》云:"序者,射也。"后来发展为奴隶主贵族开展一切公共活动的地方,如议政、祭祀、养老的场所,也是军事教育场所。氏族公社末期,私有制产生,部落之间的战争不断,为了争夺土地、人口和财富,军事体育训练必不可少。直到第一个奴隶制联邦国家夏朝的建立,培养目标都是军人和武士。《文献通考·学校考》说:"夏后氏以射造士。"《古今图书集成·学校部》言:"设东序为大学,西序为小学。"习射是军事教育的重点。河南偃师二里头夏文化遗址中发现了青铜戈、钺和刀。这些铜兵器的使用也是当时教练的内容。《孟子·滕文公上》有云:"设为庠序学校以教之。庠者,养也;校者,教也;序者,射也。夏曰校,殷曰序,周曰庠,学则三代共之,皆所以明人伦也。"

如上所述,成均、庠、序都是原始社会末期开展多种活动的机构,包括当时的教育活动在内。它们虽然还不是正式的学校,但开始进行有目的、有组织的活动,为以后专门教育机构的产生奠定了基础。

本节习题

一、单项选择题

1. 原始社会时期最早的大学是(　　)。

　　A. 成均　　　　　B. 国子监　　　　C. 太学　　　　D. 辟雍

2. 氏族公社末期,学校产生的基本条件有(　　)。

　　① 私有制的产生

　　② 文字的出现

③ 阶级的分化,一部分人脱离生产劳动,出现面向劳心者的专门教育和面向劳力者的社会教育

④ 强调礼乐之教

A. ①②③④　　　B. ②③④　　　C. ②③　　　D. ①②③

3. 氏族公社末期,教育的分化具体表现在(　　)。

① 产生了学校教育

② 教育性质导致强制手段的采用

③ 孝成为道德教育的新内容

④ 军事教育成为基本内容的同时,重视礼乐教化

A. ①②③④　　　B. ②③　　　C. ②③　　　D. ①②③

4. 氏族公社末期兼有养老与教育双重职能的重要机构是(　　)。

A. 序　　　　B. 庠　　　　C. 校　　　　D. 成均

5. 五帝时期的成均主要实行的是(　　)。

A. 德育教育　　　　　　B. 军事体育教育

C. 音乐艺术教育　　　　D. 劳动教育

二、思考题

1. 简述学校产生的条件。

2. 为什么说成均、庠、序是学校的雏形?

第二节　学在官府和六艺教育

扫码查看课程

西周是中国奴隶制的全盛时期。其重要特征是在分封制、井田制的基础上,实行宗法世袭禄位制,形成了严格的等级制度。"普天之下,莫非王土,率土之滨,莫非王臣。"生产资料的占有形式决定了这一时期的教育是由奴隶主贵族绝对垄断的。

一、学在官府

在古代,统治者深信礼制源自天命,恪守礼制即是对德的崇敬。他们认为,

唯有敬德，才能赢得民心，进而稳固奴隶主贵族的政权。在教育领域，这一时期的显著特征是"学在官府"。

（一）学术官守，官师合一

奴隶主贵族设立了国家机构，并分配了不同的职责，以进行有效的管理。为了满足管理的需求，他们制订了法律规章制度，并以文字形式记录下来，编纂成专门的书籍，这些书籍仅由当权者所掌握。这种历史现象被称为"学术官守"。奴隶制国家的学术资源被奴隶主官府所垄断，形成了"官守学业"的局面，要想获取专业知识，唯有进入官府一途。同时，官学的教师与官府的官吏身份合一，那些担任官职的人同样也是教导民众的人，这即是"官师合一"的体现。

（二）惟官有书，而民无书

西周时期的生产力水平相对有限，因此书写的材料主要是笨重的竹简和木牍，书写工具则是刀笔。在这样的条件下，书籍不仅沉重，而且造价昂贵。唯有官府才具备制作书籍所需的人力、物力和财力。为了满足政治需求，朝廷记录了历代帝王的典诰、礼制以及各种乐章，并制成书册，珍藏在秘密的府库中，由专门的官员负责管理。这些书册都是孤本，没有副本流传于民间。因此，学术资源完全集中在官府手中，有专门的官员负责守护。士人若想学习，只能前往官府，向主管书册的官员借阅。

（三）惟官有器，而民无器

西周时期的学习内容涵盖了礼、乐、射、御等多个方面。这些技能并非仅仅通过口耳相传就能掌握，而是需要借助一定的器物，进行实际演练。据《周礼·地官司徒》记载，不同种类的器物由不同的官员负责管理，"闾共祭器，族共丧器，党共射器，州共宾器，乡共吉凶礼乐之器"。闾负责祭器，族负责丧器，党负责射器，州负责宾器，乡则负责吉凶礼乐之器。由此可见，礼乐之器均由官府提供，只有官府的公职人员才有机会使用这些教具进行实际演练。对于礼、乐、舞、射等学科来说，拥有相应的器物设备是进行实际演习的前提条件。而这些器物并非个人或家庭能轻易拥有，即使是官府，也并非各级都能完全配备，民间更是难以触及。因此，要学习这些技能，唯有在官府中才能具备相应的条件。

(四) 惟官有学，而民无学

在宗法制的背景下，子承父业成为一种传统，家族世代相传的家业被称为"畴人"，父子相继世居其官的情况则被称为"畴官"。儿子入官府后，跟随父亲学习，被称作"畴人子弟"。由于为官之人学有专守，且世代相传，这导致了学术资源的垄断。官府成为学术传授的基地，而学术传授的目的则是职官的传递。因此，西周时期，只有官学而无私学，文化教育完全被奴隶主贵族所垄断。对于平民来说，他们很难平等地享有受教育的权利。

二、国学和乡学

西周时期，设在国都的学校称为国学，国学又以15岁为年龄分野，划分为小学与大学。

(一) 小学

关于西周的小学，见载于周康王时的"大盂鼎"等青铜器铭文。贵族子弟幼时通常接受家庭教育，教以基本的生活常识、行为习惯和初步的待人接物礼数。8岁始离家入小学，小学在王宫近旁，王宫侍卫官师氏、保氏兼任小学师长。小学的目标在于"学小艺，履小节"。小学教育主要包含德、行、艺、仪，实际上是关于贵族的道德行为、基本常识、生活技能和身体仪态等方面的训练。其中，尤其注重孝亲父母、友尊贤良、顺事师长一类德行的培养，以为造就有德行和武功的未来统治者打下基础。

西周时期贵族儿童的早期教育过程如下：

> 子能食食，教以右手。能言，男唯女俞。男鞶革，女鞶丝。六年，教之数与方名。七年，男女不同席，不共食。八年，出入门户及即席饮食，必后长者，始教之让。九年，教之数日。十年，出就外傅，居宿于外，学书计，衣不帛襦袴，礼帅初，朝夕学幼仪，请肄简谅。十有三年，学乐，诵诗，舞勺，成童舞象，学射御。二十而冠，始学礼，可以衣裘帛，舞大夏，惇行孝弟，博学不教，内而不出。三十而有室，始理男事，博学无方，孙友视志。……女子十年不出，姆教婉娩听从，执麻枲，治丝茧，织纴组紃，学女事以共衣服，观于祭祀，纳酒浆、笾豆、菹醢，礼相助奠。十有五年而笄。（《礼记·内则》）

(二) 大学

关于西周的大学，也见于"麦尊"等青铜器铭文。大学教育也为太子、王子，诸侯和卿大夫之长子、嫡子等贵族子弟所专享，平民中极个别的优秀青年须经严格的推荐考核程序才能进入。大学的入学年龄通常始于15岁，按《学记》记载，完成大学学业需要9年。

《礼记·王制》曰："大学在郊。天子曰辟雍，诸侯曰泮宫。"大学，起初就是一种军事学校，设在城郊。天子所上大学为辟雍，诸侯所上大学为泮宫。大学的环境看上去就是一个大猎场，四面敞开，没有围墙。建筑物的四周，三面有水泽环绕，仅一面通向陆地，所以又有"泽宫"之称。水泽另一边是大片的森林。贵族子弟就在水泽中射鱼、射鸟，在森林中驱车围攻野兽。贵族打猎不是为了生产，而是一种实战训练。《尚书·大传》说："战斗不可不习，故于搜狩以闲之。"

大学里修起了整齐和对称的四合院式的课堂，中间高地上的建筑学宫因方位和教学内容的不同，而获得不同的名称。东边的堂室称"东序"，又叫"东学"，为学干戈羽龠之所，由乐师主持；西边的堂室称为"瞽宗"，又叫西学，为演习礼仪之所，由礼官主持；南边的堂室称为"成均"，又叫南学，为学乐之所，由大司乐主持；北边的堂室称为"上庠"，又叫北学，为学书之所，由诏书者主持；中间的为太学，又叫中学。

大学的目标在于"学大艺，履大节"，培养有德有仪、能征善战的未来统治者。西周王朝的"国之大事，在祀与戎"（《左传·成公十三年》），祭祀需要学习礼、乐，从戎需要学习射、御。大学实行分科教学，首重礼、乐，射、御次之，书、数又次之。无论是礼乐还是书数，较之小学阶段，内容都更为丰富，程度有所提高。大学的课程与教学已具有明显的计划性，《礼记·文王世子》记载："春夏学干戈，秋冬学羽龠。""春诵，夏弦。""秋学礼，冬读书。"并有专门的场地和专门的职事官员施教。

（三）乡学

西周都城称为国，城外围若干里的范围称为郊，郊之外的广大地区称为野。在郊外六乡所设的地方学校统称为乡学。

《学记》说："古之教者，家有塾，党有庠，术有序，国有学。"塾、庠、序是地方学校。有学者认为，西周在地方行政组织的基础上，相应地设立乡校、州序、党庠、家塾等地方学校，分别由各级地方官员负责，又统归中央政府负责民政的官员司徒领导。

乡学教育的课程包括德、行、艺。据《周礼·地官司徒》记载："一曰六德：知、仁、圣、义、忠、和；二曰六行：孝、友、睦、姻、任、恤；三曰六艺：礼、乐、射、御、书、数。"教育的要求与国学接通。乡学实行定期的考试，选拔优秀者逐级举送至国学深造。对于不服从教导者，则先教后罚，予以惩戒。

西周教育制度显得相当完善，通常认为含有后世儒家学者想象、美化和附会的成分，但所构想的国学与乡学的国家教育制度，区分小学与大学并以 15 岁为分界的学校层级结构，根据小学与大学的教育目标、特点不同而在择址、布局和设施方面有所考虑，根据季节时令安排课程与教学，通过考试逐级从地方向中央举送优秀人才，这些都对后世封建国家的教育实践有很大的影响。

（四）六艺教育

西周不论是国学或是乡学，不论是小学或是大学，都以"六艺"为基本学科，只是在要求上有层次的不同。六艺教育萌芽于原始社会，起源于夏代，商代又有所发展，西周在继承商代六艺教育的基础上，使它更为充实。"六艺"代表我国奴隶社会全盛时期的教育水平，贵族子弟就通过这种教育被培养成为"勇敢、强有力"的贵族统治的继承人。

1. 礼乐

奴隶主贵族的礼与乐如同社会的双翼，相辅相成。礼，作为外在的行为规范，体现了宗法等级制度的精髓，它贯穿于整个社会生活，对年轻一代的思想政治、道德品行培养具有深远影响。而乐，作为内在的情感表达，它让人们感受到美的熏陶，同时也传递着社会的价值观，与礼相互呼应，共同构成了六艺教育的核心。

《礼记·文王世子》有云："凡三王教世子，必以礼乐。乐所以修内也，礼所以修外也。礼乐交错于中，发形于外，是故其成也怿，恭敬而温文。"这句话深刻揭示了礼乐内外兼修的重要作用。

礼的涵盖面极为广泛，从贵族的衣食住行到婚丧嫁娶，从君臣、父子、兄弟、夫妇、朋友之间的尊卑关系，到政治、军事、法律等方面的典章制度，无一不体现出礼的重要性。而官学中所教授的"五礼"（吉、凶、军、宾、嘉）和"六仪"（祭祀之容、宾客之容、朝廷之容、丧纪之容、军旅之容、车马之容），更是贵族生活中不可或缺的行为准则。

乐的内涵同样丰富多样，它通过各种艺术形式，如诗歌、音乐、舞蹈等，传递着人们的喜怒哀乐，同时也承载着社会的期望和愿景。《诗经·郑风·子衿》毛传："古者教以诗乐，诵之、歌之、弦之、舞之。"说明当时的乐教包括诗歌、音乐、舞蹈和乐器。正如郭沫若先生所说："中国旧时的所谓乐，它的内容包含得很广，音乐、诗歌、舞蹈，本是三位一体不用说，绘画、雕刻、建筑等造型艺术也被包含着。甚至于连仪仗、田猎、肴馔等都可以涵盖。所谓'乐者，乐也'，凡是使人快乐，使人的感官可以得到享受的东西,都可以广泛地称之为乐。"①

2. 射御

射箭与御车,曾是西周时期贵族子弟必修的军事技艺。贵族子弟都要成为"执干戈以卫社稷"(《礼记·檀弓下》)的武士。射箭,不仅是技艺的磨炼,更是身份的象征。箭矢如飞,透靶而见白,这是射术之"白矢"的精湛;一箭射出,后箭紧跟连发三中,此为"参连"的奥妙;箭矢锐利,能贯物而过,展现了"剡注"的威猛;射者之间,尊卑有序,退让一尺以显礼仪,这就是"襄尺"的精神;而"井仪"更是要求四箭皆中靶心,形如井状,技艺与策略并重。每年大祭之前,射箭比赛都会如期举行,选拔武士,仪式隆重,更有礼乐相伴。箭矢的飞翔不仅仅是对技艺的考验,更是对射者在贵族中地位的确认。射得精准者,地位自然尊崇;技艺不精者,则须加倍努力,以求精进。

而西周的武装力量以战车为主力,因此,御车之术也成为武士必修的技能。御车的教练有五项,简称五御:鸣和鸾、逐水曲、过君表、舞交衢、逐禽左(《周礼·地官·保氏》)。驾车时,马脖子上的铃铛叫作"鸾",车轼上面的铃铛叫作"和"。当车子发动时,"和"与"鸾"发出悦耳和谐的声音,象征着车行平稳,这是驾车技艺的体现。无论地形、路况如何,御者都能应对自如,随着曲折的水沟前进而不翻车,这是"逐水曲"的精髓。"君表"是插着旗子的辕门,门中放置石墩为障碍物。当车驶入辕门时,车头两边与石墩的间隙仅有五寸,车手必须恰到好处地从中经过,不能碰到障碍物,这是"过君表"的挑战。在繁华的交叉路口,即使车水马龙,御者也能使车子的转角、快慢适度,如合舞蹈节奏,顺利漂移,这就是"舞交衢"的风采。至于"逐禽左",则是驱车逐禽兽时,将禽兽驱赶到车的左边,以方便车上的人射击,体现了御者与射手的默契配合。

学习御车,不仅是学习技艺,更是锻炼身心。经过严格的训练,才能达到五项标准要求,这既是对武事的锤炼,也是对身体的锻炼。西周时期的贵族子弟通过射箭与御车的学习,不仅提升了自身的军事技能,更培养了坚韧不拔的意志和团结协作的精神。

3. 书数

"书"为文字之读写,"数"为算法之精华。西周时期,文字应用已蔚然成风,数量远超商代,以大篆为主,书写材料多为竹木,刀笔为常用工具。小学教育中,

---

① 陈学恂主编、张瑞璠分卷主编:《中国教育史研究·先秦分卷》,华东师范大学出版社1991年版,第23页。

文字教学占据重要地位,《史籀篇》便是中国历史上最早的儿童识字课本。文字教学不仅要求认读,还须学会书写,难度逐步递进。其中一种教学方法是按照汉字的构成,通过六书分类进行教学,使学生全面掌握字音、字形、字义。

西周时期的数学知识也积累了丰富的内容,为系统教学奠定了基础。儿童学习数学,首先从数的顺序名称及记数符号入手,进而学习甲子记日法,理解朔望的周期。随后学习计数方法,掌握十进位和四则运算,初步培养计算能力。据《周礼·地官·保氏》记载,西周已有方田、粟米、差分、少广、商功、均输、方程、赢不足、旁要九种计算方法。"九数"成为宝贵的历史遗产,经过不断的整理补充,为《九章算术》的诞生奠定了基础,显示出西周数学教育的丰富内涵。

书数是文化基础知识技能,作为"小艺",在小学阶段进行学习。进入大学,课程难度和内容均有所提升,主要学习《诗》《书》等经典。

西周的教育内容可概括为六艺教育,它既是西周教育的特色,也是其标志。六艺教育涵盖了思想道德、文化知识、传统文化、实用技能、文事武备、礼仪规范及内心情感修养等多方面因素。这种教育方式积累了丰富的历史经验,为后世教育提供了宝贵的借鉴。

本节习题

一、单项选择题

1. 西周时期天子所上的大学叫(　　)。
   A. 瞽宗　　　　B. 成均　　　　C. 泮宫　　　　D. 辟雍

2. 西周教育制度的特点是(　　)。
   ① 百家争鸣,学在四方　　　　② 惟官有学,而民无学
   ③ 惟官有书,而民无书　　　　④ 惟官有器,而民无器
   A. ①②③④　　B. ②③④　　C. ②③　　D. ①

3. (　　)是中国历史上记载最早的儿童识字课本。
   A.《史籀篇》　　B.《仓颉篇》　　C.《爰历篇》　　D.《三字经》

4. 西周时期,"学在官府"的教育制度下,不可能出现的教育现象有(　　)。
   ① 私学的产生　　　　　　② 专职教师的产生
   ③ 百家争鸣　　　　　　　④ 官师合一
   A. ①②③④　　B. ②③④　　C. ②③　　D. ①②③

5. 有关西周六艺教育表述正确的有(　　)。

① 礼、乐、射、御、书、数　　　　② 《诗》《书》《礼》《乐》《易》《春秋》
③ 培养奴隶主贵族的教育　　　　④ 培养地主阶级新贵的教育

A. ②④　　　B. ①③　　　C. ②③　　　D. ①④

二、思考题

1. 简述"学在官府"产生的原因。
2. 试述评"六艺教育"。

第三节　百家争鸣和稷下学宫

公元前770年,戎族攻破西周王都,周幽王被杀死在骊山之下。周平王逃走,迁都洛邑,历史上称为东周,也就是奴隶制向封建制过渡的春秋时代。在经过春秋时期长期的兼并战争和各诸侯国内部政治经济的发展之后,到公元前4世纪末,在中国大地上出现了魏、赵、韩、齐、秦、楚、燕"七雄"争霸的局面,人们称这七大诸侯国为"战国七雄",这一时代也被称为战国时代。中国教育史进入了官学衰废、私学兴起的新时期。

扫码查看课程

这一时期,传统的以"亲亲"为基础的旧的贵族世袭制基本被推翻,"举贤"作为一个政治原则,在地主阶级新政权中上升为主导地位。执政者从巩固自己的政治权力的需要出发,争先"招贤纳士",创立私学。

一、官学衰废和士阶层的崛起

奴隶主官学在西周末年就已经形同虚设。《诗经·郑风》中有一首诗,是讽刺学校衰败的情景的。它通过一个忧心忡忡的教师说:"青青子衿,悠悠我心。纵我不往,子宁不嗣音?青青子佩,悠悠我思。纵我不往,子宁不来?挑兮达兮,在城阙兮,一日不见,如三月兮!"佩戴青线白玉的学子呀,我的心在日夜思念着你们啊!即使我没有亲自来找你们,你们得上学校呀!你们怎么可以天天在城头上来来去去、东张西望呢?要知道一日不学习,就要生疏得如隔三月了!《毛诗序》认为:"《子衿》,刺学校废也。"这首诗描绘的大致就是西周末年官学的景象。昔日庄严神圣的官学,现在学生却无心读书,整日在外游荡嬉戏。这正是奴隶主贵族接近末日的历史宿命在教育方面的反映。

《论语·微子》有言:"大师挚适齐,亚饭干适楚,三饭缭适蔡,四饭缺适秦,鼓方叔入于河,播鼗武入于汉,少师阳、击磬襄入于海。"就在周平王东迁的过程中,王宫里的文化官吏也随着周天子权力的削弱而流落到各地。原来的宫廷中管理礼乐的官员纷纷出走,大乐师挚到了齐国,二乐师干去了楚国,三乐师缭去了蔡国,四乐师缺去了秦国,打鼓的方叔到了黄河之滨,摇小鼓的武到了汉水附近,少师阳和击磬的襄移居海边。从此,"天子失官,学在四夷"(《左传·昭公十七年》),这些人由于失去了世袭的特权,流入社会以后就成了历史上第一批靠出卖知识糊口的"士"。

"士"不是一个稳定的社会阶层,在奴隶制下是贵族的下层,在封建制兴起时为平民的上层,也就是说,"士"本来是奴隶主贵族政权机构中的低级官吏,即"公卿士大夫"的"士"。他们受过比较正规的贵族教育,熟悉各种典章制度,具有操持各种礼仪的技能,但春秋以后,随着社会动荡,他们的政治地位开始下降,于是纷纷走出官府,凭着自己的知识和一技之长四处游说,寻求进身之阶,成为社会上异常活跃的一股力量。与此同时,随着私田所有者势力的扩大,一些出身下层的平民有了广泛的社会基础和接受教育的条件,逐渐上升为脱离生产劳动的人,成为自由民,并位居四民之首,即"士农工商"的"士"。于是人们多把社会上这种不狩不猎、不农不工、不商不贾,有一定文化知识和才干的自由人称为"士"。这些士"上无君上之事,下无耕农之难"(《墨子·贵义》),以自己的学说向上参政、向下授徒,显示出自己的势力。他们有思想、有知识,成为私学最初的老师。

"士"阶层的兴起使原来保存在官府的文化典籍流传到民间,促进了文化的下移,推动了私学的发展和思想领域的百家争鸣。

二、百家争鸣

春秋时期私学的兴起与发展,促进了思想学术上的百家争鸣,但这仅是序曲而已,到战国时期,百家争鸣才达到高潮。面对社会变革,人们出于不同的阶级和社会集团的利益,纷纷著书立说,议论时事,阐述哲理,产生了一批著名的学者和学派。各家各派之间既相互批判、辩驳,又相互影响、吸取乃至融合,同一学派在发展过程中也往往发生演变和分化,因此出现了诸子蜂起、学派纷呈、百家争鸣的学术空前繁荣局面。

"百家"是虚指,乃是形容学派之多。具体学派数,汉初司马谈总括为六家,即阴阳、儒、墨、法、名、道。西汉末年,刘歆又总括为十家,即儒、道、阴阳、法、名、墨、纵横、杂、农、小说家。除上述各家外,较著名者还有兵家和医家。在诸多学派中,思想学术地位最为重要者为儒、墨、道、法、名、阴阳诸家。

在百家争鸣中,教育问题始终是一个中心问题。这不仅是因为参与争鸣的各家各派都可以说同时是一个个教育团体,都有着丰富的教育实践;而且差不多每家每派在认识和说明自然与社会问题时,都意识到教育在其中的重要地位。因此,百家争鸣也意味着教育思想的争鸣、教育理论的发展。在教育方面颇有造诣的,有儒、墨、道、法诸家。

儒家学派在孔子之后的著名者,当首推子思、孟子一派。这一派继承孔子"仁"的思想,提出教育是扩充"善性"的过程,教育的目的在于"明人伦",充分肯定人的主观作用,强调学习中个体认识的自觉。另一个有重大影响的派别为荀子学派。荀子重申"礼治"主张,确认封建等级制度的天经地义,要求教育培养推行礼法的"贤能之士",并提出"性恶论",作为其以"外铄"为特征的教育思想的理论根据。

墨家代表小生产者的利益,主张消弭社会等级,强调社会实利。教育的目的是培养能够实现"兼相爱,交相利"这一社会理想的"兼士"或"贤士"。在教育上信奉经验与实践,讲究思维训练,十分重视科学技术知识的价值等,突破了儒家六艺教育的范畴,堪称一大创造。

道家学派的创始人老子主张"自然""无为",表现了避世的思想特点。道家教育思想的特点是反对人为和反对教条。在道家看来,人的理想状态是如同婴儿般无知无欲的朴素状态,教育是把得之于社会的影响逐渐摒弃的过程。道家教育思想作为儒、墨、法等家主张的反对者,给予人颇多启发。

法家是新兴地主阶级最为激进的思想代表,主张凭借实力和暴力求得统一,反对德化,主张法治,强化君权。法家的人性观表现为绝对的"性恶论"。"以法为教""以吏为师"是法家提出的教育主张,要求对社会实行普遍的法制教育。

三、稷下学宫

稷下学宫是战国时代齐国一所著名的学府,它既是战国百家争鸣的中心与缩影,也是当时教育上的重要创造。稷下学宫对中国古代学术、文化和教育的发展产生过重大的历史影响。

所谓"稷下",乃是指齐国都城临淄的稷门附近。齐国君主在此设立"学宫",稷下学宫因此而得名。稷下学宫历史悠久,早在齐桓公当政时期就已创立,距今约2 390年。齐宣王时期,稷下学宫达到鼎盛。公元前221年,秦军攻入临淄,齐国亡而稷下学宫终,前后历时约150年。

稷下学宫的出现意味着先秦士阶层的登峰造极,也表现了养士之风的制度化。作为特殊历史条件下的产物,稷下学宫独具特色。

(一)稷下学宫的性质

1. 官家创办、私家主持的学校

稷下学宫的初创是出于田齐政权"招致贤人"的目的,具有官办性质,齐国统治者为稷下的学术活动创造物质条件。但稷下学宫中的学派自主,各家各派在学术上的发展都是自己的事,既不以统治者的好恶独尊一家而压制其他各家,或以一家为标准统一各家,又充分允许各家"各著书言治、乱之事,以干世主"(《史记·孟子荀卿列传》),保证了稷下各家各派在学术和教学活动中的私学性质。

2. 集讲学、著述、育才、咨议于一体的高等学府

稷下学宫的讲学活动十分活跃,学者们跨越学派的界限广泛交流,形成了学无常师的独特氛围。同时,稷下学者们的著述成果丰硕,如《孙卿子》《田子》《邹子》《尹文子》《管子》《司马兵法》等。稷下先生积极著书立说,与"讲学"和"争鸣"互为因果、互为表里。这些著作不仅展现了他们的学术造诣,也为后世留下了宝贵的文化遗产。此外,学宫还致力于育才,通过大师们的讲学与著述,培养了一批批杰出的学者和时代所需的人才。值得一提的是,稷下学宫还兼具咨议作用。它成为一个事实上的咨政议政机构,为各家学者提供了一个固定的议政论坛。学者们在这里畅所欲言,为齐国的政治决策提供了宝贵的建议。这使得稷下学宫不仅是一所学府,更是一个齐国聘请的高级学术和政治顾问团队。

(二)稷下学宫的特点

在春秋战国时期,稷下学宫以其独特的学术氛围和卓越的教育理念,成为当时学术界的璀璨明珠。这座学宫不仅为学者们提供了一个自由争鸣的舞台,还通过其优厚的待遇和灵活的教学制度吸引了天下名士汇聚于此,共同推动了学术的繁荣与发展。

1. 稷下学宫秉持着兼容并包、择善而从的办学方针

在这里,学者们不受任何束缚,可以大胆阐述自己的理论主张,对时政进行深入的批评和抨击。齐王对学者们的言论给予了充分的尊重,不仅鼓励他们"不

治而议论",还将其作为智囊团和咨询机关,为国家的决策提供参考。这种开放包容的学术氛围使得各学派在稷下学宫相对平等,任何一家一派都不能占据绝对的统治地位。各学派要使自己的学说得到公认,不得不通过公开的辩论,以理服人,不得不发展自己一派的思想理论,它们之间既有竞争也有合作,共同促进了思想的活跃和学术的繁荣。

2. 学者不仅享有崇高的政治地位,还享有优厚的物质待遇

宣王喜文学游说之士,自如邹衍、淳于髡、田骈、接予、慎到、环渊之徒七十六人,皆赐列第,为上大夫,不治而议论。是以齐稷下学士复盛,且数百千人。(《史记·田敬仲完世家》)

齐王对学者们礼遇有加,不仅赐予他们列第和上大夫的尊称,还在大道旁修建高大的府第,以示尊宠。如齐宣王时,邹衍、淳于髡等各派学者76人"皆赐列第,为上大夫"。此外,齐王还根据学者们的学术水平和名望资历,将他们分成不同等级,如上卿、卿、上大夫、大夫等,按等级给予相应的俸禄。

3. 教学上,师生自由选课,注重科学管理

稷下学宫的教学制度同样独具特色。在这里,学者们不受学派和先生的限制,可以自由听讲和请教。既有个别游学,也有集团游学,学生可以随时加入,也可以随时告退,一个学生可以同时跟随多个先生进行学习。这种灵活的教学制度为学生提供了接触各种学说的机会,打破了学术的壁垒。

同时,稷下学宫还制订了历史上第一套严格的学生守则——《弟子职》,对学生的言行举止、学习态度和日常生活都做出了明确规定。这不仅体现了教学的目的性、计划性和组织性,也为学生们提供了一个良好的学习环境。

值得一提的是,稷下学宫在对待学生管理方面也颇具特色。学生们在这里不仅要学习各种学科知识,还要接受严格的品德教育。他们被要求尊敬师长、敬德修业,"先生施教,弟子是则";注重饮食起居和衣着仪表,"出入恭敬,如见宾客。危坐乡师,颜色毋怍"。在教学过程中,学生们要遵守课堂纪律,专心听讲,课后还要进行复习和切磋,"先生既息,各就其友,相切相磋,各长其仪"(《管子·弟子职》)。这种全面的教育和管理模式使得稷下学宫培养出了大量德才兼备的优秀人才,为国家的繁荣和发展做出了重要贡献。

(三)稷下学宫的影响

稷下学宫前后历经150年之久,以其创办之早、历时之长、规模之大,在教育

史上独树一帜,影响深远。它不仅是学术的殿堂,更是思想的熔炉,对于古代文化的发展起到了至关重要的作用。

1. 稷下学宫为百家争鸣的交融与发展提供了沃土

黄老学派、阴阳学派及儒家的荀子学派等,都在这里找到了生长的土壤。诸如《管子》《晏子春秋》等巨著也在此地得以成书。荀子学派更是在稷下学宫得以发扬光大。荀子虽初习儒术,但在稷下的熏陶下,他的思想得以解放,兼容并蓄,形成了独特的思想体系,为封建中央集权统治提供了有力的思想支撑。

2. 稷下学宫的学术自由彰显了古代知识分子的独立人格

这里的师生多为战国名士,他们无须为政事烦忧,亦无物质之虞,得以全心全意地投身于学术研究与传承。他们坚守自己的理论主张,保持思想的独立性和人格的尊严,不为权势所屈,不为利益所诱。这种品格使得稷下学宫的学者们得以摆脱身份的束缚,为后世学者所敬仰。

3. 稷下学宫创造了一个卓越的教育模式和典范

稷下学宫首创公私合营,先生治校;提倡兼容并包、学术自由、海纳百川的办学方针,允许人才自由流动,学派自由辩论,学生自由选课。这种民主平等的教学方式不仅有助于扩大学生的眼界,增加见闻,更有助于人才的成长,对解放和活跃学生的思想起到了巨大的推动作用。

本节习题

一、单项选择题

1. 下列有关战国时期稷下学宫教育特点的正确描述有(　　)。

① 官家举办、私家主持的高等学府

② 倡导学术自由,待遇优厚

③ 集讲学、著述、育才活动于一体,并兼有咨议作用

④ 是一所儒家学府

A. ②③　　　　B. ②③④　　　　C. ①②③　　　　D. ①④

2. 中国封建社会第一所学术自由、学科林立的综合性高等学府是(　　)。

A. 太学　　　　B. 鸿都门学　　　　C. 国子监　　　　D. 稷下学宫

3. 春秋战国时期,百家争鸣的原因是(　　)。

① 士阶层的出现

② 新兴地主阶级的需要

③ 地主土地私有制要代替奴隶主土地国有制

④ 礼崩乐坏,官学衰败

A. ②③　　　　B. ②③④　　　　C. ①②③④　　　D. ①④

4. 稷下学宫的历史意义在于(　　)。

① 罢黜百家,独尊儒术

② 为统一六国提供了思想智慧宝库

③ 显示了中国古代士人的独立性和创造精神

④ 创造了一个教学、科研、服务社会三大职能兼备的出色的教育典范

A. ①②③④　　B. ②③④　　　　C. ②③　　　　D. ①②③

5. 先秦时期百家争鸣,在诸多学派中,思想学术地位最为重要者为儒、墨、道、法、名、阴阳等诸家,百家争鸣促成了士阶层的诞生,有关士的正确理解是(　　)。

① 士属于先秦贵族中最低等级的社会阶层,包括文士和武士

② 士的教育活动和社会活动影响了当时的政治格局

③ 士是知识分子,士大夫是做官的和官僚化的知识分子

④ 士作为知识分子阶层,在先秦时期成了行走的教师和诸侯的智囊团

A. ①②③④　　B. ②③④　　　　C. ②③　　　　D. ①②③

二、思考题

1. 简述稷下学宫的性质及特征。

2. 简述稷下学宫的重要影响。

第四节　独尊儒术和太学的建立

汉(公元前202—公元220年)是继秦朝之后而出现的统一王朝,包括西汉和东汉,分别建都于长安和洛阳。汉承秦制,但在教育上则转而采用儒家的主张,重新肯定教育在育才和化民两方面的作用,把教育作为巩固"大一统"的重要工具。汉武帝时期,随着政治经济和思想条件的成熟,在文教方面,逐步实行了"独尊儒术"的文教政策。

扫码查看课程

一、黄老政治与汉初文教政策

从汉代建立（公元前202年）到武帝即位（公元前141年），历史上一般称为汉初。在汉初统治阶层中流行的"黄老之学"，对汉初的政治与文教事业产生了深刻的影响。

"黄老之学"依托传说中的黄帝及道家创始人老子，以道家思想为核心，融会了先秦各家学说，主张"无为而无不为"，强调"循名复一，民无乱纪"（《黄帝四经·成法》）。司马谈将其概括为"以虚无为本，以因循为用"（《论六家要旨》），基本上反映了黄老之学的本质。

在政治实践上，黄老之学体现为以"无为"求安定。这里的"无为"并非真正的无所作为，而是指在恪守既定制度和职责的基础上，顺应自然，不强行干预，使群僚各尽其职，而君主则致力于大局，不亲自处理琐碎事务。对于百姓，实行休养生息、轻刑薄赋的政策，使社会得以安定发展。在文化教育政策上，黄老之学的影响主要表现在以下几个方面。

第一，废除挟书律。汉初，惠帝四年（公元前191年）废除了挟书律，允许民间自由收藏、携带、讨论《诗》《书》等经典。由于秦朝的焚书政策，汉初的书籍资源相对匮乏，挟书律的废除为文化的繁荣和教育的发展扫清了障碍。政府还通过奖励献书者，鼓励私人献书，从而极大地丰富了社会的图书资源。

第二，开放私学。秦代严禁私学，使春秋战国发展起来的私人讲学之风受到严重摧残。汉兴以后，解除了秦对私学的禁令，私学得以发展起来。除了黄老学派外，儒、法、刑、名等各家学说也得以恢复和传播。民间教学活动重新焕发活力，如申公传授《鲁诗》，吸引了千余名学生前来求学。他的弟子赵绾、王臧后来都成为武帝时期的重要官员。伏生则口授《尚书》29篇，文帝曾派晁错向他学习。

第三，礼贤下士，广招贤才。黄老学派认为君臣应该各司其职，君主应无为而治，臣子则应积极有为。这种思想使得汉朝的君主们开始重视知识分子，频繁发布求贤诏书，征招贤士，封官赐禄。这种宽松的文化政策促进了知识分子群体和文化活动的再度兴盛，为百家争鸣的遗风注入了新的活力，尤其是儒家学派得以在这一时期迅速发展，为武帝时期的儒学独尊奠定了基础。

二、"独尊儒术"文教政策的确立

公元前141年，16岁的汉武帝即位。当时，汉朝经过几十年的"休养生息"，经济上得到恢复和发展，政治上出现了汉景帝平息"七国之乱"后的安定局面。不安于现状的汉武帝，立志要把汉初那种"无为"政治转变成具有进取精神的政治。为了实现其远大抱负，他渴望寻求一种新的指导思想。历来强调"文事武备"的儒家学说和汉武帝的政治愿望相契合，于是应时代需要登上了历史舞台。

汉朝首先提出"独尊儒术"思想的是董仲舒。他是汉朝最负盛名的儒家学者之一，有"汉代孔子"之称。董仲舒从《春秋》大一统观点出发，论证了儒学在封建政治中独一无二的统治地位，他说："《春秋》大一统者，天地之常经，古今之通谊也。今师异道，人异论，百家殊方，指意不同。是以上亡以持一统，法制数变，下不知所守。臣愚以为诸不在六艺之科、孔子之术者，皆绝其道，勿使并进。邪辟之说灭息，然后统纪可一而法度可明，民知所从矣。"（《汉书·董仲舒传》）由于董仲舒的主张强调的是统一，有利于加强皇权，因此汉武帝接受了董仲舒的思想，确立了"罢黜百家、独尊儒术"的文教政策。

独尊儒术的文教政策在教育上的实施有如下表现。

（一）开设太学

汉武帝接受董仲舒的建议，在中央设太学，将孔子删改的《诗》《书》《礼》《易》《春秋》五部书列为经典著作，供太学生学习之用。太学设立五经博士，进行传习和教授。于是解释儒经、研究儒经成了两汉学校的学术风气。汉武帝以后的百余年间，经学极盛，并形成了今文经学与古文经学两大学派。

（二）推行"察举制"

这是一种推荐为主、考试为辅，主要以儒家思想为选才标准的贡举制度。这一制度鼓励人们学习儒家经典，将学习成果作为进入仕途的必要条件。丞相、列侯、刺史等高层官员负责推荐人才，经过严格的考核后任命官职。西汉时期，以举"贤良方正"科为盛，而东汉则以举"孝廉"科为主流。这些选拔标准都源于儒家的道德观念，使得儒家思想在社会中得到了广泛的传播与实践。

（三）召开学术讨论会，钦定官方教材

为了进一步推动儒家思想的研究与发展，汉代还召开了大型儒家思想学术讨论会。公元前53年，汉宣帝在未央宫石渠阁召集了众多儒家学者，共同探讨儒经的内涵。公元79年，汉章帝再次召集学者在洛阳白虎观举行大型讨论会，

讨论成果被编为《白虎通义》，成为中国古代研究儒家思想的重要典籍。这些讨论会不仅推动了儒家著作的经典化、规范化和统一化，还进一步巩固了儒家思想在社会中的主导地位。

（四）整理古籍，厘定文字

秦始皇以来，我国古代书籍在遭遇了两次火劫、一次禁书令后，到汉代已残缺不全。独尊儒术需要传经，太学讲经需要书籍，于是"汉兴，改秦之败，大收篇籍，广开献书之路……于是建藏书之策，置写书之官，下及诸子传说，皆充秘府"（《汉书·艺文志》）。"熹平石经"便是整理古籍、厘定文字的成果，由此还带动了训诂之学的兴盛。

（五）尊孔崇儒，学校推进祭孔仪式

尊孔崇儒是汉代文教政策的核心。为了表达对孔子的敬意，汉代赐予孔子的后代大量土地，建立孔府、孔庙，并不断提高孔子的封号。汉元帝时赐"食邑八百户"为孔府使用；给孔子加封号，把孔子奉为天神；把孔子画像作为神像挂到各学校，受师生揖拜。从公元59年开始，官府规定各州县学校每年春秋两季举行祭孔仪式，皇帝也亲自到孔庙祭祀孔子。这些举措不仅彰显了儒家思想在社会中的重要地位，也进一步推动了儒家教育的普及与发展。

通过推行独尊儒术的文教政策，汉代儒经的学习与研究得以昌盛，从而促进了学校教育的发展。儒家思想在汉代得到了广泛的传播与实践，成为社会主流价值观，对后世产生了深远的影响。

三、太学

公元前124年，汉武帝为了进一步加强中央集权，提高吏治水平，接受了董仲舒的建议，在京都长安创办以传授和研究儒家学说为主要任务的高等学府——太学。《三辅黄图》中说："（汉代）太学在长安西北七里，有市有狱。"光武帝时，重建太学于洛阳南门外，校内设讲堂，门前有石经四部。太学的设立意味着以经学教育为基本内容的中国封建教育制度的正式确立。太学是汉朝中央官学最重要的组成部分，是朝廷集中培养统治人才的教育机构。朝廷把握教育大权，利用教育这一有力手段控制着学术的发展方向，这是地主阶级在统治策略上走向成熟的表现。

(一) 太学的教师与学生

太学的老师称博士,首席博士称仆射,东汉时改为祭酒。博士原为学术顾问,掌古今史事、书籍典守,又参与政事,到汉代开办太学时,由朝廷顾问之官转化为以传道授业为主要职责的教官。其任职条件是除精通一经外,还要"明于古今,温故知新,通达国体"(《汉书·成帝纪》),博学多能,身体健康,年龄规定在50岁以上。博士并不是很高的官职,但任职的标准高,人数较少,一般都受到社会的尊重和朝廷的礼遇。

两汉对太学生的称谓有"博士弟子""诸生""太学生"等。太学刚建立时,博士弟子的名额较少,因此选拔较为严格。成为正式生,不仅可以免其赋役,而且还享有一定的俸禄。汉武帝初设太学时,50 名太学生是由太常师从京师挑选的 18 岁以上"仪状端正"的官僚地主子弟。到东汉时,太学生已发展到 3 万多人。学生中天资聪颖者有十二三岁入学的,称"童子郎",也有"结发而入,白首空归",在学多年、屡试不能毕业的长者。随着太学生的来源越来越广,入学条件的等级性有所增强。

(二) 太学的教学内容与传经方法

汉代太学作为当时的高等学府,其教学内容以儒家经典为核心,涵盖了《诗》《书》《礼》《易》和《春秋》五经。除了专经学习,所有太学生还须共同学习《论语》和《孝经》,这两部经典被视为儒家道德伦理的基石。

为了统一教学标准,汉代官府进行了经学教材的整合工作。在东汉熹平四年(公元 175 年),蔡邕主持了一项重要的文化工程——镌刻石经。这项工程将儒家五经及《论语》的经文刻于石碑之上,竖立于太学门前,作为官方认可的标准教材,史称"熹平石经"。这一举措不仅规范了教学内容,也为后世学术研究提供了宝贵的资料。

汉代传经制度严谨,遵循"师法"和"家法"的传统。精通一经的大师,在得到朝廷的尊信并被立为博士后,其所传授的经说便成为"师法",成为弟子们学习的基石。弟子们在继承"师法"的基础上,进一步发挥创新,形成各自的学术见解,这便是"家法"。这种传承方式确保了儒家经典的传承与发展。

太学作为儒学专门学校,其教学内容单一而深入,专注于儒家经典的传授。儒学在取得独尊地位后,迎来了经学教育与研究的繁荣时期。众多经师涌现,形成了今文经学和古文经学两大流派。今文经学以汉初经学大师的记忆和背诵为基础,采用隶书记录六经旧典,其特点在于注重阐发微言大义,迎合统治者的政治需要。这一流派认为，六经为孔子本人所创作，蕴含着丰富的思想内涵。古文经学则依据从地下或孔壁中挖掘出的儒经藏本，以及先秦古文字资料进行研究。它强调孔子"述而不作"的态度，认为六经是孔子整理和编辑的成果，而非其原创。古文经学注重文字训诂、名物考据，致力于研究六经的本意，力求恢复儒学的原始面貌。这两大流派在学术上各有侧重、相互补充，共同推动了汉代儒家经学的发展。

（三）太学的教学形式与考试制度

太学创办之初，只有 50 名学生，所以可以实施个别教学和小组教学。到东汉时，学生发展到 3 万多人，出现了一种称为"大都授"的集体上课形式，主讲的博士称为"都讲"。除此以外，次第相传的教学形式也在太学内出现，即以高业生教授低业生。太学生除听博士说经以外，有充裕的课外自学时间，同学之间可以相互讨论，还可以向校外的大师求教。

由于太学里没有严格的授课和年级制度，考试作为一种督促、检查学生学习，衡量学生文化程度的手段尤受重视。太学的考试基本上采用"设科射策"的形式。"策"是指教师（主考）所出的试题，"射"是以射箭的过程来形象地描绘学生对试题的理解和回答过程，"科"即是教师（主考）用以评定学生成绩的等级标记。学生所取得的实际等级是授官的依据，通常甲科（上第）为郎中，乙科（中第）为太子舍人，丙科（下第）为文学掌故。

随着时间的推移，太学考试的年限和设科的标准有所变更，西汉一年一试，东汉则基本上两年一试。设科标准最后则完全以通经多少为依据。学生通过考试取得一定的科品，获得相应的官职后，仍可以参加下届考试，以获得更高的等级和官品。对于当时的读书人来说，参加太学的考试是进入仕途唯一稳妥的途径。

四、太学的改革

到了宋元明清，太学与时俱进，在教学制度上有了一些改革。

1. 创立"三舍法"

在古代中国，学校选拔人才的方式独具特色。据《宋史·神宗本纪》记载，熙宁四年（1071 年）十月，宋朝开始实行"三舍法"，这是一种在太学内部选拔学生的制度。元丰二年（1079 年），经过御史中丞李定等人的修订，这一制度更加完善。

"三舍法"的核心在于将太学分为外舍、内舍和上舍三个等级，学生则根据成绩和表现逐步晋升。初入太学的学生须经过考试,合格后方可成为外舍生,初期并无人数限制,但后来定额为 700 人,元丰二年增至 2 000 人。外舍生每月接受一次考试,每年参加一次升舍考试,成绩优异者有机会升入内舍。内舍生的学额初定为 200 人,元丰二年增为 300 人,他们每两年参加一次升舍考试,成绩优秀者可升入上舍。上舍生的学额仅为 100 人,他们每两年也须参加考试,考试方式与科举考试的"省试法"相同。

"三舍法"不仅注重学生的考试成绩,还将平时的表现纳入考量。学生的成绩和行为表现被分为三等:平时行艺与所试学业俱优为上等,一优一平为中等,全平或一优一否为下等。根据评定结果,上等者可直接授官,中等者免礼部试直接参加殿试,下等者则免贡举直接参加礼部试。

"三舍法"作为中国古代大学管理制度的创新,不仅提高了太学的教育质量,还为学生提供了更多晋升的机会。同时,通过将上舍考试与科举考试相结合,太学的地位得以提升。这一制度不仅对宋朝的学校教育产生了积极的影响,而且对后世的元、明、清的教育也产生了深远的影响。

2. 实行"分斋制"

分斋制又称苏湖教法,是北宋时期的胡瑗所创立的教学制度。庆历时,被太学采用。具体来讲是将太学分成两斋,即"经义斋"和"治事斋"。经义斋以学习六经经义为主,将学生培养成在政、治、刑、教等方面有所作为的官吏。治事斋分为治民、讲武、堰水、算历等科,目的是培养精明实干的技术管理人才。

分斋制是在同一学校内首次实行分科教学,将实用学科正式纳入官学教育体系,取得了与儒家经学同等的地位,改变了单一的以儒经为主的传统教学内容体系,倡导经世致用,开了主修和辅修制度的先声,改变了以前"明人伦""通经术"的单一培养模式,为社会培养了实学人才。它满足了社会对不同层次人才的需求,是对我国古代教学内容改革的有力推动。

3. 监生历事制度

明代继承并发扬了古代太学的考试升级制,富有创造性地在最高学府国子监实行了一项前所未有的教育管理制度,即监生历事制度。这是中国最早的大学生实习制度。

"历事"是指在国子监的学生学习各项理论、律令、诏诰等内容后,被分派到各机关去实地练习吏事。除分至在京诸司办事外,就地方衙门而言,实习生也被分派到州、县,清理粮田,督修水利。学生的实习期为三个月或一年,由当局考核评定学生实习成绩的好坏,上、中两等送吏部作为候补官,下等则留国子监继续学习。

明初选派监生进行历事,起初是为了弥补官吏紧缺的现状,后确定为一项重要的选士制度。监生通过历事,可以广泛地接触实际工作,从而获得从政的经验。同时,这种制度有利于促进学校的教学改革和提高教学质量,以培养社会需要的实用性人才,改变了教学和实际相脱离的现象,促进了学用结合。

本节习题

一、单项选择题

1. ( )提出了"罢黜百家、独尊儒术"的政治理念。
   A. 王充　　　　B. 贾谊　　　　C. 董仲舒　　　　D. 孔子

2. 封建社会第一所儒家大学是( )。
   A. 太学　　　　B. 国子学　　　　C. 稷下学宫　　　　D. 鸿都门学

3. 西汉时期,选士制度是( )。
   A. 设科射策　　B. 科举制　　C. 九品中正制　　D. 察举制

4. "夫万民之从利也,如水之走下,不以教化堤防之,不能止也。是故教化立而奸邪皆止者,其堤防完也;教化废而奸邪并出,刑罚不能胜者,其堤防坏也。"对以上材料的正确理解有( )。
   ① 德教是立正之本　　　　② 否定学校的教化作用
   ③ 主张人民接受德育教化　　④ 提倡法制教育
   A. ①③　　　B. ②④　　　C. ②③　　　D. ①②③

5. 西汉太学中有关学习方式表述正确的有( )。
   ① 大都授为集体公开课
   ② 博士是一种学位
   ③ 太学的学生可以通过设科射策的考试形式晋级授官
   ④ 次第相传为小组合作学习
   A. ②④　　　B. ①③④　　　C. ②③　　　D. ①④

二、思考题

1. 简述汉朝的文教政策。
2. 简述监生历事制度及其历史意义。

第五节　理学的发展和书院制度

自魏晋以来，儒家伦理日趋式微，佛、道两教却大行其道，以致出现三教鼎立的现象，这无疑给了原先处于独尊地位的儒学以极大的冲击。众所周知，先秦儒家的先哲们并不精于抽象思辨和逻辑分析，他们所讲的主要是修齐治平之道和礼乐刑政之术，他们的教育理论缺乏精致的哲学建构。相反，佛、道两家却精于对宇宙本原和抽象本体的考察，他们的教育理论也建立在本体论基础之上，哲学思辨的色彩比较鲜明。

扫码查看课程

宋朝统治者出于维护统治的目的，尊孔崇儒，同时大力提倡佛、道，结果使得儒、佛、道三家在长期而激烈的斗争中，逐渐走上了融合的道路，最终孕育出以儒家思想为主体，糅合佛、道思想而成的新的思想体系——理学思想，后经元、明、清统治者的不断提倡，成为中国封建社会后期的统治思想。

一、理学的发展

理学是儒学、道教、佛教三家融合的产物，它以"理"（或"天理"）为核心，成为既贯通宇宙自然和人生命运，又继承孔孟正宗，并能治理国家的新儒学。

理学产生于北宋，完成于南宋。理学的实际创始人为"北宋五子"，即周敦颐、邵雍、张载、程颢、程颐，至南宋朱熹始大成，建立了一个比较完整的客观唯心主义体系，后人称为"程朱理学"。南宋时，与朱熹同时期的还有以陆九渊为代表的主观唯心主义学派，提出"宇宙便是吾心"的命题。至明朝，王守仁发展了陆九渊的学说，形成了理学中的一个重要派别，后人称为"陆王心学"。

程朱理学与陆王心学的相同点主要有：（1）思想来源上，两者都属于儒学范畴，都是在儒学基础上吸纳并融合佛、道思想而发展起来的；（2）思想主张上，两者都属于唯心主义，都强调意识第一，物质第二；（3）思想实质上，两者都是以儒家的纲常伦纪来约束社会，遏制人的自然欲求；（4）根本目的上，两者都要求人们克服私欲，以"仁"的思想规范个人行为，从而维护社会秩序。

它们的不同点主要表现在：（1）宇宙构成方面，程朱理学认为世界的本原是外在的"理"，"理"在人心之外，主张"即物而穷理"，是客观唯心主义。而陆王心学认为世界本原是内在的"心",认为"心即理",主张"宇宙便是吾心""心外无物""心外无理",是主观唯心主义。(2)认识论方面,程朱理学主张只有深刻探究万物,才能真正得到其中的"理"。陆王心学则认为人天生具有良知,天理就在自己心中,不需要通过世界外物,只要通过内心的自修自省,克服私欲,就能恢复良知。(3)方法论上,程朱理学偏重于外在功夫,主张"格物致知",即通过对外物的考察来启发内心潜在的良知。陆王心学则偏于内在功夫,主张"致良知"和"知行合一",认为良知是存在于人心中的天理,但与此同时,良知也非常容易被私欲侵蚀,所以要努力加强道德修养,用良知支配自己的行为实践,去掉人欲,以恢复良知。

二、书院的产生

书院又称书舍、精舍等,是我国封建社会后期特有的一种藏书与教学相结合的教育组织。它以私人创办和主持为主,其程度高于一般私学。书院制度在我国存在了1000余年,它所积累的丰富经验至今仍有借鉴意义。

书院一词最早见于唐朝。当时有两种场所被称作"书院",一种是由中央设立的主要用于收藏、校勘和整理经籍的地方,如集贤殿书院;另一种是私人读书治学的地方。私人所建书院,如张九宗书院、李宽中秀才书院等,都是读书人自己治学的地方。唐末五代数十年间,"干戈兴,学校废,而礼义衰"(《新五代史·一行传序》),当时的名师大儒学习禅林讲经的做法,利用私人读书治学的地方,或选择山林名胜筑舍聚徒讲学,发展成了正式的书院。

宋代书院产生的原因主要有以下六点。

第一,是仕宦斗争在文化教育上的延续。随着庶族地主经济实力的增长,他们开始追求政治权利的平等,书院应运而生,成为他们培养人才的摇篮。这些地主往往因仕途不顺或遭遇贬谪,转而投身于教育事业,希望通过兴办书院来扩大自己的社会影响力。

第二,官学衰废为书院提供了发展契机。官学在教学内容、教学方法等方面存在诸多问题,因此,一些有识之士开始选择脱离官学,自行创办书院,以传承学术、培养人才为己任。王安石在《上仁宗皇帝言事书》中说:"方今州县虽有学,取墙壁具而已。"朱熹在《衡州石鼓书院记》一文中也说:"予惟前代庠序之教不修,士病无所于学,往往相与择胜地,立精舍,以为群居讲习之所。而为政者乃或就而褒表之,若此山,若岳麓,若白鹿洞之类是也。"

第三，书院的出现是中国古代私学在新时代的高级表现。与官学相比，私学更加注重个性化和灵活性，能够满足不同士人的学习需求。汉唐时期，私学主要以启蒙教育为主，而到了宋代，随着教育需求的增加和教育规模的扩大，书院作为一种高级形态的私学教育应运而生。

第四，书院的学术繁荣与理学研究的推动密不可分。理学作为当时的主流思想体系，为书院提供了丰富的教学内容和思想资源。许多著名的理学家都在书院中讲学授徒，使书院成为理学思想的重要传播基地。

第五，佛教禅林制度的影响。自汉末佛教传入中国后，至魏晋隋唐而大盛，佛教徒每就山林名胜之地建立禅林，作为修道讲习之所，并订有详密的学习与讲授佛经的规程，使用记录大师讲学内容的"语录""章句""讲义"，运用升堂讲经、静坐内省、质疑问难等办法，从事坐禅讲经活动。许多书院在创办过程中都受到了禅林制度的影响，注重营造清幽的学习环境，采用讲经、内省等教学方法，以提高学生的学习效果。

第六，印刷术的应用为书院的繁荣发展提供了物质基础。与手写本相比，印刷术使书籍的制作变得更为便捷和高效，书籍的普及率大大提高。这使得书院能够拥有丰富的藏书资源，成为面向社会的教学研究场所。同时，印刷业的发达也为书院的产生提供了必要的物质条件。

二、书院的发展

（一）北宋著名书院及其兴衰

根据马端临《文献通考》，北宋著名的书院主要有白鹿洞书院、石鼓书院、应天府书院、岳麓书院四大书院。据另外的考证还有嵩阳书院和茅山书院，总称北宋六大书院。

白鹿洞书院位于江西庐山。唐贞元年间（785—805年），洛阳人李渤与其兄李涉在此读书，曾养一白鹿自随。南唐升元年间（937—943年），白鹿洞国学在此建立，国子监九经李善道为洞主，教授生徒，并置田予诸生，学者大集。宋太平兴国二年（977年），江州知州周述以来白鹿洞的学者多达千人为由，上书朝廷，请赐九经肄习，诏从其请。宋真宗咸平五年（1002年），白鹿洞国学重加修缮，并塑孔子和其十大弟子之像。南宋孝宗淳熙六年（1179年），朱熹为南康军太守，申请重修，订立《白鹿洞书院揭示》，从此，白鹿洞书院闻名于世。

岳麓书院位于湖南岳麓山下，原为佛寺。宋开宝九年（976年），潭州太守朱洞修建院舍，创建岳麓书院。咸平二年（999年），潭州太守李允又加扩充，学生达60余人，并请国子监颁赐经书。大中祥符五年（1012年），湘阴人周式主持书院，1015年宋真宗接见周式，并任命其为国子监主簿，仍为书院教授，并亲书"岳麓书院"匾额赠送。南宋时，湖湘学派大师张栻主持书院活动，并请朱熹来院讲学，两人一同会讲《中庸之义》长达两个月，开创了中国书院史上的会讲之风。

石鼓书院位于湖南衡阳，原为寻真观。唐宪宗元和中（810年左右），衡州人李宽在此读书。宋至道三年（997年），郡民李士真向郡守请求，在原址创建书院。宋景祐二年（1035年），仁宗根据集贤校理的要求，赐书院匾额和学田。到南宋更加扩充，朱熹曾为之作记。

应天府书院位于河南商丘，原为宋名儒戚同文的旧居。宋真宗大中祥符二年（1009年），应天府民曹诚在此修建学舍，聚书授徒，讲习甚盛。因人称戚同文为睢阳先生，所以又称睢阳书院。

嵩阳书院位于河南登封太室山麓。北魏时为嵩阳寺，五代后周时改为太室书院，宋至道三年（997年）赐"太室书院"匾额和《九经注疏》。景祐二年（1035年）更名嵩阳书院。

茅山书院位于江苏江宁，宋仁宗时处士侯遗所建，教授生徒并供给伙食达十余年。天圣二年（1024年），王随任江宁知府，奏请朝廷赐给学田，供书院赡用，书院名声日盛。

北宋书院发展既盛，曾一度在教育史上起到地方学校的作用，但不久相继衰落。直到南宋，书院又得到极大发展。

（二）南宋书院的发达

南宋时期，由于战乱频仍、政治腐败和国力衰退，官学教育名存实亡。在这样的背景下，私人书院如雨后春笋般涌现，逐渐取代官学，成为当时教育领域的中流砥柱。据《文献通考》载，南宋书院有20余处，其中岳麓、白鹿洞、丽泽、象山四大书院尤为著名，它们不仅是学术交流的重要平台，也是理学思想传播的重要阵地。例如，朱熹曾在白鹿洞书院讲学，又和张栻在岳麓书院传授学问，吕祖谦在丽泽书院讲学，陆九渊则在象山书院弘扬其学说。

（三）元代书院的官学化

进入元代，统治者对书院采取了保护、提倡和加强控制的政策。元太宗八年

(1236年)，燕京(后改名为元大都)建立了第一所书院——太极书院。随着元世祖的统一，书院的发展出现了两个重要动向。一方面，热心于地方教化的人士纷纷筹划重建书院；另一方面，一些不愿在新朝为官的大儒选择避居山林，自建书院，专事学术研究。据统计，元朝书院数量达到了400多所。然而，元朝统治者对书院的控制也不断加强，使书院逐渐官学化。这主要体现在官府任命山长和教师，控制书院的招生考试和生徒去向，以及设置学田作为书院赖以生存的经济基础。

(四) 明清书院的变化

明清时期，书院经历了沉寂、复苏、勃兴和禁毁的历程。明初，书院多处于沉寂状态，到了明嘉靖年间，书院开始复苏并蓬勃发展。然而明中叶以后，书院曾四次遭到禁毁。明中叶书院兴盛的原因主要有三点：一是宦官专权，排斥异己，在野士大夫通过设立书院来讽议朝政，使书院带有政治色彩；二是官学教育不良，科举腐败，学风日下，有志于学术研究的士大夫纷纷创建书院；三是著名学者如湛若水、王守仁等人的积极提倡。清康熙年间，书院也从清初的沉寂走向复苏，书院的发展与当时经济的兴盛密不可分。不过，清朝后期，朝廷对书院的控制进一步加强，书院官学化的倾向更加明显。

在明清时期，书院教育达到了巅峰。其中，东林书院、诂经精舍和学海堂等书院尤为著名。这些书院不仅注重学术研究，还积极培养了大量的人才，为当时的社会和文化发展做出了重要贡献。

三、书院教育制度的特点

(一) 教育宗旨

书院的教育宗旨是讲明、研讨封建道德的义理，非常重视学生的思想教育。第一项措施是通过订立学规，对学生的言行进行规范；第二项措施则是通过祭祀活动，对学生进行潜移默化的思想教育。通过制度设计和文化建设，塑造生徒的理想人格。

朱熹《白鹿洞书院揭示》标志着书院教育理论体系的形成。朱熹述教育目的为："父子有亲，君臣有义，夫妇有别，长幼有序，朋友有信。右五教之目，尧舜使契为司徒，敬敷五教，即此是也。学者学此而已。"学习方法为："而其所以为学之序亦有五焉，其别如左：博学之，审问之，慎思之，明辨之，笃行之。右为学之序。学、问、思、辨四者所以穷理也。"修身之要为："若夫笃行之事，则自修身以至于处事、接物,亦各有要,其别如左:言忠信,行笃敬,惩忿窒欲,迁善改过。右修身之要。"处事之要为:"正其义,不谋其利;明其道,不计其功。右处事之要。"接物之要为:"己所不欲,勿施于人;行有不得,反求诸己。右接物之要。"

中国古代虽无"人格"一词,但人格教育的源起甚早。孔子按照"圣人"和"君子"两个层次,以培养人的道德主体性为核心,设计了一套儒家理想人格标准,并号召人们通过"立志""自省""力行"和"克己"等方法来实现。宋明理学出现后,人格教育在不断的发展中已经不仅限于"内圣外王"理想人格的设计和模塑,而是逐步平民化、社会化、实践化,关注到道德主体性的确立、道德理性的培养等问题,并重视对日常生活中的道德品质、情感意志、言谈举止的普遍性规范。比如朱熹就非常关注"洒扫、应对、进退"之类的日用伦常实践,以及"孝、悌、忠、信"品质的培养;王阳明更是指出"孝""悌"是"惟精惟一之学,放之四海而皆准"①。无论是关注道德理性收敛模塑的程朱学说,还是看重主体本心良知自觉的陆王学说,皆认可人格教育具有涵养品性、培植人格乃至涤荡社会风气的作用。

中国传统书院的人格教育基于对"人的本质"的深切关注和深刻思考,通过书院祭祀、日常教学和学规设计,按照教育实践中的培育和书院制度文化渗透两种路径,以涵养品性的育人逻辑和培植人格的实用理性具体展开,既蕴涵人文情怀,又倡导生活日用,最终指向生徒理想君子人格的塑造。当前,在中国特色社会主义进入新时代的背景下,挖掘传统书院人格教育的丰厚滋养,对其中的优秀部分进行创造性转化和创新性发展,既是实现德育时代化和现代化的历史回望,也是礼敬和理解传统文化的理论之思。

(二)书院组织

书院师生可来去自由。书院主持人不是由官方委派,而是公众推选的,不搞终身制。老师自由讲学,学生自由择师。书院初创时,组织机构比较简单,主持人既是组织管理的负责者,又是日常教学工作的承担者。随着书院的发展、规模的扩大和生徒的增多,开始有了协助主持人管理和教学的辅助人员,其组织机构也随之扩大,分工更细,责任更明确。书院的主持者有多种名称,如山长、洞主、院长、教授等,不同的地区、不同的历史阶段使用不同的名称。因书院多设在风景优美的名山,在书院讲学的多是德高望重的年长学者,故尊之为"山中长老",

---

① 〔明〕王守仁:《王阳明全集》,吴光、钱明、董平等编校,上海古籍出版社2011年版,第96页。

曰"山长";"洞主"（又称"主洞"）的名称源于白鹿洞书院，与地名存在着特殊联系，后世书院较少用此名；"院长"即书院之长；"教授"本为地方官学学官的名称，有的书院主持人由地方官学教授兼任，因此仍用此称。随着书院的发展，增设副山长、副讲、助教等职，协助山长处理书院有关事务。据《白鹿洞志》记载，书院管理人员除洞主之外，还有副讲、堂长、管干、典谒、经长、学者、引赞、火夫、采樵、门斗十类，分别负责书院日常的教学、管理、生活服务各项事务。书院对管理人员采用专、兼职结合，学生中的优秀者可以兼职管理工作。某些职务规定"按季节更易"或"不称职者更易"，保证其流动性和有效性。这是书院管理中的一个特色。

（三）教学活动

书院作为古代教育的重要载体，其办学精神与特色至今仍值得我们深入研究和借鉴。

第一，书院坚守独立性和研究性的教育灵魂。在教育目标上，书院始终秉持着不媚俗、不附势的原则，坚持自主办学，较少受到官方干预。教学内容上，书院注重伦理本位的传统观念，弘扬儒家经典，致力于培养治国平天下的栋梁之材。同时，书院不仅是教学机构，更是学术研究的殿堂。自由讲学、自由研究是书院的核心精神和特征。许多著名的学者和学派代表人物都在书院中留下了深厚的学术烙印，使得书院成为学术研究与传承的重要基地。

第二，在办学方针上，书院采取了"百家争鸣"的策略，盛行"讲会"制度。这一制度为书院注入了活力与创造力。升堂讲说和学派讲会等形式多样的讲学活动，使得书院成为学术交流与思想碰撞的热土。升堂讲说通常由书院的主持者担任，他们通过阐释儒家元典的微言大义，弘扬学派思想。而讲会制度则邀请院外著名学者前来开讲，通过不同学派的相互争鸣与交流，探寻学术真谛。这种制度不仅继承了先秦时期百家争鸣的精神，也充分展现了书院的教学特色。

南宋乾道三年（1167年），"岳麓之会"中的朱熹、张栻开讲会先河。淳熙二年（1175年）六月，吕祖谦为了调和朱熹"理学"和陆九渊"心学"之间的理论分歧，使两人的哲学观点"会归于一"，于是出面邀请陆九龄、陆九渊兄弟前来与朱熹见面。六月初，陆氏兄弟应约来到鹅湖寺，双方就各自的哲学观点展开了激烈的辩论，这就是中国思想史上著名的"鹅湖之会"。南宋时期，朱熹的学生黄榦在白鹿洞书院讲"乾坤二卦"，天南地北的人士都来听讲。明正德十三年（1518年），王守仁修建濂溪书院讲学，四方学者前来听讲者达300余人。

值得一提的是，书院讲学活动具有极高的开放性和包容性。无论是本院的师生还是外地的学者，都可以自由听讲，不受地域限制。书院热情接待前来听讲的学者，并提供各种便利。这种开放与包容的精神使得书院成为学术研究与交流的重要平台。

第三，在教学理念上，书院注重培养学生的自学能力，发展读书兴趣。书院倡导学生个人读书钻研的学习方式，通过问难辩论等方式启发学生的思维，提高学生的能力。教师的作用主要体现在指导学生的读书方法、考查学生平时的学习，以及进行提纲挈领式的讲授。此外，书院还十分注重学生的品德修养和人格塑造，旨在培养出既有学问又有德行的优秀人才。

关于自学，朱熹总结了一套朱子读书法：循序渐进、熟读精思、虚心涵泳、切己体察、着紧用力、居敬持志。这一读书法不仅体现了朱熹的教育思想，也为后世的学子提供了宝贵的学习指导。

循序渐进：朱熹主张读书要"循序渐进"，包含三个意思：第一层是读书应该按一定次序，不要颠倒。《论语》从"学而时习之"读起，《孟子》从"梁惠王"读起，《大学》从"大学之道"读起，《中庸》从"天命之谓性"读起。"某之法是如此。不可只择中间一两句来理会，意脉不相贯属。多歧亡羊者，不可不戒也。"（《朱子读书法》，下同）第二层是应根据自己的实际情况和能力安排读书计划，并切实遵守它。"观书不可贪多，常使自家力量有余。须看得一书彻了，方再看一书。若杂然并进，却反为所困。如射弓，有五斗力且用四斗弓，便可拽满，己力欺得他过。今学者不忖自己力量去观书，恐自家照管他不过。"第三层是读书要扎扎实实地打好基础，不可囫囵吞枣，急于求成。"字求其训，句索其旨。未得乎前，则不敢求乎后；未通乎此，则不敢志乎彼。"否则，"若奔程趁限，一向趱看了，则看犹不看也"。一目十行，走马观花，敷衍了事，达不到读书的目的。

熟读精思：朱熹认为，读书既要熟读成诵，又要精于思考。熟读有助于理解，"读书千遍，其义自见"，就是这个道理。对于"精思"，朱熹则提出了"无疑—有疑—解疑"的过程。他说："读书始读，未知有疑。其次则渐渐有疑。中则节节是疑。过了一番后，疑渐渐解，以至融会贯通，都无所疑，方始是学。"这里所说的从无疑到有疑再到解疑的过程，即是发现问题和解决问题的过程。读书若真能做到既读得熟又思之精，那么就真正把书读通了、理解了。

虚心涵泳：虚心涵泳的读书方法包括两方面的含义。所谓"虚心"，是指读书时要虚怀若谷,静心思虑,仔细体会书中的意思,不要先入为主,牵强附会。读书中发现了疑问,也应虚心静虑,切勿匆忙决定取舍。所谓"涵泳",是指读书时要反复咀嚼,细心玩味。他说:"读书之法无他,惟是笃志虚心,反复详玩为有功耳。"

切己体察:朱熹强调读书不能仅仅停留在书本上、口头上,而必须见之于自己的实际行动,要身体力行。他说:"读书不可只专就纸上求义理,须反来就自家身上推究。"他竭力反对只向书本上求义理,要理论结合实际才行。

着紧用力:着紧用力包含两方面的意义:其一,读书必须抓紧时间,发愤忘食,反对悠悠然;其二,必须抖擞精神,勇猛奋发,反对松松垮垮。为此,朱熹把读书形象而又深刻地比喻为救火治病、撑上水船和破釜沉舟。他认为,读书应该具有犹如救火治病那样的紧迫感,撑上水船那样不进则退的顽强作风,以及破釜沉舟那样勇往直前的精神。

居敬持志:所谓"居敬",就是读书时精神专一,注意力集中。朱熹说:"读书须收敛此心,这便是敬。"所谓"持志",就是要树立远大的志向、高尚的目标,并要以顽强的毅力长期坚持,方有长进。

第四,师生关系融洽,感情深厚。在书院中,师生间的关系尤为和谐,情谊深厚。书院的名师们不仅传授知识,更以崇高的品德和坚定的气节启迪学生。书院实行自由选择导师的制度,吸引了众多学生慕名而来。师生间以真诚相待,结下了牢固的情感纽带。毛泽东在《湖南自修大学创立宣言》中盛赞书院师生关系的纯粹与真挚,宣言中说道:"反观书院,尽管形式上也存在不足,但它却完全避免了现代学校中的种种弊端。这里,师生情感深厚,没有刻板的教授法和管理法束缚人性;课程简约而研讨深入,让学生有足够的自由去探索和发现。"这样的教育环境培养了学生的独立思考能力和创新精神,为他们的未来发展奠定了坚实的基础。

(四)书院的学田制度

书院的教育经费来源多样。书院主持人往往自筹办学经费,其经费来源包括社会名人捐款、官方赐给的田地和房屋等。而学田制度即在政府的资助下,书院购置田地,通过租种和耕作收入来支撑书院的运营。这一制度为北宋的教育事业和整个宋代的地方教育发展奠定了坚实的物质基础。通过租佃土地给附近农民,书院得以获取粮食和租金作为教育经费,这不仅解决了教育财政问题,还扩大了受教育范围，让更多贫民子弟有机会接受教育。

以白鹿洞书院为例，南宋时期，政府三次增置学田，共计1870亩。岳麓书院在绍熙五年（1194年）就获得官府一次性拨给学田50顷，书院学生日给米1升4合，钱60文。这些田地为书院提供了稳定的经费来源，确保了学校的日常运转和贫困学生的基本生活。而在浙东地区，富商们纷纷出资赞助书院，如东阳郭氏就拨出数百亩良田用于养士，其子孙后代更是相继创办了石洞书院、西园书院和南湖书院。浙东的杜州六先生书院也是私人出资办学，设有先圣碑亭、礼殿、讲堂、生员六宅、慈湖祠、书库、门廊、庖湢，书院内部设施十分完善，办学条件也很优越。

学田制度的实施，不仅解决了教育经费问题，还促进了地方教育的发展，提高了整个社会的文化水平。同时，它也体现了政府和社会对教育的重视和支持，为后代树立了良好的教育传统。可以说，学田制度是中国封建社会中后期教育发展的重要里程碑，为后来的教育事业奠定了坚实的基础。

四、书院的评价

书院，这一古老的教育机构，自其诞生至清末转型为学堂，跨越了近千年的历史长河。在这漫长的岁月里，书院以其独特的形式和风格，为古代学术的繁荣和人才的培养做出了卓越贡献。无论是民办、官办，还是民办官助，总数超过2000所的书院极大地丰富了中国古代教育的多样性。

书院不仅是学术的殿堂，更是自由思想的摇篮。它们提倡开放式的讲学，鼓励深入的学术讨论，营造了浓厚的学术氛围。这种新的学风无疑为教育和学术的进步注入了强大的动力。同时，书院在办学和管理方面的丰富经验，也为中国封建社会中后期的教育组织形式提供了重要的参考。尽管书院制度随着封建社会的衰落而逐渐消失，但其精神和实践经验却成为我国古代教育史上一笔宝贵的遗产，这些经验至今仍然对民办教育的发展具有重要的启示作用。

在当今时代，民办教育应积极借鉴书院制度的精髓，树立"成本"和"效益"观念，优化资源配置。企业可以通过投资办学、建立教育发展基金等方式，支持学校的发展，还可以建立教育产业集团，企业直接进入教育领域，产学合作，"以产养学"，进而"以学养学"。此外，股份制学校的兴起有效地利用了社会资金，激发了社会各界对教育投资的热情，为教育的持续发展创造了良好的生态环境。这些新的尝试和举措正是书院精神在新的历史条件下的传承和发扬。

 本节习题

一、单项选择题

1. 下列属于北宋和南宋共有的知名书院是(　　)。
① 白鹿洞书院　② 岳麓书院　③ 象山书院　④ 丽泽书院
A. ①②　　　B. ③④　　　C. ②③　　　D. ①④

2. 书院的独立性体现在(　　)。
① 师生关系和谐,民主管理
② 自由讲学、自由研究是书院的核心精神和特征
③ 奉行独立性和研究性的办学精神
④ 学田制度是书院得以独立发展的经济基础
A. ②③④　　B. ①②③④　　C. ②③　　　D. ①

3. 书院在宋代得以兴盛的原因是(　　)。
① 理学的繁荣和发展
② 战乱失学导致官学的衰废
③ 雕版印刷术的发明
④ 学田制度奠定了书院得以独立发展的经济基础
A. ②③④　　B. ①②③④　　C. ②③　　　D. ①

4. 理学产生于(　　),它融合了儒、佛、道的思想,既贯通宇宙自然和人生命运,又继承孔孟正宗,是能治理国家的新儒学。
A. 汉代　　　B. 元代　　　C. 宋代　　　D. 明代

5. (　　)的《白鹿洞书院揭示》标志着书院教育理论体系的形成。
A. 董仲舒　　B. 王阳明　　C. 陆九渊　　D. 朱熹

二、思考题

1. 简述程朱理学与陆王心学的异同。
2. 试述评朱子读书法。
3. 试述评学田制。

第五章　科举史话

本章导读

科举制诞生于隋炀帝大业三年,是国家统一开设科目,士人可以自由报考,主要以考试成绩决定取舍的公务员选拔制度。唐宋时期的科举制与历代选士制度相比,具有进步性、科学性、人文性、法制化的特点,它冲破了血缘、出身、门第、家世、财富的桎梏,做到了不拘一格降人才,开拓了知识改变命运、平等竞争的选才机制,打击了士族门阀制度,促进了学校教育的发展,树立了中华民族共同的文化信仰,有利于民族的融合、国家的统一、社会的稳定,也为亚洲儒家文化圈的形成做出了不可磨灭的贡献。明清时期,随着专制主义中央集权的腐朽和没落,科举制没有跟上时代的脚步,形式局限于八股文,内容仍停留在四书五经和农业社会封建纲常的范畴,不能反映18世纪以后工业革命对科技文明的新要求、新变化,消极作用日趋明显,最终被历史淘汰。

核心内容

表 5-1　中国古代选官制度的演变

选士制度	朝代	标　准	方　法	影　响
世卿世禄制	先秦	血缘宗法	世袭制 父死子继	礼不下庶人 刑不上大夫

续 表

选士制度	朝代	标 准	方 法	影 响
军功爵位制	秦	战场上的业绩 以斩获敌人的首级论功行赏	二十级军功爵位	虎狼之师平扫六国 一统天下
察举制	两汉	名望 德行	地方：乡间清议 中央：设科射策	举秀才不知书 察孝廉父别居
九品中正制	魏晋	门第 钱财	品第人物 按品授官	上品无寒门 下品无势族
科举制	隋唐后	考试成绩 一切以程文为去留	怀牒自荐 学而优则仕	知识改变命运

表5-2　科举制的演变和历史特点

阶段	特点	科 目	形式和手段	影 响
隋唐	进步性 科学性 多元化	明经科、明法科、明书（字）科、明算科、童子举、武举、道举、进士科、史学	帖经、墨义、口试、策问、诗赋、面试	不拘一格降人才，开拓知识改变命运、平等竞争的选才机制，打击了士族门阀制度，促进了文学艺术的发展，社会上形成了尊重知识、尊重文化、尊重人才的良好风气，调动了办学、求学的积极性，促进了学校教育的发展、亚洲儒家文化圈的形成
宋元	人文性 法制化	设立恩科 设立贡士庄和贡士库提供助学金 改革殿试 实行配额制	同知贡举 锁院制 别头试 糊名法 誊录制 "诚信奖励基金" 互保连坐制	兼顾教育公平和区域公平，树立了中华民族共同的文化信仰，有利于民族的融合、国家的统一和社会的稳定
明清	衰落 腐朽	进士科 单一的政治性考试	八股取士 投机钻营	18世纪传入欧洲，演变成了近代公务员考试制度。与此同时，本土的科举制度仍停留在四书五经和农业社会纲常的范畴，没有与时俱进，不能反映工业革命后时代和科技的新变化，被历史淘汰

关键术语：世卿世禄制；军功爵位制；察举制；九品中正制；科举制；进步性；人文性；武举；童子科；进士科；殿试；恩科；别头试；糊名法；誊录制；贡士庄；贡士库

学习目标：掌握历代选士制度的规律和特点；理解和分析科举制能在隋唐宋元兴盛，而在明清衰落的原因；能够一分为二、客观地评价科举制

第一节　隋唐科举的进步性

扫码查看课程

公元 587 年，隋文帝废九品中正制，并于开皇八年（588 年）设立了"志行修谨"和"清平干济"两科，以选拔人才。公元 605 年，隋炀帝设"进士科"，标志着科举制真正的开始。

科举制，顾名思义是国家统一开设科目，士人可以自由报考，主要以考试成绩决定取舍的选拔官员的制度。

一、历代选士制度

科举制横空出世，声振寰宇，把孔子"学而优则仕"的理想真正从理论转化为现实，开辟了一条知识可以改变命运的道路。纵观历代选士制度，先秦以血缘和宗法作为标准，采用父死子继的世袭制，在这种世卿世禄制下，"刑不上大夫，礼不下庶人"，平民是无法染指官职的。两汉时期的察举制以名望和德行作为选拔标准，采用地方乡闾清议，中央设科射策，即地方推荐为主、中央考试为辅的办法。东汉后期由于豪强地主的把持，使得人才选拔名不副实，出现了"举秀才不知书，察孝廉父别居"的现象。魏晋南北朝时期，司徒作为中正官，品第人物，按品授官，维护的是士族门阀制度的权威，以门第和钱财把人分为三六九等，实行九品中正制，使得"上品无寒门，下品无势族"。

二、唐代科举制的发展

一个人无法改变自己先天的血缘、出身、门第、家庭，但是可以靠后天的努力，以知识来改变命运。怀牒而自荐，走学而优则仕的道路，这便是科举的先进性。

科举不同于其他选士制度的两个主要特征，一是允许考生自由报考，读书人只要提交自己的身份证明材料，一般都能报考，而不需要有达官贵人的推荐，这就将帝制的政权向中下层知识分子彻底敞开了。只要他们能通过科举考试，就

有可能在政权中获得职位,就有可能参与到政权的管理之中去。二是在科举时代,考生能不能通过考试,关键是成绩的高低,而不是靠推荐,因此宋代的大诗人陆游说科举是"一切以程文为去留"。"程文"是指考试写的文章,也就是答卷。陆游这句话的意思是说,考生能不能被录取,取决于考生在考场中的答卷水平,不管身份、地位、出身等,只要答卷水平高,就有可能被录取,反之,就会名落孙山。

无论是生徒还是乡贡,科举面前一律平等,都要过五关斩六将,经历州试、省试、吏试、殿试,四级层层选拔,最终脱颖而出。考试科目中除秀才科、明经科(儒家经典)、明法科(司法)、明书(字)科(书法)、明算科、进士科(诗赋),还有一史、三史、道举、童子举、开元礼等(《新唐书·选举志》)。内容上包含文学、历史、司法、军事、政治、科技。对象上除了成人,还肯定了儿童的创造性。

(一)考生来源与考试程序

唐代考生的来源主要有两个:一是学校出身的"生徒",经所在学校考试合格后送考;二是州县地方选送的"乡贡",州县"乡贡"生须经地方逐级考试选拔后,报送尚书省考试。关于考试程序,唐代科举考试分两级进行,即地方州县、中央官学的预试和尚书省礼部的考试,最后再由吏部复试授官,形成了礼部选人、吏部授官的制度。

(二)考试科目、内容

隋炀帝大业三年(607年)正式设置"进士科",以试策取士。唐代设科取士分常科和制科。常科是每年都举行的考试,有秀才、明经、俊士、明法、明书、明算等科。唐代常科考试的科目及内容如下。

1. 秀才科

考方略策五道题,要求文理通顺且透彻。据此,考生可被分为上上、上中、上下、中上四等,一旦及第,即意味着博学高才的认可。在隋唐科举中,秀才科被视为最高荣誉,象征着学识与才华的巅峰。

2. 进士科

源自《礼记·王制》中的"进士"一词,意指经过层层选拔,为王室所贡送的优秀人才。在隋唐科举中,进士科独树一帜,尤其受到重视。考试内容以诗赋为主,要求考生不仅要有深厚的文学功底,还要有丰富的想象力和创造力。

3. 明经科

主要考察儒家经典的理解和应用。唐代将儒家经典分为大经、中经和小经三类,考试方式包括帖经、墨义、时务策与口试等。虽然明经科的考试要求相对较低,只需要考生熟读经文注疏,但录取比例却相对较高,也有利于年轻人应试,如徐浩 15 岁、元稹 15 岁、韦温 11 岁即中明经。因此,常有"三十老明经,五十少进士"的说法,意在说明考取明经科的考生年纪相对较轻,而考取进士科的考生则年纪较老。明经科的录取分为四等,分别授予从八品下、正九品上、正九品下、从九品下等官职。

4. 明法科

即法律科,主要考察考生对律令的理解和应用能力,以及对朝廷刑法和国家组织制度的了解程度。考生主要来自律学的学生和州县的乡贡,录取人数相对较少。这也反映了唐代对司法人才的重视,选拔标准相对严格。

5. 明书(字)科

即文字科,要求考生先通过口试,然后才能参加墨试。墨试的内容是《说文解字》《字林》20 条,考生须通晓其中 18 条才算合格。明书科主要考察考生的文字、训诂知识和书法等能力。明书科的设置反映了唐代重视书法的风尚。

6. 明算科

即算术科,主要考察考生对《九章算术》的理解和应用能力。考生须掌握其中的三条内容,才能顺利通过考试。这也反映了唐代对数学教育的重视和普及程度。《九章律》《周髀算经》《海岛算经》《孙子兵法》《五曹算经》《夏侯阳算经》以及《五经算术》等经典,各自掌握一条,能精通其中十条者即为合格。一旦通过考核,经过铨选程序,便有机会被任命为从九品下的官职,并开启仕途。这些经典每一部都蕴含着深厚的智慧与知识,掌握它们不仅需要勤奋学习,更需要深入理解与灵活应用。因此,能够合格通过这一考核的人无疑都是经过严格筛选的优秀人才,他们将在未来的仕途中展现出卓越的能力与成就。

制科是皇帝根据特殊需要临时下诏举行的考试。有一史、三史、开元礼、道举、童子等科。武则天曾亲行主持殿试,并增设武科。

1. 童子科

唐玄宗时期,七岁的刘晏能诗会文,唐玄宗授予刘晏翰林正字的官职。《新唐书》规定:"凡童子科,十岁以下能通一经及《孝经》《论语》卷诵文十,通者予官;通七,予出身。"[①]

---

① 欧阳修、宋祁撰:《新唐书》卷四四《选举志上》,中华书局 1975 年版,第 1163 页。

2. 武举

公元 702 年，武则天开设了武举，"诏天下诸州宣教武艺"（《唐会要》），并确定在兵部的主持下，每年为天下武士举行一次考试，考试合格者授予武职。本次武举考试由兵部主持，考试科目有马射、步射、平射、马枪、负重、摔跤等。自此以后，武举考试为大多数封建王朝所承袭，成为封建国家网罗武备人才的重要制度。唐代著名军事家郭子仪就作为武状元脱颖而出，他平定了安史之乱，被封为汾阳郡王，传为千古佳话。

（三）考试方法

唐代科举考试的科目虽多，但方法却只有五种，即口试、帖经、墨义、策论、诗赋。

1. 帖经

相当于填空。考官在经书上随机选取三个字，要求考生准确无误地填写出来。在唐朝的科举考试中，帖经是不可或缺的一环，无论是明经、进士，还是明法、明书、明算等科目，均须通过此环节。特别是明经科，考生需要应对十帖，至少答对六帖才算合格。然而，这种考试方式主要侧重于考察记忆能力，对于考生的思辨能力、应变能力的评估则显得力不从心。因此，考官们经常设计一些难以捉摸的题目，如孤章绝句、疑似参互等，以区分考生的优劣。考生们为了应对这些挑战，纷纷将难以记忆的题目编成歌诀，称为"帖括"，反而对儒经的真正含义知之甚少。

2. 墨义

这是一种简单直接的经义问答，只要考生对经文和注疏有深入的了解，就能轻松应对。考生可以用笔回答，这称为"墨义"，也可以用口回答，这称为"口义"。这种考试方式主要考察考生对经文的熟悉程度。

3. 策问

相当于论述。这一考试方式源于西汉的"射策"和"对策"，要求考生针对现实生活中的政治、吏治、人事、教化、生产等问题，提出自己的见解和建议。与帖经、墨义相比，策问更加注重考察考生的实际能力和对现实问题的深入理解。然而，随着时间的推移，考生们开始将历年的试卷编缀起来，死记硬背，以应对考试，这种现象被称为"束书不观，专读旧策"。

4. 诗赋

为了弥补考生们过于依赖背诵经义和旧策的问题，科举考试中增加了诗赋的考试环节。考生们须在经义策问的基础上，创作一首诗和一篇赋，这被形象地称为"帖诗"。诗赋的考察不仅要求考生具备扎实的文学功底，还能反映出他们的思想深度和文化修养。诗赋格律的体裁独具匠心，拥有固定的格式。通常赋包含十二句，分为六韵，尽管也有十六句、八韵的变种。开篇两句宛如画龙点睛，直接揭示主题；接下来的八句两两呼应，宛如对联般工整，相互映衬；而最后两句则如同收尾之笔，为整篇赋画上完美的句号。在遣词造句上，诗赋的格律更是要求端庄典雅，堂皇裔丽。每一个字、每一个词都经过精心挑选，力求表达得既精确又生动。这种独特的格式在后来的科举考试中逐渐演变成了一种禁锢思想的八股文，形式主义色彩愈发浓厚。然而即便如此，诗赋依然以其独特的魅力和价值，在文学史上留下了浓墨重彩的一笔。

（四）奖励制度

南宋洪迈在《容斋随笔》里面有云："久旱逢甘雨，他乡遇故知，洞房花烛夜，金榜题名时，此乃人生四喜。"[1]雁塔题名和杏花宴饮，便是对文曲星和武状元至高无上的精神褒扬。

1. 雁塔题名

大雁塔又名慈恩寺塔，建于唐代永徽三年，是玄奘法师取经归来，供奉佛经、舍利的地方。慈恩寺在长安东南，曲江以西，是唐玄奘西天取经回来后翻译经书的场所。据《唐摭言》记载，唐中宗神龙年间，进士张莒游慈恩寺，一时兴起，挥毫泼墨，将名字题在大雁塔下，新科进士们纷纷效仿，推举一个擅长书写的人写上新科进士的名字，以示留念，这对于及第进士来说也是一件十分荣耀的事。随着唐代的灭亡，至五代移都洛阳以后，雁塔题名的风俗也就废止了。但是到元代，雁塔题名演变成立石题名，元代的进士题名碑石立于国子监，由礼部提请工部竖立，在题名碑石上刻进士的名字、籍贯、名次。明、清两代都将进士题名作为一种制度固定下来，规模庞大的进士题名碑不仅是中国古代科举考试留下的一大景观（现在仍有 192 通进士题名碑完整地竖立在北京国子监内），而且也是古代读书人人生荣耀的历史见证，有着极高的历史价值。

唐代取士，不仅看考试成绩，还要有知名人士的推荐。因此，考生纷纷奔走于公卿门下，向他们投献自己的代表作，叫投卷。向礼部投的叫公卷，向达官贵人投的叫行卷。投卷确实能使有才能的人显露头角。贞元三年，少年诗人白居

---

[1]〔宋〕洪迈：《容斋随笔》，知识出版社 2015 年版，第 845 页。

易风尘仆仆地来到了长安,要拜谒大学士顾况。顾况嫌弃白居易出身寒微,反唇相讥:"米价方贵,居亦弗易?"(张固《幽闲鼓吹》)言外之意就是,年轻人,你知道长安米价多少钱一斤?你姓白,可谓白居长安,大大的不易也。白居易也不生气,倚马可待,文不加点,献上了自己的诗文:

离离原上草,一岁一枯荣。

野火烧不尽,春风吹又生。(《赋得古原草送别》)

顾况读到"春风吹又生"一句的时候,心悦诚服,刮目相看,拍案叫绝,白居易因此名动京师。27 岁的他一举中第。当他再次来到大雁塔下,百感交集,写下了"慈恩塔下题名处,十七人中最少年"的诗句。

2. 杏花宴饮

唐朝时期,读书人若想踏上仕途,必须历经三场重要的宴会。首先,当他们通过乡试、取得举人的身份后,必须参加"鹿鸣宴"。其次,当他们通过礼部考试、获得进士的资格后,必须参与"曲江宴"。最后,在吏部选拔之后,他们还须自行筹备一场"烧尾宴",以此向亲朋好友宣告,他们已不再是普通的读书人,而是即将"神龙烧尾,直上青云"的官员。

其中,"曲江宴"与"曲江"有着密切的联系,又被称为"曲江关宴"。这是因为关宴是在关试之后的宴会,而关试是读书人必须参加的礼部考试。一旦通过,他们便成为进士,随后由吏部安排去处。通常,关宴之后,同期的进士们便各奔东西。由于关宴常常在曲江旁的杏园中举行,因此得名"曲江宴"。曲江位于长安城的东南角,湖面碧波荡漾,绿树环绕,鸟语花香,是一处绝佳的游览胜地。江岸上楼阁亭台、宫殿园林错落有致,鳞次栉比,景色旖旎。

唐朝的礼部放榜和关试之后,新及第的进士们会在城东南的曲江畔筹集资金举办盛大的宴会,并邀请教坊的乐队前来助兴。据王定保《唐摭言》卷三《散序》所记载:"曲江之宴,行市罗列,长安几于半空。公卿家率以其日拣选东床,车马填塞,莫可殚述。"曲江宴的盛况空前,长安城几乎为之一空。公卿贵族们也会在这一天挑选乘龙快婿,车马络绎不绝,场面热闹非凡。甚至连皇帝也会亲临紫云楼,垂帘观看。

唐中后期的诗人刘沧在唐宣宗大中八年(854 年)考中进士后,也参加了这场盛大的宴会。他以一首《及第后宴曲江》描绘了曲江宴的盛况:

及第新春选胜游,杏园初宴曲江头。

紫毫粉壁题仙籍,柳色箫声拂御楼。

霁景露光明远岸，晚空山翠坠芳洲。

归时不省花间醉，绮陌香车似水流。

这场宴会不仅让新科进士们享受了物质上的满足，更为他们未来的仕途奠定了坚实的基础。宴会的主题虽然是恭贺进士们及第，但实际上参与者并不仅限于及第进士们，还包括他们的亲朋好友以及那些希望攀附关系、招纳女婿的人。商人们纷纷利用这个机会推销自己的高档商品。

"曲江大会，则先牒教坊，请奏，上御紫云楼，垂帘观焉。时或拟作乐，则为之移日。"（《唐摭言》卷三）曲江宴不仅是新科进士的狂欢，也是长安城的一大盛事，无论公卿权贵还是平民百姓，都会来观看这一盛大场面，甚至皇帝也会在曲江边的紫云楼上垂帘观看。达官贵人济济一堂，参与其中，曲江宴的奢靡程度可见一斑。"曲江大会比为下第举人，其筵席简率，器皿皆隔山抛之，属比之席地幕天，殆不相远……凡今年才过关宴，士参已备来年游宴之费，由是四海之内，水陆之珍，靡不毕备。"（《唐摭言》卷三）如此浪费，实在是不可取。此外，新科进士们还在"月灯阁"聚会、打马球，他们跨马执杖，驰骋击拂，风驰电掣，观者如云，可想见唐代进士英姿飒爽、文韬武略的气质和风采。

曲江宴狂欢之后，新科进士还要参加杏园宴，杏园宴的主要活动是探花。新科进士们要选出最年轻的两名当探花郎，让他们骑着高头大马，畅游曲江附近或长安各处的名园，采摘牡丹、芍药等名花，享受众星捧月的待遇。到了南宋，探花就正式成为进士第三名的专称。唐代著名诗人孟郊考中进士后，欣喜若狂，被选为探花郎，写下了这首《登科后》：

昔日龌龊不足夸，今朝放荡思无涯。

春风得意马蹄疾，一日看尽长安花。

将两次落第的失落、悲伤的心情抛到了九霄云外，扬眉吐气，金榜题名的畅快淋漓跃然纸上。

历经五代十国的纷乱岁月，"曲江宴"这一传统活动逐渐为朝廷所接管，皇帝亲自赐宴，并更名为"闻喜宴"，然而普通民众却失去了参与的机会。后唐天成二年（927年）十二月，朝廷颁布敕令："新及第进士有闻喜宴，今后逐年赐钱四百贯。"（《五代会要》卷二二《进士》）而后周显德年间（954—959年），宴会的组织权被转交给了官府。

宋太祖开宝六年（973年）三月，殿试制度正式确立，赐宋准等进士及第后，"又赐（宋）准钱二十万，以张宴会"（《续资治通鉴长编》卷一四，开宝六年三月辛酉)。北宋太平兴国八年(983年),朝廷在琼林苑为新及第进士举行宴会,这一传统从此固定下来,被称为"琼林宴"。

到了元朝,宴会更名为"恩荣宴",地点则选在了翰林国史院。《元史·选举志》记载:"择日赐恩荣宴于翰林国史院,押宴以中书省官,凡预试官并与宴。预宴官及进士并簪华至所居。"明朝时,宴会仍称"恩荣宴",通常在唱名赐第后的第二天在礼部举行。由一位勋威大臣主持,读卷官、礼部尚书、侍郎及其他执事官等都会参与。进士和各官都能获得恩荣牌花一枝,同时教坊司会演奏音乐助兴。

清朝沿袭了明朝的制度,也在唱名次日于礼部赐恩荣宴。清初的恩荣宴规模盛大,席间使用银盘,菜品食物多达40余种,尽显天厨之美味。新科进士还能获得旗匾银和冠服的奖赏。旗匾银又称牌坊银、坊价银,用于新科进士竖旗、挂匾、建牌坊,以彰显他们的荣耀和成就。清代新科进士赏给旗匾银三十两,从户部领取。后来,一甲三名的进士额外增加五十两,共计八十两。各地纷纷为新科进士建牌坊、竖旗和挂匾,这些建筑成为当地科举成就的物质见证。考中进士之后,读书人便结束了他们寒窗苦读、艰辛应试的生活,从此踏上了仕途。

三、唐代科举制的社会影响

(一) 打击了士族门阀制度

士族门阀,指以宗族为纽带所形成的封建贵族特权集团,它形成于魏晋之际,鼎盛于东晋,从东晋末至南朝逐渐衰落。士族享有特权,把持政权,世代为官,严格等级,标榜门第,构成了强大的社会政治势力。士族的来源主要有三:一是魏晋以来土地兼并严重,形成自给自足的田庄经济,产生了一批庄主财阀;二是因为战争动乱,地方割据势力崛起,形成豪强地主和宗族军阀势力;三是汉代到魏晋以来在察举制、九品中正制庇护下的累世公卿,是学术寡头、学阀之流。这批遗老遗少控制着经济、政治命脉,主导着文化领域的话语权。特别是九品中正制是士族门阀的保护伞,从法律层面上确定了统治阶级内部的等级关系和世袭特权。门阀以内的地主属于士族,以外的地主则被称为庶族。他们之间的关系中也就自然而然地呈现出了隔绝和歧视,士族和庶族、寒门之间不能通婚,生活习俗也有着迥然不同的标准和要求。

隋唐科举制横空出世后,冻结了士族的特权,以考试来选官。进士科可以说是庶族出身的白衣公卿晋升为中高层官员的重要阶梯。唐代科举考试的录取总人数有近3万人之多,其中进士科最为重要。新、旧唐书有传的官员共1 383

人,其中进士 469 人,占总数的 40%,武则天时期科举出身的宰相已经上升到 50%。狄仁杰、姚崇、宋璟这些宰相名臣统统出身庶族,而他们已经逐步在朝廷中成为主导,世家门阀不断被压制。《唐国史补》卷下《叙进士科举》说:"进士为时所尚久矣,是故俊乂实集其中,由此出者,终身为闻人。……贤士得其大者,故位极人臣,常十有二三,登显列十有六七。"唐后期唐敬宗至唐哀帝各朝,进士出身者在宰相中所占比例高达 83%。在士大夫的眼里,"不以进士擢第"是所谓"平生三恨"中的第一恨。宋代进士科录取人数空前增加,在执政者中所占比例更高。据《宋史·宰辅表》及有关列传统计,北宋 92 名宰相中,科举出身者达 83 人,占总数的 90%;在 176 名副宰相中,科举出身者达 162 人,占总数的 92%。①何炳棣在《中华帝国的晋升阶梯》中统计:1371 年至 1904 年间,获取进士功名者,有 42% 出身于平民家庭。②

(二) 科举制促进了文学艺术的繁荣

科举制也促进了文学艺术,特别是唐诗的繁荣发展。金榜题名的文人骚客中有"海上生明月,天涯共此时"的大唐宰相张九龄;有"锄禾日当午,汗滴禾下土"的李绅;有"前不见古人,后不见来者"的陈子昂;有"忽如一夜春风来,千树万树梨花开"的岑参;有"渭城朝雨浥轻尘,客舍青青柳色新"的王维;有"洛阳亲友如相问,一片冰心在玉壶"的王昌龄;更有"身无彩凤双飞翼,心有灵犀一点通"的李商隐。唐宋八大家的韩愈、柳宗元,他们的作品《师说》《马说》《捕蛇者说》更是中华文化的瑰宝。

据《辞海》文学分册所录中国历代作家统计,隋唐五代至清末近代作家共有 602 名,其中进士和举人等出身者共有 341 名,占总数的 56.6%。③ 这还不包括诸生(秀才)一级的科举中第者。若再考虑到《辞海》所录作家有些是略载其科第经历、女作家从不应举等因素,科举出身者在文学家中的比例还会更高。因此,在一定意义上,科举时代的中国社会也是一个文学社会。

(三) 科举对学校教育发展的影响

1. 科举制的产生使选士制度和育士制度紧密结合在一起。学校培养的学

---

① 张希清:《中国科举考试制度》,新华出版社 1993 年版,第 144 页。
② 李兵、刘海峰:《科举:不只是考试》,上海教育出版社 2018 年版,第 333 页。
③ 同上书,第 330 页。

生,只有经过科举考试、吏部的铨选,然后才能取得官职,于是学校教育成了科举的基础,科举成了实施儒家"学而优则仕"思想的重要途径,成为学生取得官职的必由之路,这就给出身低微的知识分子以进学求官的机会,一定程度上刺激了读书学习的积极性,从而对学校教育的发展起到了一定的促进作用。统一的科举考试内容,必然促进教育内容和教材的统一,而教育内容和教材的统一又有利于教育的发展与普及。

2. 科举考试对学校教育的培养目标、教育内容和教学方法有所制约。学校教育的培养目的是参加科举考试,由此,学校成了科举的附庸或者说预备机构;科举考试的内容局限于儒家经典的章句和华丽的诗赋,考试方法又为死记硬背,在这种风气的影响下,学校教育也是重文辞少实学,重记诵轻理解,科举考什么,学校就教什么,科举制成了学校教育的指挥棒,科举考试束缚了人们的思想。

(四) 科举有利于亚洲儒家文化圈的形成

科举制的推行也有利于亚洲儒家文化圈的形成。唐代设计了专门录取域外人士的"宾贡进士制度",对促进唐朝与邻国的关系,以及提升这些国家的文化教育水平起到了重要作用。新罗人崔致远、阿拉伯人李彦升、越南人姜公辅、日本的阿倍仲麻吕都参加过科举考试。阿倍仲麻吕中进士后成为大唐三朝元老,与王维、李白等大诗人结下了深厚的友情。

日本在8—9世纪时仿照唐朝举办了贡举,分为秀才、明经、进士、明法四科。[①]考试内容、方法与评卷标准与唐代科举基本相同,直至江户时代停止。高丽王朝于公元958年设立科举制度,其后的朝鲜王朝延续了这一制度,至1894年停废,前后实行了936年。朝鲜半岛是在中国之外科举实行时间最长、最为完善的地区。科举制度的实施,使高丽官僚制度逐渐摆脱新罗时代封闭的"骨品制",走向较为开放的官僚体制。朝鲜科举不仅设有与中国的贡院、考棚相类似的专用考场,而且在模仿和吸收中国科举的同时,根据朝鲜国内的政治、教育等需要,发展出了独特的规制和办法。自公元1075年起,越南李朝仿效中国实行科举,此后陈、黎、莫、阮诸朝都采用科举,至1919年停废,科举在越南历史上延续了844年,"文举"开科183次,录取进士或相当于进士者2 893人,"武举"开科26次,录取319人。[②]

处于东亚地区的小国琉球也曾实行过科举制度。清代琉球学校"讲解师"的

---

① 李兵、刘海峰:《科举:不只是考试》,上海教育出版社2018年版,第347页。
② 同上书,第348页。

来源是"久米内大夫、都通事、秀才诸人中择文理精通者"①。琉球所实行的只是初级的科举,基本上仅相当于明清中国科举中的府州县试。但因其地域狭小,人口较少,这种考试制度也属于科举制的一种形态。可见,科举在当时的东亚具有一种"普适化"的趋势。科举制在东亚诸国的传播与推行,在一定意义上促进形成了古代东亚的汉字文化圈和儒学文化圈。

"朱雀桥边野草花,乌衣巷口夕阳斜。旧时王谢堂前燕,飞入寻常百姓家。"(刘禹锡《乌衣巷》)科举制也像飞来飞去的春燕,让寒门庶族可以登堂入室,为国家、为民族做出一番经天纬地的事业。唐朝作为一个开放的王朝,它的考试制度更是当时国家强盛的重要体现,也作为一种文化软实力,促进了那个时代的飞速进步与发展。

本节习题

一、单项选择题

1. 科举制是(　　)创立的。

   A. 隋炀帝　　　B. 隋文帝　　　C. 唐太宗　　　D. 武则天

2. 唐朝时形成了"父教其子,子教其弟""五尺童子耻不言文墨焉"的社会风尚,它的形成主要得益于(　　)。

   A. 社会经济的繁荣　　　　B. 科举制度的推行
   C. 学校体系的完备　　　　D. 三省六部制的确立

3. 隋唐以前,官府设有谱局,考定父祖官爵、门第。此后该现象逐步消失,主要原因是(　　)。

   A. 宗法制的终结　　　　B. 察举制的完善
   C. 三省六部制的设立　　D. 科举制的推行

4. 唐代专门为10岁以下儿童设立的考试科目是(　　)。

   A. 武举　　　B. 童子举　　　C. 明算科　　　D. 明经科

5. 魏晋时期的选士制度是(　　)。

   A. 科举制　　　B. 察举制　　　C. 世卿世禄制　　　D. 九品中正制

6. 唐代设计了专门录取域外人士的(　　),对促进唐朝与邻国的关系,以

---

① 李兵、刘海峰:《科举:不只是考试》,上海教育出版社2018年版,第348页。

及提升这些国家的文化教育水平起到了重要作用。

A. 科举制　　　　　　　　B. 宾贡进士制度
C. 世卿世禄制　　　　　　D. 九品中正制

7. 科举中的诗赋考试属于（　　）。

A. 明经科　　B. 明书科　　C. 明法科　　D. 进士科

8. 唐代科举制中，司法考试属于（　　）。

A. 明法科　　B. 明经科　　C. 进士科　　D. 明书科

9. 武举设立于（　　）时期。

A. 武则天　　B. 唐太宗　　C. 唐高祖　　D. 唐玄宗

二、思考题

1. 请运用唯物史观，分析科举制的进步性。

第二节　宋元科举的人文性

"待到秋来九月八，我花开后百花杀。冲天香阵透长安，满城尽带黄金甲。"这是唐朝末年农民起义领袖黄巢落榜之后，愤世嫉俗，挥毫泼墨写下的《不第后赋菊》，句句都凝结着一股英雄之气，惊心动魄，壮志凌云。他揭竿而起，建立了大齐政权，拉开了唐朝覆灭的大幕。唐代后期，藩镇与中央政权已成水火之势，落第士子有不少人为发泄自己的郁闷和仇恨，投身

扫码查看课程

到藩镇势力中。而各地藩镇也有意大量网罗科场失意的读书人，以提升其智慧和壮大其力量。如屡试进士不第的敬翔、李振等就投靠朱温，并为朱温所重用。

宋代吸收了藩镇割据和安史之乱的教训，守内虚外，重文轻武，在科举选拔上更多体现出了人文性。

一、实行扩招，确定三年一贡举

宋朝的建立，结束了自唐"安史之乱"以后至五代十国长期的分裂割据局面，重建了统一的中央集权的封建国家。相对稳定的社会环境，为经济、文化、教育的恢复和发展创造了有利的条件。为了解决文官紧缺的问题，北宋统治者在其

统治的前 80 余年一方面采用扩大科举取士名额的方法大量选拔人才,另一方面通过学校教育培养人才。但唐末以来,藩镇间征战频繁,从中央到地方都无暇顾及官学的发展。宋初后,统治者也无力恢复官学。因此,科举制度成为各级官员选拔的主要途径。朝廷对科举考试寄予厚望,录取规模大大超过前代。唐代科举尚且只是为寒门子弟打开了取得做官资格的一条门缝而已,取士名额少,取中的还要通过吏部考核才能做官,而到宋代,科举及第的进士不仅四海扬名,而且立即就可以做官,且升官较快,尤其是取中高第者。

科举考试的频率曾历经数年的变动,从间隔两年到五年不等,这对于士人们的备考和应考来说都带来了诸多不便。在宋仁宗嘉祐二年(1057 年)之后,科举考试的频率被固定为每两年一次,同时每科的录取名额也减半。这样的调整虽然在一定程度上缓解了士人们对于考试时间不确定性的不满,但由于考试频率过高,士人们疲于奔命,官场也疲于应对。鉴于这种情况,宋英宗治平三年(1066 年),科举考试的频率被重新调整为每三年一次。这一改革在当时取得了显著的效果,既缓解了士人们的压力,也使得官场能够更好地应对科举考试。同时,这一改革也在历史上产生了深远的影响,从此,每三年举行一次科举考试成为定制,一直延续到清末科举考试制度被废除。

这一改革不仅在当时产生了积极的影响,而且对于科举考试制度的发展也具有重要的意义。它使得科举考试更加规范化、制度化,为士人们提供了更加公平、公正的考试环境。同时,它也促进了官场的稳定和发展,为国家的治理提供了有力的人才保障。因此,每三年举行一次科举考试成为中国科举考试制度的重要里程碑之一,对于中国历史的发展产生了深远的影响。

二、设立恩科

"恩科"又称"特奏名",是为屡试不第的耄耋老者赦免科赋、破格录取的办法。宋太祖开宝三年(970 年),在录取礼部"奏名"进士张拱等 8 人以后,又特赐连续 15 届参加进士科、诸科考试而没被录取的 106 人,开创了科举考试中"特奏名"的先河。[1] 对于老年举子,恩科提供了基本生活保障,也体现了政府对于老年考生的人文关怀。

据统计,北宋共开科考试 81 榜,取士 60 035 人,南宋开科 49 榜,取士 49 915

---

[1] 李树:《中国科举史话》,齐鲁书社 2004 年版,第 61—62 页。

人,两宋300余年,共开140科,取士109 950名,其中"正奏名"59 598人,"特奏名"50 352人。① 只宋真宗景德二年(1005年),就录取正奏名1 661人,其中进士393人,诸科1 268人;特奏名1 388人,其中进士316人,诸科1 072人,合计3 049人。一榜录取人数之多,在中国1 300年的科举史上可谓空前绝后。

"读尽诗书五六担,老来方得一青衫。佳人问我年多少,五十年前二十三。"宋代詹文写下的这首《登科后解嘲》道尽多少读书人的辛酸。南宋绍兴士子陈修73岁高中榜眼,宋高宗嘉其心志,怜其孤苦,将一个23岁的宫女许配于他,宫女与文曲星成就了一段佳话,却也是含着眼泪的一种喜剧。

特奏名的设立,为每一个科场失意者始终保留着下一次及第的机会与希望,而只要存在着这种机会与希望,一般士子就不会轻易放弃举业。正如宋人王杭所说,唐代末年,考不上进士的王仙芝、敬翔、李振等都走上了反抗朝廷的道路。全国每年仅仅录取进士一二十人,这让那些有才华的人感到失望。他们纷纷放弃科举功名,甚至离开自己的家乡四处游荡。因此,朝廷必须增加录取名额,广开仕进之路,让天下读书人不会自暴自弃,更不会因此走上反抗官府的道路。

特奏名办法实施以后,"士之潦倒不第者,皆觊觎一官,老死不止。……英雄豪杰皆汩没消靡其中而不自觉,故乱不起于中国,而起于夷狄"②。很明显,作为笼络士人的一种手段,特奏名的实施,让天下的士子埋头苦读,使得宋朝境内比较安定。特奏名入仕者任官的品级比正奏名出身的进士低,大多数是授予州府官学助教一职,客观上也促进了官办教育事业的蓬勃发展。

三、提供助学金和助学机构

> 富家不用买良田,书中自有千钟粟。
> 安居不用架高堂,书中自有黄金屋。
> 娶妻莫恨无良媒,书中有女颜如玉。
> 出门莫怕无人随,书中车马多如簇。
> 男儿欲遂平生志,六经勤向窗前读。

这是宋真宗所发布的《劝学歌》,也是当时科举考试的"红头文件"。他勉励知识分子,如果想拥有香车宝马、华屋美衣,仆从如云,红袖添香,欢迎参加"国考",改变命运的科举考试是人生的天梯。

---

① 张希清:《论宋代科举取士之多与冗官问题》,《北京大学学报(哲学社会科学版)》1987年第5期。
② 〔宋〕王栐:《燕翼诒谋录》卷一《进士特奏》,中华书局1981年版,第1—2页。

随着宋朝重文轻武、大兴文教之策的推行和科举制度的发展完善,加之受"学而优则仕"传统思想的影响,宋朝学生的人数众多。不过科举既然是选拔性考试,就不可能保证所有的学生都能中举。读书治学需要投入大量的时间和钱财,花费较高,且激烈的科考竞争使读书学生一心向学,不治其他营生,故而相当部分的宋朝学生都较为清贫。就算家庭富裕,如果多次未能中举,受读书应考之累,也可能陷入贫困之列。也就是说,除了中举和部分家庭殷实的官僚、富户家的学生外,宋朝还有相当一部分学生家境贫困,有的甚至需要社会的救助,从而沦为社会的特殊人群。为了助学,宋朝采用了以下措施。

1. 代金券

宋朝的科举考试分为州试、省试和殿试三级,其中,省试和殿试要到省府、都城参加考试。古代由于交通不发达,电子信息系统也没有建立起来,对于偏远地区的乡村考生来说,从天南海北进京赶考,是一件成本很高的事情。

中国人坚持"穷家富路"的原则,家里再穷也能凑合,而一人出门在外,再多的钱粮都得花费。诸联在论及考试的盘费时曾说:"金陵之行,盘费日增。见昔人旧帐,所用约三四金耳。予初试时,只加其半,今则非二三十金,不能行矣。寒士馆谷,一年所入几何,何所持作破浪想也。若童生小考县试,买结单百二十文,台凳纳卷各百余文,覆试递增之。府院试又添舟楫之费,及寄寓饭食,每日二百余文,廪生保结,馈一二钱不等,总核亦在数两左右。"(《明斋小识》卷十一)正因为赴京会试所需费用甚巨,所以早在宋代,远省举人赴试就由官府负担路费。"今云、贵、四川举人赴京会试,例给驿马,盖自宋时已有此制。"(赵翼《陔余丛考》卷二十九)

在开宝二年,即公元 969 年 10 月,宋太祖下诏:"国家岁开贡部,敷求俊乂,四方之士,无远弗届,而经途遐阻,资用或缺,朕甚悯焉。自今西川、山南、荆湖等道举人,往来给券。"[1]这里面的"券"就是"代金券",读书人进京赶考的时候可凭券在沿路的馆驿借宿,使用交通工具,报销路费。《燕翼诒谋录》云:"远方寒士预乡荐,欲试礼部,假丐不可得,则宁寄举不试,良为可念。谨按开宝二年十月丁亥,诏西川、山南、荆湖等道,所荐举人并给来往公券,令枢密院定例施行。盖自初起程以至还乡费皆给于公家,如是而挟商旅于关节,绳之以法,彼亦何辞。今不复闻举此法矣。"

这个政策后来又延续到清朝。清代对远省举人赴京参加会试给予骡马和路费。"云、贵举人会试给驿马,自顺治间始。嘉峪关以外,新疆举人给驿马,自乾

---

[1] 李树:《中国科举史话》,齐鲁书社 2004 年版,第 69 页。

隆间始。会试举人给路费,自顺治八年始。"(吴振棫《养吉斋丛录》卷九)雍正时期为安抚落第者,会发给会试落第举人回乡的路费。起初是发给云南、贵州、广东、广西、四川五个边缘省份的落第举子,后来又遍及全国。

2. 贡士庄和贡士库

地方政府也积极响应中央的政策,建立了贡士庄和贡士库,所谓的贡士庄是地方政府用公田的租金作为基金,给当地赴考的读书人提供经济资助。贡士库则是地方政府将通过投资钱庄得来的利息作为教育资金,来资助应考的考生。这样的做法既解决了贫寒考生的经济困难问题,还能减轻国家财政负担,此举相当于现代官办助学基金会。

3. 助学组织和机构

广建学校,为广大学生提供学习场所,也是宋朝助学活动的一种形式。广文馆便是政府为偏远地区进京赶考的学子设立的临时学校,为各族学生提供了便利的学习条件。宋代助学风气对于社会的影响是正面的,它使得读书向善成为一种社会风气,促进了教育事业的发展,影响着一代又一代的人。其完善和发展促进了宋朝教育事业的进步和文化的普及,特别是"族塾""义学""书院"的兴办,使很多贫困人家的孩子在官办学校之外有了接受教育的机会,其中一些勤奋学子得以成才,也往往能受到来自宗族、乡党、社学、义学、私塾、义庄等各级组织,以及亲友、乡贤、老师、官员等各色人等的资助,为他们能参加科举的"精英选拔赛"扫除物质上的障碍。

在获得宗党的帮助后,贫民子弟一旦成功步入仕途,往往会努力回馈宗党。他们采用多种方式扶贫济困,尤其重视解决宗族子弟的上学问题,以此回馈宗党的恩情。例如北宋时期的名臣范仲淹,他在年幼时便经历了父亲去世、母亲改嫁的困境,生活孤苦无依。正是在宗族的帮助下,他度过了那段"食不给,至以糜粥继之"(《宋史·范仲淹传》)的艰难岁月。然而,他并未因此屈服于命运,而是坚持苦读,终于在26岁时考中进士,最终官至枢密副使、参知政事。发达显赫之后,范仲淹没有忘记自己的根,他利用官俸在家乡苏州近城购置了1 000亩田地,设立了著名的范氏义庄。这个义庄不仅为族人提供了"日有食,岁有衣"的基本生活保障,还在婚嫁丧葬以及子弟入学等方面给予了族人大力支持。他的善举不仅体现了对宗党的深厚感情,也彰显了他的人格魅力和社会责任感。

他在解释自己的行为时这样说:"吴中宗族甚众,于吾固有亲疏,然以吾祖宗视之,则均是子孙,固无亲疏也。苟祖宗之意无亲疏,则饥寒者吾安得不恤也?自祖宗来积德百余年,而始发于吾,得至大官,若独享富贵而不恤宗族,异日何以

见祖宗于地下,今何颜以入家庙乎?"(刘清之《戒子通录》卷六)

四、改革殿试

殿试始于唐朝武则天时期,但没有成为制度。开宝六年(973年),落第考生徐士廉等告发考官录取不公,宋太祖在讲武殿亲自主持考试,"殿试遂为常制"(《宋史·选举志》)。从此,科举考试形成三级制度:州试(由地方官主持)—省试(由尚书省礼部主持)—殿试(由皇帝主持)。自宋太宗太平兴国八年(983年)开始,将殿试成绩评定等第,把进士分成三甲。宋真宗景德四年(1007年),《亲试进士条例》规定进士分为五等:第一、二等为及第,第三等为出身,第四、五等为同出身。宋神宗时发展成第一、二等为赐进士及第,第三等为赐进士出身,第四等为赐同进士出身,第五等为赐同学究出身。南宋时取消了第四、五等,而变成第一甲赐进士及第,第二甲赐进士出身,第三甲赐同进士出身。

宋代殿试取消了吏部考试,殿试之后可以直接授官。宋初,殿试属于淘汰赛,淘汰的具体比例不固定,录取率从三分之一到三分之二不等。宋仁宗景祐元年,规定"尝经殿试,进士三举、诸科五举……虽试文不合格,毋辄黜,皆以名闻"(《续资治通鉴长编》卷一一四,景祐元年正月癸未),开始对殿试落榜者给予特殊照顾。嘉祐二年(1057年),皇帝"亲试举人,凡与殿试者,始免黜落"(《宋史·选举志》)。礼部初选者,殿试全都录取,只分甲第,排名次,不再落榜了。此后,金、元、明、清历代科举也都沿袭了殿试不再黜落的做法。

宋仁宗为什么这样做?《邵氏闻见录》称:"远方寒士,殿试下第,贫不能归,多至失所,有赴水而死者。仁宗闻之恻然,此后殿试不黜落。"还有一个更广为流传的说法是,有殿试遭黜落者张元、吴昊两人,愤而投奔了西夏,受到重用,成为策动西夏和宋朝作对的主要谋士,并使西夏国势强盛,所以西夏国主改名"元昊"。

北宋嘉祐二年,宋仁宗亲自主持,宣布殿试改除名为排名,凡是参加殿试者一律录取。这一年参加殿试的388名进士、389名诸科举人全部被录取。一甲、二甲赐予进士及第,三甲赐予进士出身,四甲、五甲赐予同进士出身,皆大欢喜。进士出身和同进士出身者有功名,不做官,享有国家公务员待遇,可以回到家乡热心教化,发展文化事业。这些有学历和文凭的地主多成为乡绅和员外。

五、兼顾区域公平,实行"配额制"

魏晋以来,随着北方战乱,经济重心和政治重心南移,南方文教事业得到了飞速发展。美国汉学家贾志扬（John W. Chaffee）在其著作《宋代科举》中总结地方志所载，指出可考的北宋进士全国有 9 620 人，其中南方诸路达 9 164 人，占总数的 95.2%，北方诸路仅 466 人，占总数的 4.8%。在南方地区中，又以两浙东、两浙西、江南东、江南西、福建等东南五路的进士为多，共有进士 7 038 人，占北宋进士总数的 73%。①

欧阳修和司马光为此展开了南北之争。欧阳修代表了南方举子的利益，他认为不按地域、只看成绩，一考定终身，凭才取人，才是考试公平的体现。司马光则认为现行考试偏重诗赋，而北方人擅长儒家经典，命题对北方学子来讲不公平，因此建议所有的路、州、县按 10% 的比例选取应考者；不满 10 人，则 6 人以上取 1 名；5 人以下不取。这样便大大提高了北方的应举比例。②

司马光与欧阳修之间的争论，其实质触及了考试公平（或教育公平）与区域公平之间的微妙平衡。考试公平常常被视为一种理想化的原则或理论，它追求的是每个考生都有平等的机会展示自己的才能。而区域公平则更多地体现在具体的政策或手段上，它要求在不同的地区或社会群体中实现一种相对的平等。定额录取制度的建立，并非仅仅是为了技术层面的考试公正，而是承载着更为深远的政治和社会目标。科举取士这一历史悠久的选拔机制，不仅关乎个人的前途命运，更体现了地缘政治的深刻考量。

著名教育史专家李弘祺就认为："突出考试的公正是适当的，因为它能在考生中均等地分配机会。但对主持考试的政府来说，这种制度要达成另外可能更为远大的目标，它必须满足社会的、地缘的，尤其是道德评判的要求。"③

这种"更远大的目标"便是统治者所追求的"公平分配利益"的理念。它不仅仅关乎个人的得失，更关乎整个社会的和谐稳定。为了实现这一目标，政府需要在考试制度中融入地域平衡和照顾弱势群体的考虑，这既是对"天下之大公"理念的体现，也是统治者维护和巩固政权的深谋远虑。因此，司马光与欧阳修的争论不仅是一场关于考试公平与区域公平的辩论，更是一场关于如何平衡个人权利与社会公正、如何实现长远政治目标的深刻探讨。这场争论不仅影响了当时的科举制度，也对后世的教育和社会政策产生了深远的影响。

---

① John W. Chaffee, *The Thorny Gate of Learning in Sung China: Social History of Examination*, Cambridge University Press, 1985, pp.132-133.
② 金诤：《科举制度与中国文化》，上海人民出版社 1990 年版，第 122—123 页。
③ Thomas H. C. Lee, *Government Education and Examinations in Sung China*, The Chinese University Press, 1985, p.204.

宋代科举的人文性考虑了年龄、地域、经济、阶层、政治、地理等因素，本质上是教育公平的体现，是国家对教育资源优化配置的结果，符合社会整体的发展和稳定，符合社会成员的个体发展和需要。两宋 300 余年，通过科举考试录取的进士及诸科人数总计超过 10 万名，是唐五代登科总人数的 10 倍、元代的 100 倍、明代的 4 倍、清代的 3.8 倍。① 欧阳修、王安石、苏轼、司马光、晏殊、朱熹、包拯、寇准、张久成、张孝祥都位列其中。

通过科举考试进入上层社会的贫寒读书人不在少数。1947 年，美国汉学家柯睿格根据南宋绍兴十八年（1148 年）《同年小录》的统计得出，在可考家庭背景的 279 名进士中，父祖两代中全无做官经验的有 157 人，占 56.3%；根据宝祐四年（1256 年）《登科录》统计，家庭背景可考的 572 名进士中，平民家庭出身的有 331 人，占 57.9%。② 因此，科举确实在相当大的范围内促进了社会阶层流动，"朝为田舍郎，暮登天子堂"并非只是一句鼓励读书人的诗句，而是科举对于促进社会阶层流动的作用的真实写照。

抚今追昔，实现中华民族的教育强国之梦，要从我国国情出发。国务院前总理李克强指出，教育公平是社会公平的重要基础，在今后相当长的时间内，要继续用好"人口红利"，更加注重依靠"人才红利"，在教育公平上要多想办法，多做实事，东部地区要在提高教育质量上发挥示范引领作用。宋朝助学活动存在很多值得我们学习的方面，对于文化教育而言，其很多措施能够在不违背当今社会发展规律的情况下被加以改变，更加适应当代社会，帮助更多贫寒学子有学习读书的机会。

本节习题

一、单项选择题

1. 在宋代的官员中，有三分之一以上来自平民家庭，这是因为当时推行的选官制度是（   ）。

  A. 军功爵制   B. 察举制

  C. 九品中正制   D. 科举制

---

① 李兵、刘海峰：《科举：不只是考试》，上海教育出版社 2018 年版，第 99—100 页。
② E. A. Kracke, "Family Vs. Merit in Chinese Civil Service Examinations Under the Empire", *Harvard Journal of Asiatic Studies*, 1947 (10).

2. "富家不用买良田,书中自有千钟粟。安房不用架高堂,书中自有黄金屋。娶妻莫恨无良媒,书中有女颜如玉。出门莫怕无人随,书中车马多如簇。男儿欲遂平生志,六经勤向窗前读。"这段话体现出科举制对宋代社会产生了(　　)影响。

① 做学问带有功利色彩

② 科举是出人头地的重要途径

③ 社会上形成了尊重知识、刻苦求学的价值观

④ 科举考试的成绩与就业直接挂钩

A. ①②③④　　B. ②③④　　C. ②③　　D. ①②③

3. 开宝二年十月,宋太祖下诏:"国家岁开贡部,敷求俊义,四方之士,无远弗届,而经途遐阻,资用或缺,朕甚悯焉! 自今西川、山南、荆湖等道举人,往来给券。"以上材料主要反映出宋太祖采取(　　)的措施来支持科举考试。

A. 杏花宴饮　　B. 报销路费　　C. 配额制　　D. 雁塔题名

4. 宋代地方政府以公田的租金作为教育资金,来资助应考的贫寒举子,这种助学金来源叫作(　　)。

A. 贡士库　　B. 学田制　　C. 贡士庄　　D. 恩科

5. 宋代为屡试不第的耄耋老者赦免科赋、破格录取的办法叫作(　　)。

A. 恩科　　B. 报销路费　　C. 配额制　　D. 锁院制

二、思考题

1. 简述宋元时期科举制人文性的重要表现。

2. 从教育公平的视角,谈谈你对科举"配额制"的理解。

第三节　科举与诚信

"言己所思为诚,践己所诺为信。"古人一直讲一言九鼎、一诺千金,科举作为一种考试制度,从诞生之日起,便与舞弊展开着激烈的斗争。

据《宋史·选举志二》载:"举人之弊凡五:'曰传义(传递答案),曰换卷(调换答卷),曰易号(涂改试卷编号),曰卷子

扫码查看课程

出外(将试卷带出考场),曰誊录灭裂(篡改原卷)。"①此外,假手(替考)、考官进行公荐、请托也时有发生。为了维护考试的公平和公信力,古人制订了严格的科考防弊制度。

一、锁院制

"锁院制"针对"行卷公荐"的主观性和不稳定性,当考官确定后,立即将他们锁于翰林院或贡院之中。唐代受察举遗风的影响,实行"行卷公荐",就是除了笔试之外,还要有得力的大学士推荐,才能够成功晋级。"洞房昨夜停红烛,待晓堂前拜舅姑。妆罢低声问夫婿,画眉深浅入时无。"(朱庆余《近试上张水部》)这首诗貌似描写缠绵悱恻的爱情,其实在诗中,考生朱庆余将自己比作内心惴惴不安的新嫁娘,将张籍比作自己的夫婿,将主考官比作未来的婆婆。"画眉深浅入时无"表达了自己忐忑不安的心理,能否金榜题名,希望张大人指点一二。古人说话是很含蓄的,张籍看后,回诗一首:"越女新妆出镜心,自知明艳更沉吟。齐纨未足时人贵,一曲菱歌敌万金。"(张籍《酬朱庆余》)张籍把朱氏比作清水出芙蓉、天然去雕饰的越女,岂是那些庸脂俗粉的士族大家可以比拟的呢?间接肯定了他的文采。文人相重,酬答俱妙,千古佳话,流誉诗坛。

在科举制度下,知贡举与他所录取的进士形成"座主"与"门生"的关系。在唐代,"行卷"也能结成这种关系。所谓的"行卷",就是应试的举子将自己的文学作品加以编辑,写成卷轴,在考试之前送呈当时在社会上、政治上和文坛上有地位的人,请求他们向主持考试的礼部侍郎推荐,从而增加自己及第希望的一种手段。"公荐",是唐代合法的"通榜"制度,知贡举官将赴贡院主考之前,主考官的相知亲友和达官贵人可以向其推荐自己所了解的有真才实学的考生,主考官则根据推荐,在考试前预先确定一份录取名单,这一份名单往往跟正式录取名单不会有太大的差异。由于通榜公荐给请托者留有可乘之机,公荐实际上很容易变成私荐,成为权贵把持科场、培植私人势力的温床。朝廷权贵公开向主考官推荐举子,这不仅导致科举不公,而且促成考生、考官与举荐人三者之间结成不利于皇权的朋党关系。

公元 985 年,宋太祖云:"国家悬科取士,为官择人,既擢第于公朝,宁谢恩于私室,将惩薄俗,宜举明文。今后及第举人不得辄拜知举官子孙弟侄,如违,御史

---

① 祝尚书:《宋代科举与文学》,中华书局 2008 年版,第 357 页。

台弹奏。"(《宋会要辑稿·选举》三)这句话的意思是说,凡是及第举人,都不得去拜谢主考官。如果考生胆敢违抗,则由御史举报,给予相应的处分。同时,明确规定考生不能称主考官为恩门、恩师,也不能自称门生。这一规定的目的就是要打破唐代以来的座主、门生关系。北宋朝廷对此禁令是认真的,此后多次重申,一经查出朝臣"公荐"举子给主考官,就要"重行朝典"。

宋太宗淳化三年(992年)正月六日,翰林学士苏易简被任命为主考官,"既受诏径赴贡院,以避请求"①。这是宋代"锁院制度"的开始。"易简等以贡举重柄,义在无私,受诏之日,五人便赴尚书省锁宿,更不归私第,以杜绝请托。物论嘉之。"(《宋会要辑稿·选举》三)后遂为常例。

锁院之制不仅实行于省试,也推广于解试与殿试。宋真宗大中祥符四年(1011年),"十一月十二日,诏自今知贡举及发解试官,并令门辞,遣官伴送入院锁宿,不得更求上殿及进呈题目"(《宋会要辑稿·选举》一九之五)。考官从受命之日起到放榜之日止,一直锁宿于考试院。这样,就隔断了考官与其他臣僚的联系,使权臣近侍等人的请托难以得逞。

正因为如此,锁院制度为元、明、清所沿用。如明朝会试,二月初九日引试第一场,初六日任命考官,初七日考官陛辞,宴于礼部,然后入贡院锁宿。又如清朝会试,考官也于会试前三天,即三月初六日任命、锁宿。是日早晨,乾清门侍卫领旨,至午门交大学士拆封,同稽察御史宜旨唱名。凡开列有名的内、外帘官,各备朝服、行李,皆前往听宣,被任命者不得逗留,不得回私宅,即日入闱(贡院)。锁院的具体时间依考选时间的长短而定,有时甚至长达50天。

二、废公荐,设立同知贡举

"国破山河在,城春草木深。感时花溅泪,恨别鸟惊心。烽火连三月,家书抵万金。白头搔更短,浑欲不胜簪。"(《春望》)我们知道,这是唐代诗圣杜甫的佳作,是他在安史之乱后面对国家衰败发出的喟叹。杜甫满腹才华,却金埋黄沙,遇到了嫉贤妒能的"弄獐宰相"李林甫而名落孙山。那一年进士榜并没有录取一个人,李林甫对唐玄宗敷衍塞责,说"野无遗贤",即所有贤才都已在朝堂之上,民间只剩碌碌庸才而已。

确有一些具备真才实学之士通过举荐而科举及第,但该制度更为世家子弟

---

① 〔清〕毕沅:《续资治通鉴》,岳麓书社2019年版,第195页。

垄断科举大开方便之门,大多数一般士人无由交结权贵,无人推荐,只能忍气吞声,望榜兴叹!这显然是察举制度的残余,其弊不言自明。北宋建立不久,就多次下诏废除"公荐"。宋太祖乾德元年(963年)九月丙子,"诏礼部贡举人,自今朝臣不得更发公荐,违者重置其罪"(《续资治通鉴长编》卷四,乾德元年九月丙子)。开宝六年(973年)四月,宋太祖又颁布了详细的处罚条例:"今后凡中外文武官僚荐嘱举人,便即主司密具闻奏。其被荐举人,勒还本贯重役,永不得入举场;其发荐之人,必行勘断。犯者,许逐处官吏及诸色人陈告。如得实,应幕职及令、录当与升朝官,判、司、簿、尉即与本处令、录;其诸色人赏绢五百匹,以犯事人家财充,不足,以系省绢添支。"(《宋会要辑稿·选举》三之三)

宋初沿用唐及五代之制,省试犹用公卷。宋仁宗庆历二年(1042年),进士及第的苏颂云:"旧制,秋试先纳公卷一副,古律诗、赋、文、论共五卷。"(《苏魏公文集》卷一五《议贡举状》)用公卷,必然弊端丛生。如进士所纳公卷,多假借他人文字,或用旧卷装饰重行书写,或被佣人易换文本,致使到尚书省礼部贡院无凭考校。于是,宋真宗景德二年(1005年)十二月五日,礼部贡院上言:"请自今并令亲自投纳,仍于试卷上亲书家状。如将来程试与公卷全异,及所试文字与家状书体不同,并驳放之。或多假借他人文字,辨认彰露,即依例扶出,永不得赴举。其知举官亦望先一月差入贡院,考校公卷,分为等第,如事业殊异者,至日更精加试验。所冀抱艺者不失搜罗,躁进者难施伪滥。"(《宋会要辑稿·选举》三之七)诏从其请,遂成为定制。

此制虽较前颇有改进,但仍难防假借他人文字之弊。而且数千举人解赴省试,按公卷一副共五卷计算,省试则有三四万卷,即使知举官先一月差入贡院,又如何能详考等第?公卷既无凭考校,又无暇考校,行之何用?除了为势家子弟大开方便之门以外,只能是一种累赘。于是,宋仁宗庆历元年(1041年)八月十一日,权知开封府贾昌朝上言:"故事,举人秋赋纳公卷。今既糊名、誊录,则公卷但录题目,以防重复,不复观其素业,请罢去。"(《宋会要辑稿·选举》一五之一一)诏从之,自是不再纳公卷。

宋仁宗庆历元年(1041年)之后,既废公荐,又罢公卷,因而程文遂成为评定艺业、决定去取的唯一根据,即陆游所说的"一切以程文为去留"。这样,以一纸试卷定命运,难免有相当大的偶然性,但它避免了实行公荐、公卷所必然带来的弊病,对于公开考试、平等竞争、择优录用,是有一定积极作用的,因而也就成为元、明、清各代的不易之制。

此外，针对主考官权力过大的现象，为了限制其特权，宋代设立了同知贡举。"知贡举"是唐宋时特派主持进士考试的大臣，相当于我们讲的主考官。"同知贡举"即副主考，因为他的权力是和主考官一样的，可以起到相互监督的作用。此外，县、州试为了确保考生的身份、户籍、品行、成绩准确无误，专门设立了监视官、发解官、牒试官。在礼部主持的省试和皇帝主持的殿试之中，为了保证命题、监考、卷数的完整、巡考、阅卷的公正、收卷、考号的保密、誊录的准确与复查无误，又设立了监视官、同试官、阅卷官、收卷官、密封官、誊录官、对读官、帘内官、帘外官等监考人员。

三、别头试

别头试又称"别试"，起始于唐代，是专门为知举官及与考场有关人员之子弟、亲属举办的考试。朝廷设立别头试的目的，是在省试中防止主考官和与考试有关的工作人员利用职权徇私舞弊。《新唐书·选举志》云："开元二十四年（736年），礼部侍郎亲故移试考功，谓之别头。"即对省试知贡举官礼部侍郎的亲戚故旧另设考场，由考功郎中、员外郎进行考试，叫作"别头试"。但别头试时行时废，尚未形成定制。至宋太宗雍熙二年（985年），规定省试考官亲戚需要参加别试，宋代的别头试才固定下来。宋真宗咸平元年（998年），又规定国子监、开封府的发解官亲戚也须别试。

诸州解试的别头试则始于宋仁宗景祐四年（1037年）。自缌麻以上亲属，及大功以上婚姻之家①，皆牒送别头试。唯独殿试无别头试。这是因为殿试系由皇帝亲自主持，皇帝即是主考官，无须避亲。但到宋宁宗开禧二年（1206年），亦因议者有请，"诏自今在朝官有亲属赴廷对者，免差考校"（《文献通考》卷三二《选举考》五），其用意亦在于回避亲嫌。显然，别头试对于防止考试作弊是有一定作用的。这种避亲制度也为后代所沿用。如元朝规定"举人与考试官有五服内亲者，自须回避，仍令同试官考卷。若应避而不自陈者，殿一举"（《元史·选举志》）。

明太祖洪武十七年（1384年）《科举成式》规定："令凡试官，不得将弟男子侄亲属入院，徇私取中。违者指实陈告。"（《大明会典》卷七七《科举通例》）清朝初期，为了确保科举考试的公正性，对于乡试和会试中应回避的官员子弟和宗亲，贡院中特别为他们编排了不同的座号，并另行指派官员命题和监考。这一制度规定在特定

---

① 缌麻、大功均为丧服名，以服丧之期表示亲属关系的亲疏，由近及远依次是斩衰、齐衰、大功、小功、缌麻，即"五服"。

名额内录取这些特殊考生。乾隆九年（1744年），清朝进一步明确了回避制度，命令乡试和会试的各级考试官员，包括考试官、同考官、知贡举、监临、监试、提调官等，其子孙及宗族成员均须回避，不得参与应试。到乾隆二十一年（1756年），回避范围进一步扩大，涵盖了受卷、弥封、誊录、对读、收掌等官员的子弟和近亲。

具体需要回避的亲属包括：（1）本族五服之内者，以及虽出五服但仍同居一地者；（2）外姻中外祖父、舅舅、舅之子、母姨之子、妻子的父亲、嫡兄弟、嫡姊妹的丈夫；（3）本身嫡姑、嫡姊妹的丈夫、女儿的丈夫及儿子、孙女的丈夫，以及儿女姻亲等（《钦定科场条例》卷二十六《回避·例案·现行条例》）。此外，清朝还仿照宋代的做法，规定如果大臣的子弟是新贡士，那么在殿试时也必须回避，不能担任读卷官。这种别头试的广泛实施，为科举考试创造了一个更加公平的竞争环境。

四、糊名制

"糊名制"也被称为弥封卷，即所谓密封线内不许答题，将考生的姓名、籍贯、考号等在交阅卷官评定时自行弥封。这个办法是武则天当政之初，为防止主考人员以情选人而创制的，"以吏部选人多不实，乃令试日，自糊其名，暗考，以定等第"①。糊名最初只用于殿试，后逐渐用于省试和发解试。糊名制度的实施有利于考官客观评卷，公正地选拔人才，也被宋、元、明、清所沿用。

宋朝的封弥考校，始于宋太宗淳化三年（992年）的殿试。此后不久，又推广到省试和解试，并对殿试封弥考校做了具体规定。如宋真宗大中祥符四年（1011）十一月，新定《亲试进士条制》云："举人纳试卷，内臣收之，先付编排官去其卷首乡贯状，以字号第之；付封弥官誊写校勘，用御书院印；始付考官定等讫；复封弥送覆考官，再定等。编排官阅其同异，未同者再考之；如复不同，即以相附近者为定。始取乡贯状字号合之，乃第其姓名、差次并试卷以闻，遂临轩唱第。"（《续资治通鉴长编》卷七六，大中祥符四年十一月丙子）关于所撰之"字号"，北宋时系于《玉篇》中取字为号。如大中祥符二年（1009年）六月殿试，宋真宗以高等十卷付宰臣重定。宰相王旦请以"珤"（yí）字号试卷为第一，宋真宗点定，"珤"字号试卷即梁固试卷，遂为此榜的状元（《宋会要辑稿·选举》七之一一）。"珤"字即取自《玉篇》卷一"玉部第七"。南宋初，则改为于《千字文》中取字，以三字凑成一号。如绍兴二十七年（1157年）三月殿试，宋高宗以"任贤辉"字号试卷为第

---

① 〔唐〕刘餗等著：《隋唐嘉话·大唐新语》，古典文学出版社1957年版，第21页。

一。此即王十朋殿试卷(《宋会要辑稿·选举》八之九)。"任贤辉"三字即取自《千字文》的"钧巧任钓""景行唯贤""曦晖朗曜"("辉"同"晖","辉"为后起字)。后来,为防泄漏,曾改为以三不成字凑成一号,宋宁宗庆元五年(1199年)之后,又大都改为以三全字凑成一号。这样,考官在评定试卷时,看不到应举人的姓名、乡贯等,也就很难作弊了。

五、誊录制

誊录制即为了防止考生姓名等基本信息被弥封后,考官仍能认识其笔迹,因笔迹不同而作弊,故誊录官重新用标准化字体进行抄写的制度。

真宗时期,大臣刘师道之弟刘几道应试时,考官陈尧咨事先与之通谋,在试卷上做"识验",即做记号(《宋史·陈尧咨传》)。为杜绝此弊,大中祥符八年(1015年),朝廷设立了誊录院,雇请了一批抄写书手,负责将考卷重新誊录一遍,再交给考官评阅。这样,考官只能根据誊录后的试卷评定考生的等级名次,从而杜绝了考官辨认笔迹、标记暗语的弊端。此后,省试、发解试也相继推行了誊录制度,"而后认识字画之弊始绝"(《能改斋漫录》卷一)。

到了清朝,封弥、誊录之制更加严密与完备。例如,乡试时,受卷官每场收卷完毕,会在卷面上加盖自己衔名的印记,每十卷为一封,汇总送弥封所。弥封官会将试卷卷面折叠,弥封糊名,然后用《千字文》编排红号,每一百卷编一字号,第二、三场与头场同用一号。如"秋四十一号",即"秋"字第四十一号。弥封官亲自钤印后,送誊录所。

誊录所会从各府、州、县书吏中挑选数百至上千名的誊录书手,他们将应举人的试卷用朱笔照誊一遍,但不誊写添注涂改。举子的原卷用墨笔书写,故称墨卷;誊录的卷子用朱笔书写,故称朱卷。誊录官在卷面戳印官衔,誊录书手则在墨卷末尾附写姓名、籍贯。誊录完毕后,将朱、墨卷套送外收掌所核对红号无误,再将朱、墨卷分开。朱卷分批送提调堂,由监临挨包盖印,陆续装箱送内帘,交内收掌所分送考官评阅;墨卷则留存于外收掌所,待放榜之日,按录取的朱卷红号调取墨卷,拆封填榜。会试、殿试的流程与此类似。值得一提的是,与明朝相同,清朝的殿试也不再誊录,而是弥封后由收掌官装箱送读卷官评阅。

目前中国发现的唯一的状元卷,是1983年在山东青州出土的赵秉忠的卷子,这个卷子是用宣纸书写的,长为3.3米,宽为38厘米,共2 460个字。赵秉忠,字季卿,是明代青州府益都县人,明万历二十六年25岁时中状元,官至礼部尚书,他的卷子是由万历皇帝御批的第一甲第一名。

六、按榜就座,实行"互保连坐制"和"诚信奖励基金"

唐朝时期,参与省试的举人们按照甲第顺序被引试,他们坐在尚书都省的廊房之下。而到了宋朝,这一制度有所调整。在考试前一天的夜晚,会预先安排并公布每位考生的座位次序。到了引试当天,监门官员会按照名单逐一引导考生入座,他们必须按照公布的名单就座,不得擅自更换位置。这一制度始于宋真宗景德二年(1005年),但其起源可以追溯到更早的宋太宗雍熙二年(985年)。随着时间的推移,这一按榜就座的制度不仅应用于省试,还扩展到了殿试和解试。例如,宋真宗大中祥符元年(1008年)的殿试中,就在崇政殿的廊下设置了帷幕和座位,每个座位上都清晰地标注了举人的姓名。

元代刘一清对南宋殿试场所有更为详细的记载:

> 廷试之日,士人由和宁门入,徐行……至集英殿门外……殿外挂混图于露天,甚高。良久,天大明,了然分明知位次。士人聚于殿门外,待百官常朝毕,方引士人进拜,列于殿下。宰臣进题,上览焉。天子临轩,天颜可瞻。起居赞曰:"省元某人以下躬拜,再拜。"又躬身而退,各依坐图行列而坐。每位有牌一枚,长三尺,幂以白纸,已书某人、某乡贯,或东西廊第几人,不得移动及污损。坐定,中官行散御题。……既坐而试,不得与邻座说话。(《钱塘遗事》卷十《丹墀对策》)

在考试之前,会预先安排座位次序,并张贴座位榜,要求应试者按照榜上的指示就坐,不得随意更换。这样的安排有两大目的:一是防止应试者之间私下交流作弊,二是维护考场的秩序。因此,这种制度在后世得到了沿用。

明朝乡、会试的座位榜称"号图",由监试同提调官亲自编排。"试前二日,图画东西行席舍间数,编排开写某行、间系某处考生某人坐,又于间内贴其姓名,出榜晓示。"(《大明会典》卷七七《科举通例》)在考试前两天,会画出考场内的座位布局,并明确标注每个座位对应的考生姓名。考试当天,应试者按照号图上的指示就坐,并由号军进行验证。如果发现有应试者未按号就坐,会立即将其逐出考场,取消其考试资格。

到了清朝,乡试的座位安排也有一套严格的流程。在考试前两天,受卷、弥封、誊录、对读官会齐聚贡院的至公堂,共同为应试者编排座号。在编排之前,会先将号戳弄乱,然后由书吏随手检印,同时在试卷和号簿上用印。每排号舍按

《千字文》编号,每个号舍都有一个独特的编号,如"地一号"就是"地"字排的第一间号舍。考试前一天会进行点名,应试者按照编号进入相应的号舍,为第二天的考试做准备。

清初的殿试原本在天安门外进行,但顺治十五年(1658年)后改为在太和殿前的丹墀进行。如果遇到风雨天气,则会移到太和殿的东西两庑进行。到了乾隆五十四年(1789年),殿试的地点改为保和殿。在保和殿内,会安排试桌,并在试桌上粘贴各贡士的名签,应试者按照名签就座。

这一制度的实施不仅确保了考试的公正性和秩序,还体现了当时社会对科举制度的重视和尊重。通过预先公布座位次序和按榜就座的方式,有效地避免了考试中的作弊和舞弊行为,保证了每位考生都能在公平、公正的环境中展示自己的才华。同时,这一制度也体现了当时社会对教育和人才选拔的高度重视,为后来的科举制度奠定了坚实的基础。

互保连坐是将十个同一地区的考生分为一保,一般州郡三人一保,国子监、开封府五人一保。一人考试出了问题,其他人都要受处分。即便情节最轻的传纸条、换座位,一旦查处,本人取消五年考试资格,同乡知情不报者取消四年考试资格,不知情者也要取消两年考试资格。至于贪污受贿的官员,帮助作弊、行贿受贿的考务人员,即使在朝为官,也要罢官,受皮肉之罚或流放。跟着受牵连的还有考生籍贯所在地的地方官、发解官和保人。互保连坐不仅针对举子,而且针对吏胥、职事官等连带责任人,可谓一网打尽。在这样的情况下,考生如履薄冰。

对于那些与考试舞弊行为勇敢做斗争的监考人员和考生,政府都会给一点奖金作为酬谢。宋嘉定十六年(1223年)正月十一日,诏令"封桩库拨二千贯付临安府,五百贯付礼部贡院监试所,推垛充赏使用"(《宋会要辑稿·选举》六)。当时宋廷仅一次贡举考试就拿出2 500贯作为专门的奖励基金,折合人民币100多万元,可见奖励力度之大。

考风正,学风正,是教育公平的体现。这也间接促成了考务管理制度的诞生,考试工作是整个教学过程中的一个重要环节,是教学质量评价中重要的测量方法和手段,有了相应的预防作弊制度,就需要有人员对制度加以实施。通过加强考试防弊制度,既能严肃考风考纪,又能间接促进学生养成诚实守信的优良品格,有利于提升学习风气,在贯彻党的教育方针,培养德、智、体、美、劳全面发展的社会主义建设者和接班人方面具有重要作用。

《中华人民共和国刑法》修正案九就针对考试舞弊行为做了详细的处理规

定:"在法律规定的国家考试中,组织作弊的,处三年以下有期徒刑或者拘役,并处或者单处罚金;情节严重的,处三年以上七年以下有期徒刑,并处罚金。为他人实施前款犯罪提供作弊器材或者其他帮助的,依照前款的规定处罚。为实施考试作弊行为,向他人非法出售或者提供第一款规定的考试的试题、答案的,依照第一款的规定处罚。代替他人或者让他人代替自己参加第一款规定的考试的,处拘役或者管制,并处或者单处罚金。"

我们应在全社会营造批判舞弊的社会风气,打击各种舞弊行为,端正考风,倡导诚信考试,并落实到具体行动之中。因此,要形成正确的社会舆论导向。一方面,在观念上应改变单纯重视考试成绩,以及把考试成绩作为评价教育成果和人才优劣的唯一标准的理念。另一方面,应改变只重视分数的应试教育模式,把德育与智育、书本知识和实践能力、精英教育与大众教育结合起来,因材施教,使学生的个性得到健康地张扬,使学生的创造潜能得到自由地激发,为人才的脱颖而出创造合适的途径,以改变学生为考试而读书的消极状况,部分学生为应付考试而不得不舞弊的恶性循环。另外,随着社会科技的不断发展,越来越多的与"糊名制"相似或者有相同作用的方法,如现代考试制度中的封弥(密封线)、锁院(警戒线)、按榜就座(根据座次表就座)、电子屏蔽仪、考官监考巡考等,被用来尽可能地保证考试过程的公平性,确保人才选拔过程的合理合法性。促进考试公平的制度与手段一直在与时俱进,让我们为维持一个风清气正的教育环境而共同努力。

本节习题

一、单项选择题

1. 宋太祖云:"国家悬科取士,为官择人,既擢第于公朝,宁谢恩于私室,将惩薄俗,宜举明文。今后及第举人不得辄拜知举官子孙弟侄,如违,御史台弹奏……兼不得呼春官为恩门、师门,亦不得自称门生。"以上材料主要反映出宋太祖采取(　　)的措施来防弊。

  A. 糊名制   B. 别头试   C. 锁院制   D. 誊录制

2. 武则天对于科举的贡献有(　　)。

  ① 设立糊名法   ② 设立武举

  ③ 提高进士科及第待遇   ④ 创立殿试

  A. ①②③④   B. ②③④   C. ②③   D. ①②③

3. 宋真宗大中祥符八年,为了防止笔迹不同而作弊,任用专门官员重新用标准化字体对考生试卷进行誊录,此项制度叫作(　　)。

  A. 糊名制　　　　B. 废公荐　　　　C. 锁院制　　　　D. 誊录制

4. 同知贡举指的是(　　)。

  A. 主考官　　　　B. 副主考　　　　C. 誊录官　　　　D. 密封官

5. 宋太宗淳化三年,翰林学士苏易简作为知贡举,"既受诏径赴贡院,以避请求",不能会见亲朋好友,也不得与贡院外有书信联系,从而避免泄露试题与发生举子请托现象。这种措施被称为(　　)。

  A. 糊名制　　　　B. 别头试　　　　C. 锁院制　　　　D. 誊录制

二、思考题

1. 试述科举考试的诚信机制及其重要启示。

第四节　科举是与非

科举在隋唐宋元得以兴盛,但是为什么在明清的时候就衰落了,甚至成为封建糟粕的象征呢?

扫码查看课程

首先,从经济发展的角度来讲,隋唐宋元时期属于农业社会的上升时期,科举是当时先进生产力在文化领域的代表,能够不拘一格降人才,促进平民阶层向上层社会的流动,成为当时世界最先进的考试制度。此时此刻,欧洲还处于蒙昧的中世纪,经院主义泛滥,神权至上,教会教权折磨肉体、惩罚灵魂,以宗教禁锢人的思想,两相对比,高下立现。但到了14—17世纪以后,西方世界通过文艺复兴、宗教改革、科技革命奋起直追,渐渐迈入机器大工业时代。力学、化学、物理学、天文学、算学、金融、医学等知识,是新兴生产力中科技力量的中坚。反观明清时代的科举内容还是程朱理学,存天理灭人欲,忠君尊孔,义理考据,词章八股,墨守成规,陈陈相因,毫无活力,作为单一的政治性考试,必将落伍于时代。

其次,从考试本身来讲,隋唐宋元时期考试科目选择面宽,取才标准也比较多元化,有明经科、明法科、明书科、明算科、童子举、武举、道举、进士科、史科等。内容上包含文学、诗赋、政治、哲学、科学、军事、司法、数学,对象上除了选拔成人,还肯定了儿童的创造性,可以说不拘一格、百家争鸣,是千花竞秀的舞台。此外,隋唐宋元时期考试题型多样化,坚持科学性和灵活性相结合,有帖经(填空)、墨义(简答)、口试(面试)、策问(分析论述)、诗赋(创作),题型的完整性提高了考试的效度和信度,可以客观全面地检测出一个人的知识理解、应用、分析、判断、综合、创新的能力。而明清时期考试科目狭隘,只剩进士科,内容上以程朱理学为主,删节《孟子》,大兴文字狱,形式上采用八股文,买椟还珠,以辞害意。学校彻底沦为科举的附庸。

明宪宗成化年间开始盛行"八股"取士,这一特殊文体对明、清400余年的教育与学风产生了极大的影响。"破题、承题、起讲、领题、起股、中股、后股、束股"成为考试文体的定制,非八股文章一概不录。更有甚者,连有文字笔画错误的好文章也不能录取。以清代蒋杙之所写的一篇八股文为例,试题出自《孟子·公孙丑上》,要求根据孟子对齐宣王说的"鸡鸣狗吠相闻而达乎四境"这句话写一篇八股文,以下做简要分析。

狗吠(题目)

物又有以类应者,可以观齐俗矣。(破题)

夫狗,亦民间之常畜也,乃即其吠而推之,其景象果何如耶?(承题)

若曰:辨物情者,所以观国俗;睹物产者,所以验民风。吾尝入齐之疆,而窃叹其聚俗之盛也。(起讲)

岂但征之鸡鸣已哉!(领题)

首先看破题、承题、起讲,这是模仿孟子的口气说话,狗本是民间常畜,其吠有何可说?孟子之所以提出狗吠,是为了说明齐国富庶,而富庶的景象究竟如何呢?从齐国之内的民风国俗说起,民生富庶,当然养的狗就多了。

自功利之习既成,而人争夸诈。故斗鸡之外,尤多走狗之雄。(第一股)

自山海之资既启,而户饶盖藏。则吠夜之声,不减司晨之唱。(第二股)

走狗、斗鸡是贵族的娱乐,可见人民富裕,娱乐活动丰富。分股之一比,一比为两股。第一股接上文,引出走狗;第二股从人民富足的生活说到养狗者渐渐增多,暗中引出狗吠。这两股分别在讲狗或狗吠时用鸡或鸡鸣做陪衬,既接上文的"岂但征之鸡鸣已哉",又不脱离狗吠的题目,还没有完全说明狗吠,为下文进一步申说留下余地。

分沥粒之余甘,而驯扰优游,不过与羱豚并畜。乃暮柝相传,而人为之守望者,狗亦共之徼巡。盖风雨晦明之间,嗥嗥者终宵而未静矣。(第三股)

这是说养狗和养猪一样简单。洗米的剩余、剩饭都可以喂狗。人在晚间或守望或巡夜,狗亦随着出力。

抚胎伏之无伤,而尘嚣角逐,亦只与牛犊同群。乃夜扉既阖,而人乐其安居者,狗尚严其戒备。盖草露寒瀼之际,狺狺者达旦而未休矣。(第四股)

狗的繁殖增多,可与牛犊同群奔逐。每到人家入夜关门之后,人已安居,狗还在戒备。露水满地的草丛中传出狗叫的声音,到晓不停。

瞻之以影,听之以声,非其见闻习熟而狰狞欲噬者,一若有异言异服之讥。(第五股)

深巷之中,蓬门之下,苟其一唱嗥然而嘈杂齐喧者,并若有同声同气之助。(第六股)

分股之三比。这两股的意思是,狗可以通过观人形、听人声来辨别人是否熟悉,对不熟悉的人就会凶猛地撕咬。在一个小巷之中,一个小院子门前的狗叫起来,周围许多狗都会同声叫起来。这是进一步细述狗的生活习性,还是落脚到狗吠上。

由是《国风》十五,而卢令志美,独夸东海之强。(第七股)

《诗经》十五国风的《齐风》里说到"卢令令",卢是田犬,令令是项圈上的铃铛声音。齐国在东海之滨,卢令载于《齐风》,可以说为东海地方增强了声誉。

甚而食客三千,而狗盗争雄,尝脱西秦之险。(第八股)

齐国的孟尝君有三千门客,曾用鸡鸣狗盗的手段,逃出了秦国。此分股之四比。这两股从现代的狗追溯到古代的狗,用了《国风》和孟尝君的典故,说明狗在历史上有着光荣的事迹。这一股的写法很像我们现在写文章时的发挥,在言之将尽时,奇峰突现,给人以新意。

苟使民居寥落,安能群吠之相呼;倘非万室云连,岂必村庞之四应也哉!(收结,称为"落下")

此句作结,这是全文的结尾。意为如果齐国国内居民寥落,即有狗吠也不能打成一片。正因为齐国富庶,万家相连,才有吠声相应的盛况。文章非常严格地遵守了八股文的要求,没有明写"达乎四境"而犯下,却暗藏了达乎四境的含义,完整地照应了"观齐俗"的主题。

这篇名为《狗吠》的八股文,在佶屈聱牙的文字游戏中,所包含的科技含量和时代价值能有多少呢?为什么写出《天工开物》的宋应星、《本草纲目》的李时珍、《徐霞客游记》的徐霞客、《红楼梦》的曹雪芹,这样的科学家和文学家却无缘于科举呢？不能不令人深思。

尽管隋唐时期设有明算、医学等常规科目，以及抱器怀能、绝伦等特别科目，但这些科目的影响力和地位远不及明经与进士科。随着时间的推移，这些科目甚至被科举考试所排除。农学、医学、天文学、算学等科目虽然与国家的生计和民生密切相关，具有一定的实用价值，但统治者对它们的重视程度不同。相比之下，物理、化学、生物、解剖、几何和地理学等科目，更是被视为旁门左道、奇技淫巧，被全社会所冷落。

学者们掌握天文、历算、地理、医学等知识，并非为了在这些领域深入发展，而是受到"一物不知，儒者之耻"的观念驱使，将这些知识作为考据经史的工具，成为汉学的附庸。科举考试的巨大吸引力使得读书人将全部精力投入到儒家经典上，他们一心追求及第做官，这成为中国近代科学技术落后的一个重要因素。

由于知识的狭隘和能力的单一，读书人往往难以应对科举之外的其他世事。科举制度作为封建社会普通学子成名登科的唯一途径，一旦及第，就能获得名利和地位。这种诱惑使得一些人敢于冒险作弊，科场舞弊现象在明清时期日益严重，科场纪律松弛，作弊形式五花八门，有怀挟、传递、冒考、窜换、冒籍、关节等，其中尤其以关节之弊为最，成为社会的一大流弊。尽管统治者对科场舞弊者施以触目惊心的酷刑，但舞弊之风却越禁越盛。许多有才华的学子因不懂或不屑于进行科考舞弊，即使怀有满腔的报国热情，也只能望考兴叹。

在封建时代，读书人们深受"书中自有黄金屋，书中自有颜如玉"的观念影响，将读书的目的局限于应试、求官、干禄。这种功利性的读书观念限制了他们的视野和创造力，使得他们难以在其他领域有所建树。因此，科举制度对中国近代科学技术的发展产生了深远的影响，也成为中国社会发展的重要制约因素。尽管科举取士制度在理论上打破了门第和血统的界限，为更多人提供了晋升的机会，但在实际操作中，有条件接受教育并参与科举考试的往往仍然是富裕家庭。这种现象导致了一个新的特权阶层的形成，他们通过科举考试获得了更高的社会地位和权力，从而加剧了社会的阶级矛盾。

这提醒我们，在设计和实施选拔人才的制度时，需要充分考虑教育资源的公平分配，确保每个人都有平等的机会接受教育并参与竞争。只有这样，我们才能真正实现选拔人才的目标，促进社会的公平与和谐。

任何事物都具有两面性，我们要用辩证唯物主义和历史唯物主义观点去分析和评价，对于科举制也应一分为二地来看待。

(一) 科举制从隋唐到宋元，积极作用大于消极作用

在政治上，科举制打击了士族门阀制度；在考试中，打破了血缘、出身、门第、家族的桎梏，开拓了知识改变命运、平等竞争的选才机制；在文化上，采用统一文字，弘扬中华民族传统文化的核心价值，树立了中华民族共同的文化信仰，有利于民族的融合、国家的统一；在社会心理上，形成了尊重知识、尊重文化、尊重人才的良好风尚。从中央到地方，从官学到私学，科举调动了办学、求学的积极性，对于学校的发展、教育的普及也有极大的推动作用。

1. 科举制度促进了社会阶层的上下流动

在中国帝制时代的社会中，存在两个核心的社会阶层，即"官"与"民"。其中，"官"阶层进一步细分为"君"与"臣"，而"民"则细分为"士、农、工、商"四大类别。科举制度作为选拔官员的主要途径，其选拔标准并不局限于个人的家庭背景，而是"一切以程文为去留"，即完全基于应试者的学识和能力。这一制度对社会的各个阶层都保持开放，意味着即便是富裕的农民、手工业者或小商人子弟，也有机会通过科举考试进入仕途，进而提升他们家庭或家族的政治地位和经济地位。

科举制度的存在极大地促进了社会阶层的流动性。它为社会的下层人士开辟了一条明确的上升通道，即通过"读书—科举—做官"的路径，他们有机会跻身于社会的上层。这种机制不仅为社会带来了活力，也激发了人们对知识和教育的渴望，进一步推动了社会的繁荣与进步。正如北宋名臣陈襄所说："今天子三年一选士，虽山野贫贱之家所生子弟，苟有文学，必赐科名，身享富贵，家门光宠，户无徭役，麻荫子孙，岂不为盛事！"(《古灵集》卷十九《仙居劝学文》)宋朝以来广为流传的《神童诗》"朝为田舍郎，暮登天子堂"，以及《名贤集》"寒门生贵子，白屋出公卿"，正是人民对实现社会阶层向上流动的热切希望和真实写照。

1947年，美国著名历史学教授柯睿格在《科举考试中的门第与才学》一文中的统计，说明由于实行科举制度，宋朝出现了相当大的社会阶层的上下流动。1962年，美国芝加哥大学讲座教授何炳棣出版《明清社会史论》一书，对明、清四十八科《进士登科录》12 226名进士的家庭背景进行了统计，发现明朝前期(1371—1610年)及第进士者中，三代无任何功名的占46.79%，三代中虽有生员功名、但无资格任官者占2.8%，两者均为出身平民，共占49.5%。及第进士中三代内有监生、举人功名及任官者，共占50.5%；其中有监生、举人功名只是具有任官的资格，并不一定就能出任官职，成为官员家庭。由此推论，明朝及第进

士者出身三代非官员家庭的应该在 60% 以上。这说明明朝也出现了相当大程度的社会阶层流动。①

1947 年,著名社会学家潘光旦、费孝通发表《科举与社会流动》一文,根据清朝康熙至宣统年间的 915 份科举朱、墨卷的履历,统计出其父亲没有功名(进士、举人、贡生、生员)者为 306 人,占 33.44%。在清朝,"生员"是经童试合格而进入各府、州、县学就读的学生,俗称为"秀才"。"生员"虽是一种功名,但并不能直接选官,只是具有高于平民的身份和享受免役的待遇,所以不能列入仕宦出身。据潘光旦、费孝通的统计,915 份朱、墨卷中,父亲为生员者为 289 人,这样,其中父亲没有仕宦身份(进士、举人、贡生)者共为 595 人,占 65%;父、祖、曾祖三代没有功名(进士、举人、贡生、生员)者为 152 人,占 16.61%。父、祖、曾祖三代有生员功名者为 393 人,这样,其中父、祖、曾祖三代没有仕宦身份(进士、举人、贡生)者共为 545 人,占 59.56%。② 这说明清朝同样出现了社会阶层的上下流动。

2. 科举制度促进了文化教育事业的发展

1 300 余年的科举史上,曾产生出 700 多名状元,近 11 万名进士,数百万名举人。他们中有杰出的思想家、文学家、艺术家、诗人、学者、教育家、科学家、外交家等。比如唐代的孙伏伽、王维、张九龄、韩愈、柳宗元、刘禹锡、颜真卿、柳公权、白居易;宋代的欧阳修、王安石、苏东坡、司马光、朱熹、包拯、寇准、张孝祥、张九成;明代的杨慎、康海、汤显祖、海瑞、徐光启;清代的纪晓岚、刘墉、郑板桥、钱大昕、林则徐、翁同龢、洪钧、张謇、蔡元培等。

宋代在科举考试的刺激下,读书人数急剧增加,对经、史、子、集各类书籍的需求量也大为增加。而在科学技术方面,雕版印刷术的发展和活字印刷术的发明,以及造纸技术的提高,也促使各类书籍得以大量印刷和广泛流布,这样就大大推动了文化的普及。

为了适应科举考试的需要,中央官学、地方官学、各地书院及各种乡村私塾空前发展。如宋朝太学,宋徽宗时生员达上舍 200 人,内舍 600 人,外舍 3 000 人,共 3 800 人。各州、县一般皆有官学,并有学田、房屋以供办学之费。③ 据宋徽宗朝的国子祭酒葛胜仲《乞以学书上御府并藏辟雍札子》称,当时的官方统计

---

① 见何炳棣《明清社会史论》第三章"向上流动:进入仕途"(中华书局 2019 年版)。
② 潘光旦、费孝通:《科举与社会流动》,《社会科学》1947 年第 1 期,转引自《费孝通全集》第五卷,内蒙古人民出版社 2009 年版。
③ 何忠礼:《科举制度与宋代文化》,《历史研究》1990 年第 5 期。

显示,宋徽宗大观三年(1109年),宋朝全国二十四路官学生员共167 622人,学舍95 298楹,学钱岁所入3 058 872缗,学粮岁所入640 291斛,学田105 990顷,房廊155 454楹。其官学在校学生之多、校舍之广、经费之大都是空前的。至于民间的书院与私塾更是不可胜数。

明、清时期,"科举必由学校"(《明史》卷六九《选举志》一),官学与书院、义学、社学、私塾的学校教育更为发达。据《大明一统志》记载,明太祖洪武三十一年(1398年),全国府、州、县的官学已经约有1 200所①,后来又增至1 471所。清朝时期,官学又有大量增加,清光绪十二年(1886年)全国府、州、县的官学增至1 810所(《大清会典事例》卷三七〇—三八三)。书院以及义学、社学、私塾等私学更是不计其数。如清乾隆初年,仅云南十四府三厅四直隶州就有义学570余所(《滇系》卷六之一《人物》)。

3. 中国的科举制度对近代文官考试制度的创立有借鉴的作用

中国的科举制度在考试方法方面日臻完备,体现了公开考试、平等竞争、择优录用的普适原则,因而对于近代文官考试制度的创立起到借鉴的作用。

美国学者顾立雅认为,科举制是中国对于世界的第五大发明和贡献。② 在唐代,专门设计了录取域外人士的"宾贡进士"制度,对促进唐朝与邻国的关系、提升这些国家的文化教育水平起到了重要作用。在日本的名著《源氏物语》中便有对于科举制的记载。日本在8—9世纪时仿照唐朝的制度举办了贡举,分为秀才、明经、进士、明法四科。日本人阿倍仲麻吕不远万里来到了中国,通过进士科考试,成为三朝元老。新罗的崔志远、阿拉伯的李彦升、越南的姜公辅也将儒家文化和科举制的精髓带到了本国。科举制度吸引了朝鲜、越南、日本、琉球等东亚国家的士子前来应试,他们以科举制度为桥梁,加深了与我国人民之间的友谊,推动了中华文明在东亚的传播,有力地促进了中华文化的对外输出和各国文化教育事业的发展。

自16世纪起,欧美诸国的传教士纷纷踏上中国的土地,他们不仅带来了新的信仰,更将中国明、清时期的科举制度传播到了西方。这些传教士们,如葡萄牙的加斯帕德·达·克鲁兹、西班牙的胡安·冈萨雷斯·德·门多萨、意大利的利玛窦等,都在他们的著作中详细介绍了科举制度,并对其赞不绝口。这些著

---

① 见何炳棣《明清社会史论》第五章"影响社会流动的因素"第一节"科举与官学"。
② H. G. Greel, "The Beginning of Bureaucracy in China: The Origin of the Hsien", *Journal of Asian Studies*, 1964 (23).

作,如《中国概说》《大中华帝国史》《中国传教史》和《利玛窦中国札记》等,都成了西方了解中国科举制度的重要窗口。

1815年,罗伯特·马礼逊的《华英字典》对科举制度的历史发展、条令规则和实施情况进行了详尽的介绍,使得西方得以全面、深入地了解这一制度。而早在18世纪,中国的科举制度已经赢得了法国启蒙思想家,如伏尔泰、孟德斯鸠、狄德罗、卢梭等人的高度赞赏。法国重农主义经济学家魁奈更是提出了欧洲引进中国科举考试制度的建议。

法国在1791年开始实行文官考试制度,这无疑是受到了中国科举制度的影响。而在1847年,英国人托马斯·梅多斯根据他在中国的考察经历,出版了《中国札记》,呼吁英国建立一种向全体英国臣民开放的竞争性的考试制度。这一呼吁在19世纪中叶得到了回应,东印度公司仿效科举实行了文官考选制度。在深入研究东印度公司借鉴中国科举制度的选才制度后,1854年,托马斯·麦考莱等人向英国议会提交了《印度文官制度报告书》,建议英国实行文官考试制度。这一建议在1855年得到了实施。而美国也在1883年通过了文官考试法案《彭德尔顿法》,正式确立了文官考试制度,仿效了英国的做法。

值得一提的是,1896年,美国传教士丁韪良在他的《中国环行记》一书中也高度赞扬了科举制度,称其为"中国文明的最好方面"。"……当今在英国、法国和美国正在取得进展的文官考试制度,是从中国的经验中借鉴而来的。"这足以证明,科举制度不仅在中国历史上发挥了重要作用,更在全球范围内产生了深远的影响。

(二)科举在明清时期,消极作用日趋明显,最终失去了存在的合理性,被社会所淘汰

1. 学校教育逐步沦为科举考试的附庸,学风败坏

随着历代统治者重视通过科举考试来选拔人才,学校教育"储才以应科目"(《明史·选举志》一),学校教育的直接目的变为参加科举考试。"科举必由学校",只有接受学校教育取得出身的学子,才有资格参加科举考试。学校教育被纳入科举体系,成为科举制度的附属物。学校教育的目的、内容、方法等都围绕着科举考试。科举考什么,学校学什么;科举怎么考,学校也就怎么教。学校丧失了作为教育机构的独立性,日益走向衰败。由于八股文是明清科举考试的主要文体,而八股文有固定的格式,可能通过模仿别人的文章,掌握其写作的基本

技巧。因此,学作八股文便成为明清学校教育的主要内容和重点。清人汤成烈就曾指出:"考其学业,科举之法之外,无他业也;窥其志虑,求取科名之外,无他志也。"(盛康辑《清经世文续编》卷六五)如此,学校教育内容空疏无用。

1962年,何炳棣在美国出版英文著作《中华帝国的成功阶梯:关于社会流动》,该书在对大量科名获得者的家世资料进行定量和定性综合分析的基础上,得出了如下结论:在宋代有53%、明代有46.7%的进士出身于寒微人家,至清末(1822—1904年),前三代无功名或仅为生员者的进士也有35.5%。他认为,明清时期,获得低级功名的普通生员来自广泛的社会阶层,具有广泛的社会基础,但在获得高级功名和官员职位的道路上,竞争非常激烈,中高层官僚家庭的社会流动似有下降的趋势。尽管社会地位的高低主要取决于是否拥有高级科名和在官僚社会中地位的高低,但金钱的力量也是非常强大的。1450年以前,金钱还只能间接地帮助人们获取高级科名或地位,而此后则可以通过买官直接进入上流社会。尤其是1850年以后,金钱几乎取代了高级科名,而成为确定社会地位的决定因素,买官的现象破坏了考试公平的理想。①

2. 科举考试重伦理、轻技艺,内容单一僵化,严重限制了中国近代科技的发展,束缚了人们的思想

清光绪二十一年(1895年),康有为、梁启超集结603名举人联名上书光绪皇帝,反对在甲午中日战争中与日本签订丧权辱国的《马关条约》。那一刻,先进的有识之士已经认识到,科举不能挽救中华民族的命运。1905年9月2日上谕曰:"著即自丙午科(1906年)为始,所有乡、会试一律停止,各省岁科考试亦即停止。"②自隋代起施行了1300年之久的科举考试制度宣告终结。

当黄河岸边柳荫树下,犁间耕作的喘息与手摇纺车的吱呀呻吟合奏出悠闲的田园慢板时,英格兰西北部,兰开夏郡的蒸汽锅炉正在吼叫出震耳欲聋的工业交响曲。当两鬓飞雪的范进因中举登科而神经错乱时,牛顿正在通过自制的反射望远镜关注着宇宙间的行星运动规律。当乾隆傲慢地拒绝英国的通商要求,正在为天朝物产丰盈、无所不有而沾沾自喜时,西方的殖民者早已踏上了侵略扩张的征途,掠夺金钱,贩卖奴隶,开辟市场,力图建立一个全新的世界。清朝晚期,西方国家在科学技术领域里取得了巨大的进步,而中国却逐渐远离了时代的步伐和世界的潮流。当时的科举制度仍然引导着士人们埋头苦读四书五经中的

---

① 李兵、刘海峰:《科举:不只是考试》,上海教育出版社2018年版,第334页。
② 孙培青:《中国教育史(第四版)》,华东师范大学出版社2019年版,第351页。

"时文"和"试帖诗",而对数学、物理、化学、生物、地理等自然科学知识却视而不见。更为严重的是,科学技术在这些士人眼中被贬低为"奇技淫巧",显得无足轻重。科举考试的内容陈旧腐朽,这一点是显而易见的。

1838 年,英国传教士沃尔特·亨利·梅德赫斯特在他的著作《中国的现状与传教展望》中也指出了科举制度的弊端。他批评道:"这一制度的缺陷在于,它限制了士人们的文学视野,使他们一味地遵循古老的传统,而不愿意支持当代的创新和才能的开发。那些圣贤之书被奉为圭臬,人们认为其中蕴含着世间的真理,而人类社会关系之外的一切事物,包括自然科学,都被轻视甚至忽视。伦理学和玄学成了他们的主要学科,而自然科学则几乎无人问津。地理、天文、化学、解剖、机械,以及电流学和磁学等原理,光、热、声的理论,以及所有归纳哲学的成果,都被完全忽略,无人知晓。因此,人们的思维被束缚,无法在科学的道路上迈出坚实的步伐。"①这一批评是深刻而有力的。

康有为在《请废八股折试帖楷法试士改用策论折》中说,全国童生 30 年间总计约为 300 万之数,"以总角至壮至老,实为最有用之年华,最可用之精力,假以从事科学,讲求政艺,则三百万之人才足以当荷兰、瑞典、丹麦、瑞士之民数矣。以为国用,何求不得?何欲不成?乃以三百万可用之精力人才,月日钩心斗角,敝精费神,举而投之于枯困搭截文法之中,以言圣经之大义,皆不与之以发明也;徒令其不识不知、无才无用、盲聋老死,是比白起之坑长平赵卒四十万尚十倍之,其立法之谬异、流弊之奇骇,诚古今所未闻,而外人所尤怪诧者矣"。这完全是基于切肤之痛而发出的肺腑之言。连晚清来华的传教士也认为,中国科举制度"立意甚良",但在考试内容、考试方法等方面也有很大弊病。如美国传教士林乐知在《中国专尚举业论》一文中说:"若夫朝廷得人而官之,固欲其能经国家、利社稷、安民人者也。乃取士之制,只凭制义试律,土饭尘羹,即空疏而无用,即条对经史、时务诸策,浮词剿说,亦撷拾而无根。"因此,八股取士是"所举非所用,所用非所举"。②以八股文取士,不但不能造就和选拔治国安民之才,而且会禁锢思想、败坏人才。

综上所述,经济基础决定上层建筑,科举制是一定历史条件下政治经济的产物,它的产生具有其合理性,是教育公平的表现,是人类文化历史的进步。然而任何事情都具有双重性质,考试制度也要与时俱进,服从现实需要,不断地进行

---

① Walter Henry Medhurst, *China: Its State and Prospects*, Croker & Brewster, 1838, p.180.
② [美]林乐知:《中国专尚举业论》,《万国公报》第 15 年第 704 期,台北华文书局 1968 年影印本,第 9262 页。

完善和调整，才能发挥其积极作用。决定考试制度的终极因素不是考试本身，而是与之相匹配的经济基础和政治制度。明清时期科举制度的腐败是封建社会腐朽没落的表现，但它传入西欧，作为公务员考试制度却能够发扬光大。正如一盆花，它的根烂了，再怎么浇水也是于事无补的，所以考试本身无罪，考试制度要改革。

考试作为社会选拔、激励、评价的工具，本身的存在是没有错误的。但是考试制度要与时俱进，反映时代和社会经济发展的新需要，如果抱残守缺、刻舟求剑，只是成为少数特权阶层固化、操纵权利的工具，不能反映广大人民群众的根本利益，就会被时代所淘汰。

自1952年起，中国现代高考制度伴随着高等教育布局的调整而诞生，全国普通高校开始实行统一的招生考试，这标志着中华人民共和国高考制度的建立。1966年至1976年的特殊时期，高考制度被迫停止，1972年改为工农兵大学生的推荐制度。直到1977年，中国决定恢复高考制度，这一决策得到了社会的广泛认可。至今，高考制度仍然是社会最公平、最公正、最被认可的选拔制度。这一制度的恢复，不仅为中国的教育事业注入了新的活力，也为社会主义现代化建设提供了坚实的人才保障。

在社会主义条件下，我们必须以史为鉴，因势利导，不断改革和完善考试制度，以更好地服务于社会主义现代化建设。通过高考制度，我们可以选拔出优秀的人才，为国家的发展提供源源不断的智力支持。同时，我们也需要关注高考制度中存在的问题和不足，积极寻求改革和创新，以适应时代的发展和社会的需求。只有这样，我们才能确保高考制度始终保持其公平、公正和受认可的地位，为社会主义现代化建设做出更大的贡献。

学习是一场没有终点的旅程，更是对国家和民族未来的一种战略考量。高考要改革招生录取机制，减少和规范考试加分；完善和规范自主招生，完善高校招生选拔机制，改进录取方式，拓宽社会成员终身学习通道。应该凭借"全面深化改革"的时代步伐，多管齐下，改变"一考定终身"的局面，不断加大高级技术型人才的培养力度，让莘莘学子都能选择适合自己发展特点的高校。

习近平总书记强调："一个人能否成才，关键不在于是否上大学，而在于他的实际本领。"总书记殷切教导的深刻意义，就在于青年一代要摒弃"终身职业"的守旧思想，避免"江郎才尽"的"悲惨局面"，努力练就一身本领，不断提升能力素养，用"真能力、真素养和真实干"，拿稳国家发展的"接力棒"。

当今推行"五育并举",即德、智、体、美、劳全面发展。2018年9月,习近平总书记在全国教育大会上提出,要培养德、智、体、美、劳全面发展的社会主义建设者和接班人。在深入贯彻习近平总书记重要讲话精神的过程中,教育系统逐步形成"五育并举"的提法,将其作为加快推进教育现代化、建设教育强国、办好人民满意的教育的重要指导思想。如今对于高考制度的改革,试行普通高校、高职院校、成人高校之间的学分转换,拓宽终身学习通道,成为时代的新特色。

毋庸置疑,无论处在什么岗位、从事何种职业,青年一代都是社会主义的拥护者与建设者,都在实现自己人生价值的同时,夯实着中国梦的宏伟篇章!

本节习题

一、单项选择题

1. 科举考试中的"帖经"相当于现在的(　　)。
   A. 简答　　　　B. 填空　　　　C. 口试　　　　D. 墨义

2. 科举制在(　　)年被废除。
   A. 1905　　　　B. 1906　　　　C. 1902　　　　D. 1904

3. 科举制在明清衰落的根本原因是(　　)。
   A. 程朱理学存天理灭人欲
   B. 进士科变成单一的政治考试
   C. 八股取士束缚思想
   D. 与之相匹配的生产力和政治制度的没落

4. 对科举制的正确理解和评价有(　　)。
   ① 隋唐时期科举制的诞生打击了士族门阀制度
   ② 八股取士束缚思想,终被历史所淘汰
   ③ 隋唐时期取士标准比较多元化
   ④ 明清时期的考试内容不能反映工业时代的进步和要求
   A. ①②③　　　B. ②③④　　　C. ②③　　　D. ①②③④

5. 科举制对于海外的影响有(　　)。
   ① 在亚洲促进形成了儒家文化圈,提升了日本、朝鲜、越南等国的文化教育水平
   ② 18—19世纪的法国、英国、美国吸收科举理念,建立了公务员考试制度

③ 封建糟粕一无可取

④ 唐代的宾贡进士制度录取了不少外国友人，发展了唐朝与邻国的友好外交

A. ①②③　　　　B. ①②④　　　　C. ②③　　　　D. ①②③④

二、思考题

1. 如何辩证地评价科举制？
2. 简述科举制走向衰落的重要原因。

第六章　教会学校的二重性

本章导读

　　教会学校是在西学东渐和鸦片战争的背景下,西方基督教势力在中国开办的学校。前期的教会学校具有宗教性和殖民性,以传播基督教为己任,学校自成体系,独立于中国教育体系之外,是西方殖民扩张的产物,是半殖民地国家地位在文化上的体现,是文化侵略的急先锋。20世纪20年代到1953年,随着中国民族民权运动的高涨和收回利权运动的开展,一系列不平等条约相继被废除,教会学校纷纷在华注册,以私立高校的形式存在。它们逐渐摒弃宗教课程,发展特色专业,开展"教学-科研-服务"的"三·一"办学模式,立足于社会,服务于大众,改造旧时代,成了东西方文化交流的桥梁,也为中华人民共和国高等教育的改组与建设奠定了基础。

核心内容

表6-1　近代中国教会学校概况

时代背景	特点	代表性学校机构	影响表现	角色定位
1840年前后—20世纪20年代鸦片战争前后	宗教性殖民性	学校教科书编纂委员会 中华教育会 马礼逊学堂 英华书院 宁波女塾	以传播基督教为己任,学校零星分散,多以初等小学和福利救济性质的机构存在	教会学校自成体系,独立于中国教育体系之外,是西方殖民扩张的产物,文化侵略的急先锋

续　表

时代背景	特点	代表性学校机构	影响表现	角色定位
20世纪20年代—1953年中国民族民权运动的高涨	本土化 世俗化 科学性 时代性	燕京大学 圣约翰大学 金陵大学 齐鲁大学 沪江大学 东吴大学 岭南大学 北京协和医院 等21所高校	教会学校纷纷在中国教育部注册立案,摒弃宗教课程,发展特色专业,实行"教学-科研-服务"的"三·一"办学模式,服务于社会,改造旧时代	中西方文化交流的桥梁和纽带,培养了大批科技与实业人才,促进中国高等教育和女子教育近代化的转型与发展

关键术语：教会学校；宗教性；殖民性；本土化；世俗化
学习目标：理解教会学校的二重性,对其一分为二地进行客观评价

第一节　教会学校的文化侵略

教会学校是1840年鸦片战争前后,资本主义列强通过教会在中国所设立的学校。近代教会学校是对华文化侵略的据点。

一、教会学校的缘起

扫码查看课程

西方文化向中国传播的历史并非始于鸦片战争。早在明朝万历年间,随着传教士的足迹,西方科学文化已悄然进入中国。当时,意大利耶稣会传教士利玛窦等人在深入学习了汉文及四书五经后,携带贡品进京进献。他们自称"陪臣""西儒",出于对天朝帝国的敬仰和文化交流的热忱,愿意在中国长期居住。利玛窦等人以传播自然科学和技术为手段,争取在中国传教的权利,逐渐将西方的数学、天文学、医学、地理学等科学知识介绍给中国。这次西方文化的传入并不具有侵略性,没有威胁到天朝帝国的尊严,也没有取代中国传统文化的风险,因此从皇帝到一般士大夫都能接受。

1818年,传教士马礼逊在马六甲建立了第一所面向华人的华文教会学校——英华书院。1832年,马礼逊学堂在澳门设立,成为第一所设立在中国本土的教

会学校。1842年，该校由澳门迁至香港，校长为布朗，教师除布朗夫妇外，还有一个教中文的中国人。第一批学生有容闳等六人。他们都是穷人家的孩子。容闳后来成为我国最早的留学生，我国第一位西医黄宽也出自这所学校。该校课程除宗教外，还有中文、算术、代数、几何、生理学、地理、历史、英文、化学等。①

鸦片战争后，资本主义列强在掠夺了中国的政治、经济、军事等特权的同时，还要夺取在华的教育特权。

（一）利用不平等条约，夺取办教育的特权

1842年签订的《南京条约》明文规定："耶稣天主教原系为善之道，自后有传教士来中国，一体保护。"这便为他们在中国开展文化教育活动打下了基础。英国夺得了五口通商、协定关税、领事裁判权以及最惠国待遇后，为文化教育的侵略彻底打开了大门。

1844年，美国逼迫清政府签订《中美望厦条约》，其中规定"合众国民人在五港口贸易，或久居、或暂住，均准其租赁民房，或租地自行建楼，并设立医院、礼拜堂及殡葬之处……"②同年，继《中美望厦条约》以后，在《中法黄埔条约》中规定"法兰西人亦一体可以建造礼拜堂、医院、周济院、学房……倘有中国人将法兰西礼拜堂、坟地触犯毁坏，地方官照例严拘重惩"③。于是法国便明确获得了建教堂、传教、办医院、办学校的权利，并且还要受清廷的保护。

1846年2月，道光皇帝颁布了一道意义深远的诏书，终结了长达一个多世纪的"宗教禁令"。这道诏书明确指示，各地官员不得再对天主教进行打压或禁止。任何滥用权力、擅自逮捕天主教信徒的行为，都将受到应有的惩罚。这一历史性的变革为西方传教士打开了通往中国的大门。他们伴随着鸦片和商品涌入，纷纷踏上了这片古老而神秘的土地，开始了他们的传教之旅。

（二）创办教会学校

随着不平等条约的签订，外国传教士纷纷涌入中国，他们在五个通商口岸率先开办了教会学校。

1844年，英国传教士爱尔德赛在宁波创办了女子学校，这所学校不仅教授

---

① 何晓夏、史静寰：《教会学校与中国教育近代化》，广东教育出版社1996年版，第104页。
② 王铁崖：《中外旧约章汇编》第一册，上海财经大学出版社2019年版，第54页。
③ 同上。

《圣经》、国文、算术等课程,还教授缝纫、刺绣等实用技能。这所女校成为外国人在华设立的最早的教会女学,为后来的女子教育树立了榜样。1845 年,美国长老会在宁波设立了崇信义塾,招收了 30 名学生,这所学校后来成为之江大学的前身。1849 年,法国天主教耶稣会士在上海创办了徐汇圣依纳爵公学,后改名为徐家汇公学,最初只有 10 名学生。到了 1850 年,美国圣公会传教士裨治文夫人格兰德在上海创办了裨文女塾,同年,另一位美国传教士麦利和夫人斯佩里也在福州创办了女塾。1851 年,美国圣公会传教士琼斯在上海虹口设立了文纪女塾,学生人数为 8 人。这所学校的课程设置除了《圣经》和四书外,还包括纺织、缝纫、园艺和烹调等实用课程。文纪女塾后来发展成为圣玛利亚女校。

随着时间的推移,外国传教士在华办学的规模逐渐扩大。据 1877 年"在华基督教传教士会"的报告,从 1842 年到 1877 年,基督新教传教士在华创办的学校达到了 350 所,学生人数达到了 5 975 人。而天主教在华办的学校数量更多,仅在 1852 年,江南地区的耶稣会派就创办了七八所学校,学生人数达到了 1 260 人。

(三) 早期教会学校的特点

早期的教会学校承载着浓厚的宗教色彩和殖民气息,散落在五个通商口岸。这些学校以传播基督教为使命,多数以初等小学的形式存在,同时兼具福利救济的性质,为那些生活在社会底层的贫苦学生提供受教育机会。它们的课程涵盖了英文、数学、天文、地理等,同时也略微涉及中国的传统文化,如四书五经。这些学校的特点主要表现在以下几个方面。

第一,不受中国人民欢迎。这些教会学校的出现并非基于中国人的自主选择,而是伴随着洋人的军舰大炮,以及不平等条约的庇护。因此,它们很难得到中国社会的广泛接纳。为了吸引学生,这些学校不得不提供一些基本的生活和学习用品,如食宿和学习用品。这也使得流浪儿、贫儿、弃儿以及那些因家庭贫困而无法读书的孩子成为早期教会学校的主要学生群体。例如,1859 年,美国来华女布道员创办的毓英女学在初创时期由于招生困难,只能提供全面的资助来吸引学生,最初只招到一名学生。到了 1873 年,学生数量增加到 28 人,其中 19 人是被遗弃的婴儿。这些孩子往往对学校和读书的概念模糊不清,有时只是为了得到一些基本的生活用品而入学。

第二,办学规模小,级别低。例如,北京汇文学校开办时仅有三名学生;山东登州蒙养学堂第一年也只招到六名学生，不久后就有两名学生被家长领回，还有一名学生被认为"不堪造就"而被学校劝退。在当时的社会和教育背景下，这些早期的教会学校大多只能提供小学程度的教育。

第三，重视女子教育。尽管中国古代社会有着悠久的女子教育历史，但女子学校却鲜有出现。然而，当西方教会在中国开展教育活动时，他们一开始就将女子教育纳入其中。中国女孩接受近代学校教育的历史，实际上是以教会学校为起点的。1844年，英国传教士爱尔德赛在宁波创办的女塾便是中国最早的女子学堂。从1844年到1860年，又有11所教会女学在五个通商口岸设立，到了19世纪70年代，中国从南到北都出现了教会女子学堂。据1869年的统计，全国新教教会女学生有576人，而天主教学校的女生数量还未计入其中。

第四，引进西方的学问，采用新的教法。教会小学的教学组织形式新颖独特，实行班级授课制，这与中国传统的个别教学方式有着明显的区别。从教学内容上看，自教会小学开办以来，西学的科目如算术、地理、生理、天文、体操、音乐、英语等就被正式列入课程，这对于中国学童来说是完全新颖的。教材则是以西籍为依据，或翻译，或改编。与传统学塾中注入式的教学方法不同，教会小学反对这种教学方式，提倡启发式教育，并常常使用实物演示，甚至配以游戏来激发儿童的学习兴趣。这种新颖的教学方式与传统学塾中沉闷、压抑的学习氛围形成了鲜明的对比。

第五，宗教氛围浓厚，传播福音，保存中学。西方列强在中国设立学校的初衷，主要是为了宣扬基督教的教义，培养信徒，并为传教士的工作提供帮助。这种初衷使得早期教会学校具有强烈的宗教色彩，课程中《圣经》占据了相当大的比重。学生们在校内主要参与的活动是唱经、礼拜等，而祈祷、赞美、十诫则是他们必修的内容。这些学校认为，通过基督教和科学的教育方式，可以超越中国传统教育，培养出他们所需要的人才。然而，这些早期教会学校也保留了中国传统教育的一些内容，如识字、国文、《三字经》《百家姓》《千字文》等，甚至还将四书融入其中。这种做法有利于吸引中国学生入学，与他们对学生进行奴化思想的教育并不矛盾。

自鸦片战争后，随着洋枪、洋炮、洋人、洋教的涌入，教会学校也扎根于中国的土壤之中。这些学校的出现无疑是侵略者对中国文化的一种掠夺，是这片古老土地上的一大悲哀。然而，它们所带来的冲击与变革却为中国传统教育带来了前所未有的挑战与机遇。这些教会学校以其独特的办学形式、新颖的教育内容和方法,成为近代社会教育的缩影。它们不仅为中国封建传统教育注入了新的活力,更在某种程度上预示了中国教育近代化的方向。这些新式的教育机构成为刺激和影响中国传统教育向近代教育转型的重要因素之一。

二、教会教育的扩张

在第二次鸦片战争结束后,西方列强通过与清政府签订新的或修订一系列不平等条约,如《北京条约》和《天津条约》,进一步获得了在中国内地建立学校的特权。《中美续增条约》第七条规定:"中国人欲入美国大小官学,学习各等文艺,须照相待最优国之人民一体优待。"[①]自此,吸引留学生得到了法律层面的保障。随着西方列强在中国的投资和经营规模不断扩大,以及洋务派兴办的洋务事业的蓬勃发展,对人才的需求也日益旺盛。这种需求推动了教会学校的发展。

(一)建立联合组织

1877年5月,为了适应教会学校的发展并规范其教学内容,英、美等国的在华基督教传教士齐聚上海,共同创建了"教科书编纂委员会"。该委员会的初衷是将"基督精神"融入教科书中,旨在奴化中国学生,并掌握教科书的编纂权。这是近代中国出现的第一个基督教教会的联合机构。

随着时间的推移,1890年,第二次"在华基督教传教士大会"在上海召开,决定将"教科书编纂委员会"改组为"中华教育会"。虽然声称旨在增进中国教育事业并促进教育工作者的合作,但实际上,该组织仍由以美国为首的帝国主义掌控。会长由美国传教士狄考文担任,而会员则主要由各国传教士组成,其中仅有极少数中国教师。"中华教育会"逐渐发展成为中国基督教教会教育的最高领导机构,实施对华文化教育侵略。

到了1912年,该组织再次进行改组,更名为"全国基督教教育会",并将全国划分为八个省区,每个省区设立一个教育会。1915年,"全国基督教教育会"正式更名为"中华基督教教育会",由"美以美会"传教士贾腓力担任正式总干事。值得注意的是,西方传教士在华开设教会学校并不需要得到中国政府的立案,只须得到其认可即可。这使得"中华基督教教育会"成为各帝国主义列强对华进行文化教育侵略的联合指挥部,而中国政府则无权过问教会学校的事务。

---

① 王铁崖:《中外旧约章汇编》第一册,上海财经大学出版社2019年版,第263页。

(二) 创办中等教育

自 19 世纪 70 年代起,帝国主义势力开始将更多的关注放在中国中等及以上教育的发展上,以满足其"以华治华"策略的需求。他们渴望通过基督教和科学教育来塑造未来的中国精英,因此在中国大规模地创建中学和大学,并吸引留学生前来就读。在这些教育机构中,教会中学成为中国最早的一批普通中学。尽管中国拥有悠久的学校教育传统,但直到 19 世纪末,由中国人自己创办的学校仍主要集中在大学或小学层面。第二次鸦片战争后,传教士在中国的影响力逐渐稳固,同时,中国社会各界也开始意识到学习西方知识和改革教育的重要性,洋务运动也应运而生。随着帝国主义在政治和经济领域对中国的深入侵略,他们对各类新式人才的需求也愈发迫切。因此,传教士在华办学的目标已不再局限于传播福音和培养信徒,而是致力于培养能够在中国社会中占据重要地位的人才。这些人才不仅需要具备丰富的知识和技能,还要对帝国主义的利益保持忠诚。

1890 年,在传教士大会上,首任中华教育会会长、美国传教士狄考文说:"教会学校建立的真正目的和作用,并不单在传教,使学生受礼入教。他们看得更远,他们要进而给入教的学生以智慧和道德的训练,使学生能成为社会上及教会里有势力的人物,成为一般人民的教师和其他领袖人物。"[①]在传教士首次踏足中华大地并着手兴办教育之初,他们的内心深处对这种全新的教育理念是充满疑虑和排斥的。然而,随着时间的推移,到了 19 世纪八九十年代,情况发生了翻天覆地的变化。越来越多的传教士开始认识到这种"远见"的重要性,他们不再满足于仅仅在路边捡拾那些无依无靠的孤儿,教他们识字,以期赢得他们对教会的感激和忠诚。传教士们开始渴望培养更高层次的人才,他们意识到,只有这样,才能真正在中华大地上扎根,传播他们的信仰和文化。因此,建立中等甚至更高层次的教会学校,成为他们迫切的需求和必然的选择。

这些学校的创立时间大多集中在 19 世纪中后期,如上海圣方济书院成立于 1863 年,天津的究真学堂则于 1866 年创立。山东的登州文会馆(1874 年)、上海中西书院(1881 年)和福州鹤龄英华书院(1881 年)也相继成立。此外,上海中西女塾于 1892 年创立,为女性提供了接受现代教育的机会。相较于沿海城市,北京的教会中学校设立时间稍晚。其中,育英学堂于 1864 年设立,后于 1912 年改

---

① 《1890 年基督教在华传教士大会》,载陈学恂主编:《中国近代教育史教学参考资料》下册,人民教育出版社 1987 年版,第 14 页。

制为两年制中学。贝满女子学堂于1864年创立,初称贝满女塾,1895年开始开设中学课程。崇实馆于1865年设立,1891年增设中学部。潞河书院则于1867年创立,1893年升格为中学。

这些教会中学在发展过程中,有的直接设立为中学,有的则是在原有的教会小学的基础上,通过提高学生素质、拓宽课程等方式,逐渐升格为中学。据统计,到1921年,仅基督教势力范围内的教会中学就有291所,学生人数达到15 213人,其中男生12 644人,女生2 569人。这些数字充分说明了教会中学在当时中国教育领域的重要地位。

教会中学有如下特点。

1. 招生严格,提高素质

回顾早期教会学校的招生历程,由于招生困难,几乎无法对学生的素质提出要求。为了吸引更多的学生,甚至不收取学费,还提供食宿等福利。因此,早期教会学校的学生大多来自贫困家庭。随着中国社会风气的开放,教会学校逐渐稳固并扩大了影响力,这使得其入学条件和招生对象与早期相比有了显著的不同,开始面向那些在当地有地位、有影响力的官宦权贵和知识分子家庭招生。这一转变的背后有着深远的社会背景。19世纪70年代以后,随着中国经济的逐渐开放和发展,一些上层家庭的子弟开始在新兴的企业和事业部门中寻求职业发展。因此,他们选择了教会中学作为接受教育的场所。这些孩子通常都具备了一定的小学文化基础,这对于他们在教会中学的学习和生活起到了积极的推动作用。为了适应这一新的招生形势,教会中学也不再实行全面的免费教育政策。学生们需要自行承担服装、被褥等生活用品的费用,同时还需要自备书籍和文具等学习资料。

2. 重视外语,倡导宗教

自教会学校在中国诞生之日起,它们就以外语教学作为自身的一大亮点,这也是它们与中国传统学堂竞争时的一大优势。特别是在中国洋务运动之后,外国传教士敏锐地捕捉到了中国对外语人才的迫切需求。上海英华书院校长、英国传教士傅兰雅便是这一趋势的先驱者。1865年,他率先在该校开设了外语课程,这一创举很快在沿海地区的教会学校中得到了广泛的推广和效仿。不仅如此,1892年由美国传教士林乐知在上海创办的中西女塾更是将外语教学提升到了一个新的高度。这所学校从小学到中学一共十年制的课程安排中,英文课被列为一类课程,从一年级到十年级都有详细的规定。更令人瞩目的是,除了英文课外,其他如宗教、科学、数学、地理等课程也都采用英语授课。

然而值得注意的是,这些教材并非完全客观和公正。例如,中国历史、地理课本竟然是由美国人编写,并在美国出版的,其中不乏对中国文化的歪曲和侮辱,如描绘中国人抽鸦片、缠小脚、留长指甲、住茅草棚等场景。除了广泛学习英语外,一些教会学校还鼓励学生学习其他语种。例如,在上海徐汇公学这所由法国天主教耶稣会创办的学校,法语成为必修课。学生还可以在英语和法语中任选一种作为主修语言,而高水平的学生甚至可以用英文或法文来学习数学、物理、历史、地理等课程。为了培养学生对外语的兴趣,一些教会学校还开展了丰富多彩的课外活动。背诵英文诗歌、演绎英文戏剧、用英语进行日常交流等活动,都成了学生学习外语的重要途径。这也使得一般教会中学的外语教学水平相对较高。

传教是西方传教士在华办学的初衷,教会学校始终将宗教教育作为学校教育的重要组成部分。讲授宗教课程和组织学生参加宗教仪式及活动,成为宗教教育的主要途径。然而,随着时代的变迁和教会学校的发展,宗教课程在19世纪70年代以后逐渐减少,尤其是当学校开始招收非教徒学生时,这一趋势更为明显。

3. 授西学,存中学

在中国,教会学校是最早将西方学科纳入课程体系的机构。那时,西方的传教士和教育家们敏锐地观察到,中国正处在一个物质和精神层面都发生着深刻变革的历史时期。他们认为,要有效地引导这场变革,就必须同时推进宗教教育和科学教育。狄考文声称:"基督教教会的良机,就在于培养能以基督教真理来领导这场伟大的精神和物质变革的人才;这也是使西方科学与文明迅速在中国生根开花的良好时机。"教会"不仅要培养传教士,还要培养教员、工程师、测量员、机械师、手艺人等"。① 为了实现这一目标,科学教育显得至关重要。他们深知,唯有通过科学,才能赢得上层社会的认同和支持。因此,他们积极在学校推广科学教育,期望通过这种方式扩大自身的影响力,未来甚至有可能被聘请为教员,成为西方新科学的诠释者。

在这种思想的指导下,教会中学均重视科学课程的开设。如登州文会馆开设的西方课程包括:第一类是数学,从初等数学讲到微积分;第二类是物理、化

---

① [美]狄考文:《基督教会与教育的关系》,载陈学恂主编:《中国近代教育史教学参考资料》下册,人民教育出版社1987年版,第10页。

学;第三类是天文、地理;第四类是动植物学;第五类是量地法、航海学、测量学等动手实践性课程。① 社会科学科目不多,有万国通鉴、富国策等,也起到了开阔学生眼界的作用。

随着西方科学课程的引入,一系列科学教材也应运而生,诸如《笔算数学》《形学备旨》《代数备要》《三角数理》《格致须知》《重学》和《西国近世汇编》等。尽管教会中学致力于将西方科学融入教学中,但他们并未完全摒弃中国传统的儒学内容。以上海中西书院为例,这所由美国传教士林乐知主持的学校提出了"中西并重"的教学理念,将五经、诗书、书法等传统学科正式纳入课程体系。另一所著名的教会中学——登州文会馆则构建了一个包含西方自然科学、中国古籍经典和宗教三大板块的课程体系,其中《诗经》《论语》《孟子》《大学》《中庸》《礼记》《书经》《易经》和《左传》等经典文献,以及诗文和策论等,都被列为必修课程。这种中西合璧的教育模式,使得这些教会中学的学生的知识基础相当扎实。例如,1873年,高才生邹立文在蓬莱县考中状元,此后更有学生在乡试中一举成名。这些成就不仅彰显了学校的教学质量,也极大地提升了学校的声誉。

西方传教士并非真正欣赏中国儒学,他们原本是要以基督教"征服"儒学的,许多传教士还以轻蔑的态度对待儒学,说儒学"在漫长的年代里,它像一个瞎子、聋子,在大自然的奇迹之间摸索"②。然而,他们在中国的传教历程使他们深刻认识到,全面基督教化在全球各国是一项极其艰巨的任务。尤其在中国,企图以基督教文化全面取代深厚的中国传统文化几乎是不可能实现的。因此,他们在教会学校中坚持传授儒学,这并非仅仅出于传教的初衷,更是为了培养一批出类拔萃的人才。这些人才不仅要精通西方科学知识,超越传统的士大夫阶层,还须深谙儒学,以便在中国社会中占据领导地位,成为他们理想的代理人。

4. 管理严格,活动丰富

教会中学往往实行严格的管理制度,对学生的升学、考核、选课、请假、休学、奖惩,甚至着装等方面都有明确的规定,其中女校的管理尤为严格。以北京的贝满女中为例,学校制订了明确的学则,对考试、考勤、升学、留级等各个环节都有严格的规定。住校生在除周末外的时间不得随意离校,否则将视为旷课,并扣除相应的操行和学科分数。同时,学校对学生的生活要求也十分严格,如衣着须符

---

① 何晓夏、史静寰:《教会学校与中国教育近代化》,广东教育出版社1996年版,第132—139页。
② [美]谢卫楼:《基督教教育对中国现状及其需求的关系》,载陈学恂主编:《中国近代教育史教学参考资料下册》,人民教育出版社1987年版,第27页。

合规定,衣袖要长过肘部,衣长要过膝部,学生在校期间须穿着校服等。尽管管理严格,但贝满女中的学生生活依然丰富多彩,学校经常举办各种活动,如歌咏比赛、体操比赛等。天主教耶稣会所办的学校管理则更为严格。以上海徐汇公学为例,到了20世纪20年代,该校的"章程"规定,学生星期六只能出校散步三次,且在散步时间内,若欲留校接见亲友或进行其他活动,须向校长报告并获得批准,同时应将相关情况告知监学员。此外,学生的信件也受到校长的审查,学生不得随意写信。甚至学生的吃饭座位也是固定的,吃饭时不允许有任何其他动作。

(三)发展高等教育

进入20世纪初,中国科举制度的废除以及政府推出的新学制,标志着中国传统教育向近代教育的重大转变。这一变革对西方传教士在华的教育事业构成了新的挑战。面对政府官办学校的竞争压力,教会学校必须重新思考如何整合资源,提升教育质量和水平,以确保在这场人才竞争中保持优势。传教士们深知,培养高层次人才是他们在华教育事业发展的关键。他们渴望通过教育培养出一批具有现代知识和国际视野的华人精英,以取代那些受传统教育熏陶的旧式人才。狄考文在"在华基督教传教士大会"上的发言毫不掩饰地表达了这种意图:"不论在哪个社会,凡是受过高等教育的人都是有影响的人。他们会控制社会的情感和意见。……一个受过教育的人是一支点燃着的蜡烛,未受过教育的人将跟着他的光走……我们必须培养受到基督教和科学教育的人,使他们能够胜过中国的旧式士大夫。"①

自19世纪70年代起,帝国主义势力开始在中国筹办大学,其中最为积极的是美帝国主义。到了20世纪20年代中期,中国境内已有16所教会大学,其中13所隶属于美国的基督教教会系统。这些主要的教会大学不仅已经完成了初步的建设,更逐渐步入了发展的鼎盛时期。有名的教会大学有东吴大学(1901年)、圣约翰大学(1906年)、岭南大学(1904年)、协和医学院(1906年)、沪江大学(1908年)、华南女子文理学院(1908年)、金陵大学(1910年)、之江大学(1910年)、金陵女子大学(1918年)、齐鲁大学(1917年)、燕京大学(1919年)等。当时中国国立大学只有北京大学一所,省立大学只有山西大学、北洋大学两所,另外

---

① [美]狄考文:《如何使教育工作最有效地在中国推进基督教事业(1890)》,载陈学恂主编:《中国近代教育史教学参考资料》下册,人民教育出版社1987年版,第15页。

还有五所私立大学,而基督教教会大学却有 16 所。① 当时全国仅有的三所女子大学——北京协和女子大学(又名燕京女子大学)、南京金陵女子大学和福州华南女子大学(后改为华南女子文理学院)都是由美国人创办的基督教女子大学。这些学校成为设在中国本土的西方附属学校,学生可直升外国大学研究院、获得学位,中国的高等教育逐渐成为留学教育的预备学校。

教会学校在中国存在了一个多世纪,其根本目的是宗教和文化的扩张。这些学校不仅是西方殖民扩张的产物,而且深深地侵犯了中国的教育主权,带有浓厚的殖民色彩。然而,尽管教会学校在中国教育史上留下了这样的印记,它们在某种程度上也促进了中国传统教育向近代教育的转型。这些学校在教学体制、课程规划、教学方法以及考试管理等方面,都展现出了近代教育的特征。它们为中国教育带来了新的元素和视角,推动了教育体制的创新和改革。同时,通过教会教育的渠道,中国人也开始接触到更广阔的教育视野,这无疑为中国近代教育的产生和发展提供了重要的推动力。

三、收回教育权运动

随着帝国主义对华侵略的加深,教会学校迅速膨胀。20 世纪 20 年代,各级各类基督新教学校共有 7 382 所,学生 214 254 人;天主教会所办的学校共有 6 255 所,学生 144 344 人。两者共有学校 13 637 所,学生 358 598 人。② 到 1926 年,基督新教、天主教教会在我国已有教会小学 1.4 万余所,中学 400 余所,大学 19 所,学生 80 万人。这些学校无一向中国政府立案注册,严重侵犯了中国教育主权。

教会教育不断攫取中国教育特权,中国人民对于这一现象的反抗从未间断。进入 20 世纪,随着资产阶级民主运动的兴起,各地的会党纷纷领导民众反抗外国势力的侵略,其中包括了反抗教会教育的行动。青年学生们更是积极投身其中,许多在教会学校就读的学生纷纷选择罢课、退学,以表达他们的不满和抗议。1922 年,一场由"世界基督教学生同盟"在中国清华学校举办的第十一次大会成为引爆点,进而发展为收回教育权运动。

"世界基督教学生同盟"在中国北京开会的目的是讨论"学校生活基督化"和"如何宣传基督教于现代大学生"等问题。对此,中国共产主义青年团迅速做出

---

① 陈景磐:《中国近代教育史》,人民教育出版社 1979 年版,第 264—265 页。
② 舒新城:《收回教育权运动》,中华书局 1927 年版,第 38 页。

反应，于 1922 年 3 月在上海发起成立了"非基督教学生同盟"。他们发表宣言，向全国发出通电，揭露了基督教教会学校所进行的文化侵略行为。他们愤怒地表示："吾爱国青年之血泪未干，焉能强颜以颂上帝？"这一宣言迅速得到了广泛的响应。李大钊、蔡元培、陈独秀等社会知名人士纷纷加入，在北京发起成立了全国"非宗教大同盟"。随后，全国 30 多个地区也相继成立了类似的组织，形成了一股强大的爱国统一战线潮流。

1924 年 7 月，中华教育改进社在第三届年会上通过了四项关于收回教育权的决议。同年 10 月，全国教育会联合会也通过了两项提案，即"教育与宗教分离"和"禁止外国人在我国经营教育事业"，并提出了 11 条具体实施办法。这些决议和提案标志着中国开始积极争取教育主权。1925 年，收回教育权运动在"五卅"运动中达到了高潮。在这一时期，许多教会学校的爱国师生纷纷罢课游行，以表达他们对教育主权的坚定立场。面对这一强大的民意压力，"中华基督教教育会"不得不做出让步，改变了其侵略性的做法，开始承认"应向政府注册，遵守政府之规定，受政府之监督指导"。同年 11 月 16 日，北洋政府教育部颁布了《外人捐资设立学校请求认可办法》的六条规定。这些规定要求外国人在中国捐资办学须作为私立学校向政府申请认可，校长必须是中国人，学校董事会中中国人应占多数，学校不能以传播宗教为宗旨，课程须按照政府颁布的标准设置，宗教科目不得列为必修科目等。这些规定体现了对教育主权的坚定维护。

虽然教会学校的教育权并没有因为收回教育权运动而得到彻底的收回，但这一运动无疑为日后教会教育的本土化和世俗化奠定了坚实的基础，具有深远的历史意义。它展示了中国人民对教育主权的坚定追求，也为中国教育的独立发展铺平了道路。

四、教会学校的改组

1952 年教会大学经过了改组。燕京大学的文理学院并入了北大，工科并入了清华，法学并入了北京政法学院；圣约翰大学的中文、历史、外语并入了复旦，教育和理学院并入了华东师范大学；齐鲁大学改组，拆分为山东大学和山东师学院；东吴大学改为江苏师范学院；金陵大学的文、理学院并入了南京大学，教育系并入了南京师范学院，电影与广播专修科单列出来，北上并入了北京电影学校；岭南大学改为中山大学岭南学院；华西协合大学拆分改组为四川大学、西南民族学院、四川医学院、成都科技大学等。21 所教会学校相继得到了改造。

表 6-2 1952 年教会大学的改组（部分）

学　校	地点	时　间	创办人	改　组　发　展
燕京大学	北京	1919 年	美国长老会	北京大学（文理）、清华大学（工科）、北京政法学院（法学、社会学）
北京协和医学院	北京	1917 年	洛克菲勒基金会	北京协和医学院
圣约翰大学	上海	1906 年	美国圣公会	复旦大学（中文、历史、外语）、华东师范大学（中文、教育、理学院）
沪江大学	上海	1906 年	美国南北浸礼会	上海理工大学、复旦大学、华东政法学院
震旦大学	上海	1903 年	天主教会	复旦大学、同济大学、上海交大医学院
齐鲁大学	山东	1864 年	美北长老会、英国浸礼会	山东大学、山东师范学院
东吴大学	苏州	1901 年	美国卫理公会	江苏师范学院
之江大学	杭州	1910 年	美国长老会	浙江大学、浙江师范大学
金陵大学	南京	1910 年	美国长老会、基督会	南京大学（文、理学院）、南京师范学院（教育系）、北京电影学校（电影与广播专修科）
岭南大学	广州	1888 年	美国长老会	中山大学岭南学院
华西协合大学	成都	1905 年	英、美、加三国的五个基督教会	四川大学、西南民族学院、四川医学院、成都科技大学

教会学校初期是作为宗教性、殖民性的机构而出现的，它是半殖民地半封建社会在文化教育上的表现，是西方文化侵略的衍生品。但是随着 20 世纪 20 年代第一次世界大战后欧洲经济的凋敝，经济危机对于帝国主义国家的重创，以及第三世界国家民族民权运动的高涨，中国本土教育开始觉醒。在中国人民坚持不懈的努力下，我们通过非基督教运动和收回教育权运动相继废除了一系列不平等条约，与此同时，教会学校的性质也在发生转型，成为沟通中西方文化的桥梁。1921 年到 1922 年，中、美、英三国组成了巴顿教育调查团，将教会学校的性质从服务上帝（Serve God）转为服务社会（Serve the Society），成为当时重要的指南。本土化发展加速了科技的传播，培养了大批教育科技实业人才，构建了近

代学校教育模式,并开创了女子高等教育的先河,教会大学的改革与发展也促进了中国教育的近代化。对于其二重性,我们既不可以夸大,也不可以偏概全、以点概面。要一分为二地去看待。同时,我们要知道学校教育的发展要与时俱进,教会学校的转型绝非帝国主义国家的恩赐,而是中国人民艰苦卓绝斗争而得来的成果,是人民创造历史的结果。

习近平总书记明确指出,教育是对中华民族伟大复兴具有决定性意义的事业。在新时代,我们要办好中国特色社会主义大学,坚持党的教育方针,坚持社会主义办学方向,才能使聚集大量青年学生与专业人才的高等院校,在实现"两个一百年"目标和中国梦的奋斗历程中发挥更大的影响和作用。①

本节习题

一、单项选择题

1. 教会学校的积极作用在于(　　)。
① 加速了西学的传播　　② 构建了近代学校教育模式
③ 开创了女子高等教育的先河　　④ 宣传宗教课程
A. ①②④　　B. ①②③④　　C. ②③　　D. ①②③

2. 教会学校中国化的具体表现有(　　)。
① 教会学校纷纷向中国教育部注册立案
② 开展"三·一"办学模式
③ 开展生活教育,学以致用,服务社会,促进地方经济的发展
④ 开设宗教课程
A. ①②③④　　B. ①②④　　C. ②③　　D. ①②③

3. 有关教会学校二重性的正确理解有(　　)。
① 1840 年到 20 世纪 20 年代,教会学校自成体系,独立于中国教育制度之外
② 教会学校是西方殖民扩张的产物,是近代中国半殖民地国家地位在教育上的反映
③ 从 20 世纪 20 年代到 1953 年,教会学校的发展体现出了中国化与世俗化的倾向,这种转变与中国人民的民族民权斗争密不可分

---

① 《建设教育强国是中华民族伟大复兴的基础工程》,《人民日报》2018 年 7 月 15 日,第 5 版。

④ 教会学校在本土化和世俗化的发展之中加速了科技的传播,培养了大批教育科技实业人才,构建了近代学校教育模式

A. ①②③④   B. ①②④   C. ②③   D. ①②③

4. 1832年(　　)设立在澳门,成为第一所设立在中国本土的教会学校。

A. 英华书院   B. 马礼逊学堂   C. 燕京大学   D. 金陵大学

5. 1952年金陵大学的文、理学院并入南京大学,教育系并入南京师范学院,电影与广播专修科单列出来北上,并入了(　　)。

A. 北京师范大学　　　　B. 上海戏剧学院
C. 北京电影学校　　　　D. 中央戏剧学院

二、思考题

1. 如何一分为二地看待教会学校?

第二节　教会学校的本土化

1925年,教会学校的性质发生了转向。随着中国民族民权运动的高涨以及收回教育权运动的开展,我们相继废除了一系列不平等条约。教会学校的发展开始走向本土化、中国化。

扫码查看课程

一、在中国注册立案

1925年,北洋政府颁布了《外人捐资设立学校请求认可办法》。办法规定:"教会学校须向中国教育部注册,遵守中国教育相关法律规则,学校的校长必须是中国人。教会学校设董事会,中国人应占董事会名额之半数。教会学校不得以传教为宗旨,不得将宗教科目列为必修课,学校名称上应冠以私立字样。"①

从1928年到1931年12月底,相继有16所教会大学在中国注册立案,并选出了自己的华人校长。他们中有金陵大学的陈裕光、东吴大学的杨永清、沪江大学的刘湛恩、震旦大学的胡文耀、燕京大学的吴雷川、辅仁大学的陈垣、齐鲁大学

---

① 朱有瓛、高时良主编:《中国近代学制史料》第四辑,华东师范大学出版社1993年版,第784页。

的刘世传、武昌华中大学的韦卓民、岭南大学的钟荣光、华西协合大学的张凌高、金陵女子文理学院的吴贻芳、天津工商学院的华南圭、之江文理学院的李培恩、华南女子文理学院的王世静、福建协和医学院的林景润、湘雅医学院的武光宇。

例如,金陵大学的第一任华人校长陈裕光一身正气、两袖清风,他于1911年考入南京金陵大学化学系。1920年创立中国化学会,1922年获得哥伦比亚大学博士学位。1927年10月,他成为首个教会大学的华人校长。陈裕光校长关心师生,忠于职守,在1936年胶卷事件爆发之后,他坚决地解聘了拍摄辱华影片的外籍教师。像赛珍珠这样大名鼎鼎的翻译家,教学上也受到了陈裕光校长的批评。不管有多大的名气,不管来自哪个国家,不论职称是什么,教师的一切都要服务于学生,本着对于学生、对于学校、对于国家、对于民族负责的态度。1938年,全国高等学校西迁。金陵大学在成都华西坝复课,增设了汽车专修班、电化教育科、电焊职业班等10个科系,陈裕光校长带领全校师生一起开始了文化抗战。

二、淡化宗教课程,发展特色专业

淡化宗教课程、发展特色专业成为当时教会学校的共识。金陵大学在电影与广播领域独树一帜,东吴大学的法学专业备受瞩目,燕京大学在社会学和新闻学方面有着卓越的成就,华中大学的图书馆专业也享有盛誉。此外,圣约翰大学的工程学、之江大学的土木工程、沪江大学的商学以及北京协和医学院的医学都展现出了各自的特色与优势,犹如百花齐放、争奇斗艳。

西医和西医教育作为中国近代的舶来品,在中国的发展历史上与传教士和教会学校紧密相连。许多传教士以教士和医师的双重身份来到中国,他们不仅建立了医院,还开设了医学堂。1837年,美国公理会的传教士医师伯驾在自己的医院内开设了医学班,这标志着中国最早的基督教西医教育机构的诞生。1851年,伦敦布道会的传教士医师合信翻译并出版了中国第一本关于解剖学与生理学的医学书籍,这一创举在社会上引起了巨大的反响。进入20世纪,一批教会医学院如雨后春笋般相继成立。例如,1904年由美国长老会等多方共同创办的华北协和医学院(后更名为北京协和医学院),以及1912年由耶鲁布道会与中国政府联合创建的湘雅医学院等,都为中国的医学教育事业注入了新的活力。

在农业领域,中国作为世界的农业重镇,其农业生产和技术的历史源远流长,影响深远。然而,将农林生产这一深奥领域引入大学殿堂的,却是基督教大学。金陵大学在1914年率先设立了农科,两年后扩展为农林科,到了1930年更是将其升级为农学院,涵盖了农艺学、森林学、农业经济学、园艺学、植物学、蚕桑学以及乡村教育等多个专业领域。与此同时,岭南大学也在1921年成立了农学院,他们根据华南地区的独特条件,深入研究了柑橘、荔枝等热带水果的种植技术,以及园艺栽培等多个课题。这些学校不仅以卓越的专业设置和科研实力影响着中国农林高等教育的发展,更通过培养出的优秀毕业生,为中国农林科技的进步做出了巨大的贡献。

而在新闻教育领域,燕京大学同样展现出了其独特的魅力。1924年,燕京大学创办了新闻专业,该专业以英语和新闻学的双重教育为核心,为中国新闻教育树立了新的标杆。到了20世纪40年代,全国各大报馆几乎都能看到燕京大学新闻系毕业生的身影。甚至在第二次世界大战期间,中国派往世界各大国首都的新闻代表也大多是燕京大学新闻系的毕业生。

燕京大学的校长司徒雷登于1919年接手了燕京大学,当时的校址在北京东城的盔甲厂,规模很小,学生只有94人,大多数靠奖学金维持。司徒雷登四处筹款,于1922年以6万大洋的价格从陕西督军陈树藩的手中买下了40公顷的王府花园,后由美国设计师亨利·墨菲设计建筑工程草图,在此基础上重新建立了新校园,这就是我们后来所看到的北京大学的未名湖和象牙塔。

1929年10月31日,燕京大学师生陆续搬到了海淀新校区。这里中西文化建筑共88栋,总建筑面积25 000平方米,具有华表、狮子、拱桥等中国元素。雕梁画栋,飞阁流丹,亭台楼榭,美不胜收,集中国古典元素与现代性于一体。1929年,燕京大学男生宿舍"德才均备"四斋在古香古色的燕园诞生了。司徒雷登深情地说,希望凡是来访者无不称赞,燕京大学是世界上最美丽的校园,它有助于加深学生对这个学校及其国际主义理想的感情。

三、确立"三·一"办学模式

教会学校中国化的又一个方面,就是确立"三·一"办学模式,践行教学、研究、服务一体化的办学职能。各个大学纷纷成立了自己的试验基地:齐鲁大学成立了龙山镇试验区;沪江大学成立了沪东公社;燕京大学成立了清河镇社会试验区;金陵女子学院成立了乡村服务部和儿童服务部;北京协和医学院成立了社会服务部;岭南大学成立了卫生部;福建协和大学成立了先锋乡谷里亭试验基地;金陵大学成立了乌江农业推广试验区。

1914年的沪江大学是国内第一个设立社会学系的大学。① 1917年,沪江大学成立的沪东公社是中国第一个大学社会试验基地。他们开设了工人补习学校,包括日校、夜校。1934年,日校学生384人,夜校普通科学生449名,妇女班学生96名,共计有学生1047名。他们在机器厂、电力公司、纱厂、木行、五金厂大力地宣传文化教育,让很多没有读过书的工人受益匪浅。除此之外,他们还成立了民众图书馆、民众代笔处和同乐会。1938年淞沪抗战之后,沪东公社收容了难民900余人,公社因此设立了总务文书、会计、给养教育、卫生、生产、艺术各组,将所有难民按成人、少女、儿童分组,分别进行识字教育,还开展搓绳、制鞋、刺绣、草编、土木工等生产劳动教育。

齐鲁大学的龙山镇乡村服务社走在科技兴农的前列。为了改良农业经济,服务社的科研工作人员介绍和帮助当地农民种植品种优良的冬小麦、高粱、谷子、烟草,并引进了苹果、梨、桃等的许多新品种。特别是齐鲁大学龙山服务社,积极倡导当地农民种植美国的新种棉。美国的优质棉抗病虫害,相比普通棉花,每亩增产10%—20%,到1936年6月,共计卖出种棉13300斤,成立棉社24处,受到当地农民的欢迎。② 在改良经济的同时,齐鲁大学的科研人员还很快认识到资金短缺的问题,组织农民建立自己的信用合作社,以学校做担保,以远低于当时高利贷的利率向银行贷款,在一定程度上解决了一些农户和小农业者的资金问题。农村信用社从无到有发展迅速,1934年到1936年,从15个增长到50多个。③

广东的岭南大学则在广东家庭促进会和农林局的协助下,于1932年成立了卫生部,专门在附近乡村进行卫生服务工作。每年春秋两季,他们给乡民注射伤寒、霍乱疫苗,接种牛痘,到各村调查孕妇的情况,指导妊娠期卫生,又在各村召集妇女开会,教授妇幼卫生常识,进行门诊治疗等。他们还在岭南大学青年会所办的青年会小学、新凤凰乡立小学、新凤凰幼稚园、凰岭小学、新港小学等学校内开设卫生课程,对学生进行健康和清洁检查,举办乡村小学教师卫生训练班。④

大学的办学不能"躲进小楼成一统,管他冬夏与春秋"。"先天下之忧而忧,后天下之乐而乐"一直是中华民族的优良传统。世界平民教育运动的倡导者与乡村改造运动的实践者晏阳初认为,中国的根本问题就在于农村。在灾难深重

---

① 罗国芬、周嘉颖:《沪江大学社会学系师生的学术贡献略论》,《上海理工大学学报(社会科学版)》2016年第1期。
② 赵景龙:《齐鲁大学的本土化与世俗化历程研究》,首都师范大学硕士学位论文,2007年,第17页。
③ 同上。
④ 何晓夏、史静寰:《教会学校与中国教育近代化》,广东教育出版社1996年版,第345页。

的旧中国,必须以文艺教育攻愚,培养知识力;以生计教育攻贫,培养生产力;以卫生教育攻弱,培养强健力;以公民教育攻私,培养团结力。只有农村发展了,整个中国的发展才会有希望。而作为象牙塔中的精英更是责无旁贷,教会学校的本土化体现了"天下兴亡、匹夫有责",知识精英与劳动群众相结合的一种新思路。

教会学校的发展,与20世纪初新教育运动和进步主义教育运动的改革宗旨不谋而合。教育即生活,学校即社会,教、学、做合一,在做中教,在做中学,在做中求进步。我们的知识学习正是要读好社会这本大书。2020年4月6日,中共中央、国务院发布了《关于全面加强新时代大中小学劳动教育的意见》,劳动教育成为教育领域颇受关注的热词。根据《意见》,未来将构建劳动教育体系,大、中、小学都将设立这一必修科目。家庭、学校、社会都将在劳动教育中发挥作用,有条件的师范院校将开设相关专业,而劳动素养也成为学校录取的重要参考和依据。教育的生产性、公益性从古至今一直备受重视,对未来社会的发展也将有着深远的影响,它将是我们教育教学中重要而深刻的命题。

本节习题

一、单项选择题

1. 1925年,北洋政府颁布了《外人捐资设立学校请求认可办法》,规定(　　)。

① 教会学校须向中国教育部注册,遵守中国教育相关法律规则,学校的校长必须是中国人

② 教会学校设董事会,中国人应占董事会名额之半数

③ 教会学校不得以传教为宗旨,不得将宗教科目列为必修课

④ 学校名称上应冠以私立字样

A. ②③　　　　B. ①②④　　　　C. ①②③④　　　　D. ①②③

2. 金陵大学的第一任华人校长是(　　)。

A. 钟荣光　　　B. 陈裕光　　　　C. 张伯苓　　　　D. 竺可桢

3. 1922年,燕京大学校长(　　)购买了燕园,才有了未名湖和象牙塔。

A. 蔡元培　　　B. 司徒雷登　　　C. 梅贻琦　　　　D. 陈裕光

4. 1917年设立的中国第一个大学社会试验基地是沪江大学的(　　)。

A. 龙山镇乡村服务社　　　　　　B. 清河镇社会试验区

C. 沪东公社　　　　　　　　　　D. 乌江农业推广试验区

5. 齐鲁大学的龙山镇乡村服务社对乡村建设的贡献有（　　）。

① 科技兴农,改良农业经济

② 1938年淞沪抗战之后,收容了难民900余人

③ 帮助当地农民种植品种优良的冬小麦、高粱、谷子、烟草、棉花,并引进了苹果、梨、桃等的许多新品种

④ 组织农民建立自己的信用合作社

A. ①③④　　　B. ①②④　　　C. ②③　　　D. ①②③④

二、思考题

1. 试述评教会学校的"三·一"办学模式。

第三节　教会学校的世俗化

教会学校的世俗化指的是摒弃宗教性和殖民性,开始朝着科学化和时代性的方向发展,具体体现为教会学校开近代中国女子教育之先河,重视体育竞技和训练,成为促进中西方文化交流的使者和桥梁。

扫码查看课程

一、开近代中国女子教育之先河

中国的女子教育起步很早,但是发展却非常缓慢。东汉女史学家班昭所写的《女诫》、明成祖徐皇后所著的《内训》不脱"三从四德"的窠臼。直到1844年,英国女传教士爱尔德赛在浙江宁波创建了宁波女塾,这是近代中国的第一所女子学校,也是近代女子教育的开端。

1898年,梁启超、经元善在广州创办了第一所国人自办的女子学校——经正女学。女子教育直到1912—1913年"壬子癸丑学制"颁布,才终于取得了合法地位。由于四年初小之后,男生、女生是不能够同校读书的,壬子癸丑学制中专门为女孩子设立了女子中学、女子高等师范学校。

从19世纪70年代起,教会开办的女子中学也开始出现。1890年,美国监理会传教士林乐知在上海创办了中西女塾,招生对象主要是有钱人家的女子,设置的课程主要有中文、英文、地理、代数、三角、天文、化学、音乐和家政等,该校的

教学水平已达到了中学程度。20世纪初,传教士在中国开办了第一所教会女子大学——北京华北女子协和大学,这也是中国历史上第一所女子高等教育机构。据林乐知统计的教会学校学生数目,女生占全体在校生的43%。

岭南大学是1888年由美国基督教长老会在广州创立的一所私立大学,首任华人校长是钟荣光。1917年,岭南大学开始招收女生,开高校之中男女同校的先河。① 1921年,文、理科已招收女生28名。除学习现代科学文化知识外,岭南大学还专门为女生开设了家政一科,包括烹饪、时装、社交、礼仪、形体。1933年,学校花费10多万美元修建了女生宿舍楼"广寒宫",宿舍豪华漂亮,每个房间住2名—3名学生,房间设备齐全,有专用的衣橱、书柜、台灯,另有大会客室,设有冰箱、桥牌桌。"广寒宫"沿用至今,现为广东中山大学女研究生宿舍。

1947年,金陵女子大学对32年来历届毕业生的情况做了一次全面调查。调查结果显示,毕业学生共29届,本科生共计732人,其中已去世29人,当时尚存703人。703人中,毕业后再深造者计191人,占27.1%,内获博士学位者38人,获硕士学位者73人,获护理学位者12人,在国内继续研究者2人。703人的就业情况显示,服务于教育界者242人,其中大学校长1人,大学教授、行政人员60人,中学校长或主任29人,中学教员152人,从事社会服务事业者89人,公务员66人,医生、护士33人,写作者及编辑8人,升学与研究者68人,家庭服务者142人,宗教工作者11人,其他不详者44人。② 从这些数据可以看出,金陵女大的毕业生大多从事教育,通过自身的教学把新的知识传播给更多的人,为中国的教育事业起了重要的推动作用。正如吴贻芳所说:"金女大毕业生虽然不多,但在我国妇女界高级知识分子中占有一定的比重,其中有相当一部分在我国的教育工作、科技工作及其他领域做出了贡献。"③

教会女校,特别是教会女子大学,孕育了一批杰出的女性精英,她们是中国历史上首批实现自我独立的女性。作为中国早期的女性知识分子,她们大多具备专业技能,事业蓬勃发展,对社会服务充满热情,并展现出强烈的职业精神。她们的成就并非依赖于男性的支持或庇护,而是凭借自己的才华和努力,走出家门,融入社会,在教育、医学、文学、慈善等多个领域取得了卓越的业绩,赢得了社会的广泛赞誉和尊重。他们中有女教育家吴贻芳,上海中西女塾的曹孙素馨女

---

① 陈国钦、袁征:《瞬逝的辉煌——岭南大学六十四年》,广东人民出版社2008年版,第28页。
② 章开沅主编:《文化传播与教会大学》,湖北教育出版社1996年版,第194页。
③ 武艳艳:《中国近代教会女子高等教育研究》,河北大学硕士学位论文,2003年,第46页。

士、舒侯臣夫人、史凤宝女士,贝满女子中学毕业的文学界名人冰心女士等,她们中有相当一部分在我国的教育工作、科技工作及其他领域有较大的贡献。她们不仅在旧中国发挥过重要作用,而且在新中国走向现代化的进程中,也做出了不可磨灭的贡献。

二、重视体育竞技和训练

(一)树立科学体育观

中国知识分子由于受传统的"劳心者治人,劳力者治于人"观念的影响,较少从事剧烈的体力劳动和体育训练。郭斐蔚主教认为,传统的中国教育体制中"儿童运动被视为不庄重,体力劳动被学者看不起,由于这两方面都不受鼓励,所以儿童不能长成强壮的身体,不可能拥有那种健康的、活泼的生命力,必须提倡符合儿童天性发展的体育活动"①。

在教会学校的教育体系中,体育训练被赋予了举足轻重的地位,被视为健康教育不可或缺的一环。课堂上,教师们不仅传授卫生知识,还深入浅出地讲解基本的解剖学和生理学原理。体育作为维护身体健康的基石之一,被埃克斯勒从体育学的视角赋予了更深的意义:体育锻炼不仅对个人未来的生活品质有着深远的影响,为个体提供健康的体魄,以保障其全面而高效的生活,更对一个民族的身体素质起着决定性的作用。体育的真正意义,在于塑造人们强健的体魄、充满活力的心脏和思维敏捷的大脑。而要实现这些目标,单纯的锻炼还远远不够,"食物和消化力、睡眠、新鲜的空气、沐浴、衣着、性、心理卫生等都是重要的因素"②。他认为,人的身体状况与智力状况密切相关,如果一个人的胃不好,那么他的智力就可能迟钝,因为他无法集中精力。在圣约翰大学从事体育教育的顾斐德也称:"我确信良好的健康状况是身体、知识、道德和精神发展的基础。"人是由一个个器官构成的,精神和肉体都需要锻炼,如果不锻炼,身体的功能就不能正常运转,疾病就会取代健康。③

身体训练是增强身体健康的重要途径,身体训练同全面的健康教育要相结合,从小学起就要贯彻施行,因为"公众的健康依赖于个体的健康,为提高公众的

---

① 张慧杰:《近代中国教会学校体育发展史研究(1840—1949)》,苏州大学硕士学位论文,2010年,第13页。
② M. J. Exner, "Physical Training for the Chinese", *Educational Review*, 1909, 2(7).
③ F. C. Cooper, "Physical Trianing", Records of the Fourth Triennial Meeting of the Education Association of China held at Shanghai, May 21-24, 1902, p.71.

健康水平，应该使年轻人自小养成良好的生活习惯，成年后是很难再养成的"①。从幼稚园到大学，教会学校始终对体育持推崇和重视的态度。在幼稚园阶段，孩子们通过参与各种体育游戏来培养身体协调性和初步的运动技能。进入小学和大学后，体操课程和各种球类运动成为学校教育的重要组成部分。教会学校所倡导的体育观念，通过丰富多彩的体育竞赛活动和学生们的积极参与，逐渐传播到普通民众之中。这使得西方体育活动在当时成为众多人的休闲和娱乐方式，为人们带来了健康和快乐。此外，竞技体育的开展不仅培养了人们的竞争意识和合作精神，还在更深层次上激发了自强、团结等民族意识的萌芽。

（二）开设体育课程

在1832年，一所具有开创性的教会小学——马礼逊学堂正式成立。它的独特之处在于，除了规定每天八小时的学习时间外，还特意为学生们保留了三四个小时的户外活动时间，用于运动和娱乐。这种安排实质上已经与现今学校中的课外活动概念不谋而合。马礼逊学堂的这种办学模式很快被其他教会学校广泛采纳，并成为教会学校教育的典范。而后的1910年，柏兰美幼稚园也应运而生，其课程设置中明确包含了"掷球"和"户外游戏"等活动。受其影响，国内自主创办的幼稚园也开始纷纷效仿。这些教会学校不仅为学生们提供了丰富的体育活动，更通过各种渠道将西方的体育运动项目引入校园，以适合的方式推广，从而极大地丰富了学校的体育活动内容。

以网球为例，这项运动在19世纪末由外国传教士带入中国。1885年前后，几所知名的教会学校如北京的汇文书院、通州的协和书院以及上海的圣约翰大学等，都纷纷开展了网球运动。这些学校不仅在校内组织了网球比赛，还推动了校外的网球运动发展，从而引发了当时众多著名的官办或非教会学校，如北京的清华学校、天津的南开学校、上海的暨南学校等，也纷纷加入到网球运动的行列中。

众多教会学校在体育训练和管理方面取得了显著的效果。他们不仅创建了多种课余训练团队，还积极组织多样化的体育竞赛，有力地推动了学校体育的蓬勃发展。同时，这些学校也非常注重对学生日常体育活动的监管。以圣玛利亚书院为例，他们明确规定学生每天必须完成10分钟的早操，并在下午4点后安排45分钟的游戏时间。此外，学生们还有自己的体育组织——体育会。每当临

---

① M. J. Exner, "Physical Training for the Chinese", *Educational Review*, 1909, 2(7).

近大型考试,为了防止学生过度沉迷于书本,学校每天都会安排各种球类比赛,让学生在紧张的学习之余得到放松和锻炼。再如潞河中学,"每天下午四点一刻,为课外体育锻炼时间,教室和图书馆停止开放,同学们都涌进运动场,各就所好,各展所长。田径场上跑、跳、投、跨;球场上有足、篮、棒、网。锻炼场面十分活跃,使人看到了生机、希望和力量"①。

今天的中国设立有专门性质的体育院校,许多综合性大学也设立有体育专业,这个历史也是从教会学校开始的。"基督教高等教育已有部分院校设立了体育系,注重体育师资之培训……计教育系凡十三……体育系凡二。"②金陵女子大学,后改名为金陵女子文理学院,也曾设立体育系,旨在培养女性体育师资和体育工作者。

(三) 倡导竞技体育

教会学校的体育教育以赛促练,成为传播体育活动和体育训练与管理的窗口。辅仁附中每年定期举行各种运动项目的班际比赛:10月篮球,11月足球,12月越野跑,3月排球,4月网球,5月中旬垒球。5月初是春季运动会,规定每个学生至少参加一项。③ 辅仁附中的运动会有个人锦标赛及班际锦标赛两种,兼顾了个体和群体的追求。

军事体育训练也是教会大学的一道亮丽的风景线。1890年,圣约翰大学首次举行了以田径为主的运动会,由此成为中国体育运动会、田径运动会的最早举办者。此后每年春秋举行两次,这是中国教会学校最早举办的运动竞赛。1898年,圣约翰大学获得了两江总督刘坤一所赠的200条枪,此后每周组织学生进行操练,是中国最早对学生实行军训的大学。至此,学生们使用真枪训练。在每年的毕业典礼上,圣约翰大学都要举行一次阅兵仪式,学生们纪律谨严,步伐一致,一身戎装,手持真枪,赢得中外来宾的交口称赞,其他基督教大学纷纷效仿。在圣约翰大学成立学生军的影响下,20世纪初,东吴大学也组建了一支编制为一个营(下辖四个连)的学生军。不仅如此,在一些中、小学中也开设了以军事训练为主的兵操课。

---

① 王维屏:《潞河中学的体育运动》,载北京市体育文史工作委员会:《北京体育文史资料》第一辑,北京市体育文史工作委员会,内部发行,1984年,第94—95页。
② 《中国基督教高等教育之概况》,《基督教育季刊》1927年第4期。
③ 高时良:《中国教会学校史》,湖南教育出版社1994年版,第97—98、137—138页。

1901年，圣约翰大学成立了中国历史上的第一支足球队。1913年在马尼拉召开的第一届远东运动会上，中华田径队26名选手共获36分，其中来自上海圣约翰大学的5名选手就取得了26分。① 1924年和1926年，圣约翰大学和东京圣保罗大学还在上海及东京两地进行了篮球对抗赛。②

从1904年到1908年，圣约翰大学、英华书院、东吴大学和南洋公学等组织的中华大学联合体育会举行了五届田径比赛。山东烟台汇文书院等教会大学于1898年开始举行以各种游戏性赛跑项目为主的雏形田径运动会。北京的汇文书院与通州的协和书院等校际田径比赛也于1905年前后开展起来。岭南大学首次使用钉跑鞋参加了全省大学生运动会，在一片哗然之中脱颖而出，一枝独秀地引领了当时高校校园文体生活的新时尚。

军事体育训练与当时"五育并举"中的军国民教育的方针可以说心心相印，我们要摆脱"东亚病夫"的帽子，不仅要开民智、兴民魂，学习科学文化知识，更要强身健体。1933年，国民政府规定，凡高中以上学校学生军训不合格者，不得补考、投考大学，将军训作为完成学业和升学的必要条件。大学中军训总成绩不及格者，经补训或留级一次仍不及格，则令其退学。③ 1947年7月，国防部规定大学毕业生受训半年，作为中尉预备军官任用；高中毕业生受训一年，作为少尉预备军官任用；初中毕业生受训一年，作为预备军士任用。④

2007年4月29日，中华人民共和国教育部、国家体育总局、共青团中央在全国范围内全面启动阳光体育运动。开展阳光体育运动，使85%以上的学生能做到每天锻炼一小时，掌握至少两项日常锻炼的体育技能，吸引了广大青少年学生走向操场，走进大自然，走到阳光下。⑤

（四）开中国女子体育先河

在中国古代，女性教育，特别是女性体育活动受到了诸多限制。受传统观念束缚，中国女性往往被禁锢在家中，恪守闺阁之规。然而，随着教会学校的兴起，女子学校也应运而生。这些教会学校不仅为女性提供了接受教育的机会，更为

---

① 胡小善、王秦英、陈美红等：《近代上海圣约翰大学学校体育的历史价值与启示》，《体育文化导刊》2018年第11期。
② 高时良：《中国教会学校史》，湖南教育出版社1994年版，第97—98、137—138页。
③ 孙培青主编：《中国教育史（第三版）》，华东师范大学出版社2009年版，第436页。
④ 同上书，第436—437页。
⑤ 《"全国亿万青少年学生阳光体育运动"全面启动》，《人民日报》2007年4月30日，第1版。

她们参与学校体育活动创造了广阔天地。许多女校在传授西方文明的同时,都将体育视为全面教育的重要组成部分。

1884年,美国教会在镇江创办了镇江女塾,涵盖了从小学到中学共12年的教育。令人瞩目的是,体操课被正式列入了每一年的课程表,被视为正式学科。他们认为,女性应该和男性一样享有接受体育教育的权利。此外,女子运动不仅能锻炼身体,还能培养团体协作的习惯和竞争奋斗的精神。因此,教会学校积极鼓励并引导女性参与体育活动,这一举措开创了中国女性参与体育活动的先河,推动了中国女性教育的起步和发展。

教会教育在女子体育领域做出了开创性的贡献,为中国女性解放运动的发展注入了新的活力。值得一提的是,女子放足运动正是从教会学校开始兴起的。这些学校还培养了许多杰出的体育人才和师资,如张汇兰、杜隆元、罗爱华等。此外,它们对众多女子学校体育的发展起到了积极的示范作用。以经正女塾为例,在创立之初,其课程设置和体育活动的开展都受到了早期女子教会学校之一的中西女塾的深刻影响。

(五) 促进体育理论研究

随着学校体育的蓬勃发展,对理论层面的指导需求日益凸显。自20世纪初以来,西方体育理论已取得了显著进步。在这一背景下,一些传教士凭借其丰富的实践经验和深厚的理论素养,在中国开展学校教育和体育活动,为中国近代体育理论研究注入了新的活力。

以麦克乐为例,他曾在北美基督教青年会担任要职,来华后不仅致力于传授和推广西方的体育科学理论,还亲自投身于体育科学研究。他主张从生理、心理、社会和个人等多个维度来全面审视体育,这一观点在当时颇具前瞻性。1921年,麦克乐编制了一系列关于体育研究的工具和标准,如竞技运动能力测验用途及其分数表、体育审定表、运动技术标准等,这些成果为后来的体育科学研究奠定了坚实的基础。1924年,在教育改进会全国体育研究会的支持下,他指导东南大学师生开展了一系列重要研究,包括人体测定及身体检查、中小学男生运动测量标准、田径运动积分表,以及足球、篮球等项目的标准测验。此外,麦克乐还创立了南京高等师范学校体育专修科,培养了一批体育科学研究的专业人才。他和一批西方传教士通过教会教育和西欧体育科学的理论研究,共同推动了中国体育科学研究的发展。

三、中西文化交流的桥梁

教会大学培养了大批有识之士,莘莘学子遍布工商、教育、外交、医学、艺术界,包括写出《黄河大合唱》的冼星海、著名建筑学家贝聿铭、第一个在联合国宪章上签字的外交官顾维钧、用英文写下了《京华烟云》的林语堂、经济学家荣毅仁、社会学家费孝通、人民教育家陶行知,还有金陵女子大学的校长吴贻芳,等等。

1928年,美国铝业公司创办人查尔斯·马丁·霍尔捐资创建了中国最早的对外汉学研究机构"哈佛燕京学社",专门搜集中国古代善本进行研究和翻译。哈佛大学和燕京大学作为学术带头人,联合创办了《哈佛亚洲学报》《燕京学报专刊》,从1935年开始编撰了《汉英大词典》,并将《康熙字典》《佩文韵府》译成英文。

埃德加·斯诺是燕京大学新闻学系的讲师,他于1936年6月访问了陕甘宁边区,写了大量通讯报道,成为第一个采访红色苏区的西方记者。他的《西行漫记》(Red Star Over China)震惊了整个西方世界,让西方人第一次从正面途径客观地了解到中国共产党和中国工农红军艰苦卓绝的革命历程。中国共产党领导的革命事业犹如一颗闪亮的红星,不仅照耀着中国的西北,也将照耀全中国,照亮全世界。

燕京大学的"因真理,得自由,以服务";岭南大学的"宏基、格致、服务社群";圣约翰大学的"学而不思则罔,思而不学则殆";沪江大学的"信义勤爱";金陵女子学院的"厚生";东吴大学的"养天地正气,法古今完人"……教会大学的各个校训无不彰显着天下兴亡、匹夫有责的英雄气概和舍我其谁的主人翁责任感。

教会学校的产生植根于半殖民地半封建社会的旧中国,到后来由于中国人民的努力和斗争,教会学校的发展从刚性移植发展到自主调适、主动融合,突出了"世俗化、本土化、科学化、时代化"的新特色,成为东西方文化交流的桥梁。1952年,教会学校改组,有识之士百川归海,为中华人民共和国的文化建设奠定了基础。

 本节习题

一、单项选择题

1. 1844年,英国东方女子教育协进社派遣女传教士爱尔德赛在宁波创办中国最早的教会女塾(　　),成为近代女子教育的开端。

A. 经正女学　　B. 英华书院　　C. 宁波女塾　　D. 马礼逊学堂

2."协和医学院的办学模式,基本依照了美国最好的医学院——约翰·霍普金斯医学院。入预科要经过严格的考试,录取以后还要接受严酷的体能、精神、技术上的挑战,1921 年考入协和预科者共 25 人,8 年后毕业时,班上仅剩下 7 人,1923 年入学的 30 人中毕业时仅剩下 8 人。"(《教会学校与中国教育近代化》)以上材料说明协和医学院具有(　　)的办学特色。

① 强调新生的基础训练　　　　② 培养高层次的医学专家
③ 严选择,高淘汰　　　　　　④ 办教育质量优先

A. ①③④　　　B. ①②④　　　C. ②③　　　D. ①②③④

3. 1917 年,(　　)开始招收女生,开高校之中男女同校的先河。

A. 燕京大学　　B. 岭南大学　　C. 齐鲁大学　　D. 金陵大学

4. 1898 年,(　　)是中国最早对学生实行军训的大学,1901 年他们成立了中国历史上的第一支足球队。

A. 圣约翰大学　　B. 岭南大学　　C. 齐鲁大学　　D. 金陵大学

5. 1928 年,美国铝业公司创办人查尔斯·马丁·霍尔捐资建设了中国最早的对外汉学研究机构(　　),专门搜集中国古代善本进行研究和翻译。1935 年开始编撰《汉英大词典》,并将《康熙字典》《佩文韵府》译成英文。

A. 哈佛燕京学社　　　　　　B. 莎士比亚研究会
C. 中国文化研究会刊　　　　D. 海燕话剧社

二、思考题

1. 简述教会大学的女子教育及其积极意义。
2. 从文化交流的角度,辩证地评价教会大学。

第七章　近代留学教育

本章导读

中国近代留学史是新、旧民主主义革命的救国史。中华民族各阶层的仁人志士八仙过海、各显其能,他们的指导思想虽然各不相同,但是都围绕一个主题——"救亡图存",遵循一个方向——"西学东渐"。在苦苦求索中经历了三个阶段,即从"器物—制度—思想"的革新和涅槃后,他们终于找到了民族独立和解放的火种——马克思主义。中国近代留学教育发端于第一次鸦片战争之后,兴盛于甲午战争至抗日战争之间,与整个中国近代史相始终。四次留学潮伴随着四次民族觉醒和四次大的社会变革,对中国近代社会的发展变迁影响深远。

核心内容

表 7-1　近代中国的数次留学潮

留学背景	指导思想	层面	主要发起派别	特点和影响	留学受众群	代表人物
洋务运动和留美幼童 1872—1881 年	中体西用 师夷长技 以自强	器物	地主阶级洋务派	中国最早的官派留学,近代海军的摇篮。培养了大量外交、军事、实业精英,促进了传统教育向近代教育的发展和转型	欧美公费精英教育	容闳 詹天佑 钟文耀 梁诚 刘步蟾

续 表

留学背景	指导思想	层面	主要发起派别	特点和影响	留学受众群	代表人物
甲午中日战争和留日教育 1894—1910年	救亡图存 君主立宪	制度	资产阶级维新派、革命派	为新式学堂培养了大量师资,推动了新学制的改革。催生了资产阶级革命派团体,传播了民主革命思想,为辛亥革命和新文化运动奠定了组织和思想基础	日本自费大众教育	鲁迅 秋瑾 李大钊 陈独秀 郭沫若
《辛丑条约》和庚款兴学 1901—1945年	民主与科学 科学救国 实业救国		民族资产阶级、教育家、科学家、企业家	客观上促进了20世纪中国近代科学和教育的发展,传播了民主共和思想,发展了民族工商业,推动了中国政治的民主进程	欧美公费精英教育	钱学森 梁思成 竺可桢 茅以升
"五四"、新文化运动和留法勤工俭学 1915—1925年	以前期工读主义、后期马克思主义为指导的新民主主义教育和革命运动	思想	无产阶级革命家、艺术家	开知识分子与工人阶级合作道路的先河,探求和传播马克思主义思想,为中国共产党的诞生和新民主主义革命的胜利奠定了前期的组织基础	法国(欧洲)自费为主的大众教育	邓小平 周恩来 陈毅 冼星海 徐悲鸿

关键术语:西学东渐;留美幼童;留日教育;庚款兴学;留法勤工俭学

学习目标:掌握近代四次留学潮的背景、特点和历史意义

第一节　洋务运动和留美幼童

扫码查看课程

留学教育是中外文化交流的一个重要途径。千百年来,悠久、丰富、灿烂的中国文化对世界各国的学者、留学生产生过持久、广泛的吸引力。然而当历史的车轮飞速向前的时候,清王朝却关闭了中西交往的大门。随着鸦片战争的爆发,一些先进的中国人在经历了种种屈辱、痛苦、比较、反思

之后,开始认识到了中国和西方的差距,并开始考虑如何向西方国家学习。中国近代留学生的派遣和留学教育,正是在这种情况下起步和发展的。

在资本主义列强对中国进一步侵略和中国农民运动的冲击下,清朝统治集团内部逐渐形成了两派:顽固派和洋务派。洋务派是清朝封建统治阶层中向买办转化的军阀官僚集团,代表人物有奕䜣、文祥、曾国藩、左宗棠、李鸿章、张之洞等。他们在极力维护清朝封建统治这个根本制度的基础上,主张对封建专制制度做一些枝节性的改革,以便适应发生巨变的新形势。自19世纪60年代开始到90年代,洋务派创办了一系列"自强""求富"的洋务事业,史称"洋务运动"。洋务运动在教育上最生动的体现就是创立新式学堂和兴办官派留学教育。

一、容闳和留美幼童的缘起

这是中国历史上最早的官派留学生。公元1872年到1881年间,清政府先后派出4批共120名学生赴美留学,他们出洋时的平均年龄只有12岁,因此有一个共同的名字——"留美幼童"。

在美国,他们以惊人的速度越过了语言障碍,成为各校成绩优秀的学生,同时迅速适应异国文化,脱去了长袍马褂,活跃在各项运动的赛场上。留美幼童成为哈佛大学、耶鲁大学、哥伦比亚大学、麻省理工学院的学生,和美国大文豪马克·吐温比邻而居,曾受到美国总统格兰特的亲切接见。当世界格局发生剧烈变化时,他们恰好被送到工业革命的最前沿。然而,当半数孩子开始他们的大学学业时,大清国却突然终止了留学计划。

这批饱受欧风美雨熏陶的学子是中国矿业、铁路业、电报业的先驱。他们中有清华大学、天津大学的第一任校长,有促成庚子赔款的驻美外交官,还有中华民国的第一任总理。而所有留美幼童的故事都和一个人密切相关,他就是中国最早毕业于美国著名大学的学生——容闳。

容闳本为广东籍,是马礼逊学堂的学生,1850年考入耶鲁大学,1854年毕业,是中国最早的留美大学毕业生。回国后,容闳立志将美国教育输入中国。1870年,他向曾国藩建议派留学生赴美,得到曾国藩同意。1871年,曾国藩与李鸿章联合奏请选派幼童赴美留学,得到清廷批准,由陈兰彬、容闳任留学生正、副监督,筹办出国事宜,决定派遣120名年龄在10岁至16岁的幼童分4批(每年30名)赴美留学。

"予之一身既受此文明之教育,则当使后予之人,亦享此同等之利益,以西方之学术灌输于中国,使中国日趋于文明富强之境。"①容闳在自己的著作《西学东渐记》中阐述了报效祖国的伟大志愿。这批官派留美幼童以广东、江苏籍为主,这些幼童既不是出自仕宦家庭,也不是来自贫民家庭,而是来自比较富裕开化的农民和与洋务有关的家庭,具有一定的汉学功底。他们留学的年限为 15 年,经费一律由清廷支付。

二、幼童赴美的发展

1872 年,第一批留美幼童来到旧金山,他们登岸之后立刻穿上自己的新衣服,在美国留下了第一张合影。美国《纽约时报》于 1872 年 9 月 15 日刊发了一则题为《清国留学生抵达旧金山》的消息,内容记述道:

> 昨天(9 月 13 日)到达这里的 30 名清国学生都非常年轻,他们是很勤奋和很优秀的小姐和绅士,他们容貌俊美,要比任何在此之前曾到美国访问的清国人都好看得多。有三名身为清国官员的教师陪同着他们。大清国政府拨出了 100 万美元用于这些学生的教育,清国政府还计划每年送出 30 名学生到美国学习,这批来此接受教育的清国女子和绅士们受到了人们的极大关注,因为先前清国学生在美国时曾受到基督教的熏染,所以这次将会在这批学生中严格传授孔子思想,让他们信仰儒教。另外四书五经和康熙皇帝制订的律令也将是他们常规课程的组成部分。

《纽约时报》的客观报道让我们看到,此次留学的性质是中体西用的,因为洋务运动的本质是师夷长技以自强,是学习西方的科学技术,而不是建立资本主义民主制度,它的主观动机还是要维护封建统治,因此四书五经成为当时必不可缺的课程。可爱的孩子们由于留着长辫子、穿着长袍马褂而被认为是女孩子,这也是令人忍俊不禁的。多年之后,他们很多人信奉了基督教,脱去了长袍马褂,穿上西装,剪掉辫子,这是中西文化的一次巨大冲突,也是导致留学运动最终夭折的原因。

留美幼童在美国刻苦努力,成绩斐然,到 1881 年,先后有 50 多名幼童进入美国的大学学习。其中,詹天佑、欧阳庚等 22 人先后进入耶鲁大学,邓世聪、吴仰曾、黄仲良、邝荣光等 8 人进入麻省理工学院,3 人进入哥伦比亚大学,1 人进入哈佛大学。此外,留美幼童就读的大学还有里海大学、瑞萨莱尔理工学院、拉

---

① 容闳:《西学东渐记》,徐凤石、恽铁樵译,商务印书馆 1934 年版,第 27 页。

法叶特学院、伍斯特理工学院、布朗大学、斯蒂芬理工学院、约翰·霍普金斯大学和安姆斯特学院。他们中有定远舰军官吴应科、清末交通总长梁敦彦、北洋大学校长蔡绍基、天津警察局局长曹嘉祥、矿业设计师吴仰曾、航运公司经理容尚谦、铁路工程师陆锡贵、南京造币厂经理潘斯炽、香港太平绅士周长龄、外交官钟文耀、京张铁路工程师詹天佑,以及中华民国第一任总理唐绍仪。

另外,洋务派也曾派不少留学生到英、法、西、德、日等国学习军事、技术和自然科学。如 1875 年,闽浙总督沈葆桢派遣福建船政学堂学生 5 人前往法国学习船政;1876 年,李鸿章派 7 人赴德国学习兵技;1877 年,李鸿章与沈葆桢合奏派遣福建船厂制造学生 14 名、制造艺徒 4 名前往法国学习制造,派遣驾驶学生 12 名前往英国、西班牙等国学习驾驶,所派学生都是船政学堂的优等生,这实际上是中国近代第一批正式派遣的留欧学生。1881 年,李鸿章又奏派船政学堂学生 10 名分别赴英、法、德学习营造、枪炮、火药、轮机、驾驶、鱼雷等,1886 年再派船政学堂学生 34 名,其中包括北洋系统派出的 10 名,赴英、法学驾驶、制造。

这些留欧学生与留美幼童有所不同,留美幼童是从语言和初等教育起步,然后逐步升级,而船政学堂的留欧学生不但会外语,而且经过了专业训练,还有实际工作的能力,让他们出国留学是为了"窥其精微之奥",所以才把他们"置之庄岳之间"(沈葆桢《奏请分遣学生赴英法两国学习造船驶船折》)。他们被派遣出国留学的目的明确,《选派船政生徒出洋肄业章程》中规定:赴法学制造者"务令通船新式轮机、器具无一不能自制",要能胜任总监工之职;赴英国学习驾驶者"务令精通该国水师兵法,能自驾铁甲船于大洋操战",要能担任水师管驾官。这些留学生都是 20 岁左右的优秀青年,他们在国外无论是在校内学习,还是在工厂实习或在兵船上历练,都非常刻苦,有强烈的求知愿望和报效祖国的决心。以首批留英学习驾驶的 12 名学生为例,除 1 名因病提前回国外,其他 11 名都出色地完成了学业。"刘步蟾、林泰曾知水师兵船紧要关键,足以西洋水师管驾官相等,均堪重任";"严宗光(即严复)于管驾官应知学问外,更能探本溯源,以为传授生徒之资,足胜水师学堂教习之任";其他学生如萨镇冰等 8 人也都有上佳评语,分别可任管驾官、管驾等职。[①] 派往法国学习制造的留学生也均达到可肩负总监工之重任的标准。

---

① 田正平主编:《留学生与中国教育近代化》,广东教育出版社 1996 年版,第 59—60 页。

三、幼童留美运动的终结

幼童在美国接受西方的教育,过美国式的生活,随着时间的推移,这些幼童不愿穿中式的服装,经常是一身美式打扮,甚至不少幼童索性把脑后的长辫子剪掉了。一些幼童受美国宗教文化的影响,渐渐信奉了基督教。幼童学习西方教材,不但学到了许多新的自然科学知识,而且也接触了较多的资产阶级启蒙时期的人文社会科学文化,这使他们渐渐对学习四书五经等儒家经典失去了兴趣,对繁文缛节、封建礼义、反对人权的东西不屑一顾。这些新变化都被清政府的保守官僚视为大逆不道、不可容忍。一场围绕留美幼童的中西文化冲突不可避免。

1876年,清廷派翰林院编修吴子登出任留美幼童监督。第三批留美学生唐绍仪见到吴子登未行跪拜礼,立即招来一顿板子。吴子登致函各幼童所在学校,要求立刻停授美国地理、钢琴演奏、英诗写作等科目。在1872年至1881年的漫长九年中,中国幼童在课堂里、在球场上,乃至在舞会中、划船大赛时,均取得了相当辉煌的成就。他们打棒球、划船、露营、滑雪、上教堂、骑脚踏车、参加舞会、结交美国女孩,乃至脱下长袍马褂,穿上西装皮鞋,这些事在北京政府的顽固派、守旧派眼中已被视为"大逆不道"。吴子登在《留学局谕告》中指出:

> 谕告诸生等知悉,我国家作育人材,不惜巨币,送尔等肆业。尔父母亦不耽溺爱,令尔等离家前来。无非期望尔等学业有成,上可报国临民,下可光宗耀祖,为尔等终身之计。试思中国人家子弟,若万万,若千万,岂易得此美遇?……
>
> 但要思出洋本意,是令尔等学外国工夫,不是令尔等忘本国规矩。是以功夫要上紧学习,规矩要不可变更。若尔等不上紧学习,将来考试,岂能争先胜人?①

1880年11月,清廷颁布上谕,言及对幼童留美事业的不满。次年2月,陈兰彬回奏,描述留美幼童的现状,并建议撤回留美幼童。1881年6月28日,总理衙门照会在美国的幼童出洋肆业局,令全体师生尽速返华。已改任驻美国公使的陈兰彬上奏,转述留美事务所总办吴子登的意见:"外洋风俗,流弊多端,各学生腹少儒书,德性未坚。尚未究彼技能,先已沾其恶习,即使竭力整顿,亦觉防范难周。"②容闳向美国提出选派程度较高的学生,入美国海、陆军学校,遭美方

---

① 刘中国、黄晓东:《容闳传》,珠海出版社2005年版,第357页。
② 陈学恂:《中国近代教育大事记》,上海教育出版社1981年版,第42页。

拒绝。7月,清政府解散留美事务所,留学生分三批回国。

学业未成,半途而废,说明中国在沦为半殖民地以后,内有顽固守旧势力阻挡,外受资本主义歧视,出洋学习科学技术是难于实现的。耶鲁大学校长波特试图挽留他们:"贵国派遣的青年学生,人人善用时间,研究学术,各门学科成绩优秀,虽然年少,却谨言慎行,作风沉稳,不愧是来自大国的国民,足以为贵国增光。美国少数无知之人,对中国人颇有偏见,也因为这些孩子而逐渐消失……目前,正是孩子们最紧要的学习关头,即将开花结果,此时撤回无异于尽弃前功。"[①]但是一切已成定局。已经看到了世界先进的样子,接触到了自由的思想,这一切却又要被闭锁下去,这当然痛苦;然而更痛苦的是,留美幼童冒着风险、付出了巨大努力的留美救国生涯,却没有得到当时的认可。

四、幼童留美运动的影响

据统计,这批留美学生中从事工矿、铁路、电报业者30人,其中工矿负责人9人、工程师6人、铁路局长3人;从事教育事业者5人,其中清华大学校长1人、北洋大学校长1人;从事外交行政者24人,其中领事、代办以上者12人,外交部部长1人、副部长1人、驻外大使1人、国务院总理1人;从事商业者7人;进入海军者20人,其中14人为海军将领,参与了北洋海战。[②] 其中也有人未能如愿回到祖国。早亡于异国者3人,其中还有被誉为天才少年的潘铭钟,15岁考上瑞萨莱尔理工学院,但因为学习过度刻苦,入校一年后英年早逝,永远地留在了异国他乡的公墓(美国哈特福德公墓)里。

在政治、经济、文化领域,留美幼童大展才华,但更应该铭记的是,留美幼童也积极参与了清末对抗列强侵华的战争,而且在战斗中勇敢无畏、挺身而出,发扬爱国精神,创造了许多可歌可泣的光荣事迹。在被清廷召回的94名幼童中,有41人被分配到包括北洋水师、广东水师、福州船政局、江南制造局等部门。在1884年中法海战中,就有6名留美幼童参加,4名牺牲,其中3人是麻省理工学院的学生,他们是薛有福、杨兆楠、邝咏钟。至今麻省理工学院的学生档案中还留有他们阵亡的记录。在中日甲午海战中,有11名留学生参战,分布在各军舰上,其中"致远"舰大副陈金揆在舰长邓世昌的带领下与全舰250名官兵为撞沉

---

① 容闳:《西学东渐记》,徐凤石、恽铁樵原译,张叔方补译,杨坚、钟叔河校点,湖南人民出版社1981年版,第108页。
② 吴文莱主编:《容闳与中国近代化》,珠海出版社2006年版,第238页。

日旗舰"吉野"号而壮烈牺牲,其他舰上的留学生如沈寿昌、黄祖莲亦阵亡,吴应科被清政府授予"巴图鲁"之最高荣誉。

1872—1881年洋务运动时期的留美教育是中国近代最早的官派留学,是我国近代留学生运动的开端,具有重大历史意义,它是中国首次大规模学习西方先进科技的政府计划。在中体西用的指导思想下,留美教育虽然夭折于半段,但它给僵化的封建教育体制打开了缺口,改变了单一的传统教育结构,培养了大批近代科技、文化、实业、军事、教育、国防、外交精英,在很大程度上填补了近代中国发展进程中的人才空缺,在近代中国的军事科技、地质矿藏、铁路建设、电信等多项事业的起步发展中做出了非常大的贡献。它直接影响了第二次大规模留美运动"庚款兴学",也促进了传统教育向近代教育的过渡,为清末"壬寅癸卯学制"的出台奠定了基础,更为后来风起云涌的旧民主主义革命的发展、维新派的教育活动、辛亥革命的发展积蓄了力量。

本节习题

一、单项选择题

1. (　　)年洋务运动时期的留美教育是中国近代最早的官派留学。
   A. 1840年　　B. 1862年　　C. 1872年　　D. 1898年
2. 中国近代留学教育的创始人是(　　)。
   A. 容闳　　B. 张之洞　　C. 梁启超　　D. 严复
3. 1872—1881年洋务运动时期的留美教育的指导思想是(　　)。
   A. 经世致用　　B. 中体西用　　C. 实业救国　　D. 三民主义
4. 对1872—1881年洋务运动时期的留美教育的正确评价是(　　)。
   ① 中国近代最早的官派留学
   ② 以中体西用为指导思想,留美教育的根本目的是维护封建专制
   ③ 培养了一大批近代科技、文化、实业、军事、教育、国防、外交的精英
   ④ 促进了传统教育向近代教育的过渡
   A. ①③④　　B. ①②④　　C. ②③　　D. ①②③④
5. 关于晚清留美幼童的正确表述有(　　)。
   ① 出洋时平均年龄只有12岁
   ② 留学的年限为15年,经费一律由清廷支付

③ 留美幼童就读的大学有耶鲁大学、麻省理工学院、哥伦比亚大学、哈佛大学等
④ 留美幼童的主要来源是八旗子弟

A. ①③④　　　　B. ①②④　　　　C. ②③　　　　D. ①②③

二、思考题

1. 试评价洋务运动时期的留美教育。

第二节　甲午中日战争和留日风潮

一、留日热潮的形成

1894—1895 年甲午战争中清廷的惨败,给了中国人以强烈的刺激,清政府签订了丧权辱国的《马关条约》,洋务运动宣告失败。中国人自强求富的梦想破灭。中国知识分子开始思考:中国为什么会失败? 日本为什么会富强? 康有为提出"不妨以强敌为师资"(康有为《日本变政考》),主张仿效日本,变法维新,救亡图存。他因此亲身到日本留学,直接了解日本改革和富强的经验,并吸收经日本引进与消化了的西方文化。

扫码查看课程

1898 年张之洞的《劝学篇》认为,去日本留学除了路近、费省、语言接近之外,"西书甚繁,凡西学不切要者,东人已删节而酌改之"(张之洞《劝学篇·外篇·游学》)。1902 年清政府实行新政,1903 年颁布《约束奖励游学毕业生章程》,明确了对留学生给予相应的科名奖励的办法。中国留学生如果从日本学堂毕业,可以根据学堂及所学程度的好坏给予奖励,从日本普通中学堂、高等学堂和实业学堂、大学堂、国家大学堂以及大学院毕业,并且获得优秀文凭的学生,分别视情况授予拔贡、举人、进士、翰林出身等功名,在适当的时候予以录用。

1903 年 10 月,天津首批留日师范生——陈哲甫、陈筱庄、胡玉孙、李琴湘、华芷龄、郑菊如、俞义臣、徐毓生、刘宝慈、刘宝和等人赴日本弘文学院学习。1905 年,清政府废科举,将原先科举做官的道路彻底堵死,留学成为年轻人步入官场的最主要道路。1906 年,留日教育达到高潮,有 8 000 多人东渡日本,超出了同期派往其他各国留学人员的总数。另外,这个时期还有大批官吏,上至朝廷

重臣，下至知州县令，以及宗室亲王、贝子等，也纷纷东渡日本游历、考察。留学日本的热潮大约持续了十年之久，共有近万名学生赴日留学，在当时的情况下，实可谓一壮举。

二、留日热潮形成的原因

（一）清朝政府的倡导与鼓励

戊戌变法和"百日维新"期间，康有为等人提出的改革措施多以日本为参照。进入20世纪，清政府推行的"新政"，特别是在教育领域，更是以日本为榜样，留学教育自然也不例外。此后，清政府陆续制订和完善了一系列具体的留学政策。1903年，清政府颁布了《奖励游学毕业生章程》，对表现优秀的学生给予科举出身的奖励。1904年1月，清政府批准了张百熙、张之洞等人的奏折，鼓励在职官员和王公子弟自费留学，回国后应给予特别奖励。同年5月，清政府又颁布了《选派陆军学生分班游学章程》。1905年，清廷举行了第一次留学毕业生考试，14名留日学生全部获得了进士、举人的出身，并被授予官职。同年，科举制度被废除，这进一步促使一些人将留学视为投身仕途的重要途径，而日本则成为首选的留学国家。为了吸引更多人留学，清政府不仅提倡和支持自费留学，还对经费困难的学生提供补助。一旦学生考入外国大学，其学费可由国家承担。同时，自费留学回国的学生也有资格参加考试，并获得相应的出身。这种官派与自费并行的政策，极大地激发了人们的留学热情。

（二）日本政府推行优惠的留学政策

为了独占中国东北，日本政府积极寻求与清政府建立紧密关系，并试图缓解中国人民的反日情绪，以便长期统治中国。其中一项策略就是吸引中国留学生和赴日考察学者，认为这是日本在东亚地区扩张势力的关键。1898年，日本驻华公使矢野文雄在给外务大臣的信中详细阐述了吸引中国留学生的重要性。他认为，通过让中国学生学习军事，可以使中国军事力量依赖日本，进而实现日本化。同时，吸引中国学生学习理工科，有助于日本工商业在中国市场的扩张。矢野文雄还多次向中国总理衙门提出，日本政府愿意为中国留学生提供经费补助。此外，其他日本知名人士也前往中国游说，鼓励更多学生前往日本留学。

为了满足中国留学生的需求，日本不仅允许他们就读于各级学校，还特意为他们开设了一些专门学校，如日华学堂、成城学校清国留学生部、弘文学院及其分校、同文书院、振武学校、法政大学速成科、早稻田大学清国留学生部和实践女学校附属中国女子留学生师范工艺速成科等。这些学校的设立为留日热潮的形成提供了有力支持。

到 1904 年,共有 1 351 名中国留学生进入了东京大学、京都大学、早稻田大学、庆应义塾大学、明治大学、法政大学、东京高等师范学校、东京高等工业学校、东京高等农学校等 15 所大学学习。其余学生则就读于大阪医学校等 47 所中等性质的学校。其中,法政大学速成科有 295 人、政务学校 305 人、经纬学堂 135 人、弘文学院 604 人、同文书院 148 人。值得注意的是,许多学校是为了盈利而临时开设的,甚至包括制纸工厂、商业工厂、制造工厂、化学制造品所、织布工厂、印刷厂、东京印制局、帝国制币局、图版合资会社和保姆讲习所等,都招收了中国留学生。

(三) 中国民族危亡的强烈刺激

甲午战争的失利与《马关条约》的签订,像两把尖锐的刀,深深地刺痛了中华民族的心灵。这场战败不仅让中日两国的地位发生了翻天覆地的变化,更让一些有识之士深刻认识到,中国的出路在于变法,在于学习西方。他们看到,日本通过学习西方已经取得了显著的成效,因此认为中国学习日本将是一条最为有效的捷径。这些觉醒的知识分子怀揣着对国家的深深忧虑和民族危亡感,决心亲自前往日本留学,以便更直接地了解日本如何通过变法改革,走向了富强的道路。他们的爱国热情与对民族未来的期望,成为他们留日的强大动力。

(四) 中日两国相近的地缘文化

中、日两国"一衣带水",这种地理上的亲近也是推动留学日本热潮的重要因素。中国曾派出许多学生前往日本学习,南洋公学师范生章宗祥就是其中的一位。他在 1901 年撰写并出版了《日本游学指南》一书,这本书被广泛传播,对当时的留学热潮起到了重要的推动作用。他在书中指出,留学"莫如首就日本",指出留学日本有三便:文字同,其便一;地近,其便二;费省,其便三,并且还可以借鉴日本维新经验。

三、清末留日教育的特点

随着赴日留学热潮的兴起,我国的留学教育迎来了前所未有的变革,展现出独特而鲜明的特点。

(一) 生源广泛,成分多元

与洋务教育时期主要局限于东南沿海各省的情况不同,这次的留学生来自全国各地。"光绪壬寅政艺丛书"中《日本留学生调查录》的统计数据显示,1901年,湖北有47名留学生,其中官费生36人,自费生11人;江苏44人,官费16人,自费28人;浙江39人;广东23人。全国留日总人数为269人。虽然东南沿海地区的留学生人数仍然较多,但内陆地区如湖北、湖南、四川等地的留学生数量也不少,甚至贵州、陕西、广西等地也有留学生。这一统计还显示,自费生与官费生同时出国,1901年官费生159人,自费生110人。

留学生的年龄和性别也呈现出多样化的特点。青年学生占据主流,但留学队伍中也出现了男女老少同在的景象。从十几岁的少年到耄耋之年的老翁,各种年龄段的人都有。更令人瞩目的是,出现了父子兄弟同行、夫妻同往,甚至全家一起留学的情况。据《东方杂志》报道,广东有一位82岁的老翁,竟然"赴东瀛考求工业",这在世界留学史上也是罕见的。从1903年开始,就有女子东渡日本留学,其中不少是随兄、随夫前往的。1905年后,一些省份还派遣女子赴日留学。例如,1905年湖南派送了20名青年女子赴日,进入实践女校学习速成师范科,1906年7月毕业;江西也派送了10名女生赴日留学。奉天省与日本东京实践女学校达成协议,每年派遣15名女生到该校学习。到1907年,仅在东京一地,就有中国女留学生百余人。

在留日学生中,虽然多数为青年学生,但成分却相当复杂。除了青年学生外,还有在职官员和已取得功名的士绅、王公贵胄子弟等,甚至还有一些被清政府通缉的"流亡者"也加入了留学的行列。这种多元化的留学生构成无疑为我国的留学教育注入了新的活力,使其具备了广大的可能性。

(二) 研习军事者和师范生人数增加

早期的留学生无论是前往美国还是欧洲,他们的学习重点都主要集中在数理知识以及与轮船制造和驾驶相关的军事技术领域,这主要是为了满足洋务事业的需求。然而,转向日本留学的学生们则展现出更为广泛的学习兴趣。1903年,京师大学堂派往日本的31名学生分散在26个不同的专业中,其中法科学生数量最多,占据了首位。到了1907年,在东京帝国大学学习的35名中国学生中,学习法政的学生数量最多,其次是师范和军事。

这种学习趋势与清政府推行的"新政"有着密切的关系。新政旨在改革官制、教育、预备立宪以及训练新军。因此,学生们对法政、师范和军事等专业的热衷,可以看作响应政府改革号召的体现。同时,青年学生们选择师范专业,也受到了当时教育救国思潮的影响。在这次留日热潮中,选择普通科和速成科(包括速成师范科)的学生占据了很大的比例,而选择进入高等学校和大学的学生则相对较少。这反映了当时学生们对于快速掌握实用技能和专业知识的渴望,以及对于教育改革和社会进步的期待。

(三)如火如荼的爱国热情

当中国留学生踏上日本的土地,他们是以一个后进国家的学生身份,向一个先进国家学习。这种国家地位的转变,使得正在崛起的日本与日渐衰落的中国形成了鲜明的对比。留学生们面对此情此景,内心充满了复杂的情感。面对许多日本人的狂妄和自满,中国留学生们深受刺激,他们心中燃烧着高昂的爱国热情。尽管忍受着民族的屈辱,他们却更加坚定了发愤图强的决心。他们充分利用日本言论、出版、结社的自由,积极组织各种团体,出版报刊,发表演说,寻找救国的道路,并积极参与各种实际斗争。在辛亥革命之前,日本留学生和流亡者创办的刊物数量达到了七八十种,他们通过这些刊物宣传爱国思想,传播新知识。同时,他们还组织了许多进步团体,到1910年前,先后成立的团体数量达到了30个。这些团体大多数都是爱国和进步的,它们成为20世纪初资产阶级革命派在海外开展革命活动的重要基地。许多资产阶级革命派的活动也都是由日本留学生在海外率先发起的,内地学生随后响应,有力地推动了革命运动的兴起。在这些留日学生中,涌现出了一大批著名的资产阶级革命家,如黄兴、邹容、秋瑾、宋教仁、陶成章、廖仲恺、何香凝、陈天华等,他们都为后来的辛亥革命做出了重大贡献。

四、留日学生的贡献

留日学生在日本创办了大量期刊杂志,宣传西方科技和民主革命思想,如《开智录》《译书汇编》《湖北学界界》等。有学者统计,从1901年到1911年,留日学生创办的中文期刊有86种,其中在东京和横滨创办的有78种,占国外创办刊物总数的90.7%。

1902—1903年,留学生翻译的日文书籍达300多种,占当年中国外文译书的

60%①,涉及外文、历史、地理、理化、博物、生理、教育、法制、经济等各个方面。现在我们常用的一些基本词汇和术语,如服务、组织、纪律、政治、革命、政府、方针、政策、申请、解决、理论、哲学、原则、经济、科学、商业、干部、健康、社会主义、资本主义、法律、封建、共和、美学、文学、美术、抽象等800多个外来词汇,都是日语引进词汇。

留日学生还引进新式教科书,改进教学内容,为师范教育奠定了师资基础,推动了新学制的改革。陈独秀译编的《小学万国地理新编》成为当时商务印书馆畅销的教科书之一。斯宾塞的《教育学》、卢梭的《爱弥儿》、赫尔巴特的《普通教育学》等都是这一时期引进的外国教育理论。德国赫尔巴特学派的五段式教学法通过留学生由日本间接传入中国,这种由预备、提示、比较、总结、应用五个步骤组成的五段教学法,对于清末癸卯学制,甚至后来的中、小学教学法都产生了深远影响。

在20世纪头10年中,留日学生总数达5万人以上,壮大了实业、教育、科技、军事、社会革新的人才队伍。社会改革方面有陈独秀、李大钊、秋瑾、章太炎、李达、李汉俊、陈望道等革命者;师范教育方面有朱峙三、徐特立、杨昌济等;文学艺术方面有鲁迅、周作人、郭沫若、田汉、成仿吾、欧阳予倩、周扬、夏衍、沈尹默、郁达夫、李叔同等。学术名流有艾思奇、邓初民、杜国庠、王亚南、杨东莼等。

以留日学生为骨干形成了资产阶级革命派团体。1905年8月20日,孙中山在东京成立了同盟会,两年内即有960多位留日学生加盟,成为辛亥革命的先锋队和中坚力量,"驱除鞑虏,恢复中华,创立民国,平均地权"十六字纲领成为旧三民主义的核心。中国同盟会在推翻清政府、结束中国2 000多年的封建帝制的辛亥革命中起到了重要作用。

五、留日热潮的消退

留日学生人数在1907年后开始下降,到1912年仅有1 400余人了。热潮的消退首先是因为清政府政策的改变,对留学生的水平提出严格的要求。1906年3月,学部通电各省,必须是中学堂毕业并通习彼国语言的学生才可选派。8月,学部又通令各省停止派遣赴日选习速成科学生。

其次是日本政策的改变。在留日学生日益高涨的爱国活动的形势下,日本政府应清廷的要求,予以压制。1905年11月,日本公布《关于允许清人入学之

---

① 颖之编著:《中国近代留学简史》,上海教育出版社1980年版,第30页。

公私立学校之规程》,激起了留日学生的不满,要求取缔,全面罢课,陈天华为抗议投海自杀,2 000 名留学生相率回国,以后又有很多学生回国参加资产阶级民主革命运动。

另外,国内新学制的实施、科举的废除、新教育迅速发展,已可以在一定程度上满足中、小学教育的要求。

赴日学生减少,但水平有所提高。1908 年 1 月,清学部奏陈日本文部省允于 15 年内在官立高等学堂每年收容中国学生 100 名,由中国给予经费补助,强调官费派遣的学生必须进入日本正规高等学校。

戊戌变法时期到 1908 年间,留学教育虽以向日本派遣为主,但同时,向欧美派遣留学生的活动也没有放松。1904 年,清政府发布了《游学西洋简明章程》,1905 年 9 月 1 日,清政府命各省督抚再多派学生游学欧美,并命出使大臣监督考查。这一时期,留学欧美的学生中自费生比例增加,留学国别广泛,包括英、美、法、德、俄、比利时等。所学专业与留日学生不同,绝大部分选择实业学科,因国内政治风云对他们影响较小,他们对祖国前途的关心多用于倾心钻研学业上,学风刻苦,成绩斐然。

本节习题

一、单项选择题

1. 中国近代的留学教育始于 19 世纪 70 年代,留学主要目的地是欧美。19 世纪末,留学主要目的地转向日本。促成这一变化的主导因素是(　　)。

　　A. 推动洋务运动发展的需要　　B. 西方国家对华政策的转变
　　C. 探索救国救民道路的要求　　D. 民族资本主义兴起的影响

2. 有关 19 世纪末 20 世纪初留日教育背景表述正确的有(　　)。

①《马关条约》的签订刺激国人向日本学习,寻求救亡图存的道路

② 1905 年科举制的废除,刺激了留日教育走向高潮

③ 留日学生引进了新式教科书,改进了教学内容,为师范教育奠定了师资基础,推动了新学制的改革

④ 以留日学生为骨干,形成了资产阶级革命派团体,成为辛亥革命的先锋队和中坚力量

　　A. ①②③④　　B. ①②　　C. ③④　　D. ②③

3. 在20世纪头10年中,留日学生总数达5万人以上,壮大了实业、教育、科技、军事、社会革新的人才队伍。下列不属于留日学生的有( )。
   A. 鲁迅   B. 郭沫若   C. 秋瑾   D. 钱学森
4. 有关19世纪末20世纪初留日教育影响表述正确的有( )。
   ① 留日学生在日本创办了大量期刊杂志,宣传西方科技和民主革命思想
   ② 1902年到1903年翻译的日文书籍有300多种,占当年中国外文译书的60%,引进外来词汇800多个
   ③ 留日学生引进了新式教科书,改进了教学内容,为师范教育奠定了师资基础,推动了新学制的改革
   ④ 以留日学生为骨干,形成了资产阶级革命派团体,成为辛亥革命的先锋队和中坚力量
   A. ①②③④   B. ①②   C. ③④   D. ②③
5. 近代留学潮中不属于公费留学的是( )。
   ① 庚款兴学   ② 洋务留美
   ③ 留法勤工俭学   ④ 留日教育
   A. ①②③④   B. ①②   C. ③④   D. ②③

二、思考题

1. 试述评甲午中日战争背景下的留日教育。

第三节 《辛丑条约》和庚款兴学

扫码查看课程

水木清华,钟灵毓秀,清华大学秉持"自强不息、厚德载物"的校训和"行胜于言"的校风,坚持"中西融汇、古今贯通、文理渗透"的办学风格,培养了中国一代又一代的建设者和接班人。然而它的成立却和一段屈辱的历史、一段留学传奇息息相关。

一、庚款兴学的兴起

1901年,《辛丑条约》的签订掀起了列强瓜分中国的狂潮。《辛丑条约》规定

清政府向列强赔偿4.5亿两白银，分39年还清，本息合计9亿两。因为事出庚子年，又称之为"庚子赔款"。受款者共14国，其中沙俄最多，占总数的29%，德国占20%，法国占19%，英国占11%，日本占8%，美国占7%，意大利占6%，比利时占2%，奥地利、荷兰、西班牙、葡萄牙、挪威、瑞典等国不及1%。①《辛丑条约》的签订给中国人民造成了深重的灾难。

1904年12月上旬，中国驻美公使梁诚就中国的赔款据理力争，"乘其一隙之明，籍归已失之利"（《驻美公使梁致外务部函》，光绪三十年十二月十四日），不放过任何机会，在美国国会及议员中四处游说，谋求退还部分庚款。

1905年前后，针对19世纪末美国的排斥华工政策，中国沿海各地掀起了广泛的抵制美货运动，使美国在华的经济利益受损，同时留日高峰的出现，引起了美国朝野的瞩目。美国要求"门户开放，利益均沾"，与日本在中国的文化教育上展开了激烈的争夺。1906年，美国伊利诺伊大学校长詹姆士提出，采用"从知识上与精神上支配中国领袖的方式"②来控制中国的发展。

1908年，罗斯福政府通过议案，决定从1909年起，将庚子赔款的一部分以先赔后退的方式退还给中国，发展留美教育。自1909年起，中国每年向美国派遣100名留学生，这就是后来庚款留美学生的由来。

美国将退还的庚款主要投放在中国的教育文化事业上。1908年，美国退还第一笔庚款1 078万美元，1924年退还第二笔庚款1 254.54万美元。③ 先后两笔赔款退还的时间相距16年之久，此时的中国已经从清政府变为北洋政府，美国也经历了塔夫脱、哈丁、柯立芝、威尔逊和罗斯福五位总统。虽然两次退款的时间相距达十几年，但是美方对中国退款的态度没有改变。由此可见，中美双方十分重视关于庚款退还的相关问题，同时美方对于中国的外交关系及政策也是十分重视的，其他国家纷纷效仿。

俄国十月革命后，新生的苏维埃政权主动提出退还部分庚款。苏联政府在1924年《中俄解决悬案大纲协定》中宣布"允予抛弃俄国部分庚子赔款"，经议定，这笔钱除了偿还债务外，其余悉数用在教育上。此后，英国、法国、荷兰、比利时、意大利也相继与中国订立协定，退还应付款项。这些款项作为教育基金，用于发展文教和留学事业。

---

① 颖之编著：《中国近代留学简史》，上海教育出版社1980年版，第23页。
② 清华大学校史研究室：《清华大学史料选编》第一卷，清华大学出版社1991年版，第72页。
③ 陈强：《美国庚款退还对中国近代教育发展的影响研究》，吉林大学博士学位论文，2019年，第35页。

英国的庚款资助了华中、齐鲁等9所教会大学,并成立了"中英庚款委员会";法国的庚款资助了上海中法工学院、巴黎中国学院、北平中法大学、上海震旦大学等;比利时的庚款资助了北平中国大学、北平第二工学院等学校,并创办了上海雷姆电学院等;荷兰本来想把庚款全部用于治理黄河,后来改为发展中国水利事业,35%用于文化基金,其中有一小部分基金用于荷兰莱顿大学汉学研究所,以增进两国的文化交流。

1908年10月28日,中美政府草拟了派遣留美学生的规程:自退款的第一年起,清政府在最初的四年内每年至少应派留美学生100人,如果到第四年已派驻了400人,则自第5年起每年至少要派50人赴美,直到退款用完为止。被派遣的学生必须"身体强壮,性情纯正,相貌完全,身家清白,恰当年龄"(《遣派留美学生办法大纲》)。留学生的中文程度须能作文,即有文学和历史知识;英文程度能直接入美国大学和专门学校听讲,并规定他们之中应有80%学农业、机械、工程、矿业、物理、化学、铁路、银行等,其余20%学法律、政治、财经、师范等。1909年10月,第一批庚款生40人赴美留学。至1929年,仅由庚款派遣或享受庚款津贴的各类留美学生就达1 800余人。

1911年,游美学务处下设了留美预备学校"清华学堂",也就是清华大学的前身。它于1911年4月29日正式开学,招收13岁左右的儿童入学,选聘外教,使用英语教学。学生经过8年的高强度训练,赴美后一般可进入大学三年级学习,大部分人获得了硕士、博士学位。清华学堂系统引进西学,提高了留美学生的整体层次。

二、庚款兴学的发展

1924年,美国第二次退还赔款1 254.5万美元,并成立了"中国文教促进基金会"(或称"中国基金会")。当时的北洋政府任命了由10名中国人和5名美国人构成的托管董事会管理此项基金,其中相当一部分以奖学金的方式提供给清华学堂。

在1909年至1929年的20年间,清华学校成功派遣了967名留美预备部毕业生前往美国深造。而在接下来的1929年至1932年的四年里,又有104名学生被选拔并派送至美国学习。

(一) 公费、自费并举

据相关资料记载,1900年留学美国的学生仅有59人,随后的8年间,这个数字缓慢增长至 281 人。然而 1909 年，庚款留学的春风拂面，第一批庚款留美学生踏上了美国的土地，留学人数开始呈现出蓬勃的增长态势。特别是 1911 年，清华学堂的创立更是为留学美国注入了新的活力。"赴美官费生日多，因为人多回国之后在社会上势力亦大之故，私费生也随之增加。"①除了由政府资助的公费留学外，我国还大力提倡自费留学，以此推动留学教育的全面进步。在那个时期，公费留学的名额分配主要由教育部负责，名额会先分配给各个省份。各省份会组织第一次考试，选拔出优秀的候选人后，再送交教育部进行第二次考试，最终确定录取名单。同时，教育部也会保留一部分名额，直接进行派遣。自费留学的学子们则不受地域和名额的限制，他们只须满足政策规定的基本资格，即中等学校毕业，就可以申请自费留学。而公费留学则要求申请者必须是高等专门学校毕业或以上学历。值得一提的是，如果自费生选择了国家急需的专业，或者他们的学习成绩特别优秀，他们也有可能转为公费生或获得相应的津贴。在回国待遇上，自费生与公费生享有同等的权益。这些优惠的政策和待遇极大地推动了自费留学的发展，使得自费留学的比例大幅度提升，往往超过了公费留学的人数。

根据 1924 年版的《留美学生录》所记录的数据，当时有 1 637 名中国学生选择在美国深造，其中自费留学的学生数量达到了 1 075 人。尽管美国政府曾多次出台限制移民和留学的法案，但在 20 世纪 30 年代初，美国依然超越日本和欧洲，成为中国留学生人数最多的国家。留学风潮由日转美对中国的影响很大，"一则欧美文化直接经由本土转往中国，沐浴了一代中国知识分子；二则提高了中国留学教育质量"。到 1917 年，留美学生超过 1 500 人，1925 年则达到了 2 500 余人。②

(二) 理工科专业居多

本次留学彰显了科学拯救国家的崇高理想，特别强调了理工科学生的培养。他们涉猎的专业领域广泛，涵盖了 70 多个不同的学科方向。其中，有一些专业是国家当时急需的，比如纺织工程、化学工程、机械工程和土木工程等，同时关注其他领域的发展，如汽车工程、飞机工程等前沿科技领域。此外，他们还在戏剧、美术、音乐、教育管理、儿童教育等领域进行了深入的学习和研究。这种多元化的学习模式使得他们不仅具备了扎实的专业知识，还拥有了广泛的人文素养。

---

① 舒新城：《近代中国留学史》，上海书店出版社 2011 年版，第 54 页。
② 陈琨：《晚清时期美国"庚款兴学"政策研究》，黑龙江大学硕士学位论文，2017 年，第 44 页。

这与第二个时期留日学生主要学习法政、师范、军事等专业形成了鲜明的对比。清华学校1909年到1929年的留美学生学科专业统计显示,学习社会科学者325人,占25.2%;自然科学127人,占9.8%;工程学404人,占31.3%;商学占11.1%;农学占5.2%;医学占5.3%;军事占2.2%;法学占2.2%;文学占4.8%;哲学占1.4%。其余学科也都略有涉及。[①]

(三)选拔严谨

这一时期的留学教育的特色之一,体现在其严谨的选拔机制上。早期的幼童留美由于风气未开,招生困难,人数都难以凑齐,更谈不上进行严格的考核。而随后的留日时期也没有统一的标准。然而到了这一时期,公费派遣的留学生选拔实施了严格的考试制度。1909年9月4日至15日,外务部与学部在北京联合举办了首次庚款留学美国学生的选拔考试。4日考察国文,5日考察英文,这是考试的第一阶段。只有通过这一阶段的考生,才能进入第二阶段的考试,即9日、10日、11日的其他科目考试。总共有600余名学生报名参加考试,经过近十天的激烈角逐,终于在9月16日公布了录取名单,程义法、唐悦良、梅贻琦等47名优秀学生成了首批留美学生。1910年农历七月,游美学务处又举行了第二次留美学生考试。这次初试的中文题目是"不以规矩不能成方圆说",英文题目是"借外债兴建国内铁路之利弊说"。之后还进行了复试,考查了数学、物理、化学、西洋史、德文等科目。此次考试共有400余人参加,最终录取了赵元任、张彭春、竺可桢、胡适等70名学生,他们同年8月赴美留学。此外,这次考试还录取了143名备取生,以备他们进入肄业馆进行进一步的训练。肄业馆的学生也必须通过严格的考试才能入学。

三、庚款兴学的影响

1909—1929年,进入美国各高等学校的中国留学生有5 013人,取得学士学位以上者有4 364人,占总数的87%以上,其中成为各方面名人学者的也不乏其人。这一时期的留学教育之发展还表现在女性留学生增多。仅清华学校就派出七批女学生,共53人留美。1909—1929年在美国注册的中国女学生有530人。

1932年,清华学校成立了清华公费留美招考委员会,物理和化学专业先后

[①] 舒新城:《近代中国留学史》,上海古籍出版社2014年版,第151—153页。

在全国招考六届留学生,每届录取名额30多人,近200名优秀学生被资送留学美国,其中有龚祖同、顾功叙、赵九章、张青莲、陈省身、钱学森、杨振宁等。

庚款留学的学生之中,有很多成了现代科技、文化、教育事业的奠基人。他们中有新文化运动的先驱胡适;中国气象学奠基人竺可桢;"两弹一星功勋奖章"之父钱学森;"侯氏制碱法"创始人侯德榜;《围城》作者钱锺书;中华人民共和国国徽以及人民英雄纪念碑设计者梁思成;武汉长江大桥设计者茅以升;清华大学"终身校长"梅贻琦等。

"庚款兴学"主观上是西方列强利用退款办学、实行文化侵略的怀柔政策,但是在客观上,它促进了中国近代教育和科学的发展,培养了一批教育、科技、实业界人才。从1909年到1922年,544名归国的清华留学生中,从事教育者204人,占总数的40%以上,位居所有职业之最。在1931年出版的《当代中国名人录》里,教育界共有1 103位,赴美留学的占据51%。① "两弹一星"23位功勋科学家中,21人有着留学经历,庚款留学生占了13人。此外,"庚款兴学"还在客观上传播了民主思想,推动了中国的民主化进程,为新民主主义革命以及国民政府时期的反饥饿、反内战、反迫害的爱国民主运动奠定了思想和组织基础。

本节习题

一、单项选择题

1. 下列名人中庚款留学生有(　　)。
① 詹天佑　　② 茅以升　　③ 钱学森　　④ 梁思成
A. ②③④　　B. ①②④　　C. ②③　　D. ①②③

2. 1911年清华学堂成立的历史背景是(　　)。
A. 洋务运动　　B.《辛丑条约》　　C. 新文化运动　　D.《马关条约》

3. 对于"庚款兴学"的正确评价有(　　)。
① 庚款兴学是西方列强实行文化侵略的怀柔政策
② 客观上促进了中国近代教育和科学的发展
③ 庚款兴学跟中国人民的民族民权斗争密不可分

---

① 陈强:《美国庚款退还对中国近代教育发展的影响研究》,吉林大学博士学位论文,2019年,第64页。

④ 庚款留学体现了科学救国的理念，培养了一批教育、科技、实业界人才
A. ②③④　　　B. ①②④　　　C. ①②③④　　　D. ①②③

4. 普林斯顿大学毕业的（　　）设计了中华人民共和国国徽以及人民英雄纪念碑，也参与了联合国大厦的设计，彪炳史册。
A. 杨振宁　　　B. 李政道　　　C. 侯德榜　　　D. 梁思成

5. "一桥飞架南北，天堑变通途。"武汉长江大桥的设计者是毕业于卡内基梅隆大学的（　　）。
A. 竺可桢　　　B. 钱学森　　　C. 茅以升　　　D. 梁思成

二、思考题

1. 试述评庚款兴学。

第四节 "五四"、新文化运动和留法勤工俭学

扫码查看课程

"五四"、新文化运动期间的留法勤工俭学要从李石曾和他的中华豆腐公司讲起。

1909年毕业于巴黎大学的李石曾在巴黎创立了中华豆腐公司，从家乡河北高阳招来了30多名工人，白天做豆腐，晚上学文化，工厂专门设立了阶梯教室，开辟夜校。尚简、乐学、以苦求学的华工教育受到了广泛的欢迎。1911年3月20日，巴黎豆腐公司在巴黎吕南公园展览会上展出其产品，受到了普遍的欢迎，并成立了巴黎第一家中华餐馆。豆腐公司的创建不只是一项简简单单的公益事业，它为后来漂泊欧洲的国人提供了做工、创业的机会，更引发了一场影响深远的留法勤工俭学运动。李石曾被法国人尊称为"豆腐博士"。

一、留法勤工俭学的背景

留法勤工俭学最初产生于1912年，李石曾、吴稚晖、蔡元培等人在北京发起组织"留法俭学会"，并设立预备学校于方家胡同。吴玉章等人则在四川发起组织"四川俭学会"，设置预备学校。上海也组织了留英、留法俭学会。其意在"兴

苦学之风,广辟留欧学界",输入"民气""民智"与"先进之国"的文明,创造"新社会、新国民"。① 在此倡导下,1912—1913年间,赴法留学者达80多人。

1914—1918年,第一次世界大战爆发,欧洲战后缺乏青年劳动力,大规模招募华工参与战后重建。在国内,新文化运动兴起,先后形成的职业教育、平民教育、科学教育等思潮也影响到俭学活动。1915年,蔡元培、李石曾、吴玉章等人在法国创立"勤工俭学会",明确提出以"勤于工作,俭于求学,以进劳动者之智识"②为宗旨,并规定了留法勤工俭学的程序、费用、求学、工作等细目,在华工教育中创造半工半读的形式,产生最初的工读教育思想。同时,俭学会把做工和学习科学技术知识结合起来,突破了原有的以识字、写字为主的国民教育范畴。用自己的劳动收入来维持生活和学业,这一大胆的提议立马得到国内很多有识之士的积极响应,于是一些家庭经济困难的青年学子找到了一条非常实用的勤工俭学之路。1916年,李石曾、蔡元培、吴玉章等人与法国人士在巴黎成立"华法教育会",在北京成立"华法教育会"总会,并在上海、广东等地设立分会,重新组织和新设留法预备学校和预备班,以勤工俭学的方式吸引贫苦有志青年赴法留学,其目的是学习西方的文明、科学技术,以此来"图中国道德、知识经济之发展"③。

1919年"五四"运动前后,中国广大青年在帝国主义、封建军阀的压迫下,目睹国势危亡,教育遭到摧残,深受失学、失业的痛苦。为了寻找救国图强、改造社会的知识和真理,同时受工读主义思潮的影响,大批青年投入了赴法勤工俭学运动的热潮中。

二、留法勤工俭学的转向

从1919年春至1920年底,留法勤工俭学运动形成高潮,尤以湖南、四川为最。1919年3月到1920年间,先后有20批学生,计1 800多名青年赴法俭学。准备赴法的青年在预备班时就已开始勤工俭学,如长辛店铁路工厂的同学上午做工,下午上课,晚上自学。这样既学习了法文、生产技术专业知识,也培养了劳动习惯、劳动感情和合作精神。赴法后,他们进一步将勤工与俭学相结合。勤工俭学通常有三种方式:先工后学,即先工作积攒学费,再入学;先学后工;半工半读。

---

① 《北京留法俭学会简章》,《新青年》1917年第3卷第2号。
② 《留法勤工俭学会一览》,载清华大学中共党史教研组编:《赴法勤工俭学运动史料》第一册,北京出版社1979年版,第185页。
③ 《旅欧华法教育会一览》,载清华大学中共党史教研组编:《赴法勤工俭学运动史料》第一册,北京出版社1979年版,第205—206页。

留法学生遍布法国各地 70 多个电工、化工、钢铁、机械、汽车、橡胶等工厂，除在普通学校学习外，不少人还进了农、工、商、医等实业学校学习。严济慈、童第周、钱三强、肖三、徐悲鸿、潘玉良、冼星海等著名的科学家、艺术家、音乐家，也都曾在此期间赴法学习和工作。留法勤工俭学生肩负着留学报国的使命，打开了中西融汇的视野，发扬了刻苦奋斗的精神，客观上促进了中法之间的文化交流。

从 1917 年到 1925 年，早期无产阶级革命家也投身赴法勤工俭学的洪流之中，他们将马克思主义的星星之火带回了中国，其中包括蔡和森、向警予、陈毅、周恩来、赵世炎、王若飞、邓小平、陈延年、陈乔年等。年仅 16 岁的邓小平在钢铁厂、橡胶厂、汽车厂打工，一天工作 12 个小时，一个小时 1 法郎，只拿学徒工资。由于战后经济萧条和对华工的歧视，他连肚子都填不饱，5 个月后因为交不起学费，中断了学业。

1920 年，世界经济危机席卷欧洲，法国陷入经济大萧条，工人失业，留学生遭受排挤，做工无门，求学无路，十几人挤在临时的大布棚里，翻身还要喊口令。买不起面包，只好以土豆和豆饼充饥。煤炭昂贵，煮不烂食物，许多人因为营养不良，客死他乡。法华会私吞国内捐款，北洋政府以财政困难为由，不予资助。蔡和森、向警予、陈毅在驻法使馆举行留学生请愿活动，请求"吃饭权、工作权、求学权"，遭到了镇压和遣返。

通过勤工俭学，留法学生逐渐深入了解了法国社会。资本主义并不都是天堂，资本主义先进科技和民主制度的背后，隐藏着嗜血贪婪的剥削本性。在接触欧洲风起云涌的工人运动和社会主义思潮后，许多留学生的世界观发生了变化，开始认识到中国的出路不仅在于学习西方的民主和科学，更应走革命道路，与一切剥削制度决裂。

1921 年，旅欧共产主义小组成立。1922 年 6 月，赵世炎、周恩来、李维汉等同志在巴黎成立了旅欧中国少年共产党。同年秋冬之际，中国共产党旅欧支部正式成立。从 1923 年开始，大批人转往莫斯科东方大学学习。1924 年第一次国内革命战争开始，大批革命者先后奉命回国，成为中国革命的一支重要力量。

三、留法勤工俭学的性质

留法勤工俭学运动最初是一场以输入西方资本主义文明为指导思想，以"教育救国"和"实业救国"为主要追求，以"工读结合"为手段的教育运动。但是它逐步转变为寻求"革命救国"道路，以马克思主义为指导的新民主主义文化教育运动和革命运动。

除了组织团体外,赴法留学生还创办了各种刊物,对马克思主义理论进行报道和宣传,如《华工周报》《少年》《赤光》等。蔡和森在给毛泽东的信里写道:"我认为党的组织是很重要的,正式成立一个中国共产党。中国必须像俄国那样,经过无产阶级的暴力革命,打倒外国侵略者,推翻封建军阀,建立无产阶级的革命专政,实现社会主义和共产主义才是唯一的出路。"①毛泽东同志对于蔡和森的建议深切赞同。

留法勤工俭学者以无产阶级为主要群体,他们以工厂做工、理论学习、社会调查、革命斗争、创立团队为主要途径,学习和传播了马克思主义。他们开辟了知识分子与工人阶级合作的道路,为中国革命和社会主义建设事业培养、造就了一大批人才,为中国共产党的诞生奠定了前期的思想准备和组织基础。

百年留学史也是一部中国革命史。地主阶级、资产阶级都不曾完成反帝反封建的任务,只有当广大无产阶级掌握了先进的理论武器和科学技术,留学教育从少数精英教育转向无产阶级大众教育,人们才终于找到了革命之火种,取得了新民主主义革命的胜利。

习近平总书记指出:"中国梦是我们的,更是青年一代的。"留学事业历来和国家与民族的命运紧密相连。在新形势下,留学工作要适应国家发展大势,适应党和国家的工作大局,统筹谋划出国留学和来华留学,综合运用国际、国内两种资源,培养、造就更多优秀人才,努力开创留学工作的新局面。② 留学教育应为实现"两个一百年"的奋斗目标,实现中华民族伟大复兴的中国梦,不断做出新的更大的贡献。

本节习题

一、单项选择题

1. 有关留法勤工俭学的影响,表述正确的是(　　)。

① 最初是一场以输入西方资本主义文明为指导思想,以教育救国和实业救国为主要追求,以工读结合为手段的教育运动

---

① 中国社会科学院现代史研究室、中国革命博物馆党史研究室选编:《"一大"前后——中国共产党第一次代表大会前后资料选编(一)》,人民出版社 1980 年版,第 134 页。
② 《适应国家发展大势和党和国家工作大局,培养更多优秀人才开创留学工作新局面》,《人民日报》2014 年 12 月 14 日,第 1 版。

② 1925年以后,留法勤工俭学成为寻求革命救国道路,以马克思主义为指导的新民主主义文化教育运动和革命运动
③ 留法勤工俭学的背景是"五四"、新文化运动
④ 留法勤工俭学将马克思主义的星星之火带回了中国
A. ①③④　　　B. ①②④　　　C. ②③　　　D. ①②③④

2. 1917—1925年间留法勤工俭学的无产阶级革命家有(　　)。
① 毛泽东　　② 周恩来　　③ 陈毅　　④ 邓小平
A. ②③④　　　B. ①②④　　　C. ②③　　　D. ①②③④

3. 1909年毕业于巴黎大学的(　　)在巴黎创立了中华豆腐公司,为后来漂泊欧洲的国人提供了做工、创业的机会,更引发了一场影响深远的留法勤工俭学运动。他因此被法国人尊称为"豆腐博士"。
A. 邓小平　　B. 李石曾　　C. 蔡元培　　D. 向警予

4. 留法勤工俭学者创办了各种刊物,对(　　)理论进行报道和宣传,如《华工周报》《少年》《赤光》等。
A. 三民主义　　B. 工读主义　　C. 马克思主义　　D. 国家主义

5. 留法勤工俭学与近代其他留学潮相比,最大的不同是后期发展中以(　　)思想为指导。
A. 工读主义　　B. 实用主义　　C. 马克思主义　　D. 科学主义

二、思考题

1. 试述评"五四"运动背景下的留法勤工俭学。
2. 结合勤工俭学的事迹,谈一谈当今海外留学生应该树立怎样的角色意识,担负起怎样的个体责任和群体使命。

第八章 近代学制的变革

本章导读

　　学校教育制度简称学制，是各级各类教育机构及其运行规则的总称。关于中国古代学制，据《学记》记载："比年入学，中年考校。一年视离经辨志；三年视敬业乐群；五年视博习亲师；七年视论学取友；谓之小成。九年知类通达，强立而不反，谓之大成。"宋代理学家朱熹以15岁为年龄分界点，划分出"小学"和"大学"。在西学东渐的背景下，古代以科举为核心的封建传统教育受到了冲击。每一次社会变革就会涌现一批新式学堂和新式学校，新的教育理念和思潮也如雨后春笋般浮现，因此学制规划和改革的与时俱进势在必行。近代学制在演变过程中建立了普通教育、师范教育、职业教育三大系统，整体规划体现了国民性、公益性、科学性、民主化、现代化、时代性的特点。

核心内容

表8-1　中国近代学制的变革

名　称	时间	政府	特　点	地　位
壬寅学制	1902	清政府	以日本学制为蓝本，中体西用思想为指导，学制具有半资产阶级半封建性。改书院为学堂，设立普通教育、职业教育、师范教育三大系统	近代第一个制订的学制，但未实行
癸卯学制	1904	清政府		近代第一个颁布并实施的学制

续表

名　称	时间	政府	特　点	地　位
壬子癸丑学制	1912—1913	南京临时政府	"五育并举"为指导思想,改学堂为学校。提倡男女平等,肯定了女性的受教育权,废除了尊孔读经和大学保人制度	近代第一个资产阶级性质的学制
壬戌学制（六三三学制1922年学制）	1922	北洋政府	以美国为蓝本,实用主义思想为指导,注重职业教育,设立综合中学,实行学分制和选科制,既注重就业又注重升学	中国近代史上实施时间最长、影响最大的一个学制
戊辰学制	1928	国民政府	新三民主义为指导,在壬戌学制基础上稍加改革,取消分科制,注重升学,加强童子军训练和军事国防教育	注重国防教育和军事化训练

关键术语：学制；壬寅学制；癸卯学制；壬子癸丑学制；壬戌学制；戊辰学制；综合中学

学习目标：掌握近代学制演变的特点和地位,重点掌握"六三三学制"

第一节　壬寅学制和癸卯学制

扫码查看课程

中国近代的学制经历了五次变革,包括壬寅学制、癸卯学制、壬子癸丑学制、壬戌学制和戊辰学制。壬寅学制是第一个制订的近代学制,癸卯学制是第一个颁布并实施的学制,壬子癸丑学制是第一个资产阶级性质的学制,壬戌学制是使用时间最长的学制。

一、学制背景

壬寅学制和癸卯学制产生于 1902 年至 1904 年,由清政府派管学大臣张百熙到日本进行考察所制订。20 世纪初,世界格局发生重大变化,1901 年《辛丑条约》的签订促使清政府的新政改革加快了脚步。与此同时,从 19 世纪 70 年代起,康有为、梁启超、郑观应、容闳等维新代表人物大声疾呼,主张仿照西方建立近代学制,而洋务运动和维新运动时期零星建立的一些新式学堂又处于各自为政的状态,必须进行统一的管理。1901年5月,中国近代最早的教育专业刊物《教育世界》创刊,它系统地介绍了日本的重要教育法规、条例、学制,这一切都为壬寅学制和癸卯学制的诞生奠定了重要的基础。

二、学制简介

1902年,清政府公布了由管学大臣张百熙拟定的一系列学堂章程,统称为《钦定学堂章程》,内容包括《京师大学堂章程》《考选入学章程》《高等学堂章程》《中等学堂章程》《小学堂章程》《蒙学堂章程》。因1902年为农历壬寅年,又称"壬寅学制",这是中国近代首次制订的学制,但因故未能实行。因为《京师大学堂章程》是"戊戌变法"的产物,出自维新派梁启超和康有为之手,慈禧太后害怕维新变法思想影响大学堂的发展,所以要求张百熙重订一个新章程来加以取代。

1904年,由张百熙、张之洞、荣庆重新拟定了一系列学堂章程,统称为《奏定学堂章程》,又称为"癸卯学制"。这是中国近代最早颁定并实施的学制,对中国后来的学校制度影响很大。

"癸卯学制"分为3段7级,从蒙养院到通儒院长达近30年。从横向来讲,它包括普通教育、职业教育、师范教育;从纵向来讲,有初等教育、中等教育、高等教育。初等教育之中,蒙养院为学前教育阶段,学制4年。小学分为初小和高小,初小实行5年义务教育,高小相当于现在的初中,读4年。中学堂读5年。高等教育中,大学预科或高等学堂读3年,分科大学堂3—4年毕业,通儒院即研究生教育读5年。

职业教育之中包括农、工、商、船实业学堂,形成了一个"初、中、高"三级相衔接的、完整的职业教育系统。师范教育之中有中等的初级师范学堂,还有高等的优级师范学堂。①

三、改书院为学堂

1902年9月14日,清政府下诏兴学:"除京师已设大学堂应切实整顿外,着各省所有书院,于省城均改设大学堂,各府厅直隶州均设中学堂,各州县均改设小学堂,并多设蒙养学堂。"②1903年,湖北巡抚、湖广总督端方根据张之洞所定

---

① 孙培青主编:《中国教育史(第四版)》,华东师范大学出版社2019年版,第349—350页。
② 中国第一历史档案馆编:《光绪宣统两朝上谕档》第27册,广西师范大学出版社1996年版,第176页。

的章程，另拨官款在省城武昌阅马场创办了湖北蒙养院，这是中国第一所公立幼儿园，开我国幼儿教育之先河。1895年，盛宣怀创立的天津中西学堂二等学堂是我国最早的新式中学堂，天津中西学堂又称北洋西学堂，1903年改名为北洋大学，后发展为天津大学。

1898年，盛宣怀创立的南洋公学外院成为我国新式小学的开始。南洋公学是我国最早兼有师范、小学、中学、大学这一完整教育体系的综合院校。其中，南洋公学师范院是我国近代最早的新型师范学校。盛宣怀因此被称为"师范教育之父"。南洋公学后来发展成为上海交通大学和西安交通大学。此外，国立公办大学堂一共有17所。代表性的包括：1898年的京师大学堂，后发展为北京大学；1902年在开封建立的河南大学堂，后发展为河南大学；1897年创立的浙江求是书院，后发展为浙江大学；1895年，盛宣怀创立的北洋西学堂，后发展为天津大学；1902年，英国人李提摩太和时任山西巡抚岑春煊将山西令德书院和晋阳书院改制成为山西大学堂，并与中西大学堂合并，定名山西大学堂，后发展为山西大学；1903年岳麓书院改制为湖南高等学堂，1926年发展为湖南大学；19世纪末，东湖书院、豫章书院、友教书院、经训书院合并组成省会书院，1901年省会书院改组为江西大学堂，其校名历经变更，1933年改称为江西省立南昌第一中学。

四、学制的性质

壬寅学制和癸卯学制具有半资本主义半封建性。

其资本主义性质体现在学制整体结构仿照了西方流行的三级学制系统模式，非常重视义务教育和国民教育的发展，体现了教育的普及性和平等性。它设置了众多实业学堂，以适应和推动近代民族资本主义工商业的发展。如高等农业学堂设农学、森林、兽医3科；工业学堂设应用化学、染色、机织、建筑、窑业、机器、电器、电气化学、土木、矿业、造船、漆工、图稿绘画13科；商船学堂设航海、机轮2科。农业学堂和商业学堂皆设本科和预科。预科1年毕业，本科除农业学堂的农学科为4年外，其余均3年毕业。

学制重视师范教育，加强教师职业训练。在教育目标上，确立了德、智、体三方面协调发展的三育模式，将分年课程计划、班级授课制作为基本的教学管理和教学组织形式。课程上也打破了儒家经典一统天下的局面。以中学堂为例，学习科目包括修身、读经讲经、中国文字、外国语（日语、英语或德语、法语、俄语）、历史、地理、算学、博物、物理及化学、法制及理财、图画、体操12门。要求尊重儿童的个性,禁止对 13 岁以上的儿童施以体罚。①

学制的半封建性体现在其指导思想还是中学为体、西学为用。读经和讲经的比重过大,而且进入大学堂学习,必须有保人举荐,客观上限制了民众接受高等教育的机会。重男轻女的传统思想依旧存在,"惟中国男女之辨甚谨,少年女子断不能令其结队入学,游行街市,且不宜多读西书,误学外国习俗,致开自行择配之渐,长蔑视父母夫婿之风"②,将广大女生排斥在教育体制之外,禁止女生入学堂读书。因此,蒙养院教师无法由学校培养,蒙养院保姆只能由经过训练的育婴堂"乳媪"充任,她们是一些文化层次极低、封建思想浓厚、缺乏近代科学知识的妇人,蒙养院教育的封建性和落后性由此可见一斑。各学堂的管理通则也显示出较强的封建专制性,根据学生的表现和学习程度,奖励相应的附生、贡生、举人、进士等科举功名。名义上沟通了学校和科举,实际上科举的阴影还影响着学校的发展。

五、学制补充

1907 年,学部颁行了《女子小学堂章程》和《女子师范学堂章程》,随即女子学校教育全面开放,水平虽与男子教育相差甚远,但是女子教育终于取得了合法地位。1909 年《变通初等小学堂章程》设置了完全科和简易科,提高了教育的灵活性和普及性,有助于扩大教育对象和范围,促进新式学堂的发展。1909 年,中等教育开始实现文、实分科。

六、学制影响

壬寅、癸卯学制是我国近代学制初步建立的标志,促进了我国教育从传统向近代的一种转变。它第一次全面引进西方教育制度,推动了新式学堂的发展,将大量西学列为教学科目,极大地突破了传统课程体系,促进了中国近代科学的发展,也为后来的"壬子癸丑学制"奠定了基础。

根据当时学部的统计,1907 年,各省有学堂 37 888 所,学生 1 026 988 人;1908 年,学堂数达到 47 895 所,学生数达 1 300 739 人;1909 年,学生数达到 31 626 720 人。③ 按清末全国有 1 700 个州、道、府、县计算,1908 年平均每一州、

---

① 孙培青主编:《中国教育史(第四版)》,华东师范大学出版社 2019 年版,第 351 页。
② 朱有瓛:《中国近代学制史料》第二辑下册,华东师范大学出版社 1989 年版,第 573 页。
③ 钱曼倩、金林祥主编:《中国近代学制比较研究》,广东教育出版社 1996 年版,第 125 页。

道、府、县约有28所学堂,许多偏远地区都建立了学堂。虽然普及率仍然很低,当时全国学龄儿童及青年约6 500万人,入各类新学堂者仅占1/40,女子入学率则不足1‰,但比照学制颁布前屈指可数的新式学堂数来说,学堂的发展速度和兴旺景象还是相当可观的。壬寅、癸卯学制的兴学之功不可埋没。

本节习题

一、单项选择题

1. 1904年(　　)是中国近代第一个颁布并实施的学制。

　　A. 壬寅学制　　B. 癸卯学制　　C. 壬戌学制　　D. 戊辰学制

2. 1898年,(　　)创立的南洋公学外院是我国新式小学的开始。

　　A. 盛宣怀　　B. 蔡元培　　C. 梁启超　　D. 经元善

3. 1903年,湖北巡抚、湖广总督端方根据张之洞所定的章程,另拨官款在省城武昌阅马场创办(　　),这是中国第一所公立幼儿园,开我国幼儿教育之先河。

　　A. 汉口蒙养院　　　　　　B. 武昌蒙养院

　　C. 湖北蒙养院　　　　　　D. 九江蒙养院

4. 20世纪初,国人自办的大学有(　　)。

　　① 京师大学堂　　　　　　② 河南大学堂

　　③ 金陵大学　　　　　　　④ 北洋西学堂

　　A. ①②③④　　B. ①②④　　C. ②③　　D. ①②③

5. 关于癸卯学制表述正确的有(　　)。

　　① 初等小学5年义务教育

　　② 创立女子高等师范

　　③ 学制的指导思想是中体西用

　　④ 进入大学堂学习必须有保人举荐

　　A. ①②③④　　B. ①②④　　C. ①③④　　D. ①②③

二、思考题

1. 简述壬寅学制和癸卯学制的性质。

2. 简述壬寅、癸卯学制的重要影响。

第二节 壬子癸丑学制

壬子癸丑学制是辛亥革命后 1912—1913 年南京临时政府制订、公布的学制系统,因干支分别属壬子、癸丑得名。该学制参照日本明治维新后的新学制拟定,施行到 1922 年。壬子癸丑学制是中国第一个资产阶级性质的学制。

扫码查看课程

一、学制体系

壬子癸丑学制分 3 段 4 级[①],共 18 年,去掉了壬寅、癸卯学制中的蒙养院和大学院。初等教育从 9 年变为 7 年,初小为 4 年,实行男女同校,义务免费;高小 3 年,实行男女分校。中学是 4 年,大学预科 3 年,本科 4 年。儿童 7 岁入学,18 岁中学毕业。

课程标准上以"五育并举"为核心,突出了近代科学和资本主义文化的地位,提高了唱歌、图画、手工、农业等课程的地位,关注美感和情感教育,注重课程的应用性,展现出平民化和手脑协调发展的特色。

小学教育以"留意儿童身心之发育,培养国民道德之基础,并授以生活所必需之知识技能"为宗旨。初等小学设修身、国文、算术、手工、图画、唱歌、体操,女子加设缝纫;高等小学设修身、国文、算术、本国历史、地理、理科、手工、图画、唱歌、体操,男子加设农业,女子加设缝纫,并视地方情形加设英语或其他外国语。

中学校以"完成普通教育,造成健全国民"为宗旨,取消了清末的文、实分科制度。中学课程为修身、国文、外国语、历史、地理、数学、博物、物理、化学、法制经济、图画、手工、乐歌、体操,女子中学附加家事、园艺、缝纫。外国语以英语为主,因地方条件可任择法、德、俄语中的一种。与清末相比,取消了读经课,增加了手工课。

专门学校以"教授高等学术,养成专门人才"为宗旨,分政法、医学、药学、农业、工业、商业、美术、音乐、商船和外国语各类。

大学以"教授高深学术,养成硕学闳材"(《大学令》)为宗旨。预科三年,分三

---

① 孙培青主编:《中国教育史(第四版)》,华东师范大学出版社 2019 年版,第 366 页。

部：第一部预科生入文、法、商三科；第二部预科生入理、工、农及医科的药物门；第三部预科生入医科的医学门。本科四年，分文、理、法、商、医、农、工七科。

师范学校以"造就小学教员"为目的，分设男子师范学校和女子师范学校。第一部师范学校招收高小学生，施以一年预科和四年本科教育；第二部师范学校招收中学校毕业生及同等学力者，施以一年本科教育。男子师范学校第一部开设的课程有修身、读经、教育、国文、习字、外国语、历史、地理、数学、博物、物理、化学、法制经济、图画、手工、农业、乐歌、体操；男子师范学校第二部有修身、读经、教育、国文、数学、博物、物理、化学、图画、手工、农业、乐歌、体操。女子师范学校本科第一部除不设农业，另加家事、园艺、缝纫外，外国语为选修，其他与男子师范相同。男女师范第一部均为四年。女子师范学校本科第二部不设读经和农业，另加修缝纫，其他与男子师范相同。男女师范第二部均修业一年。预科修业一年，科目有修身、读经、国文、习字、外国语、数学、图画、乐歌、体操。女子师范加修缝纫。

高等师范学校分预科、本科、研究科。预科一年，科目为伦理学、国文、英语、数学、图画、乐歌、体操；本科三年，分国文部、英语部、历史地理部、数学物理部、物理化学部、博物部。从学习内容看，较清末师范教育，增添了社会生产和生活的实用科目以及教育理论科目。各级师范学校学生均可享受公费待遇。

实业学校以教授农、工商业必需之知识技能为目的，分农业、工业、商业、商船等校。甲种实业学校实行完全普通科实业教育，预科一年，本科三年；乙种实业学校实行简易普通科实业教育，三年毕业。

二、学制特点

壬子癸丑学制与癸卯学制相比，有以下几个方面的显著特点。

第一，缩短了学制年限。这主要表现在初、中等教育阶段，初等小学校、高等小学校、中学校各比癸卯学制减少了一年，有利于普通教育的普及和平民化发展。学制总年限缩短了三年。

第二，女子享有与男子平等的法定受教育权。初小三年可以男女同校，突破了封建礼教对女性的限制。专门为女子设立了女子中学、女子师范学校和女子高等师范学校，体现了资产阶级文化的男女平等观念。

第三，取消对毕业生奖励科举出身，废止清末高等教育中的所谓保人制度，大学不设读经科，有利于消除教育中的封建等级性、科举名位思想和复古气息。

第四,规定一学年为三个学期,8月1日至12月31日为第一学期,次年1月1日至3月31日为第二学期,4月1日至7月31日为第三学期。假期安排为暑假,高等学校55日,中学40日,小学30日。年假一律为20天。春假(清明节)一律为7天。另外,壬子癸丑学制不采纳清末中学文、实分科的做法,取消高等学堂,只设大学预科,这些都是较大的改革。

三、学制的影响

壬子癸丑学制是近代中国第一个资产阶级性质的学制,它批判了清政府忠君、尊孔的教育宗旨,提倡"五育并举"的教育方针;废除封建特权和等级限制,首次提出"男女平等"的教育民主化思想;废除尊孔读经,反映了资产阶级发展生产、振兴科技的愿望,为新文化运动奠定了基础。学制使学校不仅在数量上有很大的发展,而且为学校教育适应资产阶级政治、经济、文化事业的发展培养了人才,教育事业有了质的飞跃与提高。它是一个承上启下的新学制,在中国教育近代化的过程中有着除旧布新、继往开来的历史作用。

本节习题

一、单项选择题

1. 1912—1913年的(　　)是中国第一个资产阶级性质的学制。

A. 1922年学制　　　　　　B. 癸卯学制

C. 壬子癸丑学制　　　　　D. 戊辰学制

2. 壬子癸丑学制与癸卯学制相比,其明显的特点是(　　)。

① 学制总年限缩短了三年

② 女子享有与男子平等的法定教育权

③ 取消对毕业生奖励科举出身,废止清末高等教育中的所谓保人制度

④ 实行六三三制

A. ①②③④　　B. ①②④　　C. ①③④　　D. ①②③

3. 壬子癸丑学制的指导思想是(　　)。

A. 五育并举　　B. 中体西用　　C. 实用主义　　D. 忠君尊孔

4. 壬子癸丑学制规定了一学年有(　　)个学期。

A. 二　　　　　B. 三　　　　　C. 四　　　　　D. 五

5. 壬子癸丑学制中有关师范教育的正确表述有（　　）。
① 师范学校分为男子师范学校和女子师范学校
② 各级师范学校学生均可享受公费待遇
③ 中等师范学校类型有第一部师范和第二部师范学校
④ 高等师范学校分预科、本科、研究科，预科一年，本科三年
A. ①②③④　　　B. ①②④　　　C. ①③④　　　D. ①②③

二、思考题
1. 简述壬子癸丑学制的特点及其重要意义。

第三节　壬戌学制

1922 年学制又称壬戌学制，是中国近代史上实施时间最长、影响最大的一个学制。

一、学制背景

扫码查看课程

第一次世界大战期间，中国近代工业得到进一步发展，战后民族资产阶级不仅要求在政治经济方面创造继续发展的条件，而且要求在教育方面提供具有文化知识和科学技术知识的劳动力。

1920 年 10 月，以资产阶级教育家为主干的全国教育会联合会第六次代表大会在江苏召开，会上提出了改革学制系统案。1921 年 10 月，联合会第七次代表大会在广州召开，向各省区教育会和各高等教育机关征询《学制系统草案》相关意见。1922 年 9 月，北洋政府召开学制会议，就全国教育会联合会整理的草案做了修订，再交同年 10 月在济南召开的联合会第八次代表大会讨论。最后，于 11 月 1 日以大总统令公布了《学校系统改革案》。

二、学制特点

受实用主义思想的影响，1922 年学制不订教育宗旨，而以七项标准作为指导。新学制的标准为：（1）适应社会进化需要；（2）发扬平民教育精神；（3）谋个性之发展；（4）注意国民经济力；（5）注意生活教育；（6）使教育易于普及；

(7) 多留各地伸缩余地。①

1922年学制以美国学制为蓝本,明确以学龄儿童和青少年的身心发展规律作为划分学校教育阶段的依据,体现了"五四"以来教育改革的基本方向,也称"六三三制",即小学六年,初中三年,高中三年。

初等教育为"四—二"分段,有利于初等教育的普及。小学课程为国语(包括语言、读文、作文、写字)、算术、卫生、公民、历史、地理、自然、园艺、工用艺术、形象艺术、音乐、体育等。小学授课以分钟计,初小前两年每周至少授课1080分钟,后两年每周至少授课1260分钟;高小每周至少授课1440分钟。②

中学由旧制的四年一贯制改为"三—三"两级制。改后的中学分初中和高中两级,各三年,并规定初中可单设。初级中学课程分社会科(公民、历史、地理)、言文科(国语、外国语)、算学科、自然科、艺术科(图画、手工、音乐)、体育科(生理卫生、体育)等。初级中学授课以学分计,每半年每周上课一小时为1学分。但如图画、手工、音乐、体操运动及理化生物的实验无须课外预备者,则酌量折算,修满180学分毕业。除必修科164学分外,所余学分可选他种科目或补习必修科目。

高中称为综合中学,实行选科制和学分制。选科制包括普通科、职业科、师范科。普通科以升学为目的,又分为两组:第一组注重文学和社会科学,第二组注重数学和自然科学。职业科包括商业、工业、农业、家事等科。课程均分公共必修、分科专修、纯粹选修三部分,各科课程以学分计。公共必修科目占43%,纯粹选修不超过20%,修满150学分毕业。③ 综合中学兼顾了就业和升学的双重任务,有利于学生的发展。

大学取消了预科,实行选课制,使大学不再担负普通教育的任务,有利于大学集中精力进行专业教育和科学研究。

师范教育的种类增加了,程度也相应提高了,设置灵活,有师范大学、中等师范学校,普通中学中又设立了师范科。后期师范学校和高中师范科课程编制相同,都分为公共必修科目、师范专修科目、纯粹选修科目三部分。公共必修科目有国语、外国语、人生哲学、社会问题、世界文化史、科学概论、体育、音乐,总共68学分。师范专修科目分必修科目与选修科目,必修科目有心理学入门、教育

---

① 孙培青主编:《中国教育史(第四版)》,华东师范大学出版社2019年版,第402页。
② 同上书,第404页。
③ 同上。

心理、普通教学法、各科教学法、小学各科教材研究、教育测验与统计、小学校行政、教育原理、实习,共48学分;选修科目又分为分组选修与教育选修两类,分组选修的第一组即文科科目,为国语、外国语、本国史、西洋近代史、地学通论、政治概论、经济概论、乡村社会学,第二组即理科科目,为算术(包括珠算)、代数、几何、三角、物理学、化学、生物学、矿物地质学、园艺学、农业大意,第三组即艺术科科目,为图画、手工、音乐、体育、家事,教育选修科目有教育史、乡村教育、职业教育概论、儿童心理学、教育行政、图书馆管理法、现代教育思潮、幼稚教育、保育学。至于纯粹选修科目,则由各校自定,学分亦无限制。

三、学制意义

1922年学制充分考虑到了我国民族资本主义工业发展对教育的客观要求,从效法日本转向了效法美国,由军国民主义教育转向了平民主义教育。但它却并非盲从美制,而是中国教育界经过长期酝酿、集思广益的结晶。它重视学生的职业训练和补习教育,考虑到了学龄儿童的身心发展特点和年龄分期问题,比较彻底地摆脱了封建传统教育的束缚。学制简明并留有灵活性,根据儿童年龄分期划分教育阶段,中学分成初、高两级,各三年,实行选科制和分科教育,兼顾学生升学与就业的双重任务,重视基础教育和国民教育,加强中等职业教育,符合教育规律,适合我国国情。1922年学制成为我国近代实施时间最长、影响最大的学制。新学制的颁布和实施标志着中国资产阶级新教育制度的确立,标志着中国近代以来的学制体系建设基本完成。

本节习题

一、单项选择题

1. 壬戌学制又称( ),是中国近代史上实施时间最长、影响最大的学制。
   A. 1922年学制　　　　　　　B. 癸卯学制
   C. 壬子癸丑学制　　　　　　D. 戊辰学制

2. 有关1922年学制的正确说法是( )。
   ① 以美国为蓝本,体现了实用主义教育思想
   ② 根据学龄前儿童的身心发展规律实行六三三制
   ③ 综合中学兼顾就业和升学

④ 取消大学预科

A. ①③④　　　B. ①②④　　　C. ①②③④　　　D. ①②③

3. 有关1922年学制中"综合中学"的正确表述有（　　）。

① 实行选科制和学分制

② 选科制包括普通科、职业科、师范科

③ 各科课程以学分计，公共必修科目占43%，纯粹选修不超过20%，修满150学分毕业

④ 综合中学兼顾了就业和升学的双重任务，有利于学生发展

A. ①③④　　　B. ①②③④　　　C. ①②④　　　D. ①②③

4. 1922年学制的指导思想是（　　）。

A. 五育并举　　B. 中体西用　　C. 实用主义　　D. 忠君尊孔

5. 1922年学制又称为（　　）。

A. 戊辰学制　　　　　　　　　B. 癸卯学制

C. 壬子癸丑学制　　　　　　　D. 六三三制

二、思考题

1. 简述壬戌学制的特点及其重要影响。

第四节　戊辰学制

1922年新学制颁布不久，出于推行"三民主义"的教育需要，当局主张修订学制系统。1928年提出《整理中华民国学校系统案》，即"戊辰学制"。这个学制分为原则与组织系统两部分。第一部分提出七项原则：根据中国国情，适应民生需要，增高教育效率，提高学制标准，谋个性发展，使教育易于普及，留地方伸缩之可能。第二部分划分学校系统，分设中学、师范、职业三种学校。① "戊辰学制"建立在1922年新学制的基础上，后来根据抗战的需要，做出局部调整。

扫码查看课程

---

① 孙培青主编：《中国教育史（第四版）》，华东师范大学出版社2019年版，第436页。

一、初等教育

根据《小学法》和《小学规程》,小学的修业年限是六年,前四年为初级小学,后两年为高级小学。儿童入学年龄为 6 周岁,但遇有特殊情况,也可延缓到 9 周岁,9 周岁以后就不能进入六年制正式小学读书。但是为了推行义务教育,让错过小学入学年龄的儿童有受教育的机会,在学制中规定设立简易小学和短期小学,入学年龄上限可放宽到 16 周岁。

二、中等教育

学制首先取消了中等教育的分科制,改变了 1922 年的综合中学制,分别公布了《中学法》《师范法》《职业学校法》,规定这三种类型的学校有各自独立的任务和目标,三者不能混设,并以年级制代替了选科制。在取消分科制的前提下,规定普通中学的培养目标由原来"升学与就业兼顾",改为"以升学为主"的单一培养目的。

在课程设置上,改革后的普通高级中学和 1922 年的分科制高中普通科相比,基础知识得到大幅度的加强,职业准备的课程基本上被删除。但改革后学生的负担过重,高级中学规定每周要上满 34 小时的课,而且要在校自习 27 小时,学生平均每天在校时间超过 10 小时。针对这种反映,1936 年适当降低了授课时数,并增加了少量职业课程。1932 年,高中课程包括公民、体育、卫生、军训、国文、英语、算学、生物、化学、物理、本国史、外国史、本国地理、外国地理、伦理、图画、音乐等。

三、高等教育

根据 1929 年颁布的《大学组织法》《大学规程》及专科学校的法规,高等教育机关分大学、独立学院、专科学校三种,允许建立国立、省立、私立学校。大学本科分文、理、法、教育、农、工、商、医八个学院,如果一所高校具备三个学院以上,而且其中包括理、农、工、医学院之一,就可以称为大学,而不具备这个条件则只能称为学院。学年期限是医学院五年,其他为四年。专科学校的专业不固定,而且一直有发展,学制一般为两到三年。高校实行学年兼学分制(实际上流于学年制)。

大学的课程情况复杂,但国民政府教育部对高等教育的课程管理强调统一化、标准化。学制规定大学和各学院的公共必修课有党义(后来称为三民主义)、国文、体育、军训、第一和第二外语,又先后分三组公布了文、理、法、农、工、商、师范学院的必修课程表。可见,国民政府统治区高校学生的课业负担一直很重。

四、童子军训练和军训

根据全面抗战的需要,学校管理措施中增设了童子军训练和军训。

1934年11月1日,中国童子军总会正式成立,蒋介石为会长。主办童子军团的单位主要有初中、高中、高小或其他学校,国民党各级组织,工、商、农、教育等各种社会团体。童子军分为幼童军(一般为8—11岁)、童子军(一般为12—18岁)、青年童子军(18岁以上)、女童子军、海童子军数种。[①] 童子军的编制一般为:6人—9人组织一小队,设正、副小队长;2小队—3小队组织成一中队,设正、副中队长;两中队以上可组织童子军团,设正、副团长和教练员,以及传令、文书等。

童子军教育的课程分三级,即初级、中级、高级,另外还有各种专科。初级课程有10项内容,如党国旗、誓词、礼节、徽章、操法等。中级课程有14项内容,如生火、露营、缝补、救护、侦察等。高级课程有15项内容,如测量、制图、架桥、星象、游泳等。专科内容较多,有七八十项,大都是日常生活中实际应用的项目,如自行车、电子及无线电、医学救护知识、操艇、航海、水上救生等。[②]

1933年,蒋介石规定"凡高中以上学校学生军训不合格者,不得补考、投考大学"[③],将军训作为完成学业和升学的必要条件。大学中军训总成绩不及格者,经补习或留级一次仍不及格者,则令其退学。

中国童子军的宗旨为"以发展儿童作事能力,养成良好习惯,使其人格高尚,常识丰富,体魄健全,成为智、仁、勇兼备之青年,以建设三民主义之国家,而臻世界于大同"(《中国童子军总章·总纲》)。他们组织战时服务团,担任救护、宣传、慰劳、募捐、运输、通信和维持治安等工作,涌现了一大批可歌可泣的先进事迹。

抗日战争爆发后,许多童子军激于民族义愤,积极参加抗战。1937年"八一三事变"爆发后,当谢晋元率800名壮士坚守四行仓库时,11名童子军冒着枪林弹雨,不顾生命危险,将三大载重车的慰劳品送给他们。年仅15岁的女童子军

---

① 《中国童子军训练会议及其议案:关于中国青年童子军者》,《童育》1935年第8期。
② 刘澄清编著:《中国童子军教育》,商务印书馆1938年版,第315—317页。
③ 孙培青主编:《中国教育史(第四版)》,华东师范大学出版社2019年版,第439页。

杨惠敏孤身一人冒着敌人的炮火,泅渡苏州河,向坚守四行仓库的"八百壮丁"献旗,使抗战勇士斗志为之一振。

1939年7月,教育部《中国童子军兼办社会童子军暂行办法》要求各校童子军团招收学校附近12—18岁失学青少年,组成社会童子军,从而将童子军组织扩大到社会范围,以组织和控制社会青少年。1947年7月,国防部规定,大学毕业生受训半年,作为中尉预备军官任用;高中毕业生受训一年,作为少尉预备军官任用;初中毕业生受训一年,作为预备军士任用。

国难当头,出于抗击侵略、维护国家安全和发展的考虑,军事训练对增强爱国情感、民族责任心、国防教育有其必要性。但是,将其异化为控制大、中、小学校和学生的手段,使之变为专制独裁的工具是该政策的消极之处所在。

本节习题

一、单项选择题

1. 1928年"戊辰学制"的指导思想是(　　)。
   A. 五育并举　　B. 中体西用　　C. 实用主义　　D. 三民主义

2. 根据全面抗战的需要,国民政府学校管理措施中增设童子军训练和军训。有关童子军和军训的正确表述有(　　)。
   ① 中国童子军的宗旨是成为智、仁、勇兼备之青年
   ② 主办童子军团的单位主要有初中、高中、高小或其他学校
   ③ 1933年蒋介石规定"凡高中以上学校学生军训不合格者,不得补考、投考大学"
   ④ 抗日战争爆发后,许多童子军激于民族义愤,积极参加抗战,涌现了一大批可歌可泣的先进事迹
   A. ①③④　　B. ①②③④　　C. ①②④　　D. ①②③

3. "戊辰学制"对于中等教育的重大改革是(　　)。
   ① 取消分科制,以年级制代替选科制
   ② 以升学为主要单一的培养目的
   ③ 实行文、实分科
   ④ 取消综合中学
   A. ①③④　　B. ①②③④　　C. ①②④　　D. ①②③

4. ( )年11月1日,中国童子军总会正式成立,蒋介石为会长。主办童子军团的单位主要有初中、高中、高小或其他学校,国民党各级组织,工、商、农、教育等各种社会团体。

A. 1934　　　　B. 1931　　　　C. 1937　　　　D. 1932

5. "戊辰学制"中规定儿童入小学的年龄为6周岁,但遇有特殊情况也可延缓到( )周岁。

A. 7　　　　　B. 8　　　　　C. 9　　　　　D. 10

二、思考题

1. 简述"戊辰学制"的内容及其影响。

第九章　近代学校

本章导读

　　1840年鸦片战争后,中国从一个古老的封建帝国沦为半殖民地半封建社会。中国近代学校的发展,在西学东渐潮流的影响下,慢慢打破四书五经和科举的桎梏,从"师夷长技以自强"的洋务学堂开始,向近代教育步步迈进。大革命时期,国共第一次合作创立了黄埔军校,它以"三民主义"为指导,为北伐的胜利奠定了基础。"七七"事变之后,国民政府开展教育西迁运动,北大、清华、南开三校合一,在云南昆明组成了西南联大,西南联大名师如云,精英荟萃,倡导民主与科学,培养了大批科学家和民主斗士,传承和保护了中华民族的文脉。与此同时,中国共产党领导的新民主主义革命风起云涌,从井冈山到陕甘宁,星星之火,可以燎原,坚持马克思列宁主义与中国革命实践相结合,抗大成为中国红色革命的摇篮,为抗日战争和解放战争的胜利输送了大批军事人才和政治人才。近代学校的发展与中华民族的救亡运动同呼吸共命运,彰显了"天下兴亡、匹夫有责"的时代精神。

核心内容

表9-1　中国近代学校概况

时　代	文化背景	学　校	特　点	影　响
洋务运动 维新运动	西学东渐	京师同文馆 福州船政学堂 北洋西学堂	中体西用 师夷长技以自强	近代外交人才、海军人才、实业人才、师范人才的摇篮。打击了以科举为中心

续表

时 代	文化背景	学 校	特 点	影 响
		南洋公学		的封建经学体系,为新学制的建立、传统教育向近代教育的转变奠定了基础
大革命时期	国共合作 五四运动 新文化运动	黄埔军校	三民主义 爱国革命 团结合作	国共合作的第一所军事院校,培养了大批国民革命军,取得了北伐的胜利
"七七"事变	文军长征 教育西迁	西南联大	艰苦奋斗 百家争鸣 科学民主	用上前线的激情来读书。开展文化抗战,培养了大批科学家和新民主主义的文化斗士,保护传承了中华民族的文脉
第二次国内革命战争和抗日战争	红军长征 抗日救亡	中国人民抗日军事政治大学	坚持马克思列宁主义与中国革命实践相结合,坚持打倒日本帝国主义的方针,坚持灵活机动的战略战术	共产主义的第一所军事院校,为抗日战争和解放战争的胜利输送了大批军事人才和政治人才,为新民主主义革命的胜利奠定了基础

关键术语：京师同文馆；福州船政学堂；北洋西学堂；南洋公学；黄埔军校；西南联大；中国人民抗日军事政治大学

学习目标：掌握近代各学堂、学校的特点和历史意义

第一节　中体西用和洋务学堂

近代中国思想解放经历了一个主题、两个方向、三个阶段。一个主题是"救亡图存",两个方向是"向西方学习,还是向俄国学习",三个阶段是从"器物—制度—思想",是逐步深入、由表及里、由浅入深的解放。

以林则徐和魏源为代表的地主阶级改革派是对近代"西

扫码查看课程

学东渐"文化道路探索最早的尝试者,他们提出了"师夷长技以制夷"。洋务派则将理论转化为现实,在"中体西用"的指导下,"师夷长技以自强",挽救清朝的统治。

一、中体西用

"中学为体,西学为用"是洋务派的指导思想,张之洞在其著作《劝学篇》中全面论述了这一思想。张之洞为了调和统治阶级顽固派和改良派之间的矛盾,系统地总结了自己的洋务实践,把前辈的思想归纳为"中体西用"这样一个口号,成为洋务派的思想武器。

"中学"是指以孔孟之道为核心的儒家学说和封建君主专制;"西学"是指近代西方的先进科技,包括西文、西艺、西史。"体"的意思是主体,指核心理念、价值观和原则。"用"的意思是辅助,代指行为方法、工具和产品。"西学"为"中体"服务,即在维护清王朝封建统治的基础和前提下,采用西方造船炮、修铁路、开矿山、架电线等自然科学技术以及文化教育方面的具体办法,来挽救统治危机。

"中体西用"是封建主义文化和西方资本主义文化结合的产物,对近代中国的政治思想产生过较大影响。在早期,这一主张对于冲破封建顽固派的阻挠,引进西方自然科学技术,促进中国工业、军事的近代化,推动新式教育的产生发挥过积极作用,后期却成为清朝统治者对抗资产阶级维新派和资产阶级革命派的思想武器。

二、洋务学堂

洋务派在教育上派遣留学生,也创立了中国近代第一批新式学堂,称之为洋务学堂。洋务学堂与传统的旧式书院有很大的不同。旧式书院以科举入仕为目标,而新式学堂专门教授西文、西史、西艺,注重理论和实践相结合,注重实践、实验和实习制度,采用班级授课制和分年课程计划,也规划了初步的学制年限。他们学习现代军事、外语、科技等知识技能,培养"自强"和"求富"的洋务人才。新式学堂分为四类,即方言学堂、军事武备学堂、实业学堂,还有一些综合院校。京师同文馆成为其中的佼佼者。

(一)京师同文馆

京师同文馆是 1862 年由恭亲王奕䜣等人奏请总理衙门在北京创办的,是中国近代最早的官办新式学堂,专门培养翻译和外交人才,也是中国近代教育的开端。

京师同文馆于 1862 年设立英文馆,1863 年增设法文馆、俄文馆。1867 年设立了天文馆、算学馆,这使得京师同文馆从单纯的语言类学校变成综合性院校。1871 年,京师同文馆又设立了德文馆,并于 1876 年建立了中国近代最早的化学实验室和博物馆。甲午中日战争后增设东文馆,1880 年添设翻译处、天文台、格致馆。1902 年,京师同文馆并入京师大学堂,在民国之后又改为北京大学。京师同文馆的创办是第一次改革传统教育的尝试,也培养了一批卓越的外语人才。

京师同文馆于 1872 年拟订了八年课程计划。第一年认字、写字、讲解浅书;第二年练习句法,翻译条子;第三年讲读各国地理及史略,翻译选编;第四年讲求数理启蒙及代数学,翻译公文;第五年讲求格物、几何原本、平三角、弧三角,练习译书;第六年讲求机器、微积分、航海测算,练习译书;第七年讲求化学、天文、验算、万国公法,练习译书;第八年讲求天文、测算、地理、金石、富国策,练习译书。①

学生开始时只有 10 人,均为十三四岁的八旗子弟,后来逐渐增加到 120 人左右。对学生入学资格的要求颇高,须有科名,如举人、贡生或由此出身的五品以下且年龄 30 岁以下的京外官员才能入学。学生不但公费,膳食、书籍、笔墨、纸张等均由馆内供给,每月还发给薪水银 10 两,考试优等者另有奖赏。

京师同文馆的考试有月考、季考、岁考,还有大考。月考在每个月的初一举行;季考分别在二月、五月、八月、十一月的初一举行;岁考指的是每年十月定期举行的面试;至于大考则每三年举行一次。考试优等的保升官阶,次等的留馆继续学习,劣等的开除出馆。由于考试严格,学生淘汰率很高。同文馆的毕业生一部分留在馆内,一面继续学习,一面从事副教习的工作,同时大都承担西书的翻译任务,一部分毕业生充当了外交使节的译员。

1876 年后,中国陆续在外国设立常驻使馆,同文馆为这些使馆提供了大量译员。也有不少毕业生到各省担任外交译员及顾问,后来这些毕业生渐渐升任外交要职。1888 年,有馆生升任使馆秘书,1896 年有升任驻外总领事及代办的,到 1907 年,更有四人分别出使日本、英国、法国和德国。也有一部分毕业生进入国内政坛,有的在各地任知县、知府,有的在电报局、制造局、船政局或军事学校担任要职,还有两名担任了皇帝的英文教师。

京师同文馆的建立,标志着中国近代新式教育的开端,为新式学堂的发展树

---

① 毛礼锐、沈灌群主编:《中国教育通史》第四卷,山东教育出版社 1988 年版,第 109 页。

立了样板,提供了借鉴,打下了思想和组织基础。

(二)福州船政学堂

福州船政学堂被称为近代海军的摇篮,它由 1866 年左宗棠奏请在福州船政局马尾造船厂附设的求是堂艺局演化而来,是中国近代最早的海军装备制造学堂,也是中国最早的海军学院。1952 年后,分别发展为今大连海事大学和江苏科技大学。

福州船政学堂分为前学堂和后学堂。前学堂为制造学堂,又称为法语学堂,目的是培养船舶制造和设计人才,主设造船专业,开设有法语基础、数学、解析几何、微积分、物理、机械学、船体制造、蒸汽机制造等课程。优等生被派往法国学习深造。后学堂为驾驶学堂,又称为英语学堂,意在培养航海驾驶人员和海军船长,主要专业为驾驶专业,以后增设轮机专业,下设英语、地理、航海、天文、航海理论学等课程。学习优异者选送英国留学。学生被称为艺童,堂长称为监督。

1868 年 2 月,为了培养工程绘图人才,在前学堂内又附设了绘事院。同年,为了培养技术工人,沈葆桢又在前学堂内增设一所技工学校——"艺圃"。艺圃采用半工半读的形式,是中国职业工人在职教育的先声。

福州船政学堂是中国近代航海教育的发源地,它成功创办了中国第一所科技专科学校和第一所技工学校艺圃。学堂倡导"中学为体,西学为用",采用"入学招考,借才异域,师夷长技,学用结合"[①]的新型教学模式,有别于科举旧学,为近代海军输送了第一代舰战指挥和驾驶人才,他们中有刘步蟾、邓世昌、萨镇冰、林永升、林太曾、黄建勋、吕瀚、叶琛,还有"铁路工程之父"詹天佑。

福州船政学堂为中国船舰制造业的发展写下了光辉的一页,它成为近代远东规模最大的造船产业基地,创造了中国造船的数个第一:第一艘千吨级兵商舰船"万年清"、当时的远东第一大巡洋舰"扬武"、第一艘铁胁船"威远"、第一艘钢甲舰"平远"、第一艘钢甲鱼雷舰"广乙"、第一艘猎雷舰"建威"、第一艘折叠式水上飞艇,等等。福州船政学堂 41 年来生产的舰船总吨位占当时全国的 82.26%,创办初期,产业工人占全国同期人数的 30%,为当时亚洲第一位、世界第六位的北洋水师提供了重要的物质准备和组织基础。[②]

---

① 李占军、周亚文、孙长秋:《基于产教融合的"互联网+"工匠人才培养路径探析》,《中国教育信息化》2020 年第 16 期。
② 《船政之最》,《海峡时报》2014 年 3 月 20 日。

福州船政学堂开近代中国对外开放之先河,大胆借鉴西方先进的技术设备和管理经验,并在很短的时间内掌握了设备运行和管理技能,吸收和消化先进技术,形成了推动中国近代工业生产关系变革和民族工业发展的动力源。与此同时,它也是近代新文化的传播地,推动了中西文化的融合。学生陈季同把《红楼梦》《聊斋志异》翻译成法文,在巴黎出版;林纾、王寿昌翻译了《巴黎茶花女遗事》;严复翻译了《天演论》,引入了赫胥黎"物竞天择,适者生存"的观点;马建忠撰写了第一部古汉语语法专著《马氏文通》;船政正监督法国教习日意格编撰了《法汉袖珍词典》等。

(三)北洋西学堂和南洋公学

如果说大多数洋务学堂零星分散、各自为政,那么盛宣怀所创立的综合性、系统性院校——北洋西学堂和南洋公学便是一枝独秀的。

北洋西学堂创设于1895年,以哈佛大学为蓝本办学,内分头等学堂(高等专科)和二等学堂(中学程度),并各分四班,学制八年。头等学堂分设律例、工程、矿冶和机械学科,既有社会科学学科,又有自然科学学科。1951年发展为天津大学。

南洋公学始建于1896年,以麻省理工学院为蓝本,采用了西方近代学校体制,分初—中—高三级。它包括外院、中院、上院,外院是小学,中院是中学,上院是大学,并开设了师范院。1897年,南洋公学首开师范班,标志着中国师范教育的诞生,因此盛宣怀又被称为"师范教育之父"。南洋公学是我国最早兼有师范、小学、中学和大学这一完整教育体系的学校。南洋公学后来发展为上海交通大学和西安交通大学。

综上所述,"中体西用"思想指导下的洋务学堂,形式上引入了资本主义因素,促进了资本主义文化在中国的传播,改变了单一的传统教育结构,促成了传统教育向近代教育的过渡。但是它的主观动机在于维护封建专制,压制即将到来的维新运动,它的文化整合方案和教育宗旨仅仅停留在物质层面上的革新,对于政治领域及封建的伦理纲常、君权皇权不敢涉及和触动,学堂兼习四书五经,封建官僚习气严重,缺乏整体规划,受制于外国洋教习,体现了阶级的局限性。不过,洋务新式学堂的发展为后来维新派所创立的学堂,壬寅、癸卯学制下的新政改革,以及辛亥革命以后学校的发展奠定了重要的基础。

本节习题

一、单项选择题

1. 1862 年（　　）创立标志着中国近代教育的开端。
   A. 京师大学堂　　　　　　　　B. 京师同文馆
   C. 福州船政学堂　　　　　　　D. 江南水师学堂

2. 1866 年左宗棠创立的福州船政学堂主要培养的是（　　）。
   A. 海军人才　　　　　　　　　B. 铁路实业人才
   C. 外交人才　　　　　　　　　D. 金融商业人才

3. 1868 年，沈葆桢在福州船政学堂成立（　　），是近代职业工人在职培训的先声。
   A. 前学堂　　B. 绘事院　　C. 艺圃　　D. 后学堂

4. 1896 年（　　）最早采用西方近代学校体制，创立了南洋公学。
   A. 盛宣怀　　B. 奕䜣　　C. 张之洞　　D. 容闳

5. 洋务学堂与封建官学相比，区别在于（　　）。
   ① 封建官僚习气严重　　　　② 学习西文、西艺
   ③ 为科举入仕做准备　　　　④ 培养近代科技和实业人才
   A. ②③④　　B. ①②④　　C. ②④　　D. ①②③

6. 洋务学堂在实践中，也遇到了诸多实际困难。以马尾船政学堂为例，除了食宿免费外，学生每人每月可得白银 4 两，以便赡养家属。但是，即便供给如此优厚的待遇，前来报名的学生还是寥寥无几。对此，李鸿章大为感慨，称如今入水师学堂者等于学习技艺，中国士大夫历来囿于积习，名门望族热心功名，未必肯让他们的子弟进洋务学堂做学生。以上材料说明，洋务学堂所面临的主要问题是（　　）。
   ① 办学经费不足
   ② 生源不足
   ③ 大多数士大夫排斥西方文化
   ④ 科举成为洋务学堂招生的思想和文化障碍之一
   A. ①②③④　　　　　　　　B. ①②④
   C. ②③④　　　　　　　　　D. ①②③

7. 中国近代最早的海军学堂是（　　）。
   A. 天津水师学堂　　　　　　　B. 山东威海卫水师学堂
   C. 福州船政学堂　　　　　　　D. 江南水师学堂
8. 以龚自珍、林则徐、魏源为代表的地主阶级改革派提出了（　　）的救国主张。
   A. 中体西用　　　　　　　　　B. 变法维新
   C. 师夷长技以制夷　　　　　　D. 师夷长技以自强
9. 1897年，南洋公学首开师范班，标志着中国师范教育的诞生。中国师范教育的奠基人是（　　）。
   A. 盛宣怀　　　B. 梁启超　　　C. 张之洞　　　D. 康有为
10. 1897年，盛宣怀在（　　）首开师范班，这是中国第一所正规高等师范学堂。
    A. 京师大学堂　　B. 北洋西学堂　　C. 京师同文馆　　D. 南洋公学
11. "中体西用"中的西学是指（　　）。
    ① 西政　　　　② 西艺　　　　③ 西史　　　　④ 四书五经
    A. ①②③④　　B. ①②④　　　C. ②④　　　　D. ①②③

二、思考题

1. 简评"中体西用"。
2. 请一分为二地评价洋务学堂的影响。

第二节　国共合作和黄埔军校

1924年6月16日，孙中山先生在中国共产党和苏联的积极支持和帮助下，创建了"中国国民党陆军军官学校"，因建于广州黄埔长洲岛军事要塞，所以史称"黄埔军校"。

黄埔军校以创建革命军队、挽救中国危亡为宗旨，以"亲爱精诚"为校训，倡导"团结、牺牲、奋斗"三大精神，培养国民革命军，训练军官，实行武装推翻帝国主义和封建军阀，争取

扫码查看课程

国家统一、民族独立，立下赫赫战功，为中国革命培养了大批军事、政治人才。它是第一次国共合作的产物。时至今日，黄埔军校仍然是联结海峡两岸的精神纽

带之一。

一、爱国爱民，革命之师

黄埔军校诞生于风起云涌的国民革命时期，毛泽东在抗战时期就说过："昔日之黄埔，今日之抗大，是先后辉映，彼此竞美的。"(《抗大三周年纪念》)

爱国主义，这一中华民族的宝贵传统，是引领我们进行革命事业的坚实思想支柱。尽管20世纪初的辛亥革命成功推翻了封建制度，但中国的命运并未因此彻底改变。半封建、半殖民地的阴影依旧笼罩在中华大地，专制依旧，军阀横行，外国列强肆意妄为，统治阶级贪婪无度。国家四分五裂，经济滞后，人民的生活苦不堪言。亡国灭种的危机，如同悬在头顶的达摩克利斯之剑，时刻威胁着中华民族的生存。黄埔军校的师生与官兵虽来自五湖四海，但他们却共同怀揣着一颗炽热的爱国之心。他们渴望改变这个积贫积弱、备受屈辱的旧中国，追求国家的独立、统一、富强、民主与进步，以实现中华民族的伟大复兴。为了这一崇高的目标，他们不懈探索，寻求救国救民的真理。从辛亥革命到"五四"运动，他们深刻认识到，要彻底改造和解放中国，必须推翻旧社会，打倒列强，清除军阀。而要实现这一目标，必须掌握武装力量，建立革命的军队，发动广大的民众。这是一条充满挑战的道路，但也是一条正确的道路。孙中山先生在创办黄埔军校之初，就明确提出了以爱国主义为核心的革命精神。他深知，只有激发每一个中华儿女的爱国热情，才能汇聚起改变国家命运的磅礴力量。这种精神不仅激励了当时的革命者，也为我们今天实现中华民族伟大复兴的中国梦提供了强大的精神动力。

1924年，黄埔军校的创立成为中国历史上一个重要的时刻。孙中山兼任军校总理，并任命廖仲恺为军校党代表，蒋介石为军校校长，他们共同组成了直属于国民党中央执行委员会的校本部最高领导团队。为了保障军校的高效运作，设立了政治部、教授部、训练部、管理部、军需部、军医部等部门，以确保各项工作的顺利进行。

1924年6月16日，在黄埔军校的开学典礼上，孙中山发表了振奋人心的演说："我们的革命事业就是救国救民。今天在这地开这个军官学校，独一无二的希望，就是创造革命军，来挽救中国的危亡！""革命军是救国救民的军人，诸君都是将来革命的骨干，都担负着救国救民的责任。"他还讲道，"建设一个新国家"，"要统一全国，便先要立革命的志气……一生一世，都不存升官发财的心理，只知道做救国救民的事业"。为了中国的独立和统一,"此同世界各国并驾齐驱",要使中华民族"永远生存于人类"。①

"到黄埔去"的呼声在全国热血青年的心中激荡。为了国家的繁荣与强盛,无数青年毅然决然地奔向广州,投身于黄埔军校的怀抱。这些青年中既有国民党培养的革命精英,也有共产党孕育的热血志士,他们共同怀揣着爱国之情和革命之志,通过严格的军政训练,坚定了为国为民的崇高信念,为国家的统一和民族的解放英勇奋斗。

以黄埔军校的师生和官兵们为核心建立的革命武装力量发动了东征、北伐,掀起了一场轰轰烈烈的大革命,最终击垮了不可一世的北洋军阀。当日本军国主义发动侵华战争时,他们再次挺身而出,历经十四年的浴血奋战,终于打败了日本侵略者,不仅收复了全部国土,包括被日本霸占多年的东北和台湾地区,以及钓鱼岛、南沙、西沙群岛等,更废除了自鸦片战争以来中国被迫签订的所有不平等条约,使中国跻身世界五大强国之列,国际地位空前提高。这是黄埔精神的第一表现。

二、武装思想,政治第一

黄埔军校采取了与旧式军校根本不同的组织制度和教育训练方法,显示出新型军事学校的鲜明特点:一是实行党代表制度;二是建立政治工作制度;三是坚持军事和政治训练并重、学校教育与社会实践紧密结合的办学方针。

政治工作是黄埔军校与一切旧式军事学校的分水岭。黄埔军校自建校伊始,就十分重视政治教育,学校专门设立政治部,主管学员的政治思想教育、党务和宣传工作。黄埔军校以武装推翻帝国主义和封建军阀,完成国民革命为目的,学校在政治教育内容上既推行孙中山的三民主义,又传播马克思主义,对不同党派和不同学派的思想理论兼容并蓄,无论是国民党人还是共产党人,都能登台向学生做政治演讲。孙中山、廖仲恺、蒋介石、何香凝、毛泽东、周恩来、鲁迅等国共两党重要人员和社会名流均向学员做过主题报告和演讲,很受青年军官的欢迎。军校的政治教育形式灵活多变、生动活泼,如组织政治讨论会、举办政治演讲、实行政治问答制度、出版相关刊物等,使政治教育有了多样化、系统化的教学实施方案。

---

① 陈予欢:《黄埔军校》,广东教育出版社2010年版,第52—53页。

政治部主任周恩来推广列宁创建红军的经验，注意在军校学员中开展关于革命军队的性质和任务的教育，设立各级党代表，并引导学生支持工农运动，积极参加现实政治斗争。在担任第三任政治部主任时，周恩来开始培养有觉悟的军人，让学员知道为什么打仗、为谁打仗，并开设政治课程。周恩来任职期间主持制订的《政治部服务细则》《本校政治部政治指导员条例》等规章制度得到推广落实，包括"帝国主义侵略中国史""苏俄研究""社会主义运动""军队中政治工作"等在内的20多门政治科目陆续走进课堂。继周恩来之后，熊雄等多位共产党人先后主持了政治部工作，萧楚女、恽代英、聂荣臻等共产党人也来到军校，任政治教官。

恽代英是黄埔军校的政治总教官和武汉分校的负责人，对军队政治工作多有建树。1926年9月10日，他在军校做题为"军队中政治工作的方法"演讲时，对政治工作的任务、方法、地位和政工人员的态度、作风做了明确的阐述。他说，革命军必须具备两种基本素质：一是要明了并服从党的主义，在党的指导之下与中华民族的仇敌作战；二是要有充分的作战能力，对党的主义有切实把握，能够杀敌致果。要具备这两种素质，就得靠政治工作来灌输党的主义、传播革命思想。①

黄埔军校的领导者深知，一支无敌之师，其力量之源不仅在于精良的装备和训练，更在于严明的纪律和规范的管理。为了锻造这样的军队，黄埔军校颁布了五大军法，包括《革命军连坐法》《革命军刑事条例》《革命军惩罚条例》《审判条例》和《陆军监狱规则》等。此外，黄埔军校还制订了《学生队学生遵守规则》，专门针对军校学员在校期间的行为进行规范。黄埔军校的法治精神不仅仅体现在这些军事法规上，更贯穿于军校的方方面面。从编制设置、机构职能，到各部官员的权责划分，再到各种活动的具体事项，都有明确的规定和要求。

> 怒潮澎湃，党旗飞舞，
> 这是革命的黄埔！
> 主义须贯彻，纪律莫放松，
> 预备做奋斗的先锋！
> 打条血路，引导被压迫民族！（《黄埔军校校歌》）

---

① 李良明、钟德涛主编：《恽代英年谱》，华中师范大学出版社2006年版，第300页。

黄埔军校的学生军在战斗中赢得了民心,这得益于他们严明的纪律和革命精神。与旧军队形成鲜明对比的是,黄埔军无论官阶高低,都严禁拉夫、抢物、捐饷、占屋等不法行为,一旦触犯,将受到革命军刑事条例的严厉制裁。在《重征东江训诫》中,黄埔军更是强调了对军纪的严格遵守和对命令的无条件服从,同时不忘革命军的连坐法,并时刻铭记革命军的刑事条例。

在红色思想的引领下,黄埔军校还汇聚了一批外籍教官。在黄埔军校的早期阶段,苏联派遣了大批军事教官前来助阵,他们分布在政治、炮兵、步兵、工兵、军需、交通、通信等多个教学岗位,其中不乏像加伦、蔡尔帕诺夫这样的知名人物。此外,还有近百名苏联军官和文职人员在国民革命军总部和各级部队中担任顾问。这些教官和顾问都有着丰富的实战经验和卓越的军事才能,他们不仅为黄埔师生传授了苏联红军的优良传统,还带来了当时世界上最先进的军事理念和技能。到了1930年以后,黄埔军校又聘请了14名德国顾问。

为了办好黄埔军校、创建革命军队,中国共产党人付出了巨大的努力。黄埔军校的首批学员中,众多有志青年是在共产党人的鼓励和引导下,从全国各地积极报考并成功入学的。其中,共产党员和共产主义青年团员共计56人,占据了学员总数的十分之一,显示了共产党在军校中的坚实基础和广泛影响力。

1924年11月,黄埔军校的首批学员顺利结业。基于这批优秀的学员,黄埔军校教导团得以成立,并随后扩展为"党军"和国民革命军第一军。这标志着广州国民革命阵营中一支国共合作的新型革命武装力量的诞生。同时,中共广东区委在黄埔军校内部建立了直属的党支部,这一组织后来演变为特别支部,再进一步成为中共"党团"。在之后的东征和北伐中,在中共广东区委的推动下,中共党员积极参与实际斗争,不仅锻炼了自己的能力,更在斗争中发挥了关键的作用。共产党员和党的组织以其卓越的政治远见和模范行为,对黄埔军校的创建和发展产生了深远的影响。

三、亲爱精诚,团结奋斗

黄埔军校一方面以"三民主义"为指导思想,另一方面又受到了马克思列宁主义的洗礼,广大黄埔师生在反帝反封建、争取国家统一与民族独立的斗争中团结一致,立下了赫赫战功,为中国革命做出了重大贡献。

黄埔军校大门口写着一副对联:"升官发财,请走别路;贪生怕死,莫入此门。"横批:"革命者来"。在这些革命英雄主义思想的指导下,黄埔师生在东征、北伐等革命战争中,积极实践了自己的誓言,涌现了许多可歌可泣的英雄事迹。他们在战场上奋勇杀敌,不怕牺牲,他们有的冲锋陷阵,破敌攻城,灭贼擒王;有的深入敌后,隐名埋姓,虎穴立功;而视死如归、慷慨就义、骨埋青山的有名或无名英烈更是不知有多少,正是"每次战役,无不有黄埔师生的血;每个战场,无不有黄埔师生的骨"。

黄埔军校自 1924 年成立至 1949 年底前往台湾,在大陆共办 23 期,包括各分校训练班在内,共计毕业生 41 386 人。[①] 他们经过了北伐战争、第二次国内革命战争、抗日战争、解放战争的洗礼。其中,黄埔军校出身的中共名将有周恩来、陈毅、刘志丹、陈赓、林彪、叶剑英、聂荣臻、左权、赵一曼、罗瑞卿等。南昌起义爆发,大批黄埔出身的共产党员参加了起义,他们中有担任前敌委员会书记的周恩来、恽代英、第十一军党代表聂荣臻、第二十五师师长周士第、第二十四师党代表蔡升熙以及毛泽覃、陈奇涵、李逸民、许光达等。他们为我党创建人民军队、武装夺取政权立下了不朽功勋,成为中国共产党独立开展武装革命斗争的骨干力量。

西安事变爆发后,国共两党的黄埔师生在抗日烽火中再次携手。为了促进抗日民族统一战线尽快形成,1936 年 12 月 29 日,红军将领徐向前、陈赓、左权、曾希贤等黄埔同学发出了《致国民革命军黄埔同学书》,呼吁"停止内战,一致抗日"。延安黄埔同学会亦在他们的倡导下于 1941 年成立。抗日战争期间,黄埔军校出身的国共两党师生为保家卫国并肩作战。淞沪会战、平型关战役、台儿庄战役、百团大战,一场场大战役尽显黄埔军魂。中华民族的十四年抗战赋予了黄埔军校师生新的历史使命和民族重托。据资料统计,黄埔军校本部第九至十一期学员毕业从军之际,正值抗日战争爆发前后,计有 3 500 名毕业学员奔赴抗日前线担任初级军官,在抗日战争初期牺牲巨大,约有 50%的学员以身殉国。[②]

解放战争中,黄埔同窗又有了特殊的重逢。1948 年,陈赓率部参加了淮海战役,他亲自写信,以黄埔同学的身份劝熊绶春起义,参与了围歼黄维兵团的战斗。杜聿明、黄维等国民党将领终于等到了与昔日老同学重逢的机会。不过他们做梦都想不到的是,重逢的地点竟然会是在解放军的战俘营里。

中华人民共和国成立后,当年的黄埔同学担任中央人民政府部长、副部长以及地方党政要职的多达数百人以上。在中华人民共和国开国将帅中,更有许多

---

① 陈风:《民国风云:黄埔军校完全档案》,九州出版社 2010 年版,第 221—232 页。
② 陈予欢:《黄埔军校》,广东教育出版社 2010 年版,第 17 页。

黄埔军校师生的身影。究竟中国人民解放军有多少开国将帅出自黄埔军校？较为普遍的说法是 53 人。其中元帅 5 人，为林彪、陈毅、徐向前、聂荣臻、叶剑英；大将 3 人，为陈赓、罗瑞卿、许光达；上将 10 人，为萧克、周士第、陈明仁、陈奇涵、张宗逊、杨至诚、宋时轮、陈伯钧、郭天民、陈士榘；中将 12 人，为阎揆要、彭明治、常乾坤、唐天际、曾泽生、倪志亮、郭化若、莫文骅、谭希林、王诤、何德全、韩练成；少将 23 人，为袁也烈、曹广化、李逸民、方之中、洪水、廖运周、张开荆、周文在、高存信、戴正华、魏镇、张希钦、陈锐霆、王启明、王兴纲、陶汉章、张学思、白天、徐介藩、王作尧、吴克之、朱家璧、黎原。

黄埔同学中担任党和国家（地方）重要领导职务的有李富春、郭沫若、沈雁冰、蔡畅、许意珩、王昆仑、季方、成仿吾、阳翰笙、雷经天、程子华、袁仲贤、陶铸、吴溉之、曾希圣、张如屏、王世英、蔡树彬、周仲英、刘型、陈漫远、潘朔端、章夷白等。曾担任过军校教官（讲师）的还有张崧年、包惠僧、陈启修、陈其瑗、萧楚女、张秋人、于树德、安体诚、李合林、廖划平、高语罕、施复亮、李达、钟复光、章伯钧、郭冠杰等。①

黄埔军校的诞生和它所体现的"亲爱精诚"的协作精神，源于国共两党的首次携手合作。正是在这种合作的大背景下，黄埔军校应运而生，成为培养革命精神与战斗意志的摇篮。没有国共两党对革命的倡导和引领，就没有黄埔军校师生为主义英勇奋斗的热血情怀。同样，没有国共合作所建立的广泛群众基础，就不会有那些闪耀的将星名帅。黄埔军校作为国共合作的产物，始终贯彻孙中山先生提出的"联俄、联共、扶助农工"三大政策，这也是黄埔精神的核心和基石。黄埔军校之所以能在短短几年间取得辉煌成就，成为国民革命的中心，关键在于其秉承了"亲爱精诚"的校训，国共两党真诚合作，共同致力于反帝反封建的伟大事业。从军校的筹建、开办，到革命军的创建、东征与北伐，两党始终紧密团结，并肩作战，共同书写了革命的辉煌篇章。

然而，随着国民党右派背离孙中山的三大政策，国共合作遭受破坏，特别是反共内战的爆发，使得曾经的同窗学友兵戎相见。这不仅给国共两党带来了损失，更让日本帝国主义有机可乘，给中国人民带来了深重的灾难。在民族存亡的关键时刻，国共两党再次团结起来，真诚合作，共同抵御外敌。在抗日战场上，黄埔师生携手并肩，最终打败了日本侵略者，赢得了抗日战争的伟大胜利。

---

① 陈予欢：《黄埔军校》，广东教育出版社 2010 年版，第 86—87 页。

四、黄埔精神,历久弥新

历史告诉我们,亲密团结,真诚合作,则国家、民族兴;反之,于国家、民族及人民都有害。因此,实行三大政策,"国共两党亲密配合,共同致力振兴中华,这是当年许多人投奔黄埔的初衷,也是真正的黄埔精神之所在"①。随着岁月的流逝,黄埔军校离我们越来越遥远了,但是黄埔精神及黄埔人的爱国情,仍有着广泛的号召力和不朽的生命力。中华人民共和国成立以来,广大黄埔同学继承和发扬黄埔精神,积极参与国家建设,努力推动着海峡两岸关系发展。

1984年,邓小平同志亲自批示成立了黄埔军校同学会。20年来,黄埔军校同学会以"发扬黄埔精神、联络同学感情、促进祖国统一、致力振兴中华"为宗旨,充分发挥党和政府联系广大黄埔师生的桥梁和纽带作用,为推进祖国和平统一进程做了大量卓有成效的工作,在海内外产生了广泛而积极的影响。

孙中山生前曾多次指出,统一是全体国民的希望,能够统一,全国人民便幸福,不能统一,便要受害,并希望凡是爱国的中国人,都应该为祖国的和平统一而努力奋斗。以"爱国革命"为核心的黄埔精神,是两岸军人的共同精神图腾,是穿越时代、连接海峡两岸的情感纽带,是全体中华儿女共同的精神家园,是两岸同圆中国梦的坚实载体。

黄埔军校是爱国情怀的精神典范,是尚武精神的能量库。团结合作是祖国统一大业的桥梁纽带。正是这一条特殊的精神纽带,将中国人联系在一起。发扬"爱国革命,团结合作"的黄埔精神,在今天仍有着深远的现实意义。凡是爱国的中国人,都应该为祖国的统一而努力奋斗。

党的十九大报告指出,解决台湾问题、实现祖国完全统一,是全体中华儿女的共同愿望,是中华民族的根本利益所在。祖国必须统一,也必然统一。这是两岸关系发展历程的历史定论,也是新时代中华民族伟大复兴的必然要求。2024年正值黄埔军校建校100周年暨黄埔军校同学会成立40周年,习近平总书记代表中共中央,向黄埔军校同学会表示了热烈祝贺。习近平强调:"新征程上,黄埔军校同学会要牢记建会宗旨和政治使命,继续弘扬'爱国、革命'的黄埔精神,进一步强化思想引领和组织建设,发挥特色优势,坚定反"独"促统,为同心共圆中国梦广泛凝心聚力。希望广大海内外黄埔同学及其亲属不忘先辈遗志,勇担时代重

---

① 余世雄:《黄埔团队课》,北京工业大学出版社2011年版,第212页。

任,积极投身中国式现代化建设,为推进强国建设、民族复兴伟业做出贡献。"①

本节习题

一、单项选择题

1. 1924 年大革命时期,国共合作创办的中国现代史上第一所培养革命军队干部的军事院校是(　　)。

A. 中国人民抗日军事政治大学

B. 黄埔军校

C. 中国工农红军大学

D. 上海大学

2. 黄埔军校同一切旧式军校的根本区别在于(　　)。

A. 孙中山亲自兼任总理

B. 聘请苏联红军将领为军事顾问

C. 把政治教育提到和军事训练同等重要的地位

D. 有大批党、团员和革命青年到军校学习

3. 曾经担任过黄埔军校政治部主任的中共领袖是(　　)。

A. 陈独秀　　　B. 毛泽东　　　C. 朱德　　　D. 周恩来

4. 毛泽东曾说过:"昔日之黄埔,今日之抗大,是先后辉映,彼此竞美的。"关于黄埔军校的正确表述有(　　)。

① 广大黄埔师生在反帝反封建、争取国家统一与民族独立的斗争中立下了赫赫战功,为中国革命做出了重大贡献

② 黄埔军校如同一个摇篮,为我军孕育了刘志丹、陈赓、林彪、叶剑英、聂荣臻、左权、赵一曼、罗瑞卿等一大批将帅之才,直接影响着中国历史的走势

③ 黄埔军校的第一任校长是孙中山

④ 黄埔军校是孙中山先生在中国共产党和苏联的积极支持和帮助下创办的,是第一次国共合作的产物

A. ①②③④　　B. ①②④　　C. ②③　　D. ①②③

---

① 新华社:《习近平致信祝贺黄埔军校建校 100 周年暨黄埔军校同学会成立 40 周年强调:为同心共圆中国梦广泛凝心聚力》,https://www.gov.cn/yaowen/liebiao/202406/content_6957787.htm?menuid=197,2024 年 6 月 17 日。

5. 黄埔军校出身的中共名将有（　　）。
① 杜聿明、张灵甫　　② 刘志丹、陈赓
③ 聂荣臻、左权　　　④ 赵一曼、罗瑞卿
A. ②③④　　B. ①②④　　C. ②③　　D. ①②③④

二、思考题
1. 简述黄埔军校的历史意义。

第三节　文军长征和西南联大

扫码查看课程

1937年"七七事变"爆发后，中华民族的教育事业遭到日军的严重破坏，国民政府为保存教育实力，开始了跋涉1700千米的文军长征和教育西迁运动，史称"东方的敦刻尔克"。清华大学、北京大学、南开大学三校合一，辗转长沙，于1938年来到云南昆明，组成"西南联合大学"。冯友兰手书西南联合大学校歌，钱穆则鼓励联大学子"用上前线的激情来读书"。

八千里路云和月，"湘黔滇旅行团"可以说是中国知识分子第一次如此大规模地走出象牙塔，去接触、深入社会，这是他们研究社会文化活动的开始，也是西南联大"刚毅坚卓"的精神品格的真正开始。政治系学生钱能欣把68天的日记整理出版，名为《三千五百里》，反映了这段颠沛流离的岁月。致力于《诗经》和《楚辞》研究的闻一多先生带领学生深入民间采风，收集西南民间诗歌，作风景速写百幅。他的学生刘兆吉把收集到的300多篇民歌集成了《西南采风录》一书，后来被称为"现代的诗三百"。

联大8年，创造了中国近代教育史上的一座"珠穆朗玛峰"，培养了174位中国科学院院士[①]、8位"两弹一星功勋奖章"元勋、2位诺贝尔奖获得者、100多位大师巨匠，可谓精英荟萃，人才辈出。他们中有中国政治学的奠基人钱端升、中国气象学的奠基人之一叶笃正、中国矿床学的奠基人冯景兰、美国科学院120年来的第一位中国籍院士华罗庚、中国研制农药的第一人杨石先、诺贝尔物理学奖

---

① 吴宝璋：《享誉世界的西南联大》，云南教育出版社2017年版，第140—144页。

获得者杨振宁和李政道、世界上开三大哲学传统课程的第一人汤用彤;还有邓稼先、赵九章等"两弹一星"科学家;国家领导人宋平、彭珮云、王汉斌;国家最高科学技术奖获得者黄昆、刘东生等。

西南联大在艰苦的条件下,为何能取得如此辉煌的成就?原因有三。

一、"筚路蓝缕、刚毅坚卓"的吃苦精神

抗战时的西南联大,办学条件极为艰苦,"苦"到出动梁思成、林徽因这样的大师,也"巧妇难为无米之炊",只能设计出铁皮、木板、土墙加茅草的校舍。校舍位于昆明西郊的坟场,一个茅草屋里面20张上下铺,住着40个学生。这里没有空调,没有风扇,只有臭虫、虱子、跳蚤咬得人难以入睡。一下雨,茅草屋就成了泽国。教室则是用铁皮做的房子。在雨季,豆大的雨点打在房顶上,会盖过教授上课的声音,出现了"停课赏雨"的奇景。

"风声雨声读书声,声声入耳;家事国事天下事,事事关心。"大家孜孜不倦,以苦为乐。物质世界的匮乏与精神世界的富足,成就了西南联大独有的精神气质。由于教材和设备的缺乏,梅贻琦校长千方百计托人从欧美购来大学教科书的样本,课堂里100多学生,全校1 000多师生,只有几本教材,怎么够用?大家想到了抄书学习的好办法,就是用最便宜的糙纸,将课本内容口诵心唯,抄录下来。一个学期学完了,把抄好的笔记和讲义留给学弟学妹,自己再去借师哥师姐的。食堂清汤寡水,学生一边咬着萝卜,一边讨论诗词歌赋;教学设备不齐,老师便就地取材进行科学实验。艰苦奋斗使得西南联大的教学一直与国际一流大学接轨。

图书馆的座位供不应求,抢书、抢座位成了家常便饭。一次杨振宁在图书馆专心致志地看一本物理学教材,这时一个脸圆圆的、个子高高的男孩子在他身边来回逡巡,他怯怯地说,这本书你看完了,能不能不要还?也借我看看。这个男孩子就是邓稼先,他比杨振宁低两级,是杨振宁的师弟。多年后,邓稼先到普渡大学深造时的奖学金正是杨振宁帮他申请的。

由于自习室的缺乏,昆明市民们打开家门,接待这些无处读书的学子,为他们提供了自由、宽厚、廉价、淳朴的读书条件。茶馆成为流离失所的联大学子的第二课堂,在这里,只要点上一碟花生米,泡上两杯茶,就可以足足待上一天。杨振宁记忆犹新的一件事便是白天他同黄昆、张守廉物理系"三剑客"在茶馆里喝茶,辩论"哥本哈根学派";晚上10点电灯熄灭后,把蜡烛点了,又拿出《量子力学的意义》,反复研读,反复讨论。"以苦为乐"使联大学子在艰苦的条件下,利用点

滴时间取得了重要的成果。

清晨,耀眼的阳光照射到窗户上,大家立即想到今天会有空袭。上午的课程改成 7 点到 10 点。中午的时候,警报还没有拉响,大家就各自分散到附近的乡村中。昆明市区地下水位过高,不可能修筑防空掩体,大家只好带着课本设法往北边的山坡上跑,然后下午 3 点到 6 点继续回来上课。1938—1944 年,日军飞机先后 281 次袭击云南,轰炸昆明 142 次。

"千秋耻,终当雪,中兴业,须人杰。"这是西南联大的校歌。莘莘学子就是要做中华民族的"人杰"。1945 年春天,23 岁的杨振宁考取清华大学"庚款"奖学金,赴美国芝加哥大学留学。三年以后,他在这里迎来西南联大的同窗好友邓稼先。邓稼先在普渡大学留学时,品学兼优,仅用了 1 年零 10 个月就获得博士学位。中华人民共和国成立后,他毅然决然地放弃了国外优渥的物质条件,返回了祖国的怀抱。邓稼先、朱光亚带领团队隐姓埋名,在西北戈壁滩上研制出了我国第一颗原子弹、氢弹、中子弹。

1964 年第一颗原子弹爆炸后,声振寰宇,全国上下一片欢腾,也震惊了西方世界。美国不相信中国短短不到两年的时间就取得了如此傲人的成绩,侦察卫星在罗布泊上空提取大气云层的采样,发现这颗原子弹的威力远远大于广岛的"小男孩"和长崎的"大胖子"。美国终于清醒地意识到新中国的崛起和强大,第一次在报道中使用了中华人民共和国的全称。

"天将降大任于斯人也,必先苦其心志。"但也正是艰难困苦,才能玉汝于成!"刚毅坚卓"正是西南联大校训和精神旗舰的生动体现。

二、"百家争鸣、严谨求实"的学风

西南联大融合了清华的严谨、北大的自由、南开的活泼。教授们物质上是寒酸的,精神上却是抖擞的,联大名士如云,共开设 1 600 门课程。80 多年前站在这些简陋校舍讲台上的教员有:数学方面的华罗庚、陈省身;物理方面的吴大猷、周培源、杨振宁、李政道;语言方面的钱锺书、沈从文、朱自清、闻一多、王力、罗庸;哲学方面的金岳霖、冯友兰、汤用彤、贺麟、钱穆;社会学方面的潘光旦、费孝通;历史学方面的陈寅恪、吴宓、吴晗;逻辑方面的沈有鼎;政治学方面的钱端升;建筑学方面的梁思成和林徽因。

人们都说"文人相轻",联大却能"八音合奏"。这都得益于清华大学终身校长梅贻琦高超的领导艺术。梅贻琦毕业于美国伍斯特理工学院,是第一批庚款留美学生。他既是一名学者，又是一名出色的管理者。"所谓大学者，非谓有大楼之谓也，有大师之谓也。"①梅贻琦推行"大师论"和"通才教育"，认为教育要对得起国家、对得起民族、对得起青年，不是沽名钓誉、升官发财的工具。校长要像京剧里的"王帽"一样，为教授服务，为学生服务，为专业服务。开会的时候，他很少发言，经常说的一句话就是"吾从众"，人称"寡言君子"。

梅校长一身正气，两袖清风，主动放弃了身为校长的特权。家里的工人工资自己付，电话费自己出；不要学校无偿供应的两吨煤；把校长专车留给了学校，自己每天步行上班。就连教育部发给西南联大学子的补助金，梅贻琦也叮嘱自己的四个孩子不要去领，把这笔钱留给更困难的同学。他还让自己唯一的儿子梅祖彦和三个女儿都报名参军，上了前线。为了改善生活，夫人韩咏华每天做米糕到街头去售卖，腿都走肿了，梅贻琦却说，我梅贻琦没有做亡国奴，咱们不丢人。

在梅校长的主持下，联大气象一新，大家八仙过海，各显神通。常言道"千里马常有，而伯乐不常有"。华罗庚是闻名世界的大数学家，可是他刚进校时，教学水准却一直遭人诟病，学生纷纷提出换老师。面对这样的窘境，华罗庚自卑过、郁闷过，梅校长却说，教学上的事情你不用担心，安心做好科研。在梅校长的关怀和鼓励下，只有初中学历的华罗庚开始自学英文、法文、德文、日文，在国内外期刊上发表了三篇高质量的数学论文。1936—1937年，华罗庚到英国剑桥大学访学深造，载誉归来，被聘为清华大学教授。1948年，他当选为中央研究院院士，1982年当选为美国国家科学院外籍院士，1985年当选为德国巴伐利亚科学院院士。

华罗庚作为现代数学之父，他的逆袭，跟自身天赋异禀、自强不息的努力分不开，但也和梅校长"知人善任，慧眼识珠"的领导艺术有关。正如金刚石和石墨都是碳元素组成，但一个坚韧，一个柔软，是因为分子的排列结构不同，而导致物理属性大相径庭，一所高校的建设，博士、教授光有数量不足以称奇，还要能够"人尽其才，才尽其用"，以科学的培养和分类评价机制，去激发每一位教师和员工的潜能和小宇宙，做到众志成城，这才是最令人心悦诚服的。

如果说华罗庚是"科研型"的，那么闻一多便是"教学型"的。闻一多在西南联大开了十来门课，包括《诗经》、《楚辞》、唐诗、古代神话等。其中，最"叫座"的

---

① 梅贻琦：《校长的态度》，载《大学的意义》，古吴轩出版社2016年版，第81页。

课是古代神话。不单中文系、文学院的学生来听讲,理学院、工学院的同学也来旁听。工学院在拓东路,文学院在大西门,听一堂课得穿过整整一座昆明城。他的课令人如飨醴酪,如沐春风。联大学子中被称为"中国最后一个士大夫"的汪曾祺在《人间草木》里记述道:"听闻先生讲课让人感到一种美,思想的美、逻辑的美、才华的美。听这样的课,穿一座城,也值得。"①

联大采用"教授轮教制",公共课是国文、英文、中国史、外国史。每一门公共课都有相关领域的大师和巨擘集体上课。如国文教授里不仅有闻一多,还有朱自清、沈从文、罗庸、王力,这么多名师,每个人都开两个礼拜的课。学生可以从不同的角度含菁咀华,感受到中国文学的博大精深。正所谓讲好中国故事,爱上中国的文学和语言。外国文学课程也是群英荟萃、济济一堂,如钱锺书的"荷马史诗"、吴宓的"柏拉图"、莫泮芹的"圣经"、吴可读的"但丁"、陈福田的"十日谈"、燕卜荪的"堂吉诃德"、陈铨的"浮士德"、闻家驷的"忏悔录",以及叶公超的"战争与和平"。

吴宓被称为"比较文学之父",与汤用彤、陈寅恪并称为"哈佛三杰"。早在哈佛大学读书时期,他就用英文发表了一系列关于《红楼梦》的文章,包括《〈红楼梦〉新谈》《〈石头记〉评赞》《〈红楼梦〉之文学评价》《〈红楼梦〉与世界文学》《〈红楼梦〉之人物典型》等。作为"教学-科研"的复合型人才,他也是一位风趣、可爱、可敬的人师。他的课堂是"沉浸式"的,有时是"阿波罗式"的,有时是"狄俄尼索斯式"的,有时是"哈姆雷特型"的,有时却是"堂吉诃德型"的。他讲柏拉图《伊安》篇中的"狂述状态""灵感""诗神"时,"讲得有意思极了,引起全班哄堂大笑,而他自己也微笑不止,有点自鸣得意的样子"②。

为了适应战时需要,国立西南联合大学多个院系开设了航空、无线电、通信、军事工程等与军事有关的课程,并编译军事教材、参考书等,以供教学、训练部队,以及普及军事知识之用。土木系和机械系增加的军事类的课程有庄前鼎的"兵器学"、施嘉炀的"堡垒工程"和"要塞建筑"、王明云的"军用桥梁"和"军用结构"、李谟识的"军事运输"等。周先庚原来是研究"教育心理学"的,后来开设"军事心理学",研究战场上如何提高士兵的士气。曾昭抡的"国防化学"针对日军采用化学武器和生物武器的无差别攻击,提出防御策略。

艰难不足以成为西南联大降低教育品质的理由。联大学生必须修满136个

---

① 中共云南省委宣传部:《西南联大》,云南人民出版社2018年版,第156页。
② 赵瑞蕻:《离乱弦歌忆旧游》,生活·读书·新知三联书店2021年版,第87页。

学分,其中约五分之三为选修。所有学生必修中国通史、西洋通史、大一国文和大一英文;大考小考不断,基础课月考一次,工学院、理学院月考两次。西南联大的基础课要求非常严,数学、物理每年考试下来都有三分之一的人不及格。① 毕业于西南联大机械系的中科院院士潘际銮当初是云南省会考的状元,他以第一名的成绩进入联大,可是半学期下来,物理期中考试居然不及格,物理老师霍秉权铁面无私,绝不徇情。这件事情让潘际銮认识到学习方法的重要性,不能"只见树木,不见森林",仅靠课堂是不够的,要把课堂作为兴趣领域的起点,纵横捭阖,钻研透整个知识体系,才能得高分。作为工科生,他所有的实验报告全是用英文写的,预习报告通过了,才能做正式报告。有一次做正式报告的时候,实验结果老出不来,潘际銮抄了一份数据交上去了。但是助教很清楚这是抄的,不行,退回来重做!精益求精、一丝不苟的治学态度,淬炼了学子的专业态度和专业技能,潘际銮在联大不断成长和进步,为后来秦山核电站的设计、建设和发展奠定了扎实的理论基础。

联大办学八年,近8 000名学生通过了入学考试,而毕业的本、专科生和研究生却仅有3 882人,毕业率不足一半。② 严格执行"学分制""通识教育",保证大学的办学质量,"严谨求实""一丝不苟"是对专业、对人才、对社会、对国家、对民族负责的态度,今天仍有振聋发聩、发人深省的借鉴意义。

三、"天下兴亡、匹夫有责"的爱国主义斗志

抗战期间,国家民族处于危急存亡之秋,强烈的爱国主义思想,是联大师生取得重大成就的精神动力。西南联大是当时"倒孔运动"和"一二·一运动"的发祥地,在爱国民主运动中发挥了重要作用,被誉为民主堡垒。有不少校友参加革命斗争,成为各级领导干部,有的已进入国家领导人的行列,并有近30位校友在抗日战争和革命斗争中牺牲,成为烈士,在中国新民主主义革命史上留下了光辉的一页。

全国人大常委会副委员长、原西南联大社会学系学生彭珮云回忆道:"当时一个很重要的问题,就是爱国。无论老师、同学,无论是从大后方来的,甚至是从沦陷区跑出来的,无论是家庭比较富裕的、很穷困的,大家都是一心就想,抗战要胜利,国家要富强、要民主!"③

---

① 吴宝璋:《享誉世界的西南联大》,云南教育出版社2012年版,第119页。
② 同上书,第140页。
③ 中共云南省委宣传部:《西南联大》,云南人民出版社2018年版,第181页。

现代战争的特点不仅仅是军事战,还有信息战、文化战、舆论战。"欲灭其国,先毁其史",日本帝国主义在沦陷区推行奴化教育,缩减普通教育年限,将日语作为"国语"在大、中、小学进行广泛教授,并有一些反动历史学家和文人鼓吹"日满亲善,一德一心",企图用糖衣炮弹对中国历史和文化进行偷梁换柱。面对日伪鱼目混珠、指鹿为马的反动宣传,钱穆拍案而起,奋笔疾书写下了《国史大纲》,与日本帝国主义的奴化教育展开针锋相对的文化斗争。千秋中华,断裂河山,开篇扉页上,钱穆写下:"献给前线抗战为国牺牲之百万将士!"《国史大纲》辗转传至北平,有人整本抄录,抄着抄着就泣不成声。时评人写道:"这本教材使懦夫有立志,病夫有生气,读之无不热血沸腾。"作为历史学教材,《国史大纲》在大后方广泛发行和刊印,在民族危亡时期,是唤醒国魂、抗敌救国的佳作,表达了炎黄子孙对祖国的忠贞与热爱,为中华儿女打了一剂强心针。

1941年,日本挑起太平洋战争,马来西亚、印度尼西亚、菲律宾、泰国、新加坡、爪哇纷纷陷落。中国的海上通道从宁波到香港全部被封锁,战争局势变得焦灼起来,云南从大后方变成了抗日前线。"一寸山河一寸血,十万青年十万军。"联大8年,曾掀起过三次从军热潮。第一次是在抗战初期,一些同学投笔从戎;第二次是1941年太平洋战争爆发前后,为协助中国空军美国志愿援华航空队,部分外文系同学参加征调,担任英文翻译;第三次是为了配合中国远征军第二次入缅作战,不少学生投军。西南联大从军学生前后一共达到1 100多人。

1942—1945年,梅校长进行战争动员,要求大三、大四外语系男生全部参军,为保证学业的顺利完成,参军学子折合24个—32个学分。"应征及志愿充任译员者,共四百余人,最近加入青年远征军及空军者亦二百余人,成绩都甚良好。"①

许渊冲是第二批入选飞虎队机要秘书室做翻译的。他每天要将空军情报翻译成英文,分配14航空队的81架P40战斗机。"有一次我翻译的情报说,日本军舰一艘到达海防,登陆士兵有多少人;日本飞机有多少架,进驻河内机场。那地图上标了,日本陆军多少,海军多少,空军多少,飞机多少架。第二天中午,飞虎队的飞机在滇池歼灭日军。"②"文可提笔安天下,武能上马定乾坤。"有了准确的英文翻译和情报,盟军合理地掌握了制空权,日军的轰炸从1940年的29天48次降为1942年的10次。

---

① 梅贻琦:《抗战期中之清华五续》,载《大学的意义》,古吴轩出版社2016年版,第166页。
② 中共云南省委宣传部:《西南联大》,云南人民出版社2018年版,第225页。

"苟利国家生死以,岂因祸福避趋之。"联大学子除了担任翻译外,还投笔从戎,参加了中国远征军和空军。昆明巫家坝空军航校门口贴着同黄埔军校一样的对联:"升官发财请走别路,贪生怕死莫入此门。"有人戏称:"从毕业到牺牲,不超过 6 个月。""天下兴亡,匹夫有责"的使命感,让他们义无反顾地翱翔蓝天、血洒碧空。他们中有 1943 级地质系的戴荣钜,于 1944 年 6 月在长沙与敌机作战时殉国;1944 级机械系的王文,同年 8 月在保卫衡阳战役中与敌机作战时殉国;1944 级航空系的吴坚,1945 年初在陕西与日寇飞机作战时殉国;林徽因的弟弟林恒,1941 年以身殉国,在成都上空阵亡,年仅 23 岁。此外还有崔明川、李嘉禾、马豫、李经纶、黄雄畏、许鸿义、马启勋、祝宗权、李修能、朱晦吾、沈宗进、华人杰、邓汤美(邓庆泉)、萧福需、陈仁炁、陈启蕃、冯少才、罗道生、谭申禄等。[①] 南京紫金山中山陵航空烈士公墓镌刻着他们的名字。

联大的屋顶是低矮的,但培育出了众多大师,也培养了冲向蓝天翱翔的飞行员。我们不应忘记他们在抗日战争中的功绩,赤胆忠魂,功昭日月,永励后人。

1942 年 1 月 30 日,日军攻克了缅甸东部重镇。3 月 8 日,缅甸首都仰光沦陷。滇缅公路成为中国抗战物资运输的最后一条生命线。滇缅公路从云南昆明直至缅甸腊戍,全长 1 146 千米。1937 年 10 月—1938 年 7 月,我国先后出动了 20 万劳工进行修筑。由于国内的青壮年男性大多数在前线与日本人浴血奋战,因此这 20 万劳工大部分都是妇女、老人和孩子。就是这些人,在没有现代化大型机械的情况下,用铁锹、锄头等原始农具,以每天 2 千米的速度挖出了这条著名的滇缅公路。这些劳工不要任何酬劳,每天忍饥挨饿、夜以继日地劳动,目的只有一个——早日将日本人赶出中国! 正是靠着中国劳工这种不怕牺牲、拼命劳动的精神,仅仅八个月,滇缅公路就全线通车,1938—1941 年四年运输物资 45.2 万吨,物资主要包括汽油、枪弹、轮胎、汽车、面粉、医疗器械及药品等,占国际援华物资的 90%。滇缅公路成了维系中国和东南亚两大战区的纽带,是抗战时期外界给中国输血的血管,如果滇缅公路被切断,当时中国国内战略物资的总储备最多只能撑三个月。

1942—1944 年,为了保卫滇缅公路,中国远征军共 10 万人先后两次进入缅甸境内与日寇作战。6 万人牺牲,其中 5 万人死于野人山。这是用鲜血来捍卫的生命线。1942 年,24 岁的穆旦参加了中国远征军第 5 军。穆旦原名查良铮,

---

[①] 吴宝璋:《享誉世界的西南联大》,云南教育出版社 2012 年版,第 165 页。

是外语系的高才生。他参加了同古的战斗,在仁安羌大捷后,由于盟军磨合不利,远征军开始向缅北撤退。600多千米的路程,远征军走了足足114天,瘴疠、猛兽、毒蛇、蚊虫、吸血蚂蟥以及随时降临的雷电风雨、山洪泥石流,让饥饿的疲惫之师如入阴曹地府。在未曾预料到的环境中,他们遭受了惨痛的损失——出发时3万人的部队,最终只剩下3 000人。为纪念那些在战争中死去的同志,为了表达中国人民不屈不挠的斗争精神、奋勇杀敌的革命乐观主义精神,1945年9月,穆旦发表了震撼人心的《森林之魅——祭胡康河上的白骨》长诗:

在阴暗的树下,在急流的水边,
逝去的六月和七月,在无人的山间,
你们的身体还挣扎着想要回返,
而无名的野花已在头上开满。

那刻骨的饥饿,那山洪的冲击,
那毒虫的啮咬和痛楚的夜晚,
你们受不了要向人讲述,
如今却是欣欣的树木把一切遗忘。
过去的是你们对死的抗争,
你们死去为了要活的人们的生存,
那白热的纷争还没有停止,
你们却在森林的周期内,不再听闻。

静静的,在那被遗忘的山坡上,
还下着密雨,还吹着细风,
没有人知道历史曾在此走过,
留下了英灵化入树干而滋生。①

1945年,中国远征军与驻印军胜利会师,歼灭日军6万余人,收复缅甸土地约13万平方千米,解放滇西全部土地约3.8万平方千米。中国远征军的斗争有力地配合了盟军在太平洋地区的作战,支援了国内的正面战场,弘扬了中国人民的国际主义和民族牺牲精神,对亚太战场以至于世界反法西斯斗争都产生了不

---

① 中共云南省委宣传部:《西南联大》,云南人民出版社2018年版,第235—236页。

容忽视的影响。

80年来，我们的国家发生了翻天覆地的变化，如果能够穿越时空，你想对80年前的这批大学生说些什么呢？在那个山河破碎、战火纷飞的年代里，先辈们不畏枪林弹雨，不惧条件艰苦，凭着一身风骨，守护着国家文脉，担当起民族的脊梁。黑格尔曾说，一个民族，有一群仰望星空的人，他们才有希望。联大学子正是那群仰望星空的人，坚持下去，胜利的曙光就在前方。

当年的西南联大和今天的大学相比，在规模和办学条件上都不可同日而语，现在的青年学子所面临的任务和挑战，也和当年的大学生迥然不同。西南联大已成为历史，但是它却有不少跨越时空的亮点，至今仍闪闪发光。联大的许多精神，特别是"胸怀祖国，以天下为己任"的爱国精神、"科学与民主"的精神、"兼容并包与学术自由"的精神、"艰苦奋斗、敬业勤学"的精神、为共同事业"团结合作、众志成城"的精神，现在也都还值得珍视、继承和发扬。爱国是人世间最深层、最持久的情感，是一个人的立德之源、立功之本。

2020年1月20日，习近平总书记来到位于云南师范大学校园内的国立西南联合大学旧址考察调研。他深有感触地说："教育要同国家之命运、民族之前途紧密联系起来。"为国家、为民族是学习的动力，也是学习的动机。艰苦简陋的环境恰恰是出人才的地方，我们现在的教育目的就是要培养社会主义建设者和接班人。培养有历史感、责任感，志存高远的时代新人，不负韶华，不负时代。

现如今，"两个一百年"和"中华民族伟大复兴"的奋斗目标，成为引领中国前行的时代召唤。2017年10月18日，习近平在中国共产党第十九次全国代表大会上的报告中指出："文化是一个国家、一个民族的灵魂。文化兴，国运兴，文化强，民族强。没有高度的文化自信，没有文化的繁荣兴盛，就没有中华民族伟大复兴。"作为祖国未来建设与发展的接班人的我们，应该继续发扬艰苦奋斗精神，居安思危、自强不息、勇往直前、勤勤恳恳、忘我奉献、不怕牺牲、百折不挠。当代大学生承担的是建设中国特色社会主义、实现中华民族伟大复兴的历史使命，面对改革开放进一步深入、社会主义市场经济逐步完善的新形势，面对世界格局多极化、经济全球化和科学技术日新月异的新形势，更需要广大青年树立远大理想，发扬吃苦耐劳的精神，培养不怕困难和不怕挫折的坚强意志。我们应传承中华优秀传统文化基因，肩负育才报国的重任，赓续华夏民族文化的根和魂，为中华民族的伟大复兴做出不可磨灭的贡献。

本节习题

一、单项选择题

1. （　　）指出："所谓大学者，非谓有大楼之谓也，有大师之谓也。"
   A. 黄炎培　　　B. 蔡元培　　　C. 胡适　　　D. 梅贻琦

2. 西南联大是（　　）合并而成。
   ① 北京大学　　② 清华大学　　③ 南开大学　　④ 云南师范大学
   A. ①③④　　　B. ①②④　　　C. ②③　　　D. ①②③

3. 联大八年，学生有 8 000 余人，毕业生 3 343 人，联大师生担任中国科学院院士 154 人，工程院院士 12 人，可谓精英荟萃，人才辈出。西南联大在艰苦的条件下取得辉煌成就的原因是（　　）。
   ① 优厚的物质待遇和先进卓越的科研设备
   ② 抗战期间国家民族处于危急存亡之秋，强烈的爱国主义思想是联大师生取得重大成就的精神动力
   ③ 百家争鸣、兼容并包的学风建设
   ④ 广大师生筚路蓝缕、艰苦奋斗的精神
   A. ②③④　　　　　　　　　B. ①②④
   C. ②③　　　　　　　　　　D. ①②③④

4. 西南联合大学旧址现存于（　　）。
   A. 西南交通大学　　　　　　B. 四川师范大学
   C. 昆明理工大学　　　　　　D. 云南师范大学

5. 1938 年，清华大学、北京大学、南开大学三校合一，在（　　）组成了西南联合大学。
   A. 重庆　　　B. 长沙　　　C. 昆明　　　D. 成都

6. 梅贻琦说："所谓大学者，非谓有大楼之谓也，有大师之谓也。"有关上述材料的正确理解有（　　）。
   ① 大学并不是有教育设备、教育规模就可以了，还要有好的教育方法和好的老师
   ② 大学的物质建设可有可无
   ③ 学术水平和教育水准是一个大学的灵魂和旗舰

④ 所谓的"大学者",是指那些名副其实的有大学问的人,并非那些住着高楼大厦的阔人,或者只是头上戴着一顶"大师"帽子的人

A. ②③④　　　　B. ①③④　　　　C. ②③　　　　D. ①②③④

7. 胡适先生说:"无目的读书是散步而不是学习。"有关上述材料的正确理解有(　　)。

① 读书要具有一定的目的性

② 读书要有一定的计划性

③ 读书过程要从感性认识上升到理性认识

④ 无目的地读书是一种消遣,有目的地读书是一种学习

A. ②③④　　　　B. ①③④　　　　C. ②③　　　　D. ①②③④

二、思考题

1. 简述西南联大办学的精神内涵及其重要启示。

第四节　中国人民抗日军事政治大学

"以窑洞为教室,石头砖块为桌椅,石灰、泥土糊的墙为黑板,校舍完全不怕轰炸的这种高等学府,全世界恐怕只有这么一家。"①埃德加·斯诺在《西行漫记》中这样深情地记述道。毛泽东兼任这座窑洞大学的教育委员会主任,并亲自为学员们讲授"实践论""矛盾论""中国革命战争的战略问题"等哲学和军事知识,这所军事院校便是我们中国红色革命的摇篮——中国人民抗日军事政治大学,简称"抗大"。

扫码查看课程

1936年6月1日,中国人民抗日红军大学在陕甘宁革命根据地瓦窑堡成立,简称"红大"。毛泽东任教育委员会主任,兼政治委员;林彪任校长。1937年1月,改名为中国人民抗日军事政治大学,迁到延安。从"红大"到"抗大",总校先后办了8期,同时还办了12所抗大分校,培养了20多万军政干部。②

1938年3月5日,毛泽东为抗大同学会的成立题词,首次提出了抗大的教育

---

① [美]埃德加·斯诺:《西行漫记》,董乐山译,生活·读书·新知三联书店1979年版,第89页。

② 孙培青主编:《中国教育史(第三版)》,华东师范大学出版社2009年版,第499页。

方针是:"坚定不移的政治方向,艰苦奋斗的工作作风,灵活机动的战略战术。"①这三者是塑造一个抗日的、革命的军人所缺一不可的。抗大的职员、教员、学生都是根据这三者去进行教育、从事学习的。

一、坚定不移的政治方向

抗大的校训是"团结、紧张、严肃、活泼",对于革命青年来者不拒。革命知识青年,红军老干部,八路军,新四军,抗日根据地、白区地下党干部,抗大都欢迎他们来学习,但是要求做到三个牺牲:"第一个牺牲便是要牺牲升官,第二个牺牲是要牺牲发财,第三个便是要牺牲自己的生命。"②革命到底!这个"底"就是"棺材底","要为中华民族的解放,与建设新中国而永不退缩,勇往直前。要坚决地为全国四万万五千万同胞奋斗到底"!革命不是为了自己,而是为了四万万五千万同胞的家,牺牲一切,贡献自己的生命。毛泽东同志勉励抗大学员:"一定要在学习的短短时间中完成学习计划,学到一个方向。"这个方向就是"坚持马克思列宁主义、三民主义的方针,打倒日本帝国主义的方针"。③ 一个学生说,到了延安一个多月,了解到中国原来是个半殖民地半封建的国家,于是豁然贯通、大彻大悟。④

每个窑洞里都装有若干"炮弹",这些"炮弹"就是指我们的军事人才。开国将领中有 7 位元帅、8 名大将、29 名上将曾在抗大学习和工作过。1955 年授衔时,抗大学员占 88%⑤,他们中有朱德、林彪、刘伯承、陈毅、罗荣桓、徐向前、叶剑英、粟裕、陈赓、罗瑞卿、许光达、黄克诚、谭政、王树声、张云逸等名将。侵华日军华北方面军司令冈村宁次曾说:"消灭了抗大,就是消灭了边区的一半,宁亡 10 名日本兵,换 1 名抗大学员,宁亡 50 名日本兵,换 1 名抗大干部。"⑥可见抗大学员的军事战斗能力在当时让敌人闻风丧胆。

二、艰苦奋斗的工作作风

"有什么别的学校由于纸荒,而不得不把敌人的传单翻过来,当作课堂笔记

---

① 陕西省延安地区教育局教研室编:《陕甘宁边区教育革命资料选编》,内部资料,1978 年。
② 《问问自己有没有"三个牺牲"精神》,《解放军报》2018 年 7 月 5 日。
③ 王天丹:《陕甘宁边区军事建设问题研究(1937—1945)》,陕西师范大学博士学位论文,2020 年,第 60 页。
④ 刘素娟:《论抗大精神及其时代价值》,《党史博采(理论)》2016 年第 12 期。
⑤ 《宝塔山上的灯光——回眸抗战中的延安》,新华网,2005 年 08 月 16 日,http://news.sina.com.cn/c/2005-08-16/11066703812s.shtml。
⑥ 刘素娟:《论抗大精神及其时代价值》,《党史博采(理论)》2016 年第 12 期。

本使用？或者每个学员的教育费用，包括伙食、衣着，一切在校开支，每月不到15元银元？或者把哪些大名鼎鼎学员的首级赏格加起来，总共超过200万元？红军大学就是这样。"①将破庙、烂石洞变为校舍，在战斗中成长和学习。1936年6月1日，毛泽东在瓦窑堡红大的开学典礼上风趣地说："你们过着石器时代的生活，学习着当代最先进的科学马克思列宁主义。你们是元始天尊的弟子，在洞中修炼。什么时候下山呢？天下大乱你们就下山。"②毛泽东同志教育学员，你们要练习"爬山"，因为"爬山主义"是"马克思主义"的一部分，马克思主义在今天中国的具体任务，就是要去掉半殖民地半封建的性质，打倒日本帝国主义；而要打倒日本帝国主义，要吃苦耐劳，努力"爬山"，否则就变成形式上的马克思主义者了。③

由于日军和国民党的严峻封锁，边区粮食、医药、棉布、子弹、食盐及日用品奇缺。1939年1月，党中央号召同志们"自己动手，丰衣足食"，开展了轰轰烈烈的大生产运动。抗大师生热烈响应这一伟大号召。为此，学校成立了生产委员会。罗瑞卿副校长提出了生产指标，开垦荒地2万亩，生产粮食3 300石；每个教职学员平均开垦荒地2亩至3亩，生产3斗3升细粮（小米）。此外，他还提出从事副业生产、解决穿衣等问题。④

既要实现教学计划，又要完成生产任务，学校必须做出适当的安排。首先，抗大集中全校炊事人员，在延安城南岗峦起伏的山区办了个"抗大农庄"，专门从事生产。他们负责完成全校生产的一半任务。各队的炊事工作则由干部和学员轮流担任，并负责完成生产任务的另外一半。上至学校首长，下至勤杂人员，全部投入生产运动。干部学员白天劳动，晚上办公或学习。劳动的汗水结出了丰硕的果实，也带来幸福的喜悦。两个月的时间，仅"抗大农庄"就开荒地5 200多亩，播种谷子4 000亩，黑豆800亩，南瓜、西瓜200亩。到4月底，全校开荒17 831亩，当年收获粮食100多万斤，基本上完成了生产任务。⑤

参加大生产，对培养学员们的劳动观点和艰苦奋斗的作风，是一次很好的尝试。此后，抗大把参加生产劳动列为学员的"必修课"，每到一地，只要条件允许，都要坚持进行，即使在环境比较复杂的华北敌后，也不例外。

---

① ［美］埃德加·斯诺：《西行漫记》，董乐山译，生活·读书·新知三联书店1979年版，第88页。
② 北京抗大光荣传统研究会编著：《抗大精神·永放光芒》第1集，长征出版社2003年版，第505页。
③ 同上书，第7页。
④ 武继忠、贺秦华、刘桂香编：《延安抗大》，文物出版社1985年版，第35页。
⑤ 同上书，第38页。

三、灵活机动的战略战术

抗大的学风是理论联系实际，实行灵活机动的战略战术。

1938年5月，毛泽东发表《论持久战》和《抗日游击战争的战略问题》，提出了持久战方针。一切从实际出发，实事求是，审时度势，包括敌势、我势、地势等因素。有什么武器打什么仗，对什么敌人打什么仗，什么时间地点打什么时间地点的仗。坚持基本的游击战，不放松有利条件下的运动战。"敌进我退，敌驻我扰，敌疲我打，敌退我追"，总结了游击战的16字方针。

抗大的学习是启发式的、研究式的、实验式的、活的考试。在华北敌后的深处，随着环境和形势的变迁，抗大教员们再次展现了他们的创新能力，创造了一系列新颖而实用的教学方法。例如，在战壕的掩护下，他们组织学员们开展座谈会、讨论会，使学习成为战斗间隙的宝贵时光。同时，他们鼓励学员们在行军的过程中也不忘学习，通过提出问题，让学员们在行走中思考、讨论，然后在休息或宿营前，教员们会收集大家的观点，最后揭示正确答案。这种方法不仅没有影响行军的进度，反而减轻了学员们的疲劳，深受大家的喜爱。

《论持久战》成为抗大的核心军事教材，而其他的军事课程如"战术学""战略学"和"游击战术"等也深受学员们的欢迎。此外，抗大还注重实战技能的训练，包括各种战术演练、射击技巧、制式训练、刺杀术、爆破等，甚至还包括实战模拟。

在敌后的环境中，抗大第六期特别强调了形势教育，将教育与军队建设和实战需求紧密相连。在军事教育方面，主要聚焦于步兵战术以及各种兵器的教学，包括近战和夜战技巧。学员们不仅要掌握这些技能，还要能够教授他人，实现知识的传递和应用。

就在抗大总校抵达晋东南不久后，我军发动了震惊中外的"百团大战"。抗大的部分同志光荣地参与了这场战役，并与我军主力共同投入到了著名的"高虎垴战斗"中，展现了抗大学员们的英勇与智慧。"百团大战"后，日本侵略军对我进行了疯狂的报复性"扫荡"。抗大奉命抽出五个连队的兵力，单独进行了"洪岭战斗"和"卅亩地战斗"，歼敌100余人，胜利完成任务。随后，抗大分兵突围，转移到邢台浆水镇，使日本侵略军扑灭抗大的阴谋企图未能得逞。

频繁的转移，紧张的战斗，是敌后生活的特点。这使非战斗部队的抗大很难有一个安定的地方上课。第八期刚刚开学，就传来了日本侵略军"五月大扫荡"的炮声。敌人调集重兵对我根据地发动疯狂的进攻，推行野蛮的"三光"政策抗大因此不得不暂时停课,投入如火如荼的反"扫荡"斗争。奋战一个多月,粉碎了敌人的"扫荡"。接着,抗大又派出四个连一个排的兵力,配合地方武装,参加反"蚕食"斗争,半个月中连续作战四次,并取得了最终的胜利。

在敌后的严酷环境中,抗大的教职学员和毕业生们展现出了顽强的斗志和英勇的精神,他们中的许多人成了真正的英雄模范。比如韩旺柱智勇双全,成功破坏了胶济路;李希庵则赤手空拳地从敌人手中夺得了机枪;李生喜擅长运用埋伏战术,让敌人措手不及;还有鲁曼,他在掩护主力转移的过程中,孤身一人杀敌数十人,最终英勇牺牲,他的事迹令人肃然起敬;彭占云作为劳动英雄,他的辛勤付出也为抗战胜利做出了重要贡献。此外,我们还要铭记那些在反"扫荡"斗争中英勇牺牲的同志们,如陈健刚同志在被俘后,面对敌人的酷刑,英勇不屈,最后高呼"打倒日本帝国主义"的口号,慷慨就义,他的精神将永远激励着我们。

这些英雄们的身上充分展现了抗大"艰苦奋斗、英勇牺牲"的光荣传统,他们的英勇事迹和崇高精神将永远值得我们怀念和学习。他们不仅学习军事知识,还掌握了日语,这使得他们能够更好地策反日军、审讯日本俘虏、搜集日军情报,从而更有效地打击敌人。新四军老战士全庆光是抗大第十期的学员,他从抗大毕业之后,被五师政法敌工副部长林滔选入"敌工干部训练班"。以前在战斗中,因语言不通,日本兵见无出路,常常集体自杀,战士们学会说几句日本话后,情况就大大不一样了。在湖北云梦的一次战斗中,一名新四军战士追赶一个日本兵,使用新学的日语喊话:"站住,交枪不杀。"没想到那个日本士兵就真的停下,扔下武器,后来这个日本兵加入了反战同盟。除此之外,八路军和新四军还编印了大量的日语宣传单,趁黑夜贴到日军的必经之路,或用枪榴弹射到敌人的碉堡、炮楼、战壕内,并收集日军的番号、姓名,用邮寄的方法将宣传品直接寄给日军士兵,遇到日军的节日时,也想方设法向日军送花生、红枣等慰问品,里面夹着我们的宣传。在战斗中,新四军唱起了日军的《思乡曲》,造成了四面楚歌的现象,有日军士兵悄悄拿着我们新四军五师的通行证,向我军投降。日军第三师团驻印山守备部队因此发生了士兵暴动,几十名日本兵暴打长官,震惊了侵华日军。[①]

抗大精神的当代价值在于坚定理想信念,加强作风建设。不断改革,创新理想信念是中国共产党人精神上的"钙",没有理想信念,理想信念不坚定,精神上就会"缺钙",就会得"软骨病"。不忘初心,牢记使命,不要忘记我们是共产党人,

---

[①] 《敌工队员回忆策反日本兵》,中国新闻网,https://www.sohu.com/a/26664635_123753,2015 年 8 月 10 日。

我们是革命者,不要丧失了革命精神,中国人民向世界展示了"天下兴亡、匹夫有责"的爱国情怀,视死如归、宁死不屈的民族气节,不畏强暴、血战到底的英雄气概,百折不挠、坚韧不拔的必胜信念。在未来,我们还要以艰苦奋斗的理想和信念,脚踏实地、踏实肯干的工作作风,实现中华民族的伟大复兴,实现中国人民百年的强国梦。

本节习题

一、单项选择题

1. 抗大的校训是(　　)。

A. 坚定不移的政治方向　　　　B. 艰苦奋斗的工作作风

C. 团结、紧张、严肃、活泼　　　D. 理论联系实际

2. 抗大的前身是(　　)。

A. 中国工农红军大学　　　　　B. 马克思共产主义大学

C. 中共中央党校　　　　　　　D. 延安大学

3. "以窑洞为教室,石头砖块为桌椅,石灰泥土糊的墙为黑板,校舍完全不怕轰炸的这种高等学府,全世界恐怕只有这么一家。"中华人民共和国成立初期,开国将领中有 7 位元帅、8 名大将、26 名上将曾在抗大学习或工作过;1955 年授衔时,"抗大人"占 88%。对于本段材料的正确理解有(　　)。

① 抗大培养了许多革命的中坚力量和排头兵

② 抗大的办学条件很艰苦

③ 抗大的学员战斗力很强

④ 抗大的学习重视思想政治教育和实战演练

A. ①②③④　　　B. ②③④　　　C. ②③　　　D. ①②③

4. 抗大的学风是(　　)。

A. 坚定不移的政治方向　　　　B. 艰苦奋斗的工作作风

C. 团结、紧张、严肃、活泼　　　D. 理论联系实际

5. 1938 年 3 月 5 日,毛泽东为抗大同学会的成立题词,首次提出了抗大的教育方针是(　　)。

① 坚定正确的政治方向

② 艰苦奋斗的工作作风

③ 敌进我退,敌驻我扰,敌疲我打,敌退我追
④ 灵活机动的战略战术
A. ①②③④　　　B. ①②④　　　C. ②③　　　D. ①②③

6. 抗大的全称是(　　)。
A. 中国人民抗日军事政治大学　　B. 马克思共产主义大学
C. 华北联合大学　　　　　　　　D. 工农红军大学

二、思考题
1. 简述抗大的教育方针及其当代价值。

第十章　民国大师

本章导读

　　20世纪上半叶,在灾难深重、内忧外患的旧中国,有一批知识精英,他们学贯中西,饱受欧风美雨的熏陶,吸吮于《诗》《书》,洗礼于"五四",养成于西学,却都抱着赤子之心,以民族文化教育发展为己任,用自己的知识和力量去改造旧中国。他们中有"学界泰斗、人世楷模"的蔡元培,"捧着一颗心来、不带半根草去"的人民教育家陶行知,学前教育之父陈鹤琴,还有职业教育之父黄炎培、乡村改造者梁漱溟、世界平民教育之父晏阳初。他们苦心孤诣,为民族教育事业的发展点亮心灯。

核心内容

表10-1　民国著名教育家

教育家	学　历	教育理论	实践和创新	地位和贡献
蔡元培	连中三元 晚清翰林 留学德国	五育并举、思想自由、兼容并包、百家争鸣	北京大学 教授治校 学术争鸣 招收女生 平民夜校	学界泰斗、人世楷模,国立高校改革第一人,推动了马克思主义在高校的传播
陶行知	美国哥伦比亚大学	生活教育理论 生活即教育 社会即学校 教、学、做合一	南京晓庄师范 重庆育才学校 上海郊区山海工团、报童工学团	人民教育家,倡导平民教育、乡村教育,改革师范教育,提倡科学下乡,送

续 表

教育家	学 历	教育理论	实践和创新	地位和贡献
			社会大学 小先生制	教下乡
陈鹤琴	清华大学 约翰·霍普金斯大学 哥伦比亚大学	活教育论：做人，做中国人，做现代中国人；大自然、大社会都是活教材；做中教，做中学，做中求进步	江西省国立幼稚师范学校、南京鼓楼幼稚园、五指活动	中国近代学前教育之父
黄炎培	南洋公学	敬业乐群、使无业者有业，使有业者乐业	中华职业教育社、中华职业学校	中国近代职业教育之父
晏阳初	耶鲁大学 普林斯顿大学	四大教育、三大方式	河北定县科技兴农、《平民千字课》	世界平民教育之父
梁漱溟	顺天中学 北大哲学系讲师	文化整合、管教养卫	山东省邹平、菏泽试验基地，山东乡村建设研究院，乡农学校	乡村改造与建设的倡导者和组织者

关键术语：蔡元培；陶行知；陈鹤琴；黄炎培；晏阳初；梁漱溟；兼容并包；生活教育；活教育；职业教育；四大教育三大方式；平民教育；乡村改造

学习目标：掌握民国大师的教育思想和实践，对其教育贡献进行述评

第一节 陶行知和生活教育

"捧着一颗心来，不带半根草去。"①陶行知被称为人民教育家。他毕生从事教育，勇于批判和改革旧教育，为中国探索民族教育的新路鞠躬尽瘁。

1917年，陶行知从哥伦比亚大学毕业后回到了祖国。他最早注意到乡村教育问题，先后创办晓庄学校、生活教育社、

扫码查看课程

---

① 孙培青主编：《中国教育史（第三版）》，华东师范大学出版社2009年版，第473页。

山海工学团、育才学校和社会大学。陶行知最为人称道的是生活教育理论,他提出了"生活即教育""社会即学校""教、学、做合一"三大主张。

一、生活即教育

生活本身就含有教育的意义。实际生活是教育的中心。教育与生活要保持高度一致,生活决定教育,教育改造生活,反对书本教条。教育是民族解放、大众解放、人类解放之武器。教育与生产劳动相结合,服务于劳苦大众。

陶行知主张,过什么样的生活,受什么样的教育:

> 过的是少爷生活,虽天天读劳动的书籍,不算是受着劳动教育;过的是迷信生活,虽天天听科学的演讲,不算是受着科学教育;过的是随地吐痰的生活,虽天天写卫生的笔记,不算是受着卫生的教育;过的是开倒车的生活,虽天天谈革命的行动,不算是受着革命的教育。我们要想受什么教育,便须过什么生活。①

我们应当过的五种生活是:健康的生活、劳动的生活、科学的生活、艺术的生活、社会改造的生活。② 他鼓励孩子参与到生活之中,抓住生活中的每一个细节,将教育融入生活,引导孩子,使其养成良好的行为习惯及道德人格。

陶行知在多年的思考中逐步构建起了生活力、学习力、自制力和创造力的"四力"与 23 项常能的教育体系。这 23 项常能包括初级技能,如会洗衣做饭、应对进退、游泳急救;更加高级的技能则有开车、翻译、速记、领导等。这些具体的目标是落实生活教育的实际抓手,提升了学生的核心能力素养。

陶行知认为小孩也能做大事,肯定了儿童的个性和创造精神。他认为,所有的老师中"有两位伟大的老师",一是老百姓,二是孩子们。"从前的儿童,是大人的附属品、玩物、私有财产,一切没有儿童的地位。现在要信仰儿童有能力,是一个小思想家、小创造家、小建设家,只要能因势利导,他们——儿童个个都是思想自由的天使、创造的天使、建设的天使!"③为此,他发明了"小先生制",即传即教。人人都可以将自己认识的字和学到的文化知识随时随地教给别人,而儿童是这一传授过程中的主要承担者。"小先生制"是针对普通教育中师资奇缺、经费匮乏、谋生与教育难以兼顾、女子教育困难的矛盾而提出的。

---

① 徐莹晖、王文岭编:《陶行知论生活教育》,四川教育出版社 2010 年版,第 148 页。
② 同上书,第 13 页。
③ 同上书,第 154 页。

陶行知的母亲 57 岁了，也想读书识字，但是陶先生经常在外奔走，不能在家里教她，就叫儿子小桃教他的祖母。那时小桃 6 岁，在学校读完了第一册小学教科书。他就拿《平民千字课》来教他的祖母。因为孙子教得认真，祖母学得勤奋，进步很快。陶先生看到母亲读书有成绩，非常高兴，特为祖孙合拍了一张照片作纪念，并写了一首诗：

吾母五十七，发愤读书籍。十年到如今，工学无虚日。

小桃方六岁，略识的和之，不曾进师范，已会做人师。

二、社会即学校

社会，这所无形而巨大的学府，以其独有的方式塑造着每一个人。

一方面，社会是陶冶人的大课堂，我们要打破学校的围墙，倡导工农结合，鼓励知识分子深入群众，与劳工、农民阶层紧密相连，充分发挥社会的教育功能。

另一方面，社会是学校的办学依据，我们必须倾听社会的声音，理解其需求，从而科学、有针对性地办学。我们不能忽视社会的力量，否则教育将失去其活力；不了解社会的需求，教育就会失去方向。社会这所无名的大学，虽然没有豪华的校舍，却以其广阔的天地，成为真正的教育圣地。工厂、农村、店铺、家庭，甚至是戏台、茶馆、军营、庙宇和监牢，都成为这所大学的分校。在这里，无论是客堂、灶披、晒台、厕所还是亭子间，都可以成为学习、讨论和成长的场所。读书会、救国会、时事讨论会，这些活动在社会的每一个角落都在进行，它们让人们在生活中学习，从实践中获得真知。

1926 年底，陶行知为中华教育改进社起草了《改造全国乡村教育宣言书》，提出"要募集 100 万所学校，改造 100 万个乡村"。以"造就有农夫身手、科学头脑、改造社会精神的教师"为办学宗旨，把实验主义教育推向发展。1927 年 3 月，陶行知在劳山脚下创办晓庄试验乡村师范学校。学校门口贴着一副对联，上联是"和马牛羊鸡犬豕做朋友"，下联是"对稻粱菽麦黍稷下功夫"。他要求师范生，男孩子学会扫厕所、开荒、挑粪，女孩子学会倒马桶、洗菜、烧饭。学校校舍取名"犁宫"，就是日出而作、日落而息之意。打井、盖房子、种田、养蚕都要学会。学校没有围墙，农民随时可到学校里去。每个农家住有一两个学生，帮着扫地、抹桌等，跟农民生活在一起，相互学习。学生和农民熟悉交流后，学生重新发现自己也有一双手，农民发现自己还有一个头脑。陶行知带领师生用自己的双手盖起茅房校舍，并将图书馆命名为"书呆子莫来馆"。

他亲自撰写校歌《自主歌》,与师生共勉:

　　滴自己的汗,吃自己的饭;

　　自己的事自己干。

　　靠人、靠天、靠祖上,

　　不算是好汉!①

三、教学做合一

　　人生两个宝,双手与大脑。

　　用脑不用手,快要被打倒。

　　用手不用脑,饭也吃不饱。

　　手脑都会用,才算是开天辟地的大好佬。②

陶行知强烈反对"唯知识论"的教育,他曾大声抨击当时中国教育"知行分离"。"中国向来所办的教育,完全走错了路","他教人离开乡下向城里跑,他教人吃饭不种稻,穿衣不种棉,盖房子不造林","他教人忍受土匪、土棍、土老虎的侵害而不能自卫,遇了水旱虫害而不知预防"。③

有一次,陶行知在武汉大学演讲。他走向讲台,不慌不忙地从箱子里拿出一只大公鸡。台下的听众全愣住了,不知陶先生要干什么。陶先生从容不迫地又掏出一把米放在桌上,然后按住公鸡的头,强迫它吃米。可是大公鸡只叫不吃,怎么才能让公鸡吃米呢?他掰开公鸡的嘴,把米硬往鸡的嘴里塞。大公鸡拼命挣扎,还是不肯吃。陶先生轻轻地松开手,把鸡放在桌子上,自己后退了几步,大公鸡自己就开始吃起米来。这时陶先生开始演讲:"我认为,教育就像喂鸡一样。先生强迫学生去学习,把知识硬灌给他,他是不情愿学的。即使学也是食而不化,过不了多久,他还是会把知识还给先生的。但是如果让他自由地学习,充分发挥他的主观能动性,那效果一定好得多!"台下一时间掌声雷动,为陶先生形象的演讲开场白叫好。④

教育不应当是一厢情愿的"灌输",而是春风化雨的"陶冶";学习不仅仅是头悬梁锥刺股的呆读死记,更是实践中的融会贯通、纵横捭阖,是创新力与创造力

---

① 陶行知著,朱永新编:《行是知之始》,古吴轩出版社 2016 年版,第 63 页。
② 华中师范学院教育科学研究所主编:《陶行知全集(四)》,湖南教育出版社 1984 年版,第 173 页。
③ 华中师范学院教育科学研究所主编:《陶行知全集(二)》,湖南教育出版社 1984 年版,第 1 页。
④ 张洪亮主编:《现代教育理论导读》,中国石油大学出版社 2009 年版,第 12 页。

的培养;学生不是要成为束之高阁的"大书箱",而是要掌握学用结合的"好把式"。正是因为对当时中国教育理论与实践相脱离的现状不满,所以陶行知在晓庄师范招生时就强调,"小名士、书呆子、文凭迷"都不要来,来了就都要在"做中学"。也就是说,生活教育提出的一个重要出发点,就是陶行知希望能够以"教、学、做合一"来改造畸形的智力教育或"应试教育",从而解决教育与生活脱离的问题。

山海工学团刚成立的时候,农民的孩子有了读书的地方,烧香拜佛的红庙成了教室,可是没有孩子们用的桌椅。上课的时候,同学们带来自己的凳子,有大有小,高低不一。一星期以后,学校请来了木匠师傅,他闷着头做凳子,一天能做好几个。陶行知走过来,看见木匠师傅满身是汗,就递给他一杯水,说:"我们不是请你来做凳子的。"木匠疑惑地望着陶行知:"那叫我来做什么?""我们是请你来做'先生'的。你如果教会一个人,就得一份工钱。如果一个也没教会,那么就算你把凳子全都做好了,还是一文工钱也得不到。"木匠显出为难的样子。陶行知亲切地说:"不要紧,你不识字我们教你。我们不会做木工,拜你为先生。我第一个向你学。"说着,陶行知拿起一把锯,对准木板上画好的线就"吭哧吭哧"地锯起来。每天孩子们都学做凳子,他们也当"小先生",教木匠师傅认字。

3个月后的一天,教室里的50个孩子,都坐着自己做的凳子。讲台上还有孩子们自己制作的杠杆、滑车等玩具和仪器。家长们挤在窗口、门外,信服地点头叫好。陶行知在讲台前,念起了一首刚写好的诗:"他是木匠,我是先生。先生学木匠,木匠学先生,哼哼哼,我哼成了先生木匠,哼哼哼,他哼成了木匠先生。"孩子们看看坐在他们身边一起听课的木匠,大家都笑了。①

"千教万教教人求真,千学万学学做真人。"②"行是知之始,知是行之成。"③教的方法根据学的方法,学的方法根据做的方法。事怎样做便怎样学,怎样学便怎样教。教与学都是以做为中心。在"做上教"的是先生,在"做上学"的是学生。在晓庄师范,与教学相关的26项活动里,还有"耕牛比赛""镰刀舞表演""蓑衣舞表演"。④

陶行知认为,单纯的劳力只是蛮干,不能算真正意义上的做;单纯的劳心只

---

① 叶良骏:《陶行知的故事》,人民教育出版社1991年版,第185—187页。
② 华中师范学院教育科学研究所主编:《陶行知全集(三)》,湖南教育出版社1985年版,第608页。
③ 徐莹晖、王文岭编:《陶行知论生活教育》,四川教育出版社2010年版,第74页。
④ 朱泽甫编著:《陶行知年谱》,安徽教育出版社1985年版,第174页。

是空想，也不能算真正意义上的做。真正的做应该是在劳力上劳心，在劳心上劳力，双手与大脑的结合。由此可见，"教、学、做合一"并非只重视实践技能而忽视科学理论，只强调个人直接经验而轻视他人间接经验，它强调教育必须以社会生活实际的"做"为中心，只有行动和思想结合，才能取得"真知"。陶行知的这种主张能够加强教育与社会生产劳动的联系，培养学生"手脑并用"的能力，从而促进学生的全面发展。

陶行知的生活教育，提倡教、学、做合一，要求教育与实际结合，为人民大众服务，对我们今天仍有重要的启示作用。2020年4月6日，中共中央、国务院发布了《关于全面加强新时代大中小学劳动教育的意见》，劳动教育也成为教育领域颇受关注的热词。根据《意见》，未来将构建劳动教育体系，大、中、小学都将设立这一必修课程，家庭、学校、社会都将在劳动教育中发挥作用，有条件的师范院校将开设相关专业，而劳动素养也将成为评优评先、高一级学校录取的重要参考或依据。

2022年9月，教育部正式印发《义务教育课程方案》，将劳动从原来的综合实践活动课程中完全独立出来，并发布《义务教育劳动课程标准（2022年版）》，其中增加了烹饪和农业劳动，同时还从家用器具的使用与维护、传统工艺制作、工业生产劳动、现代服务业劳动、公益劳动与志愿服务等方面对每个学段做出了不同的规划。

劳动课程的主要内容摘要如下：（1）第一学段（1—2年级），完成比较简单的个人物品的整理与清洗，关心照顾身边的动植物，参与班级集体劳动，在劳动中遵守纪律，不怕脏不怕累，具有初步的劳动安全意识。（2）第二学段（3—4年级），形成基本的劳动意识，树立正确的劳动理念。懂得"一分耕耘一分收获"的道理。养成良好的个人清洁卫生习惯。初步体验简单的种植、养殖、手工制作等生产劳动。参与校园卫生保洁，垃圾分类处理，绿化美化等活动。（3）第三学段（5—6年级），认识劳动者是国家的主人，体会普通劳动者的光荣与伟大。掌握家庭中卫生清洁、整理收纳等基本技能，掌握基本的家庭饮食烹饪技法，制作简单的家常餐，具有食品安全意识，初步具有家庭责任感。（4）第四学段（7—9年级），主动承担一定的家庭清洁、烹饪、居家美化等日常生活劳动。适当体验金工、木工、电子、陶艺、布艺等项目的劳动过程。进一步提高创造性劳动能力、合作能力。

这次"教育部要求中小学劳动课要学煮饭"，让孩子学会"好好生活、自力更生"已经成了中国新的教育重点。2022年5月16日,郑州市第六初级中学以劳动周为契机,面向全体同学开展了"小厨神争霸赛"活动。同学们从洗菜到切菜再到炒菜,每一个环节都进行得有条不紊。蒸煮煎炸炖焖炒,十八般武艺各显神通;锅、碗、瓢、盆、豆浆机,各种设备全拿下,轻松实现从书房到厨房的华丽转变。饺子、面条、馒头、烙饼、炒菜……一道道美食经同学们的巧手新鲜出炉,原来他们个个都是深藏不露的美食高手。① 这次活动让同学们收获颇丰。有的同学表示厨房里的历练不仅提高了自己的动手能力,也令他们感受到了中华饮食文化的魅力;有的同学表示做菜让自己想到了华罗庚的"统筹方法",做好一个菜就是完成一道道工序,是手忙脚乱还是有条不紊,完全取决于做菜前的思维能力和统筹能力。据悉,郑州市第六初级中学将学生烹饪技能的锻炼与春节、重阳节、中秋节、端午节等传统节日相结合,开展了系列化、特色化的劳动教育校本课程,通过让同学们全方位、零距离接触食品加工的各个环节,培养学生勤动手、勤实践的基本劳动能力和素养,将五育并举和全面育人理念落到实处。

孩子的教育应该以多元的形式来进行,关注孩子的学业成绩是一方面,同时注重孩子自身生活技能的掌握和提升也是很有必要的。真正能够决定孩子在长大成人后是否能拥有幸福,生活技能所起到的影响也许要比学业知识更加明显。只有孩子的生活能力得到了提高,他才能适应社会。

生活需要科技,发明创造技术就是一种劳动;生活需要探明真理,探索真理也是劳动。生活中有劳动机会时,要培养参与的自觉自愿意识,养成劳动身手的人,又会产生寻找机会施展的欲望。对于养成了劳动身手的人,劳动就成为自觉的行为,就成为一种乐趣。所以从小就要贯彻劳动最光荣的思想,让孩子在劳动中体验快乐,这同时也能帮助孩子理解劳动的辛劳,更好地实践感恩,在生活教育中使德、智、体、美、劳都得到均衡发展。

 本节习题

一、单项选择题

1. 陶行知的教育实践包括(　　　)。

① 创立晓庄师范　　　　　　② 实行小先生制

---

① 王丽华:《少年秒变"小厨神",郑州市第六初级中学劳动教育之烹饪篇》,郑州教育信息网,http://school.zzedu.net.cn/xygjj/05/17023224.shtml,2022年5月16日。

③ 创办报童工学团　　　　　　④ 创立育才学校

A. ①②③④　　　B. ②③④　　　C. ②③　　　D. ①②③

2. "行是知之始,知是行之成。"有关这句话的正确理解是（　　）。

① 实践是获取认知的必须途径

② 只有实践才能出真知

③ 认知可以来源于实践,但是认知绝不可以代替实践

④ 突出反映了实践的重要性

A. ①②③④　　　B. ②③④　　　C. ②③　　　D. ①②③

3. 陶行知生活教育理论包括（　　）。

① 生活即教育　　　　　　　　② 社会即学校

③ 教、学、做合一　　　　　　　④ 教育即生活

A. ①②③④　　　　　　　　　B. ②③④

C. ②③　　　　　　　　　　　D. ①②③

4. "人生两个宝,双手与大脑。用脑不用手,快要被打倒。用手不用脑,饭也吃不饱。手脑都会用,才算是开天辟地的大好佬。"有关陶行知教、学、做合一理论的正确理解有（　　）。

① 单纯的劳力,只是蛮干,不能算真正意义上的做

② 单纯的劳心,只是空想,不能算真正意义上的做

③ 真正的做应该是在劳力上劳心,在劳心上劳力,双手与大脑的结合

④ 教与学都是以做为中心

A. ①②③④　　　　　　　　　B. ②③④

C. ②③　　　　　　　　　　　D. ①②③

5. 2020年4月6日中共中央、国务院发布了《关于全面加强新时代大中小学劳动教育的意见》,未来将构建（　　）体系,大、中、小学都将设立这一必修课程。

A. 德育教育　　　　　　　　　B. 体育教育

C. 劳动教育　　　　　　　　　D. 艺术教育

二、思考题

1. 试述评陶行知的生活教育理论。

2. 试述评陶行知生活教育理论对当今基础教育改革与发展的重要启示。

第二节　蔡元培改革北京大学

律己有所不为,教人无所不容。"广纳众流,一贯斯道,从德量浑涵中,确标趋向。"①1917—1927年,蔡元培任北京大学校长,对北大进行了卓有成效的改革,为北大成为新文化运动中心、"五四"运动策源地和传播马克思主义的基地创造了条件。

扫码查看课程

一、北京大学的前世今生

提起北大,大家不会陌生。北京大学创办于1898年,初名京师大学堂,1912年改为北京大学。是中国近现代第一所国立综合性大学,也是国家首批"211工程"和"985工程"系列的重点大学,是国家"111计划"和"珠峰计划"重点建设的名牌大学,亦是东亚研究型大学协会、国际研究型大学联盟、环太平洋大学联盟、九校联盟(C9)和基础学科拔尖学生培养试验计划的成员。

可是你知道100多年前的北大是什么样子吗?那时候的北大官僚习气严重,学生叫"老爷",教授称"大人"。封建文化泛滥,学术氛围淡薄,师生品行不检,为社会所菲薄。北洋军阀群魔乱舞,北大沦为北洋政府官员进行钱、权交易的场所。校园内,有着大部分只领薪水却不进行教学和学术研究的教授,大部分学生也无心学习,只想着投机钻营。当时有"结十兄弟"的风气,即十个气味相投的学生结拜作兄弟,毕业后谁的官大,其他九人就到他手下当科长、当秘书,捞个一官半职,正所谓"有福同享"。这个官如果是向军阀或大官僚花钱买来的,那么钻营费由十人分摊。

"平时则放荡冶游,考试则熟读讲义,不问学问之有无,惟争分数之多寡。试验既终,书籍束之高阁,毫不过问。敷衍三四年,潦草塞责,文凭到手,即可借此活动于社会,岂非与求学初衷大相背驰乎?光阴虚度,学问毫无,是自误也。"②顾颉刚在回忆录中也说道:"1913年我考入北大预科时,学校像个衙门,没有多

---

① 见黄炎培悼念蔡元培的挽联。黄炎培:《黄炎培日记》第6卷,华文出版社2008年版,第256页。
② 蔡元培:《就任北京大学校长之演说》,载沈善洪主编:《蔡元培选集》,浙江教育出版社1993年版,第491页。

少学术气氛。有的教师不学无术,一心只想当官;有的教师本身就是北洋政府的官僚,学问不大,架子却不小;有的教师死守本分,不容许有新思想。"①北大校园一片混乱。社会各界的爱国人士对北京大学的状况产生担忧,并提出要对北京大学进行整顿的强烈诉求。

要有良好的社会,必先有良好的个人;要有良好的个人,就要先有良好的教育。1916年6月7日,袁世凯去世,黎元洪被任命为中华民国的第二任大总统。与袁世凯不同,黎元洪非常重视文人的任用。针对北京大学当时混乱的状况,响应各界爱国人士的要求,聘请蔡元培来担任北京大学的校长。

二、学界泰斗,人世楷模

蔡元培才华横溢,学贯中西,1868年1月11日出生在浙江绍兴。他在17岁时便考中秀才,23岁成为举人,24岁贡士,26岁进士,28岁更被授予翰林编修的职位。尽管身为封建时代的文曲星,他却能洞察时局,毅然投身革命。身为资产阶级革命派的一员,他创立了中国教育会和爱国女学校,秘密进行反帝反封建的革命斗争。他的足迹遍布海外,先后5次出国,累计居留国外近12年。1907年,他赴德国留学,1913年又前往法国深造。他对德国洪堡大学的办学理念极为推崇。1917年,在接受黎元洪大总统的委任状后,他决心对北京大学进行革新。在中国封建时代,虽有"六学两馆"之说,包括太学、国子学、四门学、书学、算学、律学、国子监、书院等教育机构,但随着时代的演进,中国急需建立一所具备近代意义、国际地位及世界级学术水准的大学。

他从"抱定宗旨,改革校风""思想自由,兼收并蓄""教授治校,民主管理""学科与教学体制改革"等几方面入手进行改革。

三、大学的宗旨

"大学者,研究高深学问者也。"②大学生当以研究学问为天职,不当以大学为升官发财之阶梯。"诸君为大学生,地位甚高,肩负重任,责无旁贷。"③什么是高深高尚的学问呢?《国立北京大学校旗图说》中对北大校旗上的五种颜色,即

---

① 牧洲、牧小编:《北大故事:名人眼中的老北大》,中国物价出版社1998年版,第11页。
② 蔡元培:《就任北京大学校长之演说》,载沈善洪主编:《蔡元培选集》上,浙江教育出版社1993年版,第490页。
③ 同上书,第492页。

红、白、黄、蓝、黑的意义做出过解释:红色代表包括物理学、化学等学科在内的"现象的科学";蓝色代表历史学、生物进化学等学科在内的"发生的科学";黄色代表包括植物、动物、生物学等在内的"系统的科学";白色是日光七色的总和,"自然也就是这三色的总和了",故而用白色来代表自然哲学;但是"人类的求知欲望绝不能以综合哲学和实证哲学为满足,必要侵入玄学的范围"①,而用黑色代表玄学。

学生要格物致知,才能齐家治国。校旗的五色恰恰象征了北大学术科研追求之所在。蔡元培多次向学生指出:"诸君须知,大学并不是贩卖毕业的机关,也不是灌输固定知识的机关,而是研究学理的机关。所以,大学的学生并不是熬资格,也不是硬记教员讲义,是在教员指导之下自动的研究学问的。"②他勉励学生去掉科举时代的风气,抱定宗旨,为求学而来。

四、北大的改革

"思想自由,兼容并包"是这场改革的灵魂。蔡元培认为大学应该是"囊括大典,网罗众家"之学府,鼓励师生进行学术争鸣,培养学生的思辨力,开创学术自由的风气,促进新思潮的传播。

(一) 网罗众家,百家争鸣

1917年蔡元培就任伊始,便登门拜访陈独秀,"三顾茅庐"聘请他任北大文科学长。《新青年》也随陈独秀从上海迁到了北京,北大的一批教授,如胡适、李大钊、钱玄同、鲁迅等,以《新青年》为阵地宣传民主与科学,提倡新思想、新道德,推动了新文化运动的发展。

1917年,罗家伦报考北大文科,阅卷的是胡适,看到罗家伦的文章,胡适毫不犹豫给了满分,可罗家伦是个偏科严重的学生,他的数学成绩居然是0分。最后,胡适和蔡元培商议后,决定破格录取这个年轻人。不出两年,罗家伦一跃成为"五四"运动的风云人物,写出了轰动一时的《五四宣言》。12年后,罗家伦成了清华大学的校长。巧的是,那年清华招收的学生里也出了一个怪才,国文特优,英文满分,数学15分,罗家伦大笔一挥,录取了这个怪才,这才有了后来的钱

---

① 蔡元培:《北京大学校旗图说》,载高平叔编:《蔡元培教育论著选》,人民教育出版社2011年版,第304—305页。
② 高平叔编:《蔡元培全集》第三卷,中华书局1984年版,第305页。

锺书。梁漱溟投考北大落选,但曾在《东方杂志》上发表过《究元决疑论》,为蔡元培所赏识,被聘为北京大学的印度哲学教席。那一年,他24岁。

"投我以木瓜,报之以琼琚。"正是有了蔡元培的慧眼识珠,才有了刘半农、钱玄同、李大钊、周作人、鲁迅、高一涵、梁漱溟等大师的出现,营造了百家争鸣的局面,也才有了群英荟萃的北大辉煌,更有了代代流传的"不拘一格降人才"的人文关怀。据1918年的统计,北大217名教员中,有90名教授,教授平均年龄30来岁,对于其中76人的统计显示,50岁以上6人,35岁以下43人,胡适、刘半农等被聘为教授时仅二十六七岁。①

当时北大教坛中,既有旧式的学者刘师培、辜鸿铭、黄侃等人,也有新思想的代表者陈独秀、李大钊、胡适、鲁迅等人。无论教师还是学生,都有左、中、右三派,有共产主义者、三民主义者、国家主义者、无政府主义者,有立宪派,甚至有帝制派、复古派。真是五花八门、无奇不有。

有人戏称,当时的中国有多少学派,北大就有多少学派。因为对孔子的看法不同,蔡元培让胡适和梁漱溟同时开设同一门课程,唱对台戏。提倡白话文的胡适、陈独秀和维护文言文的黄侃、辜鸿铭同台争论。从那以后,学生们打麻将、喝花酒的越来越少,研究学问和关心国家前途命运的越来越多。北大鼓励各学术观点自由发展,让新思想去抢占封建思想的阵地。新旧思想在交流中泾渭分明、高下立现。一时间,一个百家争鸣、呈现出无限活力的学府崛起在世界的东方。

(二)发展研究所,广积图书,引导师生研究兴趣

在蔡元培的倡议下,北大设立研究所,组织学术团体,出版学术刊物,促进中西学术交流,为师生提供了从事高深研究的机会。

林语堂感慨道:"我深信凡真正的教育,都是风气作用。"此时的北大已经掀起一股全新的风气。优秀的大学仅仅教书是不够的,科学研究同样重要。作为校长的蔡元培亲自发起社团,鼓励学生发展自己的兴趣爱好。在他上任后不到一年的时间里,北大就成立了文、理、法等九个研究所,首开国内大学设科研机构的先河。

1919年,北大设立文科、理科、法科和地质学研究所,1922年设立国学研究所、体育会、画法研究会、书法研究会、演剧会。毛泽东当年就曾参加哲学研究会

---

① 李玉胜:《民国著名大学校长的高等教育理念与实践探析》,南京大学出版社2016年版,第4页。

与新闻学研究会,在北大的经历对他产生了很大的影响。李大钊指导下的马克思学说研究会也得到了蔡元培的关照,对推动马克思主义在中国的传播起到了重要作用。现如今北大注册社团有 103 个,被戏称为"百团大战"。

蔡元培还十分注意丰富图书馆藏,为学术研究创造条件。今北大图书馆作为现代化、综合性、开放式的研究型图书馆,馆藏 150 万册中文古籍,为世界所瞩目,其中 20 万件 5 至 18 世纪的珍贵书籍是中华民族的文化瑰宝,被国务院批准列为首批国家重点古籍保护单位。

(三)兼容并包,以人为本

"不管有没有学籍,都可以来听课。"①当时北大有"五公开"。第一,课堂公开。教室可以随便进去听课,没有学籍的青年去早了,可以坐到位子,有学籍的学生去晚了,反而没有座位,要站在后边。讲义只要付钱就可以买到。第二,图书馆公开。阅览室可以随便进,书橱里的书可以随便看。第三,浴室公开。莲蓬头一天到晚开着,什么人都可以进去,无人过问。第四,运动场公开。体育器材随便借,运动场上的北大学生还没有校外学生多。第五,食堂公开。北大的学生食堂都是外边商人开的饭馆,进去用膳和在外面饭馆一样。②

蔡元培要求北大的课堂对社会公开,出现了旁听生比正式在校生还多的情景。虽然没有上过北大,但是这些旁听生里却出现了一批了不起的人物,如沈从文、丁玲、瞿秋白……还有毛泽东。

1918 年 8 月,毛泽东到北大图书馆当管理员,月薪 8 个大洋,工作非常简单,就是负责管理阅览室,整理书架,登记借书人的姓名。他怀揣救国救民的雄心壮志,每天除了待在图书馆,就是抽空去听课。他最先崇拜康有为、梁启超,后来接触了《新青年》,读得如痴如醉,随即抛弃了康、梁思想,转而对陈独秀、胡适敬佩有加,拿胡适和陈独秀当作自己的楷模。毛泽东在北大这个平台接触了蔡元培、陈独秀、李大钊、胡适、傅斯年、邓中夏等北大师生;旁听了北大的一些课程;参加了北大哲学研究会和新闻研究会,还参加了少年中国学会的活动;广泛阅读《新潮》《每周评论》等充满新气息的杂志,并最终信仰了马克思主义。

1920 年 2 月,北大招收王兰、查晓园、奚浈三位女生为旁听生,这是北大历史上最早的三位女生。9 月,正式招收九名女生入学,开中国国立大学男女同校

---

① 牧洲、牧小编:《北大故事:名人眼中的老北大》,中国物价出版社 1998 年版,第 31 页。
② 同上。

之先河。

蔡元培还鼓励学生开办平民夜校,为普通民众传播知识,唤起民众的自觉心,促进新思想的传播。

大学要"以人为本"。大学,因"大师"而大,更因"大学生"而大。北大的校徽由三个人组成,上面背靠背的是学生,下面铁肩担道义的是老师;教师就是要甘为人梯,学生站在巨人的肩膀上,就是要青出于蓝胜于蓝。学术之大,责任之大,精神之大,尽在其中。

(四)教授治校,民主管理

要创办一所世界一流的大学,就要从根本上对其进行顶层设计。蔡元培对中外的大学管理体制进行比照参考,建立了以教授为中心的治校体制,并设立涵盖了聘任、财会、审计等一系列的专业委员会制度,核心则是"教授治校,民主管理"。

具体操作如下:首先,组织评议会作为全校最高的权力机构。每五名教授选举评议员一人,校长为评议长。其次,组织各门教授会,分管各学门的教务,由各门教授会主任组成全校统一教务处。最后,设立行政会议作为全校最高的行政机构和执行机构。

北大推行民主管理,发挥教师参与学校事务的积极性、主动性,让专门的人去做专门的事,避免外行指导内行,避免官员对学术的野蛮干预。把推动学校发展的责任交给教授,让真正懂得学术的人来管理教育,改变了封建衙门作风,提高了工作效率,促进了学校的发展。

(五)废科设系,实行选科制

蔡元培改革学科制度,"废科设系",打破学科界限;推行"选科制",鼓励学生自主学习,培养学生学术研究的志趣。

文、理科得以扩充,改变了轻学而重术的思想。"学"即理论基础,是大学研究的核心;"术"即应用技能,特指农、工、商、法、医科,应该由高等专门学校来办。因此,北大由原来的"农、工、商、法、医"改为"文、理、法"三科。近代科学相互渗透、相互联系,文理相互包含,不能截然分开。为了沟通文理,1919年"废科设系",北大设立了14个系,废学长,设系主任。文、理、法三科改为第一、第二、第三学院。

同时,改年级制为选科制(学分)制,本科80个单位(必修、选修各占一半),预科40个单位(必修3/4,选修1/4),修完即可毕业。选科制满足不同学生的学习特长和教育要求,体现了"尚自然,展个性"的发展要求。

五、蔡元培改革北大的影响和评价

美国著名教育家杜威曾说:"世界上著名大学的校长很多,如哈佛大学、剑桥大学、牛津大学等等,但还没有一个校长像蔡元培先生一样,能对一个国家和一个民族产生如此大而深远的影响,先生无愧是培养大师的大师。"[1]可以说,蔡元培以一己之力将中国的大学教育拉至能同世界一流大学同台竞技的高度。他亲手建立了中国第一所真正意义上的高等学府,也真正意义上为中国带来了高等教育的理念。他重新构架了中华文化,在黑暗的荒徼中点燃了一盏长明之灯。此等功绩,前无古人,后有来者乎?

蔡元培的改革不仅限于北大,其影响也不限于教育界。蔡元培领导下的北京大学是新文化运动的中心,五四运动的策源地,是中国传播马克思主义和创建北方中共早期组织的基地,极大地推进了中国社会的发展。蔡元培对北京大学的改革历久弥新,影响深远。

抗战爆发后,蔡元培不愿随蒋介石去重庆,只身来到了香港,贫病交加的他,1940年因病医治无效,溘然长逝。照耀民国学术界的那盏明灯,熄灭了……没有房产,他生前还欠着医院千余元医药费,就连入殓用的衣物棺木,也是商务印书馆的朋友帮付的。他把一生献给了中国的教育,而在自己临终的时候,却连普通人家都能办得起的棺木钱都没有,只留下一句遗言——科学救国,美育救国……

他的谆谆教诲言犹在耳:"大学者,研究高深学问者也。……诸君为大学生,地位甚高,肩负重任,责无旁贷。"[2]毛泽东称赞蔡元培为"学界泰斗、人世楷模"。他海纳百川、有容乃大的思想对今天高校的文化建设和发展仍有重要的启示和借鉴作用。

本节习题

一、单项选择题

1. 蔡元培改革(　　)的实践中,提出了"思想自由、兼收并蓄"的主张。

A. 北京大学　　　B. 南京高师　　　C. 金陵大学　　　D. 清华大学

---

[1] 冯友兰:《中国现代哲学史》,香港中华书局1992年版,第57页。
[2] 沈善洪主编:《蔡元培选集》,浙江教育出版社1993年版,第490—492页。

2. 被毛泽东称为"学界泰斗、人世楷模"的是（　　）。
   A. 陶行知　　　　B. 蔡元培　　　　C. 恽代英　　　　D. 杨贤江

3. 蔡元培改革北京大学的实践有（　　）。
   ① 抱定宗旨，改革校风
   ② 鼓励学生开办平民夜校，为普通民众传播知识，唤起民众的自觉心，促进新思想的传播
   ③ 教授治校，民主管理
   ④ 沟通文理，废科设系
   A. ①②③④　　　B. ②③④　　　　C. ②③　　　　　D. ①②③

4. 蔡元培贯彻思想自由、兼收并蓄的原则体现在（　　）。
   ① 开创学术自由的风气，促进新思潮的传播
   ② 教师聘任上唯才是举，百家争鸣，不拘一格
   ③ 1920年招收女生，开中国国立大学男女同校之先河
   ④ 北大的课堂对社会公开，开设旁听制度，不管有没有学籍，都可以来听课
   A. ①②③　　　　B. ②③④　　　　C. ②③　　　　　D. ①②③④

5. 1916年底，蔡元培任北京大学校长，对北大进行了卓有成效的改革。据1918年统计，217名教员中，有90名教授，教授平均年龄30来岁，对于其中76人的统计显示，50岁以上6人，35岁以下43人，胡适、刘半农等被聘为教授时仅二十六七岁。而梁漱溟投考北大落选，但曾在《东方杂志》上发表过《究元决疑论》，为蔡元培所赏识，被聘为北京大学的印度哲学教席。那一年，他24岁。对于这段话的正确理解有（　　）。
   ① 北大成为新文化运动中心、五四运动策源地
   ② 教师聘任上唯才是举，百家争鸣，不拘一格
   ③ 教育要脱离宗教，脱离政党
   ④ 当时的中国有多少学派，北大就有多少学派，为传播马克思主义创造了条件
   A. ①②③　　　　B. ②④　　　　　C. ②③　　　　　D. ②③④

二、思考题

1. 简述蔡元培改革北大的重要举措及其重要意义。
2. 简要评价一下蔡元培先生。

第三节　陈鹤琴和活教育论

在世界上,被称为"幼教之父"者乃德国教育家福禄培尔;在中国,被称为"幼教之父"者乃陈鹤琴。

陈鹤琴(1892—1982年),浙江上虞人,我国现代著名教育家、儿童心理学家和儿童教育专家,我国现代幼教的奠基人,被誉为"中国幼教之父"。青年时代,陈鹤琴本来有志于学医,后来改学教育。他深情地说:"医生是医病的,我是要医人的,医生是与病人为伍,我是喜欢儿童,儿童也是喜欢我的,我还是学教育,回去教他们好。"①

扫码查看课程

1911年他先后在上海圣约翰大学和清华大学学习。1914年,他踏上了前往美国的轮船,目的地是约翰·霍普金斯大学。在那里,他凭借自己的努力和才华,获得了文学学士学位。1918年,他再次挑战自我,成功获得了哥伦比亚大学的教育学硕士学位,决定专攻心理学,并成为美国大教育家杜威的学生。回国后,被任命为南京高等师范学校的校长。

1920年12月26日凌晨,他的长子陈一鸣降生于世。作为教育心理学和儿童教育学的教授,他与妻子俞雅琴共同观察和记录了陈一鸣的成长。他们以图像和文字的形式,详细记录了陈一鸣从出生到成长的每一个瞬间,历时808天。这是中国首例儿童成长观察记录,为后来的儿童教育研究提供了宝贵的资料。经过两年半的系统观察和记录,陈鹤琴在1924年整理出了具有中国儿童特点的儿童心理学讲稿。又过了一年,《儿童心理之研究》正式出版,成为中国第一本儿童心理学研究的专著,为中国的儿童心理学研究奠定了坚实的基础。1923年,他创办了南京鼓楼幼稚园,这是中国第一所实验幼稚园。

在陈鹤琴看来,儿童不是"小人",儿童的心理与成人的心理不同,儿童时期不仅作为成人之预备,亦具备它本身的价值,我们应当尊重儿童的人格,爱护他们的天真烂漫。

1927年,陈鹤琴与张宗麟联名发表了《我们的主张》一文。在这篇文章中,

---

① 陈鹤琴:《我的半生》,上海三联书店2014年版,第136页。

他们提出了 15 条针对中国国情、幼儿心理、教育原理和社会现状的主张。这些主张成为中国现代幼儿园教育的最早纲领与宣言,为中国的幼儿教育指明了方向。

1940 年 10 月 2 日,中国第一所公立幼稚师范学校——江西省国立幼稚师范学校开学了。这是一所没有围墙的新型学校,是全体师生用双手建起来的,陈鹤琴带领师生开荒筑路,盖房种菜。战乱的年代,幼师温暖着背井离乡的学生,山野中的幼师,成了他们人生最珍贵的记忆。在山岗上,两棵高大的松树间,挂着陈鹤琴亲笔书写的两行字:"大自然,大社会都是活教材;做人,做中国人,做现代中国人。"①这与"做中学,做中教,做中求进步"②构成了陈鹤琴"活"教育理论体系的内核,陈鹤琴希望培养的国民师资,是中国人的模范,是社会的表率。

"活教育"是针对呆读死记的"死教育"的弊端提出来的。陈鹤琴认为,要了解儿童心理,认识儿童,才能谈教育儿童,这就是"活教育"。

一、活教育的目的论

活教育的目的论是"做人,做中国人,做现代中国人"。这并非传统教育所追求的单一知识获取或升学预备,而是致力于培养一个身心健康、富有创造力、具备服务精神、善于合作,并具有全球视野的个体。爱国家,爱人类,爱真理。

第一,健康是基石。我们期望改变民族历史中身体羸弱、精神不振的面貌,摒弃"病夫"的标签。因此,教育不再仅仅关注心灵的滋养,而是身心并重,以健康的体魄为道德实践、学术追求和美满人生提供坚实的支撑,同时,也为应对现代中国的各种挑战做好准备。

第二,建设是使命。历经长久的内外纷扰,中国亟须从破坏转向建设,百废待兴。学校应肩负起培养学生建设观念和能力的重任。通过各类校内外活动和劳动实践,让学生亲手参与,学习建设的技能,体验建设的艰辛与必要,以满足国家建设的迫切需求。

第三,创新是动力。数百年的专制统治和科举教育体制,抑制了民族的创造力,养成了因循守旧的习性。教育应珍视并激发儿童天生的创造欲望,培养他们的探索和创新能力,打破陈规,开创新局。

第四,合作是精神。近代中国国民性中表现出的团体性缺失和合作不善,成为国人被逐个击破的原因。因此,教育应从小培养学生的团结合作精神,让他们

---

① 陈秀云、陈一飞编:《陈鹤琴全集》第二卷,江苏教育出版社 2008 年版,第 415 页。
② 陈秀云、陈一飞编:《陈鹤琴全集》第四卷,江苏教育出版社 2008 年版,第 335 页。

懂得舍弃小我,成就大我;放下个体利益,服务国家和民族的整体利益。更为关键的是,真正的团体精神并非来自外部的强制,而是源于个体内在的自觉认同和民主力量的汇聚。

第五,服务是宗旨。基于对人社会性的深刻理解,教育应致力于克服人的自私本能,培养儿童服务社会的崇高品德。懂得服务、善于服务的人,才是真正成功的教育产物。否则,人与动物又有何异?

"活教育"的目的论起始于普遍而抽象的人类情感和认知理性,逐步融入民族意识、国家观念、时代精神和现实需求等具体内涵,使得教育目标日趋明确和具体,表达了陈鹤琴对人的发展、教育与社会变革的追求。

二、活教育的课程论

大自然、大社会都是活教材。陈鹤琴主张儿童到田间去,到动物园去,到自然界去学习。教材是活的,方法是活的,课本也是活的。

"我们大家一齐振作起来,研究儿童的切身问题,为儿童谋福利。尽量地利用儿童的手、脑、口、耳、眼睛,打破只用耳朵听、眼睛看,而不用口说话、用脑子想事的教育。"书本不是获取知识的唯一途径,书本教育把学校与社会、自然隔离,成为知识的牢狱。"我们不能再把儿童的聪明、儿童的可塑性、儿童的创造能力埋没了,我们要效法狂风暴雨的精神,对教育也要用同样的手段纠正过去,开发未来。"[①]

为此他打破学科的条块分割,采取以活动为中心的单元教学法,设计了体现儿童整体性和连贯性的"五指活动"。"五指活动"包括:(1)儿童健康活动,即从体育活动、个人卫生、公共卫生、心理卫生等方面来培养儿童健全的身心。(2)儿童社会活动,即通过公民、历史、地理、时事等活动,使儿童明了个人与社会的关系,激发爱国、爱群及民族精神,探求今后世界的新趋势。(3)儿童科学活动,即以生物、地理、工业及生产劳动为范围,增进儿童科学知识,培养儿童实验兴趣,启迪儿童创造能力。(4)儿童艺术活动,即包括音乐、美术、工艺、戏剧等项内容,用以陶冶儿童的情感,启迪儿童的审美感,发展儿童的欣赏力,培养儿童的创造力。(5)儿童文学活动,即包括童话、诗歌、谜语、故事、剧本、演说、辩论、儿童应用文和书法。其目的在于培养儿童对于文学的欣赏能力和发表能力,培养

[①] 陈鹤琴:《陈鹤琴教育思想读本:活教育》,南京师范大学出版社2012年版,第138页。

儿童对于中国文字的认识与运用能力,对于文法修辞的研究兴趣,对于文学的创造能力。①

三、活教育的教学论

活教育的教学论是"做中教,做中学,做中求进步"。

"小孩生来就是活泼好动的,是以游戏为生命的。"②游戏是幼儿的基本活动,对于孩子来说,游戏就是生命,生命就是游戏。"小孩子是好游戏、好模仿、好奇的,喜欢成功的,喜欢野外生活的,喜欢合群的,喜欢称赞的。"教育小孩子,最好用积极的暗示,不要用消极的命令。父母一方面要以身作则,一方面还要替他选择环境,以支配他的模仿。父母不可常常用命令式的语气去指挥小孩子,应当按照与小孩子的年龄相应的知识,而予以适当的做事动机。③ 要采用游戏式的教育法,"玩"是方式,"育人"是目的。在活动育人中,突出幼儿的主体地位,强调幼儿的学习是快乐和自主的,帮助每一名幼儿在活动中获得可持续发展的能力和习惯。

陈鹤琴说:"儿童的世界,是儿童自己去探讨、去发现的。他自己所求来的知识,才是真知识,他自己所发现的世界,才是他的真世界。"④陈鹤琴曾以教学生学游泳为例,教儿童游水,一定要在水里,而且教师自己也要到水里去,否则光是讲游泳理论给他看,是没有用处的。

活教育的教学过程分为四个步骤。第一步是实验观察,获得直接经验。这是教学的感性阶段,应尽力促使学生发现问题、提出问题。第二步是阅读参考,即根据问题,大量阅读参考,擢去疑窦。第三步是发表创作。要求学生把观察参考所得加以整理,融会贯通,变为自己的经验、自己的学习成果。学生可借此机会充分发挥自己的创造力,用故事、报告、演讲等各种形式表现出来。第四步是批评检讨。在这个阶段,教师和学生一起共同检验学习的成果,互相学习,互相批评,总结经验,学以致用。

在那个战火纷飞的动荡时代,陈鹤琴始终坚信"教育救国",并为幼稚教育工作奉献终生。1982年,这位高龄老人在病榻上已经说不出话,但还是吩咐儿女拿来纸和笔,颤颤巍巍地写下了9个字:"我爱儿童,儿童也爱我。"1982年12月

---

① 陈秀云、陈一飞编:《陈鹤琴全集》第二卷,江苏教育出版社2008年版,第427页。
② 陈鹤琴:《家庭教育》,中国青年出版社2014年版,第11页。
③ 陈鹤琴:《家庭教育》,教育科学出版社1981年版,第16—23页。
④ 陈秀云、陈一飞编:《陈鹤琴全集》第五卷,江苏教育出版社2008年版,第71页。

30 日,他以 90 岁高龄离世后,人们在他的墓志铭中写下了他 1935 年说过的这样一段话:"愿全国儿童从今日起,不论贫富,不论智愚,一律享受相当教育,达到身心两方面最充分的可能发展。"

2020 年 9 月 7 日,教育部颁布《中华人民共和国学前教育法草案(征求意见稿)》,这标志着我国的学前教育进入"依法治教"的新时代。《草案》强调各级政府支持普惠性学前教育发展,保障教育公平,使不同地区的儿童都能享受公平而有质量的学前教育。教育部发展规划司统计,2020 年,全国共有幼儿园 29.17 万所,入园儿童 1 791.40 万人,在园幼儿 4 818.26 万人,学前教育毛入园率 85.2%。①

斯人已去,白云苍狗,然而有些东西却始终不变,比如孩子的天性,比如为人师者的责任与担当!先生宝贵的理论与实践,在今天看来,依旧振聋发聩,引人前行。

本节习题

一、单项选择题

1. 中国现代学前教育之父是(   )。
   A. 陶行知   B. 黄炎培   C. 晏阳初   D. 陈鹤琴
2. 陈鹤琴说过"大自然、大社会都是活教材",有关这句话的正确理解是(   )。
   ① 教育要生活化   ② 教育要社会化
   ③ 社会教育代替学校教育   ④ 提倡做中教、做中学、做中求进步
   A. ①②③④   B. ②③④   C. ①②④   D. ①②③
3. 1923 年陈鹤琴创办了中国第一所实验幼稚园(   )。
   A. 湖北幼稚园   B. 南京鼓楼幼稚园
   C. 宋庆龄幼儿园   D. 江西省国立师范学校
4. 陈鹤琴活教育的目的论是(   )。
   A. 大自然、大社会都是活教材   B. 教、学、做合一
   C. 做中教,做中学,做中求进步   D. 做人,做中国人,做现代中国人

---
① 《"十四五"规划提出,提高学前教育毛入园率——90%,意味着什么》,中华人民共和国教育部网站,http://www.moe.gov.cn/jyb_xwfb/s5147/202104/t20210414_526239.html?authkey=boxdr3,2021 年 4 月 14 日。

5."活教育"是针对呆读死记的"死教育"的弊端提出来的。陈鹤琴认为要了解儿童心理,认识儿童,才能谈教育儿童,这就是"活教育"。为此他打破学科的条块分割,采取以活动为中心的单元教学法,设计了体现儿童整体性和连贯性的(　　)。

　　A. 五指活动　　　B. 健康活动　　　C. 科学活动　　　D. 文学活动

二、思考题

1. 简述陈鹤琴的活教育理论及其重要启示。

第四节　黄炎培和职业教育

扫码查看课程

　　黄炎培是我国现代职业教育之父,在推进我国职业教育的发展方面功勋卓著。1901年,黄炎培考入南洋公学,受教于著名教育家蔡元培。1905年他加入同盟会。辛亥革命后,黄炎培担任江苏省教育司司长、江苏省教育会副会长。

　　1913年,黄炎培提出实用主义教育主张。他剖析了旧教育的弊端,认为有必要大加改造,并在上海创立中华职业教育社,任董事长,就此首创中国职业教育。

一、职业教育的目的和作用

　　中华职业教育社以推广职业教育为宗旨,目标是改良职业教育,改良普通教育,使之适于职业之准备。"使无业者有业,使有业者乐业"①是职业教育的目的。职业教育的作用在于"一、谋个性之发展;二、为个人谋生之准备;三、为个人效劳社会之准备;四、为国家及世界增进生产力之准备"②。

　　在中华职业教育社的推动下,各种类型的职业学校越办越多。黄炎培创办的上海中华职业学校根据普遍实用工种,开设了木工、铁工、珐琅、纽扣等科。他

---

① 黄炎培:《中华职业教育社奋斗三十二年发现的新生命》,载中华职业教育社编:《黄炎培教育文选》,上海教育出版社 1985 年版,第 321 页。
② 黄炎培:《我之人生观与吾人从事职业教育之基本理论》,载中华职业教育社编:《黄炎培教育文选》,上海教育出版社 1985 年版,第 273 页。

还亲自制订了"劳工神圣""双手万能""手脑并用"的办学方针和"敬业乐群"的校训。学生实行半工半读,边学习边做工,同时出售自己制造的产品。

黄炎培采取双管齐下的方针,提倡普通学校也要有职业教育的因素。他设想在小学进行职业陶冶,初中进行职业指导,高中设职业分科,建立起一个由"职业陶冶、职业指导和职业训练"等环节组成的职业教育体系。

黄炎培还特别提出,办职业教育不仅是教育家的事,也是实业家的事,主张实业家参与办学,教育界与实业界联合办学。在黄炎培和其他职业教育热心者的倡导和实践下,职业教育随着民族工商业的发展而发展。1909年,国内共有实业学堂254所,到1926年,则有各种职业教育机构1 695所。

但是,实践使黄炎培认识到,在当时的情况下,随着帝国主义逐步加紧对中国经济的掠夺,民族工商业受到严重摧残,走职业教育救国的路是行不通的,就职业教育论职业教育也是没有出路的。随后,黄炎培提出了"大职业教育主义"的主张,把工作重点转向平民职业教育。在城市主要开办职业补习学校,在农村建立改进试验区,成立农业教育研究会,附设"中华新农具推行所",提出"富教合一"的口号,科技兴农,科教致富,把职业教育推向农村。

黄炎培十分重视职业教育的理论研究和实践经验总结,认为办职业学校的关键是社会性,无论设校、设科、课程、培养规格等,都必须考虑社会的需要。他还强调办职业教育要重视职业道德的教育,要求学生要有"金的人格,铁的纪律":现代社会实行社会化大生产,没有"铁的纪律",就不能形成战斗力;"没有金的人格",企业和社会就无法永续发展。

黄炎培创办的中华职业教育社共举办、代办、合办事业单位114个,为社会输送了大批有知识、有技术的人才,为发展我国职业教育做出了重要贡献。

抚今追昔,我国当前还是工业大国,不是工业强国;是制造大国,不是制造强国。要实现工业由大变强,高质量发展,必须激发全社会自主创新、奋发图强的动力和活力,培养和造就一批"大国工匠"。职业教育在这一进程中必须发挥应有的作用。增强职业教育对人的发展的适应性,让人民满意。提高职业教育适应性,必须推进高素质人才供给侧的结构性改革。要把握职业教育的人才培养规律,提升专业素养。要深化产教融合、校企合作,深入推进育人方式、办学模式、管理体制、保障机制改革,激发办学的生机与活力。

近年来,国家在职业教育方面推出改革政策,试图改变我国职业教育偏弱、技术型人才缺失的现状。我国正处于经济由高速增长向高质量增长的阶段,各大岗位更加需要"复合型"人才,而非单一的"技术型"或"学术型"人才,而两者比例的严重失衡也导致了一些社会问题。目前,各地因地制宜、统筹推进职业教育与普通教育融通协调发展,建立多样化的人才培养机制,未来有大部分学生将就读于职业学校。然而我国职业教育现状不是很理想,社会观念对职业教育并不友好,因此提高职业教育质量非常迫切。改革中不仅要完善职业教育,更要转变社会对职业教育的陈旧观念,让学生树立职业道德,真正改变职业学校的氛围。"使无业者有业,让有业者乐业",黄炎培的职业教育思想在今天的职业教育中依然深刻。

二、职业教育的方针

职业教育的发展应当遵循"社会化"和"科学化"两大核心原则。

社会化意味着学校的教育活动必须紧密围绕社会的实际需求来展开,同时积极借助社会的力量来推动教育的发展。黄炎培指出:"职业教育的发展必须同社会生活和经济结构相匹配,才能兴旺发达。""职业教育的兴办必须注意时代趋势与应走之途径,社会需要什么样的人才,就创办这类型的职业学校。""创办职业院校之前必须进行实地考察,了解职业趋向、社会要求、环境变化,方才确定所培养之人是否能胜任职业的环境、符合职业之需求。"[①]因此,新时代的职业院校不仅要对当前的产业市场进行深入的调研,了解市场所需的人才类型和规格,还要具备前瞻性的眼光,预测和规划未来的人才需求,通过设计符合市场需求的课程体系,提升毕业生的就业竞争力和未来的可持续发展能力。

而科学化则强调"用科学来解决职业教育实际问题"[②]。黄炎培认为,职业教育作为关乎国计民生的重要领域,其工作必须建立在科学的基础之上。这包括物质和人事两个方面的工作。在物质方面,职业教育的课程设置、教材选编、教学训练原则的制订以及实习设施的配置等都需要经过科学的调查、实验和总结,形成一套系统、完整的教育体系。黄炎培先生通过借鉴国外的经验,经过长期的实践,形成了一套从职业陶冶、职业训练到职业指导、职业补习的系统理论,为职业教育的物质工作提供了科学的指导。在人事方面,职业教育的管理也需要运用科学的管理方法,如黄炎培先生尝试将职业教育建立在职业心理学和社

---

① 朱宗震、徐汇言主编:《黄炎培研究文集》,四川人民出版社 2009 年版,第 195 页。
② 黄炎培:《我来整理整理职业教育的理论和方法》,载中华职业教育社编:《黄炎培教育文选》,上海教育出版社 1985 年版,第 168—169 页。

会心理学的基础上,通过心理测验等手段来指导学生的专业选择,使教育更加符合学生的个体特征和发展需求。此外,他还特别在中华职业教育社内设立了一个专注于科学管理的研究机构,并亲力亲为地撰写了多部关于科学管理的论著。黄炎培独具匠心,努力将自然科学与社会科学相互融合,旨在将科学的方法引入职业教育的管理之中。他充满热情地投身于探索之路,进行了大量开创性的工作,为中国职业教育的蓬勃发展积累了宝贵的经验。

三、职业教育的教学原则

在职业教育的实施过程中,我们不仅要密切关注社会的需求,更要深入了解每个学生的个性化需求。为此,职业院校的领导和教师们需要承担起三大任务。首先,他们必须深入了解并细致观察每一位学生,以平等的姿态与他们交流,帮助他们找到最适合自己的专业方向。每个学生都是独一无二的,他们的兴趣、才能和潜力各不相同,因此,为他们提供个性化的指导至关重要。其次,为学生提供二次选择的机会,让他们能够在自己喜欢的、适合自己的领域里努力发展。这种灵活性不仅有助于学生的个人成长,也能更好地满足社会的多元化需求。最后,学校应根据每个学生的特点和不同专业的需求,制订差异化的人才培养方案。这要求学校在教育教学中注重因材施教,让每个学生都能在适合自己的道路上得到充分的发展。

在职业教育中,我们始终坚持"手脑并用""做学合一"和"理论联系实际"的原则。黄炎培先生曾强调,教育应与社会实践相结合,将学生置于真实的职业环境中进行教育。因此,我们的训练和考核应以实际操作为主,避免纸上谈兵。对于职业教育的学生来说,他们大多数将成为生产第一线的技术技能型人才。他们不仅需要扎实的理论基础,更需要将理论与实践紧密结合的能力。理论知识是基础,但实际操作更是关键。通过不断的实习实训,学生们可以熟能生巧,将理论知识转化为实际技能。只有这样,他们才能在未来的工作岗位上游刃有余。这一转化过程是提高整个高职教育教学质量的关键所在。

四、职业道德教育

在职业教育中,职业道德教育是一个关键方面。职业教育培养的是"金的人格,铁的纪律",黄炎培提出了"敬业乐群"的要求。所谓"敬业",就是"对所习之职业具嗜好心,所任之事业具责任心";所谓"乐群",就是"具优美和乐之情操及共同协作之精神"。① 职业院校若能将这四个字落实在职业道德教育中,那么职业培养也可有所成效。有人认为"学习成绩差的学生才去职业院校""上职业院校纯属混日子",职业院校应认识到这些看法对于学生自身发展以及学生日后工作的危害。

高职教育比普通高等教育更加注重培养实用技能,正因如此,高职的"谋生"功能被夸大,一些学校只注重技能的培养,而忽略了学生思想道德素质的教育。从社会和谐的角度看,这也会直接导致学生迷失信仰,"会做事却不会做人",缺乏合作精神、敬业精神,要让学生明白个人物质和精神的生活都是依靠别人的劳动,所以自己也应该努力报偿别人,要学会关心、学习合作、学会做人,遏制不良风气的形成。高职教育人才的培养,要技能培训和个人品格修养两手抓。

职业院校应让学生树立劳动光荣的价值观,加大学生爱国教育的力度。职业教育的第一要义即"为群服务"。"要健全技能人才培养、使用、评价、激励制度,大力发展技工教育,大规模开展职业技能培训,加快培养大批高素质劳动者和技术技能人才。要在全社会弘扬精益求精的工匠精神,激励广大青年走技能成才、技能报国之路。"②这是2019年9月习近平总书记对我国选手在世界技能大赛中取得佳绩做出的重要指示。

五、职业教育的地位

职业教育的地位是"全面的、连贯的、正统的"。全面性强调不仅学校教育体系中应有一个独立的职业教育系统,而且其他各级各类教育也应与职业教育相互融合、相互沟通。连贯性意味着我们需要构建一个从初级到高级的完整职业教育体系。正统性则要求我们摒弃以追求升学的普通教育为正统、以追求就业的职业教育为偏门的传统观念,将职业教育与普通教育放在同等重要的地位。

黄炎培的教育思想从一开始就超越了仅仅关注职业教育的局限,他在1925年12月进一步提出了"大职业教育主义"的理念。这一理念主要包括以下几个核心论点。

第一,"提倡职业教育的,同时须分一部分精神,参加全社会的运动"③。他

---

① 朱宗震、徐汇言主编:《黄炎培研究文集》,四川人民出版社2009年版,第220页。
② 《弘扬精益求精的工匠精神,激励广大青年走技能成才技能报国之路》,中华人民共和国教育部网站,http://www.moe.gov.cn/jyb_xwfb/s6052/moe_838/201909/t20190924_400484.html,2019年9月24日。
③ 中华职业教育社编:《黄炎培教育文选》,上海教育出版社1985年版,第155页。

坚信,如果社会不进行改革,教育就无法取得进步,职业教育的发展也将无从谈起。他强调,教育工作必须与社会政治主张和措施紧密结合,否则就难以取得实质性的成果。职业教育只有在民族解放、民权平等、民生幸福的国家社会环境中,才能真正实现造福人民的理想。同时,职业教育的发展也将推动我们更快地实现民族解放、民权平等、民生幸福的理想社会。

第二,"办职业学校的,须同时和一切教育界、职业界努力沟通和联络","须有最高的热诚,参与一切;有最大的度量,容纳一切"。[①] 在这个全新的视角中,我们致力于构建一座桥梁,连接教育与职业,让学校与社会无缝对接。我们的目标是将教育和实业紧密结合,形成一个和谐共生的生态系统。职业学校的课程设置和学制安排,将完全基于社会的实际需求,确保每一名学生都能获得实用且前沿的知识与技能。职业教育的理念旨在包容并蓄,涵盖各个行业和领域。

第三,职业教育应贯穿于各级各类教育之中,应贯穿于全教育过程和全部职业生涯。这意味着我们需要将职业教育融入整个教育体系中,使其成为各级各类教育的重要组成部分。

第四,实施全面职业教育。这要求我们在培养职业技能的同时,也要培养职业道德与服务精神。我们既要学习科学知识,又要特别重视学习和实践能力的培养,实现手脑联合训练。

六、现代职业教育的发展

2022年4月20日,第十三届全国人民代表大会常务委员会第三十四次会议通过《中华人民共和国职业教育法》修订案,自2022年5月1日起施行,规定职业教育与普通教育同等重要。

(一)"校企结合"促进职业教育的发展

2019年《国家职业教育改革实施方案》颁布,建议职业院校进行校企合作,培养职业人才。职业院校与企业对接的工学模式,可以让培养的学生更加符合市场人才需求,满足岗位要求。职业院校通过与企业的合作,做好未来人才需求方向预测以及规划,让职业教育的发展与时代同步。混合所有制特征的企业与职业院校共建的二级学院办学模式是未来职业教育发展的一种重要模式。政府应以

---

① 中华职业教育社编:《黄炎培教育文选》,上海教育出版社1985年版,第156页。

奖惩结合的方式督促企业完成应尽的义务,保证技能经过实践训练会有所提高。

(二) 加强一流高等职业院校的建设

美国麻省理工学院是一所职业大学,但其能位列世界一流高校,不仅得益于技能与知识的结合,更重要的是培养学生的创新意识。而其中的"戈登领导力"课程项目是投入最大的本科生课程改革项目。这一项目涉及的领域广泛,而且聚集了各大领域知名的校友进行本科生的指导。职业教育发展不能停留在低端的数量建设,还要有高端的质量建设,要建立一个完整的大职业教育体系。

我国经济要靠实体经济作支撑,需要大量专业技术人才,需要大批大国工匠,三百六十行,行行出状元,职业教育大有可为。党的十八大以来,尤其是国务院颁布《国家职业教育改革实施方案》(简称"职教 20 条")以来,我国职业教育改革发展走上了"提质培优""增值赋能"的快车道,职业教育的面貌发生了格局性变化。如今,我国共有职业学校 1.13 万所,在校生 3 088 万人,建成世界规模最大的职业教育体系,培养了一大批支撑经济社会发展的技术技能人才。"职教一人,就业一人,脱贫一家"成为阻断贫困代际传递见效最快的方式。

2021 年,教育部印发《职业教育专业目录(2021 年)》,其中设置了 247 个高职本科专业,并印发《本科层次职业教育专业设置管理办法(试行)》,正式建立"本科层次"职业教育专业设置管理的国家制度。从中职到高职专科,再到本科层次的职业教育,职业教育止步于专科层次的"天花板"被打破。据教育部统计数据,2020 年全国高职分类考试招生逾 300 万人,超过高职学校招生总数的 60%,缓解了"千军万马过独木桥"的高考焦虑,促进了教育结构优化。[1] 理顺教育链、人才链、产业链,人才培养才能迈向高质量。与此同时,我们还要建立健全公平的升学和就业制度,确保选择职业教育轨道的学生在升学、求职、工作待遇、职务晋升等方面都享有与普通教育轨道学生平等的机会。

2021 年,习近平总书记对职业教育工作做出了重要指示,在全面建设社会主义现代化国家的新征程中,职业教育前途广阔、大有可为。要坚持党的领导,坚持正确办学方向,坚持立德树人,优化职业教育类型定位,深化产教融合、校企合作,深入推进育人方式、办学模式、管理体制、保障机制的改革,稳步发展职业

---

[1] 《人人出彩,技能强国——我国职业教育改革发展成就综述》,中华人民共和国教育部网站,http://www.moe.gov.cn/jyb_xwfb/xw_zt/moe_357/2021/2021_zt04/fz/202104/t20210412_525822.html,2021 年 4 月 11 日。

本科教育,建设一批高水平职业院校和专业,推动"职普融通",增强职业教育的适应性,加快构建现代职业教育体系,培养更多高素质的技术技能人才、能工巧匠和大国工匠。① 我们萃取吸收黄炎培先生的职业教育思想理论,结合时代精神,与时俱进,服务于现代化建设,职业教育的未来发展一定前途璀璨。

本节习题

一、单项选择题

1. 中国职业教育之父是(　　)。
   A. 陶行知　　　B. 黄炎培　　　C. 晏阳初　　　D. 陈鹤琴

2. "一方授予学生以谋生的技能,一方仍注意社会服务的道德……谋生与做人,二者本应同时并重,不具谋生能力,人固无从做起,具有谋生能力,而不知做人之道,必将成为自私自利之徒,更违教育之本旨矣。"有关黄炎培这句话的正确理解是(　　)。

   ① 职业教育在对学生进行技能训练的同时,更应该注重职业道德的培养
   ② 现代社会实行社会化大生产,没有铁的纪律,就不能形成战斗力;没有金的人格,企业和社会就无法永续发展
   ③ 职业教育的方针是社会化和科学化
   ④ 职业教育的目的是使无业者有业,使有业者乐业

   A. ①②③④　　B. ②③④　　C. ①②④　　D. ①②③

3. 黄炎培职业教育的目的是(　　)。
   A. 科学化和社会化　　　　B. 无业者有业,有业者乐业
   C. 敬业乐群　　　　　　　D. 教、学、做合一

4. 黄炎培认为职业教育的教学原则是(　　)。
   A. 科学化　　　B. 社会化　　　C. 敬业乐群　　　D. 教、学、做合一

5. 2021年,教育部印发《职业教育专业目录(2021年)》,其中设置了247个高职本科专业,并印发《本科层次职业教育专业设置管理办法(试行)》,正式建立(　　)职业教育专业设置管理的国家制度。
   A. 专科层次　　B. 本科层次　　C. 中职层次　　D. 职高层次

---

① 《习近平对职业教育工作作出重要指示》,新华网,http://www.xinhuanet.com/2021-04/13/c_1127324347.htm,2021年4月13日。

二、思考题

1. 简述黄炎培的职业教育思想及其重要启示。

第五节　晏阳初和梁漱溟的乡村教育

晏阳初和梁漱溟是中国现代史上著名的教育家,是 20 世纪二三十年代乡村教育运动的代表人物。

一、晏阳初的教育思想

(一)生平与教育活动

晏阳初(1890—1990 年),原名兴复,字阳初,1890 年出生于四川巴中的一个充满书香的家庭。1916 年,他踏上了赴美留学的旅程,在耶鲁大学边工作边学习。两年后,他顺利毕业,并前往法国,为在欧洲战场上辛勤劳动的华工提供服务和教育。他开创性地设立了华工识字班,编写了《平民千字课》作为教材,并创办了《华工周报》,开始致力于平民教育。

1920 年,晏阳初在普林斯顿大学获得了历史学硕士学位,同年他选择回国。1923 年,他成立了中华平民教育促进会总会,并担任总干事,全身心投入平民教育运动中。从 1926 年开始,他将平民教育的重心从城市转向了乡村。

1929 年秋天,中华平民教育促进会总会从北平迁至河北定县。在与广大农民的接触中,晏阳初和他的团队深刻体会到农民是中国未来的希望。因此,他提出了"给乡下佬办教育,我们须先从乡下佬学"[①]的观点,并全力开展以县为单位的试验,同时担任河北省县政建设研究院院长。

1940 年,晏阳初创办了中国乡村建设育才院并担任院长。1950 年,他选择定居美国。此后,他开始从事国际平民教育运动,并担任国际平民教育委员会主席和联合国教科文组织特别顾问,曾到多个发展中国家考察和指导乡村建设工作。

1985 年和 1987 年,应中国政府的邀请,晏阳初两次回国访问。1990 年 1 月,他在纽约逝世,享年 100 岁。他的一生都在为平民教育,特别是乡村教育付出努力,他的贡献将永远被铭记。

---

① 宋恩荣主编:《晏阳初全集》第一卷,湖南教育出版社 1989 年版,第 230 页。

（二）"四大教育"与"三大方式"

自20世纪20年代末起，晏阳初、陶行知、黄炎培、梁漱溟等杰出的教育家们，纷纷将视线从繁华的都市转向了中国广袤的农村，开启了一场轰轰烈烈的平民教育试验运动。到了30年代，这场运动逐渐演变成了规模宏大的乡村建设试验运动，其中晏阳初在定县所推动的乡村教育试验运动无疑占据了举足轻重的地位。

晏阳初从在定县地区实施乡村教育的具体策略中积累了丰富的成功经验，这些经验被他概括为"四大教育"和"三大方式"。

经过深入调查，晏阳初发现中国农村面临的问题纷繁复杂，但可以归结为"愚、穷、弱、私"四大核心问题。为了从根本上解决这些问题，他提出了"四大教育"的方案，具体包括文艺教育、生计教育、卫生教育和公民教育。

1. 通过文艺教育来消除"愚"，培养人民的知识力。倡导从文字和艺术两个方面入手，推动农村教育普及，让人民能够认识基本文字，理解文化艺术。积极开办学校，编写适合农村的教材，努力扫除青壮年文盲，让知识的光芒照亮农村的每一个角落。

2. 通过生计教育来攻克"穷"，培养农村的生产力。主张从农业生产、农村经济、农村工业等各个方面入手，推动农村经济的发展，实现农村的现代化建设。

3. 通过卫生教育来消除"弱"，培养人民的强健力。倡导建立农村医药卫生保健制度，设立保健院、保健所，每个村庄都配备一名保健员，负责医疗保健工作。

4. 通过公民教育来消除"私"，培养人民的团结力。主张通过公民道德训练，激发人民的道德观念，让每一个公民都了解个人与社会的关系，发扬他们的公共精神。

针对过去教育与社会脱节、与生活实际背离的问题，晏阳初提出了具有前瞻性和创新性的"三大方式"。

1. 倡导"学校式教育"，主要面向青少年群体。在这一模式下，他设计了初级平民学校、高级平民学校和生计巡回学校。初级平民学校以识字教育为核心，通过导生传习制的教学方法，使用《平民千字课》作为教材，旨在提高民众的基础文化素养。高级平民学校旨在培养具备领导能力的村长和同学会会长，以推动社区的发展。生计巡回学校则更加实用，它教授农民当前实际需求的技术，帮助他们提高生产技能，改善生活。

2. 提出"社会式教育"，这是一种面向广大民众和农民团体的教育方式。通过平民学校同学会所组织的各种活动,使平民学校的毕业生能够继续接受教育,扩大知识面,增强社会适应能力。

3. 开展"家庭式教育",这是一种以家庭为单位,通过横向联系的方式组织家庭成员进行教育的方法。这种方法强调了家庭成员之间的互动和学习,有助于提升家庭整体的文化素质和生活水平。

在推行这些试验的过程中,晏阳初和平民教育促进会虽然有时需要借助政治力量,但始终保持了其独立的学术精神。这种精神使得他们的教育理念在实践中得以贯彻,对中国现代教育产生了深远的影响。因此,晏阳初无疑是中国现代教育史上一位具有重大历史影响的爱国教育家。

二、梁漱溟的教育思想

(一) 生平与教育活动

梁漱溟(1893—1988年),原籍广西桂林,生于北京一个世代官宦之家。1906年,他顺利考入顺天中学堂,开始深入研究西方哲学、印度宗教以及中国古代哲学。在1911年即将从中学堂毕业之际,他加入了京津同盟会。1912年,他担任了《民国报》的编辑兼记者。

在20岁那年,梁漱溟皈依佛门,闭门不出,专心研读佛经,并撰写了《究元决疑论》。这部作品1916年在《东方杂志》上连载,并得到了蔡元培的高度赞赏。因此,他在次年被蔡元培聘请为北大哲学系的讲师,主讲印度和印度宗教。然而,在1924年,他选择了辞去北大的教职。

1929年秋,梁漱溟前往河南辉县,创办了河南村治学院,并亲自担任教务长。1931年,他再次迁移,来到山东邹平,创办了山东乡村建设研究院,并先后担任研究部主任、院长,同时还兼任邹平试验县县长。在这里,他致力于乡村建设试验和理论研究,探索民族自救和农村复兴的道路,直到抗日战争的爆发。

在抗日战争和解放战争期间,他担任了最高国防参议会参议员和国民参政会参议员。1941年,他参与了中国民主政团同盟的创建(后于1944年改名为"中国民主同盟"),并担任中央常务委员。1946年,他以民盟秘书长的身份参与了国共调停,为国内和平做出了贡献。

中华人民共和国成立后,梁漱溟历任第一至第六届全国政协委员,以及第五、六届全国政协常委。在晚年,他创办了中国文化书院,并担任院务委员会主席和书院发展基金会主席等职务。

（二）乡村建设与乡村教育理论

梁漱溟对于中国农村问题的看法，与晏阳初等人提出的"愚、穷、弱、私"四病论有所不同。他并不认同这是由外国资本主义的侵略和国内军阀的暴力统治所引发的。相反，他认为问题的根源在于中国社会自身。如果没有解决内部的问题，也难以有效抵制外部的侵略。经过与西洋和印度社会的比较，梁漱溟明确指出，中国的问题在于文化失调。那么，如何解决这个问题呢？他认为，中国自周代开始，就已经脱离了阶级社会，不存在经济意义上的阶级对立。中国的旧社会可以被描述为"伦理本位、职业分立"的社会。"伦理本位"意味着中国社会以道德为核心，人际关系特别强调宗法和家庭的重要性，人与人之间的交往主要依赖亲情。而"职业分立"则指的是在中国的社会中，士、农、工、商虽然职业不同，存在贫富差距，但他们之间并非对立关系，而是可以相互转换的，形成一种动态的平衡。在这种社会结构下，梁漱溟认为，中国唯一可行的道路就是通过乡村建设来推动社会的发展。这意味着在保持现有社会关系的基础上，通过乡村教育的方式，引导社会进步，实现经济的改造和社会的改良。

梁漱溟观察到，中国社会深深植根于乡村的土壤之中，超过八成的人口在这片广袤的土地上辛勤劳作，生生不息。中国的传统文化，它的根源、脉络和生命力，都流淌在乡村的每一条小溪、每一片稻田之中。因此，要保护和传承这份珍贵的文化遗产，就必须深入乡村，从那里开始。然而，近一个世纪以来，中国社会经历了前所未有的动荡和变革，乡村经济更是遭受了严重的冲击，几乎到了崩溃的边缘。如果中国想要重新站起来，就必须从最基础的地方开始重建，那就是乡村。在经济、政治、教育等各个领域，乡村的复兴都将是国家复兴的关键。那么，如何推动乡村的复兴呢？梁漱溟认为，关键在于乡村教育。乡村建设与乡村教育，这两者其实是一体两面，互为因果。乡村建设需要以乡村教育为手段，通过教育提升乡村人民的素质，激发他们的创造力和创新精神，从而推动乡村的经济、文化、社会等各方面的进步。而乡村教育则需要以乡村建设为目标，让教育的内容和实践紧密结合，为乡村的发展提供有力的支撑。

1931年，梁漱溟踏上了山东邹平的土地，他在这里创办了山东乡村建设研究院，开启了一段全新的探索之旅。两年后，山东省政府将邹平、菏泽两地设为县政建设试验区，以推动乡村的现代化进程。在这个试验区里，全县被划分为多个区域，每个区域都成立了乡农学校校董会，负责开办乡农学校。这些乡农学校分为村学和乡学两个层级，其组织原则是为"政教养卫合一"，"以教统政"；学校式教育和社会式教育在这里"融合归一"。梁漱溟特别重视成人的社会教育,他相信这是推动乡村发展的关键。乡农学校的教育从基础的识字、唱歌开始,课程分为两类:一类是各校共有的基础课程,如识字、唱歌等;另一类则是根据各校所在地区的实际需求而设置的特色课程。

梁漱溟的乡村建设理论和教育思想,体现了中国知识分子改造中国农村、改良中国社会的理想。他认为中国的问题根源在于农村,应立足于文化传统,思考如何改造中国社会。虽然他的努力并未彻底改变中国农村的面貌,但他的探索为中国现代教育史留下了宝贵的一页。

本节习题

一、单项选择题

1. 晏阳初的乡村试验基地在(　　)。
   A. 南京和平门外　　　　　　B. 山东菏泽
   C. 山东邹平　　　　　　　　D. 河北定县

2. 平民主义教育思潮的倡导者(　　)编写了《平民千字课》。
   A. 晏阳初　　B. 毛泽东　　C. 邓中夏　　D. 陶行知

3. 梁漱溟认为中国农村的问题症结在于(　　)。
   A. 愚、穷、弱、私　　　　　B. 文化失调
   C. 化农民和农民化　　　　　D. 使无业者有业,使有业者乐业

4. "二三十年后,农民打不打我们,那就要我们自己努力了。我们从事平民教育,不是哪一党的工具,不是哪一个的走狗,我们的头衔是三万万以上农民的走狗。中国今日的希望,不在城市,而在乡村,而在乡村里的农民。我们不愿安居太师椅上,空做误民的计划,才到农民生活里去找问题,去解决问题,我们希望抛下一切东洋眼镜、西洋眼镜、都市眼镜,换上一副农夫眼镜。"有关晏阳初这段话的正确理解是(　　)。
   ① 乡村教育要走实践之路
   ② 欲化农民,必先农民化
   ③ 中国未来的希望在于农民的富强和觉醒
   ④ 知识分子要向农民学习社会知识
   A. ①②③④　　B. ②③④　　C. ①②④　　D. ①②③

5. 20世纪20年代搞过科教兴农、乡村试验的教育家有（　　）。
① 陶行知　　　② 梁漱溟　　　③ 晏阳初　　　④ 陈鹤琴
A. ①②③④　　B. ②③④　　C. ①②④　　D. ①②③

二、思考题

1. 试比较分析晏阳初、梁漱溟的乡村教育思想及其历史价值。

主要参考书目

一、专著

1. 刘兆伟译注：《论语》，人民教育出版社 2015 年版。
2. 杨伯峻、杨逢彬注译：《论语》，岳麓书社 2018 年版。
3. 〔春秋〕孔子原著，焦金鹏主编：《孝经》，二十一世纪出版社 2015 年版。
4. 王志新主编：《孔子家语》，团结出版社 2018 年版。
5. 〔春秋〕管仲著，刘鋆娇译注：《管子精华》，辽宁人民出版社 2018 年版。
6. 〔春秋〕李聃著，赵炜编译：《道德经》，三秦出版社 2018 年版。
7. 冯国超译注：《老子》，华夏出版社 2017 年版。
8. 〔战国〕孟子著，赵清文译注：《孟子》，华夏出版社 2017 年版。
9. 〔战国〕荀子：《荀子》，万卷出版公司 2009 年版。
10. 〔唐〕杨倞注：《荀子》，上海古籍出版社 2010 年版。
11. 〔战国〕墨翟原著，付海江主编：《墨子》，西安交通大学出版社 2014 年版。
12. 〔战国〕庄子著，俞婉君译注：《庄子》，二十一世纪出版社 2014 年版。
13. 〔战国〕韩非子著，冀昀主编：《韩非子》，线装书局 2007 年版。
14. 唐敬杲选注：《韩非子》，崇文书局 2014 年版。
15. 〔战国〕商鞅原著，张觉译注：《商君书全译》，贵州人民出版社 1993 年版。
16. 孙静主编：《诗经》，百花文艺出版社 2016 年版。
17. 陈戍国点校：《周礼·仪礼·礼记》，岳麓书社 1989 年版。
18. 崔高维校点：《礼记》，辽宁教育出版社 1997 年版。
19. 〔元〕陈澔注，金晓东校点：《礼记》，上海古籍出版社 2016 年版。
20. 〔西汉〕戴圣注，傅春晓译注：《礼记》，辽宁人民出版社 2018 年版。
21. 张南峭主编：《大学·中庸》，河南人民出版社 2019 年版。

22. 高时良译注：《学记》，人民教育出版社 2016 年版。

23.〔西汉〕司马迁著，张大可注释：《史记全本新注》，华中科技大学出版社 2020 年版。

24.〔东汉〕许慎：《说文解字》，浙江古籍出版社 2016 年版。

25.〔东汉〕班固：《汉书》，太白文艺出版社 2006 年版。

26.〔东汉〕班固著，谢秉洪注评：《汉书》，凤凰出版社 2011 年版。

27.〔唐〕刘𬤊等著：《隋唐嘉话·大唐新语》，古典文学出版社 1957 年版。

28.〔宋〕王应麟著，韩星编译：《三字经·百家姓》，三秦出版社 2018 年版。

29.〔宋〕朱熹撰：《四书章句集注》，浙江古籍出版社 2012 年版。

30.〔宋〕王林撰：《燕翼诒谋录》，中华书局 1981 年版。

31.〔南宋〕张洪、齐熙、王辑，张二江注释：《恭读〈朱子读书法〉》，广西人民出版社 2013 年版。

32.〔南宋〕洪迈：《容斋随笔》，知识出版社 2015 年版。

33.〔明〕王守仁撰，吴光、钱明、董平等编校：《王阳明全集》，上海古籍出版社 2011 年版。

34.〔明〕黄宗羲：《明儒学案》，商务印书馆 1933 年版。

35.〔清〕章学诚撰，吕思勉评，李永圻、张耕华导读整理：《文史通义》，上海古籍出版社 2008 年版。

36.〔清〕毕沅撰：《续资治通鉴》，岳麓书社 2008 年版。

37.〔清〕徐松辑，刘琳、刁忠民、舒大刚等校点：《宋会要辑稿》，上海古籍出版社 2014 年版。

38. 陈山榜：《张之洞劝学篇评注》，大连出版社 1990 年版。

39. 容闳：《西学东渐记》，徐凤石、恽铁憔译，商务印书馆 1934 年版。

40. 容闳原著：《西学东渐记》，徐凤石、恽铁樵原译，张叔方补译，杨坚、钟叔河校点，湖南人民出版社 1981 年版。

41. 白寿彝、高敏、安作璋主编：《中国通史》第四卷《中古时代·秦汉时期》上册，上海人民出版社 1995 年版。

42. 李新达：《中国科举制度史》，文津出版社 1995 年版。

43. 李兵、刘海峰：《科举：不只是考试》，上海教育出版社 2018 年版。

44. 李树：《中国科举史话》，齐鲁书社 2004 年版。

45. 祝尚书：《宋代科举与文学》，中华书局 2008 年版。

46. 金诤：《科举制度与中国文化》，上海人民出版社 1990 年版。

47. John W. Chaffee, *The Thorny Gate of Learning in Sung China: Social History of Examination*, Cambridge University Press, 1985.

48. Thomas H. C. Lee, *Government Education and Examinations in Sung China*, The Chinese University Press, 1985.

49. 刘中国、黄晓东：《容闳传》，珠海出版社 2005 年版。

50. 吴文莱主编：《容闳与中国近代化》，珠海出版社 2006 年版。

51. 何晓夏、史静寰：《教会学校与中国教育近代化》，广东教育出版社 1996 年版。

52. 朱有瓛、高时良主编：《中国近代学制史料》第四辑，华东师范大学出版社 1993 年版。

53. 陈国钦、袁征：《瞬逝的辉煌——岭南大学六十四年》，广东人民出版社 2008 年版。

54. 中国人民政治协商会议江苏省委员会、文史资料研究委员会编：《江苏文史资料选辑》第十三辑，江苏古籍出版社 1983 版。

55. 清华大学校史研究室：《清华大学史料选编》，清华大学出版社 1991 年版。

56. 颖之编著：《中国近代留学简史》，上海教育出版社 1980 年版。

57. 舒新城：《近代中国留学史》，上海书店出版社 2011 年版。

58. 舒新城：《近代中国留学史》，上海古籍出版社 2014 年版。

59. 清华大学中共党史教研组编：《赴法勤工俭学运动史料》，北京出版社 1979 年版。

60. 中国社会科学院现代史研究室、中国革命博物馆党史研究室选编：《"一大"前后——中国共产党第一次代表大会前后资料选编（一）》，人民出版社 1980 年版。

61. 刘澄清编著：《中国童子军教育》，商务印书馆 1938 年版。

62. 徐莹晖、王文岭编：《陶行知论生活教育》，四川教育出版社 2010 年版。

63. 陶行知著，朱永新编：《行是知之始》，古吴轩出版社 2016 年版。

64. 华中师范学院教育科学研究所主编：《陶行知全集》，湖南教育出版社 1984 年版。

65. 沈善洪主编：《蔡元培选集》，浙江教育出版社 1993 年版。

66. 牧洲、牧小编：《北大故事：名人眼中的老北大》，中国物价出版社 1998

年版。

67. 高平叔编：《蔡元培全集》，中华书局1984年版。

68. 李玉胜：《民国著名大学校长的高等教育理念与实践探析》，南京大学出版社2016年版。

69. 冯友兰：《中国现代哲学史》，香港中华书局1992年版。

70. 陈秀云、陈一飞编：《陈鹤琴全集》，江苏教育出版社2008年版。

71. 陈鹤琴：《家庭教育》，中国青年出版社2014年版。

72. 陈鹤琴：《家庭教育》，教育科学出版社1981年版。

73. 中华职业教育社编：《黄炎培教育文选》，上海教育出版社1985年版。

74. 朱宗震、徐汇言主编：《黄炎培研究文集》，四川人民出版社2009年版。

75. 李良明、钟德涛主编：《恽代英年谱》，华中师范大学出版社2006年版。

76. 陈风：《民国风云：黄埔军校完全档案》，九州出版社2010年版。

77. 吴宝璋：《享誉世界的西南联大》，云南教育出版社2017年版。

78. 梅贻琦著，朱永新总主编：《大学的意义》，古吴轩出版社2016年版。

79. 中共云南省委宣传部：《西南联大》，云南人民出版社2018年版。

80. ［美］埃德加·斯诺：《西行漫记》，董乐山译，生活·读书·新知三联书店1979年版。

81. 陕西省延安地区教育局教研室编：《陕甘宁边区教育革命资料选编》，内部资料，1978年。

82. 北京抗大光荣传统研究会编著：《抗大精神·永放光芒》，长征出版社2003年版。

83. 武继忠、贺秦华、刘桂香编：《延安抗大》，文物出版社1985年版。

84. 杜忠明：《毛泽东名言故事》，辽宁人民出版社2014年版。

85. 习近平：《之江新语》，浙江人民出版社2007年版。

86. 孙培青主编：《中国教育史（第四版）》，华东师范大学出版社2019年版。

87. 朱有瓛：《中国近代学制史料》第二辑下册，华东师范大学出版社1989年版。

88. 钱曼倩、金林祥主编：《中国近代学制比较研究》，广东教育出版社1996年版。

89. 联合国教科文组织编：《全纳教育共享手册》，陈云英、杨希洁、赫尔实译，华夏出版社2004年版。

90. 陈予欢：《黄埔军校》，广东教育出版社 2010 年版。

91. 陈学恂主编：《中国近代教育史教学参考资料》，人民教育出版社 1987 年版。

92. 宋恩荣主编：《晏阳初全集》第一卷，湖南教育出版社 1989 年版。

93. 陈青之：《中国教育史》，中国书籍出版社 2016 年版。

94. 王炳照、郭齐家、刘德华等编：《简明中国教育史》，北京师范大学出版社 2008 年版。

95. 陈学恂主编，金忠明分卷主编：《中国教育史研究·秦汉魏晋南北朝分卷》，华东师范大学出版社 2009 年版。

96. 赵厚勰、陈竞蓉主编：《中国教育史教程（第二版）》，华中科技大学出版社 2012 年版。

97. 钱穆：《孔子传》，长江文艺出版社 2020 年版。

98. 杜成宪、王保星主编：《中外教育简史》，北京师范大学出版社 2015 年版。

99. 谢兰荣主编：《中外教育简史》，陕西师范大学出版社 2007 年版。

二、期刊论文

1. 张希清：《论宋代科举取士之多与冗官问题》，《北京大学学报（哲学社会科学版）》1987 年第 5 期。

2. E. A. Kracke, "Family Vs. Merit in Chinese Civil Service Examinations Under the Empire", *Harvard Journal of Asiatic Studies*, 1947(10).

3. H. G. Greel, "The Beginning of Bureaucracy in China: The Origin of the Hsien", *Journal of Asian Studies*, 1964(23).

4. 苏渭昌：《二十一所教会大学始末简介》，《上海高教研究》1984 年第 2 期。

5. 罗国芬、周嘉颖：《沪江大学社会学系师生的学术贡献略论》，《上海理工大学学报（社会科学版）》2016 年第 1 期。

6. 程海霞：《教会女子大学毕业生的就业特点及就业力强的原因分析——以金陵女子大学为例》，《出国与就业》2010 年第 20 期。

7. 胡丽娟：《〈壬子癸丑学制〉对女子教育的影响》，《陇东学院学报》2020 年第 3 期。

8. 金林祥：《评"六三三"学制》，《华东师范大学学报（教育科学版）》1983 年第 1 期。

9. 刘素娟：《论抗大精神及其时代价值》，《党史博采（理论）》2016年第24期。

10. 李占军、周亚文、孙长秋：《基于产教融合的"互联网＋"工匠人才培养路径探析》，《中国教育信息化》2020年第16期。

11. 《中国童子军训练会议及其议案：关于中国青年童子军者》，《童育》1935年第8期。

三、学位论文

1. 赵景龙：《齐鲁大学的本土化与世俗化历程研究》，首都师范大学硕士学位论文，2007年。

2. 武艳艳：《中国近代教会女子高等教育研究》，河北大学硕士学位论文，2003年。

3. 陈强：《美国庚款退还对中国近代教育发展的影响研究》，吉林大学博士学位论文，2019年。

4. 陈琨：《晚清时期美国"庚款兴学"政策研究》，黑龙江大学硕士学位论文，2017年。

5. 王天丹：《陕甘宁边区军事建设问题研究（1937—1945）》，陕西师范大学博士学位论文，2020年。

四、报纸

1. 《船政之最》，《海峡时报》2014年3月20日。

2. 《问问自己有没有"三个牺牲"精神》，《解放军报》2018年7月5日。

3. 《建设教育强国是中华民族伟大复兴的基础工程》，《人民日报》2018年7月15日，第5版。

4. 《适应国家发展大势和党和国家工作大局，培养更多优秀人才开创留学工作新局面》，《人民日报》2014年12月14日，第1版。

5. 《"全国亿万青少年学生阳光体育运动"全面启动》，《人民日报》2007年4月30日，第1版。

五、光盘网页

1. 《幼童》第三集，CCTV纪录片，2011年。

2.《"十四五"规划提出,提高学前教育毛入园率——90%,意味着什么》,中华人民共和国教育部网站,http://www.moe.gov.cn/jyb_xwfb/s5147/202104/t20210414_526239.html?authkey=boxdr3,2021年4月14日。

3.《弘扬精益求精的工匠精神　激励广大青年走技能成才技能报国之路》,中华人民共和国教育部网站,http://www.moe.gov.cn/jyb_xwfb/s6052/moe_838/201909/t20190924_400484.html,2019年9月24日。

4.《人人出彩,技能强国——我国职业教育改革发展成就综述》,中华人民共和国教育部网站,http://www.moe.gov.cn/jyb_xwfb/xw_zt/moe_357/2021/2021_zt04/fz/202104/t20210412_525822.html,2021年4月11日。

5.《习近平对职业教育工作作出重要指示》,新华网,http://www.xinhuanet.com/2021-04/13/c_1127324347.htm,2021年4月13日。

6.《宝塔山上的灯光——回眸抗战中的延安》,新华网,http://news.sina.com.cn/c/2005-08-16/11066703812s.shtml,2005年8月16日。

7.《敌工队员回忆策反日本兵》,中国新闻网,https://www.sohu.com/a/26664635_123753,2015年8月10日。

8. 王丽华:《少年秒变"小厨神",郑州市第六初级中学劳动教育之烹饪篇》,郑州教育信息网,http://school.zzedu.net.cn/xygjj/05/17023224.s,2022年5月16日。

9.《这些年,总书记牵挂的民生事:农家娃在校午餐有营养更丰富》,光明网,https://m.gmw.cn/baijia/2021-02/01/34589396.html,2021年2月1日。

10. 冯国锌:《感恩祖国》,学习强国,https://www.xuexi.cn/lgpage/detail/index.html?id=9668185756689546439&item_id=9668185756689546439,2020年12月3日。

11.《中央财政支持特殊教育发展》,《人民日报》,学习强国,https://www.xuexi.cn/lgpage/detail/index.html?id=7857563187259635587&item_id=7857563187259635587,2020年7月29日。

本书配套数字资源的获取与使用

本教材配套数字资源已上线超星学习通数字教材,师生可通过学习通获取本书配套的PPT课件、微课视频、在线测验等。

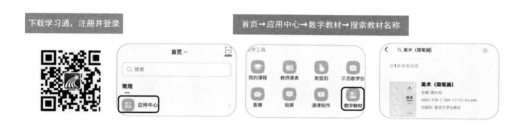

图书在版编目(CIP)数据

中国教育简史/杜娟,邱小健主编;杨建军,王海棠,谭诤副主编.--上海:复旦大学出版社,2024.9.
ISBN 978-7-309-17582-0
Ⅰ.G529
中国国家版本馆 CIP 数据核字第 202433HC41 号

中国教育简史
杜　娟　邱小健　主编
杨建军　王海棠　谭　诤　副主编
责任编辑/赵楚月

复旦大学出版社有限公司出版发行
上海市国权路 579 号　邮编:200433
网址: fupnet@ fudanpress.com　　http://www.fudanpress.com
门市零售: 86-21-65102580　　团体订购: 86-21-65104505
出版部电话: 86-21-65642845
上海四维数字图文有限公司

开本 787 毫米×1092 毫米　1/16　印张 22.25　字数 375 千字
2024 年 9 月第 1 版
2024 年 9 月第 1 版第 1 次印刷

ISBN 978-7-309-17582-0/G·2619
定价: 68.00 元

如有印装质量问题,请向复旦大学出版社有限公司出版部调换。
版权所有　侵权必究